메리토크라시

미래 사회와 우리의 교육 ❶

일러두기
- 이 책은 국립국어원 한글맞춤법을 따랐으며, 외국의 인명과 지명을 비롯한 고유명사는 외래어표기법에 맞추어 한글로 옮겼습니다. 다만 국내에서 이미 굳어진 몇몇 인명과 지명은 익숙한 표기를 썼습니다.

메리토크라시

학교 교육의 새로운 미래

미래 사회와 우리의 교육 ❶

이영달 지음

행복한북클럽

추천사

우종수 박사 현 대구경북과학기술원DGIST 이사장, 전 포스코교육재단 이사장

한국 교육은 우리를 현재의 성공으로 이끈 가장 큰 원동력이었지만 미래로의 발전에는 가장 큰 걸림돌이 될 가능성이 높다. 국가 주도의 획일화된 교육정책, 주입식 교육, 객관식 시험, 과도한 대학 입시 경쟁 등의 결과가 우리가 겪는 많은 사회적 병리현상의 근본 원인이 되고 있다. 지금 가장 필요한 것이 교육 혁신이란 점에서 이영달 박사의 이 책은 아주 시의적절하다. 교육정책을 만드는 사람들은 초등에서 고등교육까지, 생생한 경험과 방대한 이론을 바탕으로 한 저자의 혜안을 필히 숙고했으면 좋겠다. 이 책이 열정과 인내의 가치관을 바탕으로 자율과 책임, 그리고 다양성을 지향하는 교육 혁신으로 나아가는 계기가 되기 바란다.

한정화 박사 현 아산나눔재단 이사장, 전 중소기업청장, 전 한양대 경영대학 학장, 전 한양대 기획처장

경영학자의 시각으로 유아 및 초중등 교육부터 대학과 기업 교육 영역까지, 한국 교육만이 아닌 미국, 중국, 일본, 영국과 유럽 등 전 세계적 교육의 문제를 살핀 역작이다. 정의와 불공정 사회를 말하는 마이클 샌델, 경제적 불평등을 이야기하는 토마 피케티, 글로벌 세계를 말하는 토머스 프리드먼이 제기한 문제들에 '모두를 위한 21세기 실천 교육'이라는 유효한 대안으로 답하고 있다.

국양 박사 현 대구경북과학기술원DGIST 총장, 전 삼성미래기술육성재단 이사장, 전 서울대연구처장

교육 때문에 우리는 더 이상 도약할 수 없다고 걱정하는 사람이 많다. 저자는 현 상황을 정확히 분석하고, 이를 타개할 교육 방법을 방대한 자료를 근거로 정확히 제시하고 있다. 이 책을 읽은 많은 독자들의 의지가 모여 우리 교육을 새로 시작하는 힘이 되었으면 하는 바람이다.

나성섭 박사 현 아시아개발은행ADB 인재 및 교육 개발 디렉터, 전 고려대 교수

미래 교육에 대한 최고의 역작이다. 미래 교육을 준비하는 학생, 학부모, 교육계 전문가에게 강력히 추천한다. 인간 노동을 대체하는 인공지능 디지털 노동자의 출현은 기존 교육 시스템의 종말을 의미한다. 저자는 가슴을 뛰게 하는 혁신 현장의 생생한 사례 연구를 통해 디지털 노동 시대에 필요한 교육은 무엇인가라는 근본적 문제에 대한 답을 제시한다.

정종우 박사 현 이화여대 과학교육과 교수, 현 이화여대 대학원 영재교육협동과정 주임교수

코로나19의 대유행에도 불구하고 인류는 뛰어난 문제 해결력으로 이 위기를 극복해나가고 있다. 앞으로 닥칠 다양한 문제를 해결하는 인재를 키우기 위해서는 '학교란 무엇인가?', '교육이란 무엇인가?'라는 질문과 그 답에 대해 진지하게 성찰해야 할 것이다. 이 책에는 이러한 질문을 오랫동안 고민해온 저자의 생각이 담겨 있다.

김재구 박사 현 명지대 경영대 교수, 전 한국사회적기업진흥원장

ESG로 대표되는 시장과 사회의 변화는 인간과 자연, 사회생태계를 이롭게 해야 한다는 시대의 전환을 알리고 있다. 이 변화를 이끌어갈 혁신과 포용을 위해서는 교육이 바로 서야 한다. 디지털 트랜스포메이션과 코로나 위기, 그리고 MZ세대의 가치관 변화를 산업과 교육 현장에서 직접 경험한 저자가 사명을 가진 리더를 육성하기 위해 제시하는 대안을 읽고 실천하길 권한다.

프롤로그
뉴욕의 잠 못 이루는 밤

2017년 연말, 나는 '인공지능Artificial Intelligence' 기술의 진화와 산업에서의 활용도를 파악하기 위해 뉴욕의 혁신 기업들을 탐방·조사하는 프로젝트를 수행하면서, 당시 세계 최초로 '인공지능 은행원'을 개발해 출시했다는 기업의 본사를 방문했다. 그 회사는 자유의 여신상이 한눈에 내려다보이는 전망 좋은 맨해튼 끝자락의 배터리 파크에 자리하고 있었다.

회사의 최고위 임원이 리셉션 홀로 들어서자, 유리창 커튼이 자동으로 닫히며 대형 디스플레이에 전원이 들어왔다. 밝게 인사하는 한 여성의 목소리가 들려왔다. 그녀는 이내 화사하고 밝은 미소와 함께 경쾌하게 이야기를 시작했다.

"환영합니다. 저의 이름은 아멜리아Amelia입니다. 무엇을 도와드릴

까요?"

 당신에 대해 소개를 해달라고 하자, 그녀는 자신은 '디지털 은행원'이며 사람이 수행하는 은행 업무의 대부분을 소화할 수 있다고 설명하면서, 실제로 창구에서 일하는 은행원처럼 자신이 처리할 수 있는 업무를 능숙하게 소개했다. 중간중간 농담을 던지면 밝게 웃으며 화답하고, 복잡한 질문을 던지면 진지한 표정으로 음성, 데이터, 그래프 등을 통해 전문가처럼 대응했다.

 아멜리아는 음성-문자-이미지-데이터-그래픽-감정 표현 등이 모두 가능한, 그리고 사람보다 더 정확한 '인공지능 기반 디지털 은행원'이다. 그녀가 보여주는 프레젠테이션은 사람이 하는 것과 다름없었으며, 단지 화상으로 대신하는 느낌이었다. 한국에서 여전히 오류가 많은 챗봇을 다소 부풀려 '4차 산업혁명 시대의 인공지능'이라고 소개받았던 경험과는 차원이 달랐다. '진짜 인공지능'을 경험할 수 있었던 것이다.

 회사에서는 줄곧 '디지털 노동자Digital Labors'와 '디지털 노동력Digital Workforces'이란 표현을 강조했다. 24시간, 365일 지치지 않고, 파업 없이 일할 수 있으면서, 머신러닝Machine Learning, 기계 학습을 통해 계속 숙련도를 높이고 역할의 범위를 확장하는 역량을 지녔다고 강조한다. 아멜리아는 심지어 영어가 아닌 다른 언어도 구사할 수 있다. 일본의 한 통신사는 고객센터에서 사람이 하던 상담 기능을 이 회사의 솔루션으로 대체했는데, 해당 솔루션이 일본어를 현지 아나운서 수준으로 자연스럽게 표현하는 데 채 3개월이 걸리지 않았다.

 스웨덴의 한 대형 은행도 이 솔루션을 활용해 동유럽 8개국에 진출했다. 현지 인력을 채용해서 기업금융 서비스를 제공하는 것이 아니라 이 회사의 '디지털 노동력(은행원)'을 활용하며, 현지어와 영어 모두 같은 수준의 서비스를 제공한다고 한다. 애플의 '시리', 구글의 '구글 어시스턴트', 아마존의 '에코' 등 인공지능 기능을 일부 탑재한 서비스들이 제공되고 있지만, 이와는 차원이 다른 수준의 전문적인 역할과 기능이 상용 서비스되고 있는 실제 상황을 경험한 것이다.

정말 사람처럼, 그것도 전문가로서 일하고 대응하는 인공지능 기반의 '디지털 노동자'를 만나고 돌아온 그날, 나는 깊은 상념에 빠졌다. 앞으로 이 '디지털 노동자'가 기업 세계를 어떻게 바꾸고, 개인의 직무, 나아가 직업적 삶을 어떻게 바꾸어나갈지 생각하며 잠을 이룰 수 없었다.

"이제 정말 사람만이 할 수 있는 역할과 기능은 무엇일까?"

이런 근원적인 질문을 던지며 깊은 탐색의 시간을 보내고 있는데, 서울에 있는 아내로부터 전화를 받았다. 딸아이가 곧 외고 면접 전형을 치르는데, 미리 학원비를 준비해야 한다는 것이다. 합격하면 중견 직장인의 1년 연봉을 뛰어넘는 학비와 학원비가 필요했다.

오전에 직접 체험한 '디지털 노동자'는 언어(영어 및 국제어), 수학(수리계산), 데이터 분석, 법률 검토, 회계 및 세무 업무 등을 모두 다 처리할 수 있는데, 더 나아가 클라우드 기반의 환경이 갖추어지면 '슈퍼컴퓨팅' 기능까지 탑재할 수 있을 텐데, 문제 푸는 기술을 배우는 대치동 학원에 아이의 시간과 에너지, 우리 가족의 자산을 상당 부분 투자하는 것이 과연 합리적인 판단일까? 밀려오는 혼란스러움에 더욱 잠을 이룰 수 없었다.

그로부터 3년여가 지난 2021년 현재, 우리의 교육 현장은 역동적인 시대 변화를 담아내기보다는 오히려 과거로 퇴행하고 있다. 이른바 '조국 사태'로 '교육 공정성의 회복'이라는 명제가 강조되며 국제중학교가 폐지되고 대학 입시의 수시전형은 축소되었으며 정시전형이 확대되었다. 코로나19 이슈까지 더해져, 단 한 번의 수학능력시험을 통해 대학 입학 여부가 결정되는 흐름은 더욱 확산되는 분위기다. 또한 시범 테스트도 해보지 않은 고교학점제를 명분으로 2025년부터 자율형사립고, 외국어고, 국제고 등 다원화된 목적의 고등학교를 일반고등학교로 전환하는 것도 결정되어 추진 중이다. 그리고 이러한 정부의 정책적 행보는 '대치동 학원가'로 대변되는 사설 입시학원들이 더욱 호황을 누리도록 하고 있다.

우리 교육 현장에서 중요하고도 균형 있게 다루어져야 할 '국가 차원의 교육정책 4원칙'은 수월성excellence, 포용성inclusiveness, 혁신성innovativeness, 다양성diversity이다. 그러나 최근의 정부 방침과 방향성은 이 4원칙 중 '포용성' 의제와 담론만 강조하고 있으며, '수월성', '혁신성', '다양성'은 그 자리를 잃어가고 있다. 또한 대학교육의 위기, 디지털 노동자의 등장과 확산, 미국을 위시한 주요 국가들의 혁신 인재 유치 경쟁 등 엄청난 변화의 흐름 속에서 우리의 교육은 여전히 20세기적 패러다임에 묶여 있는 것이 현실이다. 교육자로서, 또 학부모로서 마주한 이러한 상황은 엄청난 무게로 다가온다.

우리의 교육이 미래를 향해 혁신의 행보를 가속하는 데 유의미한 참고가 될 수 있기를 기대하며 이 책을 썼다. 자녀의 교육 문제로 고민하는 많은 학부모님과 미래 세대들의 내일을 책임지고 있는 현장의 교육자들, 그리고 교육정책 관계자들과 이러한 문제와 그 무게를 함께 나누고 싶었다.

한편 우리의 미래 세대와 학부모님들께 현실 세계에서 가능한 교육 경력 설계에 대한 다양한 사례를 소개하는 것도 또 하나의 목표였다. 우리가 조금만 더 다양한 관점과 사례들을 살펴보면 자녀들을 위한 효과적인 교육 경력 개발이 가능하다. 이제는 '실력'과 '매력'이 '학력'과 '재력'을 이기는 시대가 열리고 있다. 스펙이 아닌, 진짜 실력과 매력이 제대로 평가받는 세상으로 이미 바뀌고 있는 것이다. 단지 대한민국만 이 거대한 변화의 흐름에서 비켜 서 있을 뿐이다.

우리의 교육 현장에도 그런 흐름이 만들어지길 바라며, 희망을 이야기하고 미래 세대가 꿈을 실현할 수 있도록 구체적인 길과 방법론을 함께 나누고자 한다. 함께 미래를 향한, 그리고 꿈을 향한 여정을 떠나보자.

2021년 8월

이영달

차례

추천사　4

프롤로그 뉴욕의 잠 못 이루는 밤　6

1장　실제 세상과 우리가 만날 미래

　01　뉴욕에서 만난 디지털 노동자　17

　02　중국에서 만난 인공지능 홀로그램 영어 교사　23

　03　하노이에서 만난 무인 은행 점포　28

　04　실리콘밸리에서 만난 미래와 잠들지 않는 혁신　34

　05　10년, 판을 바꾸기에 충분한 시간: 파워의 이동　43

　06　디지털 노동자와 중간 지대의 소멸　49

　07　밤 10시, 서울 대치동의 학원가　54

　08　꼰대-라떼 공화국　58

2장　우리에게 교육이란 무엇인가?

　01　학교란 무엇인가?　65

　02　우리는 왜 대학에 가는가?　72

　03　대학이란 무엇인가?　78

　04　대학을 떠나는 미국의 청년들　94

　05　평생교육 단과대학을 설립하는 아이비리그 대학들　100

06 미국과 영국, 국가 교육부의 사명과 비전   106
07 '모든 아이는 우리 모두의 아이'-대한민국 교육부의 사명은?   114
08 한국을 떠나는 고급 두뇌들   122
09 세계의 인재들은 왜 미국으로 향할까?   132
10 우리에게 교육이란 무엇인가?   139

3장 K-12 교육과정: 한국-뉴욕주-캘리포니아주 비교

01 왜 미국과의 비교인가   151
02 학제 시스템과 기초 법제 시스템 비교   156
03 학교 유형의 비교   164
04 교육과정 정책의 비교   171
05 유아 교육과정 비교   182
06 유아-초중등(K-12) 교육과정 비교   195

4장 미국의 교육, 다시 혁신의 시동을 걸다

01 법률로 뒷받침되는 개인화된 학습: 모든학생성공법   211
02 언어가 아니라, 언어를 활용하는 법   221
03 수학, 즐겁고, 재미있고, 가치 있는 과목   231
04 미국 교육 혁신의 비전: STEM 교육과 디지털 문해력   236
05 교육정책의 4원칙: 수월성, 포용성, 혁신성, 다양성   242
06 교육의 수월성: 필립스 엑시터 아카데미   249
07 교육의 혁신성: 스탠퍼드 온라인 고등학교   262

08 교육의 다양성: 토머스 제퍼슨 과학기술고등학교   278
09 교육의 포용성: 카우프만 스쿨   291
10 교사, 학생을 '실제 세상'과 만나게 하라   295

5장 대학의 새로운 미래

01 문 닫는 미국의 대학들   303
02 문 여는 중국과 아시아의 대학들   313
03 박사과정은 늪인가, 기회의 창인가   322
04 대학을 떠나는 교수들   340
05 산업 단지로 탈바꿈하는 미국의 커뮤니티 칼리지   350
06 대도심 한가운데로 향하는 경영전문대학원 캠퍼스   359
07 태국 방콕의 특별한 대학   372
08 우주의 중심에 서 있는 듯, 중국의 연구중심대학   382
09 러시아 모스크바에 MIT 캠퍼스가?   392
10 세상을 바꾸는 세계의 기업가형 대학들   401
11 혁신 생태계의 중심에 자리하는 대학들   414
12 왜 미국의 대학들은 탁월한가? 대학의 거버넌스   422
13 대학의 새로운 미래   434

참고문헌   441

1장

실제 세상과
우리가 만날 미래

01

**뉴욕에서 만난
디지털 노동자**

에리카Erica는 뱅크오브아메리카Bank of America의 인공지능 기반 디지털 은행원이다. 이노ENO는 미국 10대 은행 중 하나이며 가장 수준 높은 디지털 뱅킹 서비스를 제공하는 캐피털원CapitalOne Bank의 디지털 은행원이다. 스웨덴과 동유럽에서는 아이다Aida라고 불리며, IPSoft, Inc라는 인공지능 전문기업에서 개발한 아멜리아 역시 디지털 은행원이다.

디지털 은행원은 뱅킹 앱이나 챗봇이 아니다. 이들은 사람의 도움 없이 일정한 범주 내의 뱅킹 서비스를 실제 은행원처럼 완전하게 수행할 수 있다. 오히려 사람보다 더 상세한 데이터와 정보를 가지고 재정관리 서비스를 제공해주기도 한다.

은행원은 은행 점포 내에서만 서비스를 제공하지만 디지털 은행원은 365일, 24시간 일하며 해외 서비스까지 제공한다. 예금과 송금 등 기본적인 창구 업무는 물론, 쇼핑할 때 필요한 쿠폰을 안내하고 재정 관리 계획에 비추어 합리적인 소비를 할 수 있도록 실시간으로 도와준다. 예금과 송금 등 기본적인 창구 업무를 담당하는 은행원만이 아니라 자산 및 재정 관리사의 역할과 기능까지 수행하는 셈이다.

일반적으로 인공지능이 사람이 수행하는 업무의 영역을 대신하기 위해서는 자율적autonomics이고, 분석적analytics이며, 인지적cognitive인 대응이 온전히 수행되어야 한다. 현재 우리나라 은행이나 일반 기업에서 '○○봇'으로 불리는 것들은 '자율적(자동화) 대응' 수준에 해당하며, 그마저도 아직 유의미한 효용성을 보여주지는 못하고 있다.

인공지능이 디지털 노동력으로서 역할을 수행하기까지는 실제로 꽤 험난한 과정을 거친다. 그 단계를 살펴보면 아래와 같다.

자동화 소프트웨어Automation Software – 로보틱 프로세스 자동화Robotic Process Automation – 데스크톱 자동화Desktop Automation – 전사적 로보틱 프로세스 자동화Enterprise RPARobotic Process Automation – 지능형 프로세스 자동화Intelligent Process Automation – 소프트웨어 로봇Software Robot – 자동화Autonomics – 휴리스틱스Heuristics, 직관적 판단 – 적응형 자동화Adaptive Automation – 인공지능Artificial Intelligence – 머신러닝Machine Learning – 가상 노동력Virtual Workforce

---

한국어는 영어에 비해 '자연어 처리'에 기술적 어려움이 있다. 따라서 우리나라에서 '인공지능'이라고 설명하는 여러 기능과 서비스들은 실제로는 '자동화'와 '휴리스틱스'의 중간 단계에 머물러 있는 것으로

평가된다. 한국 사회에서 '디지털 노동자' 이슈가 크게 부각되지 못하는 이유는 이런 기술적 진화 단계의 제약 때문이기도 하다.

우리와는 달리 미국에서는 클라우드* 환경에서 활동하는 기업들이 많아지면서 '인공지능' 단계에 이른 기업이나 업종이 가파르게 증가하고 있고, 클라우드에 기반한 서비스형 소프트웨어 SaaS_{Software as a Service}**는 이제 IT 및 모든 산업 영역에서 허브 중 허브로 자리하고 있다.

또한 인공지능은 AIaa_{SAI as a Service}라는 구독형 서비스로도 탈바꿈하고 있다. AI 솔루션이나 데이터 가공 솔루션을 위해 자체적으로 데이터과학자를 고용하고 스스로 알고리즘을 개발하기보다, 월정액으로 클라우드에서 필요한 기능과 역할을 요청해 이용하는 개념이다. 즉 AI를 활용하는 데 소요되는 진입과 부담 비용이 현저히 낮아져, 활용의 폭과 깊이가 빠르게 확장되고 있는 것이다.

머신러닝 기술도 이제 SaaS와 같이 서비스로 이용할 수 있는 MLaaS_{Machine Learning as a Service}의 시대에 돌입하고 있다. 자연어 처리 natural language processing, 음성 인식 speech recognition, 컴퓨터 비전 computer vision, 비디오 및 이미지 분석 video and image analysis 등도 클라우드 기반에서 이전보다 훨씬 낮은 진입 및 부담 비용으로 수행할 수 있다.

디지털 노동자는 인공지능과 사물인터넷 IoT, 로보틱스 기술의 조합이다. 5G와 같은 초고속 통신에 클라우드 기술이 더해지면 자율주행

• 독자적인 서버를 갖추고 필요한 소프트웨어 등을 활용하는 방식이 아니라, 공유 서버를 활용하고 사용자 및 사용량만큼 대가를 지불하고 소프트웨어를 이용할 수 있는 환경.
•• 소프트웨어를 일괄 구매하여 사용하는 게 아니라, 서비스를 이용하는 것처럼 사용하는 방식.

자동차와 같이 실외 활동 영역까지도 다룰 수 있다. 또 변호사나 회계사같이 전문적인 영역의 업무부터, 로보틱스 기술과 조합하여 조립 및 배송 같은 물리적 역할과 기능도 수행할 수 있다. 언어학습력도 뛰어나 동시통역의 시대도 머지않았다.

이러한 기술적 환경의 변화와 함께 미국에서는 이미 디지털 노동자가 사람의 역할을 대체하는 흐름이 본격화되고 있으며, 이러한 흐름은 금융 산업과 디지털 산업에서 가장 빠르게 나타나고 있다. 은행의 영업점은 하루가 다르게 사라지고, 은행원들의 숫자도 가파르게 줄고 있다. 전 세계 최대 종합금융회사인 JP모건 체이스JPMorgan Chase에서도 대출 심사 및 계약을 진행하는 일자리가 디지털 노동력으로 대폭 대체되어, 현재는 관련 알고리즘을 짜고 개발하는 인력만 남아 있다. JP모건 체이스 그룹의 임직원 수는 전 세계적으로 약 25만여 명에 달하는데, 이 중 약 16만여 명이 기술인력Tech Talents이다. 이제 금융회사는 사실상 '금융기술기업'의 모습으로 바뀌었다.

과거 뉴욕 월가에는 MBA(경영학 석사)를 받은 애널리스트와 펀드 매니저가 주류를 이뤘다. 《뉴욕타임스》의 칼럼니스트 토머스 프리드먼Thomas Friedman은 그의 책 《세계는 평평하다》에서 연봉 10만 달러 이상의 투자은행 애널리스트 자리를 인도 현지에서 일하는 연봉 2~3만 달러의 MBA 출신 인도인들이 대체하고 있다고 소개했으나, 이제는 그마저도 옛날 이야기다.

현재 뉴욕 월가에는 금융공학, 수학, 컴퓨터 과학, 데이터 과학 등 과학기술 분야를 전공한 인력들이 주를 이룬다. 물론 이들 중에도 경제·경영 분야의 학습을 위해 MBA 과정을 마친 인력들이 상당수 있다. 이제 컴퓨터 및 데이터 과학과 기술에 대한 전문성이 축적되지 않은 상태에서 월가에서 주류 그룹으로 활동한다는 것은 상상조차 할 수 없는 시대가 되었다. 즉 금융 산업에서 일반적인 업무와 기초적인 분석 업무들은 대부분 디지털 노동력으로 대체되고, 나머지는 이런 디지털 노동력을 기획하고 개발하고 운영하는 전문 인력들로 인적 구성이 바뀌고 있다. 그리고 이러한 일자리 변화는 점차 미국 전역으로, 나아가 전 세계로 확산될 것이다. 은행의 텔러, 콜센터의 상담원과 계약원, 단순 영업직원 등 고객과 기업을 잇는 중간 영역의 일자리가 급격하게 디지털 노동력으로 대체되고 있다.

뉴욕주 정부 노동부의 일자리 전망(2016년 vs. 2026년) 예측치 중 뉴욕시에 한정한 데이터를 보면 전화 교환원(-28.6퍼센트), 재봉사(-28.1퍼센트), 법무 보조원(-19.4퍼센트), 데이터 입력원(-18.3퍼센트), 리포터 및 통신원(-18.0퍼센트), 문서 작성원(-16.1퍼센트), 우편 사무원(-14.9퍼센트), 인쇄원(-14.9퍼센트), 전자제품 조립원(-12.5퍼센트), 꽃 디자이너(-12.1퍼센트), 은행 텔러(-11.7퍼센트), 편집원(-9.7퍼센트), 보험 계약원(-9.4퍼센트), 라디오 및 텔레비전 아나운서(-4.2퍼센트) 등의 직업이 빠르게 감소하는 것으로 예측되었다.

이러한 흐름과는 달리, 컴퓨터 및 정보 시스템 관리자들은 뉴욕시 기준(2019년)으로 연봉 중위값이 19만 790달러(환율 1,200원/1달러 적용 시 약 2억 3,000만 원)로 전체 직업군 중 가장 높으며, 이들은 수요 또한 가장 많은 직업군 중 하나다. 특히 이러한 인력의 수요가 많은 금융 산업의 평균 연봉 수준은 2018년 기준 39만 8,600달러로, 전 산업 평균 연봉(9만 2,600달러)보다 4.3배 높다.[1] 즉 디지털 노동력을 개발하고 운영하는 데 일정한 비용이 들더라도, 이것이 사람에 의존하는 것보다 노동 생산성이 더 높다는 것을 방증하고 있는 셈이다.

    코로나19의 영향으로 디지털 노동자의 활용이 더욱 촉진되었고, 이들은 빠른 속도로 뉴욕시의 일자리를 빼앗고 있다. 그리고 이러한 흐름은 우리의 일자리 환경을 송두리째 뒤흔들고 있다.

02

중국에서 만난
인공지능 홀로그램 영어 교사

2019년 9월, 나는 중국 정부 초청으로 후난성湖南省의 성도 창샤长沙에서 열린 2019년 세계 컴퓨터 대회The 2019 World Computer Congress에 강연자 및 패널리스트로 참여한 적이 있다. 그런데 대회장 중앙 출입구 쪽 중국연합통신에서 만든 한 부스에 청중들이 잔뜩 모여 놀라운 표정으로 무엇인가를 바라보고 있었다. 붐비는 군중 사이를 헤집고 들어가서 보니, 인공지능 기반의 홀로그램 영어 교사였다. 이 인공지능 교사가 학생들에게 실제로 영어 수업을 하는 장면을 보여주고 있었던 것이다.

혹시 미리 구성된 내용이 아닐까 싶어, 학생을 자처하고 수업에 참여했다. 수업 중 영어 교사가 답변하기 어려운 경제 및 기업 정책 관련 질문도 해보고, 개인 신상에 대한 돌발 질문도 여러 번 해보았다.

그러자 영어 교과와 관련된 내용은 매우 전문적으로 대답했고, 비전문 분야에 대해서는 아는 범위까지는 설명하고, 더 시간이 필요한 사항은 양해를 구하는 반응을 보였다. 실로 놀라웠다.

이런 교육기술Ed-Tech을 제공하는 기업은 중국의 넷드래곤NetDragon이다. 이 회사는 원래 게임을 개발하여 공급하던 회사인데, 현재는 인공지능 기술을 기초로 다양한 게임 기술과 엔테테인먼트 기술을 교육기술과 결합하여 인공지능 교사, 인공지능 조교, 인공지능 기반 교구 및 학습자료 등을 공급한다. 1천만 명 이상의 교사와 1억 명 이상의 학생을 대상으로 서비스하는 것을 계획하고 있다. 넷드래곤은 2018년 4월, 세계 최초로 인공지능 기반 '디지털 수업 조교'를 상용화했고, 192개국 40만 개 이상의 학교에서 9천만 명 이상의 사용자를 보유한 미국의 글로벌 학습 커뮤니티 에드모도Edmodo의 지분을 100퍼센트 인수했다. 전 세계적으로 인공지능 교사와 교육 솔루션을 공급하겠다는 야심 찬 행보다.

중국은 인공지능 기술강국이다. 교육에 대한 높은 수준의 열정을 지닌 수억 명의 시장을 토대로 교육기술 분야에서도 혁신을 선도하고 있다. 뉴욕 증시에 상장된 리우리슈어流利说, Liulishuo와 위미 홀로그램WiMi Hologram은 인공지능 기반의 교육기술을 개발, 보급하는 핵심 기업들이다.

중국이 아직 완전하지 않은 기술이더라도 과감히 채택하고 활용해 혁신을 선도하는 접근법을 취하는 것과 달리, 미국은 상대적으로 기술의 완성도를 높여 배타적 지위를 갖는 접근법을 취한다. 마이크로소프트Microsoft는 2019년 7월 라스베이거스에서 자사의 홀로렌즈

|그림 1-1| 인공지능 기반의 홀로그램 가상 인간 및 텍스트의 음성전환 기술 시연(마이크로소프트)

HoloLens 기술을 토대로 '인공지능 기반 홀로그램 가상 인간'을 만들어 선보였다. 이 사업의 담당 임원인 줄리아 화이트Julia White는 사람을 스캔하여 복제한 후 홀로그램으로 거의 같은 모습을 지니는 가상의 인물을 만들었다. 여기에 제반 디지털 기술들이 탑재되어, 이 가상 인물은 사람처럼 말하고 움직인다.

특히 이날의 시연demo에서는 줄리아 화이트가 영어로 연설한 내용을 그 목소리 그대로 일본어로 다시 반복하는 것을 보여주었는데, 발음도 정확하고 어휘력도 풍부해 청중들은 실로 놀라움을 금치 못했다. 이 기술mixed reality은 현재 상용화되어 기업 고객들의 어려운 연구나 실험 등에 사용되고 있으며, 특히 의학과 정밀기계 분야 등에 빠르게 적용되고 있다. 마이크로소프트는 이 기술을 교육 영역, 특히 의학 및 공학 교육에 선제적으로 도입하겠다는 계획을 지니고 있다.

이처럼 중국과 미국의 교육기술 개발업체들의 발전 속도와 흐름,

그리고 코로나19가 촉발한 비대면 교육의 흐름을 보면 향후 1~2년 내에 인공지능 교사에 의한 사이버 스쿨cyber schools과 온라인 스쿨 online schools도 본격화할 것으로 예상된다. 뒤에서 자세히 다루겠지만 이미 미국에는 이러한 흐름이 완연하다. 6년제인 스탠퍼드 온라인 고등학교Stanford Online High School는 '사이버 대학'과 같은 개념으로, 인터넷에 기반한 교실 없는 학교다. 그런데 이 학교는 학교 평가 전문기관 니치Niche가 선정한 '2020 미국 내 최고의 사립고등학교'에서 전미 7위, 캘리포니아주 1위에 랭크되었다.[2] 올해로 설립 15년을 맞는 이 학교가 100년 이상의 역사와 전통을 지닌 명문 사립학교들을 모두 뛰어넘은 것이다.

유다시티Udacity는 교육기술 기업으로, 2013년 캘리포니아주 소재 산호세주립대학교San Jose State University를 필두로 대학의 학점 인정 교육과정을 제공하고 있다. 이 회사의 교육과정은 일반교양과 인공지능 등 최신 기술 및 지식 영역에 대한 온라인 강좌로 특화되어 있다. 스타 강사와 교수들에게는 부를 안겨주는 플랫폼이지만, 일부 교수진에게는 일자리를 빼앗아가는 킬러와 같다고도 할 수 있는 이 플랫폼을 통해 이미 5만 명 이상이 학점 인정 과정 교과목을 이수했다. 또 비학점 교육과정도 5만 명 이상 이수해, 대학의 교육 기능에 위협이 되고 있다. 이 외에도 코세라Coursera, 유데미Udemy, 노보에드NovoEd 등 교육기술 기업의 빠른 성장세는 대학 교수나 강사진들의 직업을 위태롭게 만들고 있다.

코로나19로 인해 사립학교 및 사교육 영역의 교사와 강사, 교수진들은 일자리에 대한 위협을 더욱 깊이 체감하는 중이다. 공립학교 영역도 더는 예외가 아니다. 캘리포니아주와 뉴욕주의 공립학교 교사 및 교수진들이 '해고 정책' 철회를 촉구하는 집회 및 시위를 가진다는 뉴스는 일상이 되었다.

  이처럼 이제는 학습과 교육 방식이 송두리째 바뀌고 있다. 학원 강사와 학교 교사, 대학 교수 모두가 자신의 미래 역할과 직업적 삶에 대해 진지하게 고민해봐야 하는 것이 지금의 상황이다.

03
하노이에서 만난
무인 은행 점포

　베트남 하노이에서 직원이나 사람이 없는 무인 은행 점포를 경험했다. 사람이 근무하지 않는 24시간 연중무휴 디지털 은행이다. 나는 실제로 사람 없이 은행 업무가 가능한지 체험해보기 위해 외국인 신분으로 은행 계좌를 개설하고자 시도해보았다. 키오스크를 통해서는 관련 서류에 대한 안내 등에 한계가 있어 직원 연결을 요청하는 메뉴를 선택하니, 곧바로 화상으로 직원이 연결되었다. 당시에는 임시 방문 비자를 받고 입국한 상태라, 외국인 계좌 개설에 필요한 서류가 준비되지 않은 상태였으므로 실제로 계좌는 개설할 수 없었다. 하지만 이 디지털 은행 시스템으로 제반 은행 업무를 처리하는 데는 무리가 없을 것이라는 결론을 내릴 수 있었다.

　이 은행은 베트남 은행업계 10위권 규모로, 디지털 뱅킹 서비스를

|그림 1-2| 베트남 무인 은행 서비스 점포(TP은행)

가장 잘 구현한다는 TP은행TP Bank이다. '라이브 뱅크Live Bank'라는 브랜드로 비디오 뱅킹video banking이라는 새로운 은행 서비스 기능을 탑재한 무인 은행 점포를 운영하고 있다. 은행 창구 직원의 역할, 은행 근무 임직원의 인적 구성 및 역할 기능의 분포 등에서 한국의 은행들과는 상당한 차이를 지니고 있으나 서류 스캐너, 서류 수거함, 문서 작성을 위한 키보드, 화상 통화를 할 수 있는 컨퍼런스 등을 갖추고 디지털 뱅킹 인프라를 선보이고 있다.

나는 2019년 2월과 3월에 걸쳐 아세안 주요 5개국의 '디지털 트랜스포메이션Digital Transformation'● 실태를 파악하기 위한 현장 탐방 프로

● 한국에서는 대부분 '4차 산업혁명'이라고 칭하지만, 국제적으로는 '디지털 트랜스포메이션'으로 명

젝트를 수행했다. 말레이시아의 쿠알라룸푸르, 인도네시아의 자카르타, 태국의 방콕, 캄보디아의 프놈펜, 베트남의 하노이를 각각 방문하여 각 국가의 중앙정부, 규제 및 감독기관, 투자촉진기관 등을 통해 국가별 기초 현황과 정책 방향 등을 살펴보았다. 이 국가들 모두 디지털 트랜스포메이션에 대해 매우 적극적인 정책을 펼치고 있었다.

기업의 혁신 현장들도 찾았다. 먼저 인도네시아의 '핀테크 협회'를 방문했다. 미국과 유럽, 일본의 주요 금융회사들이 모두 이곳에 자리 잡고 있었다. 국제적으로 잘 알려진 유수의 금융회사들이 왜 인도네시아를 찾는지 묻자, 인도네시아가 '핀테크 사업의 천국'이기 때문이라고 한다. 보다 정확히는 '핀테크 규제의 천국'이라 해야 할 것이다.

인도네시아는 약 7,000개의 섬으로 이루어져 있으며 인구는 약 2억 7,000만 명 가까이 된다. 1인당 GDP는 2019년 기준 약 4,200달러로 한국과는 상당한 차이가 있지만, G20 국가 중 하나로 최근 아세안 지역의 성장을 이끄는 핵심 국가다.

인도네시아에서 발견한 특징 중 하나는 누구나 두 대 이상의 모바일 디바이스를 지니고 있는 모습이었다. 인구는 약 2억 7,000만 명인데 활성 모바일 디바이스가 약 3억 대라고 하니, 성인 1인당 평균 두 대 정도의 모바일 디바이스를 가진 셈이다. 한 대는 통신용, 그리고 또 한 대는 결제용으로 주로 활용한다. 한편 수많은 섬으로 이루어진 인도네시아에는 여전히 문명의 이기가 충분히 발달되지 않은 섬과 산림지역에 사는 사람들이 많다. 이런 배경으로 인해 개인 기초정보 및

명하며, 디지털 기술을 사회 전반에 활용하여 사회구조를 변혁하는 것을 말한다.

금융정보가 시스템적으로 관리되지 못하고 있어, 금융 서비스를 이용할 수 있는 사람이 30퍼센트를 조금 넘는 수준이라고 한다. 따라서 이를 70퍼센트 수준까지 높이기 위해 정부 차원에서 '핀테크 규제'를 과감히 열었다. 또한 소규모의 부실 지역은행들이 많아, 이를 구조조정하기 위해 외국계 은행들의 현지 은행 인수합병과 관련된 규제도 과감히 걷어내고, 오히려 인센티브를 제공하는 정책을 펼치고 있다.

인도네시아의 디지털 산업에 대한 과감한 규제 완화 및 개방 정책은 인도네시아 판 아마존과 우버라 할 수 있는 토코페디아Tokopedia와 고젝Go-Jek 등 혁신 디지털 플랫폼 기업들을 탄생시켰다. 이는 산업과 기업의 혁신뿐 아니라 인도네시아인의 생활과 직업의 변화에도 상당한 영향을 미친다. 이들 디지털 플랫폼을 통해 외진 섬과 시골의 주민들이 생산한 농산품과 가공품을 도시의 고객에게 판매할 수 있게 되었고, 외딴 지역의 주민들도 경제활동과 부의 축적이 가능해진 것이다.

한편 도시의 중장년층은 직장 근무 외 시간을 통해 마사지 서비스 등 부업 활동을 하고, 청년들은 모터 바이크를 타고 물류 관련 활동이나 다양한 서비스 모델을 기초로 한 '개인 사업' 활동을 펼치고 있다. 인도네시아의 전통적인 제조업 외의 서비스 산업들도 대폭 성장하면서 새로운 형태의 일자리와 직업을 만들어내고 있다. 현재 인도네시아의 대학에서 가장 인기 있는 교과목은 취업이나 진학을 위한 전공 교과가 아니라, 창업을 위한 교과목 또는 프로그램이다.

말레이시아의 사이버자야Cyberjaya는 실리콘밸리 같은 '혁신 클러스터'다. 태국은 이미 의료관광의 최일선에 있는 국가이며, 바이오메디컬 및 헬스케어 산업도 빠르게 성장하고 있다. 베트남과 캄보디아는 상대적으로 더 젊은 인구 구조를 바탕으로 디지털 기술의 도입과 산업의 개발에 적극적인 정책 행보를 펼치고 있다.

아세안 국가들은 산업적 성숙도가 낮다 보니 규제 시스템 역시 성숙하지 못한 측면이 있었다. 그러나 최근에는 빠른 경제 성장을 보이며 규제 시스템 역시 중간 발전 과정을 건너뛰고 바로 21세기 디지털 환경에 걸맞는 기준을 채택하고 있다. 또한 완전하지 않더라도 먼저 시행해보고 보완해나가는 일련의 접근법을 취하고 있다. 인구 약 6억 5,000만 명, 중간 연령 29.6세의 젊은 인구 구조, 개방적이고 유연한 규제 시스템. 선진 기업들의 입장에서 아세안 지역은 혁신의 '라이브 테스트베드'로 매우 좋은 환경인 셈이다.

이는 교육 영역에도 적용되는데, 영리 목적의 대학 설립과 운영이 가능하며 외국계 대학들도 쉽게 현지 캠퍼스를 설립하고 운영할 수 있다. 또한 학사관리 등에 있어서도 학교별 자유도가 높아, 혁신적인 교육기술을 적극 채택하고 있다.

이처럼 아세안 국가에 해외의 선진 교육기관 및 교육기술들이 적극 도입되고 혁신 산업의 라이브 테스트베드로서의 환경이 갖추어지면서, 영어로 양질의 고등교육을 받은 젊은 인재들이 급증하는 현상이 공통적으로 발견된다. 이들은 국제적 수준의 역량을 갖추었으며, 취업 시 그렇지 못한 인력들보다 몇 배 높은 연봉을 받는다. 또한 해외의 다양한 기술과 비즈니스 모델을 현지에 맞게 응용하여 창업에서도 발군의 실력을 뽐내고 있다. 아세안의 혁신 인재들은 취업보다는 창업이 더 나은 경력 대안이라는 것을 분명히 알고 있으며, 이로 인해 고등교육의 현장 역시 '기업가형 인재entrepreneurial talents'를 양성하기 위해 교육과정을 개편하고 운영하는 데 애쓰고 있는 것이 지금의 상황이다.

실리콘밸리가 미국이 아닌 다른 국가에도 존재한다면, 영국의 '실리콘 라운드어바웃'이나 호주의 '실리콘 비치'가 아니라 중국 북경의 '중관촌'과 아세안 지역의 대도시들이 바로 진정한 차세대 실리콘밸리의 지위를 지니게 될 것이다.

04

실리콘밸리에서 만난 미래와
잠들지 않는 혁신

너무나 편안하게 느껴지는 뉴욕과 달리 샌프란시스코에 가면 여전히 좀 불편하다. 뉴욕처럼 대중교통이 촘촘하게 갖추어져 있지 않아서 누군가를 만나거나 기업을 방문하려면 상대적으로 많은 시간과 비용이 든다. 이전에도 나는 샌프란시스코와 산호세, 버클리 등 베이 에어리어Bay Area의 실리콘밸리를 종종 찾았지만 항상 여정의 말미에는 '역시 뉴욕이 좋아!'라고 되새기곤 했다. 그러나 2019년 11월부터 약 2개월간 실리콘밸리 일대의 혁신 현장을 탐방하고 조사를 마치고 나서는 다른 생각과 평가를 하게 되었다.

나는 이 기간 동안 세일즈포스닷컴SalesForce.com, 아마존 웹서비스Amazon Web Service, SAP, IBM 왓슨Watson 등 디지털 혁신 기업들, 웰스파고Wells Fargo, 캐피털원 등 대형 금융사, 그리고 스트라이프Stripe와 같은 유니콘 기업 등 다양한 혁신 기업들을 방문하고 이들의 혁신 활동을 살폈다. 이전부터 어느 정도 알고 있던 기업들이고, 동부 지역에서 이미 방문 조사를 했던 적이 있기에 놀라움보다는 '역시'라고 인정하게 되었다. 그런데 이들과는 달리 팰로앨토 리서치 센터Palo Alto Research Center, 이하 PARC와 실리콘밸리 은행Silicon Valley Bank을 방문하고 나서는 "와우"라는 탄성이 저절로 나왔다.

이들은 전형적인 '실리콘밸리'식 혁신 기업들이다. PARC는 과거 제록스의 연구 활동 기능을 수행하던 조직인데, 제록스로부터 분리되어 현재는 독립적인 회사의 형식을 지닌 '연구소 기업lab company'이다. 우리가 지금 보편적으로 사용하는 레이저 프린터(1971), 이더넷(1973), 그래픽 유저 인터페이스(1975), 프로그래밍 언어(1980), 유비쿼터스 컴퓨팅(1988) 등의 원천 기술을 개발한 전통 있는 연구 전문가 집단이기도 하다. 이 조직은 스스로의 역할 정체성을 개발이 아니라 '연구를 통한 원천 기술의 발명'이라고 표현하면서, '개방형 혁신open innovation'의 역할 모델을 기꺼이 자임하고 있다. 현재 PARC는 구글, 테슬라와 긴밀히 협력하고 있으며 스탠퍼드대학교 등 주요 연구 중심대학들과도 활발히 교류한다. 우리나라의 삼성그룹, LG그룹과도 교류하고 있으며, 최근에는 일본의 금융회사 및 전통 대기업들의 외부 혁신 조직의 역할도 수행하고 있다.

실리콘밸리 은행은 이름에서와 같이 실리콘밸리가 갖는 혁신의 문화를 금융 차원에서 뒷받침하는 '전문 카테고리 은행'이다. 신생 스타트업에 대한 소규모 대출과 투자를 시작으로 카드 및 일반 은행 서비스를 제공하고, 더 나아가 해외 진출, 투자 유치 및 기업 공개IPO, Initial

Public Offering를 주선하는 등 투자 파트너이자 투자은행의 역할과 기능도 수행한다. 신용도나 실적이 전혀 없는 신생 스타트업에 금융서비스를 제공하기 위해 이 은행은 벤처 캐피털Venture Capital•보다도 더 전문적으로 산업과 기업을 조사하고 연구한다.

이렇게 2개월여 동안 실리콘밸리에 있는 혁신 기업들을 탐방하고 조사한 후 샌프란시스코와 베이 에어리어 일대를 다시 보게 되었다. 또 어디에서도 찾아볼 수 없는 이 지역만의 고유한 두 가지 강점을 체험하고 발견했다. 그것은 바로 '개방형 혁신'과 '잠들지 않는 혁신incessant innovation'이다.

미국과 유럽, 일본의 주요 대기업들은 대부분 실리콘밸리에 혁신 연구소나 실험실을 두고 있는데, 이들의 운영 모습과 방식을 '개방형 혁신 플랫폼'이라고 표현할 수 있다. 디지털과 IT 기업뿐만 아니라 금융, 바이오, 화학, 생명과학, 화장품(뷰티), 자동차, 항공우주 등 업종을 가리지 않고 규모 있는 기업들이 이 지역에 각자의 개방형 혁신 플랫폼을 두고 있는 것이다. 이들은 연구자나 혁신가들의 방문을 환영하고, 해당 기업의 실험이나 연구 인프라 등을 손쉽게 이용할 수 있도록 하며, 교육 및 커뮤니티 활동들을 지원하고 있었다. 덕분에 외부의 연구자나 혁신가들은 자신들이 가진 지적 호기심과 가설들을 이 인프라와 전문 인력 등의 지원을 통해 다양하게 실험하고 검증할 수 있다. 또 이들 개방형 혁신 플랫폼은 전통적인 대기업이나 공공 부문은 물론 스타트업 기업들과도 활발히 교류하고 협력하면서 '기술'로 여러

• 신생 기업에 전문적으로 투자하는 모험(위험) 자본과 투자자.

가지 문제를 해결하고, 새로운 비즈니스를 만들어내기도 한다.

실리콘밸리, 나아가 미국 선도 기업들의 기업 및 성장 전략의 핵심은 '기업 벤처링corporate venturing'●이다. 이 전략적 접근법을 통해 성장한 대표 주자가 바로 구글Google이다. 1998년 설립해 20여 년 만에 세계 정상급 기업의 지위에 오른 구글은 그 기간 동안 월 평균 두 건의 인수합병M&A을 실행했다. 구글에서 근무한 경험이 있는 퇴직자가 창업한 기업을 인수한 경우도 있고, 어떤 경우에는 특정 기술이 필요해 그 회사 전체를 인수하는 경우도 있었다. 이때 구글은 인수하는 기술이나 사업에 대해 정당한 대가를 지불함으로써, 탁월한 기술이나 비즈니스 모델을 지닌 기업들이 적극적으로 구글을 찾고 함께 협력하기를 의도했다. 그리고 이런 상호관계 활동을 통해 구글은 자사 고유의 '혁신 생태계innovation ecosystem'를 조성하고 개발했다. 20년이 조금 넘는 업력을 지닌 구글의 기업가치는 100년 이상의 업력을 지녔으나 이러한 행보에 뒤늦게 뛰어든 IBM보다 약 8~9배 더 큰 규모다.

실리콘밸리에서 '개방형 혁신'은 이제 일상용어이자, 일상적인 활동 모델이다. 광범위한 '개방형 혁신 플랫폼'과 전문적으로 고도화된 '혁신 금융'의 조합은 미국 전역과 전 세계에서 끊임없이 혁신가들을 불러 모으고 있다. 이 두 가지 특성이 중요한 구심력 역할을 하면서 혁신 인재의 용광로가 되고 있는 셈이다.

실리콘밸리에서는 주로 무엇인가를 더 낫게 만드는 생산적 혁신보

● 기존 기업들이 벤처기업 또는 스타트업을 직접 설립하거나 투자를 하는 등 혁신 활동을 전개하는 행위.

다 무엇인가를 새롭게 만들어내는 창조적 혁신이 이루어진다. 다시 말해 우리의 삶과 산업의 미래를 창조하고 설계하는 주체들이 모여서 활동하는 곳이 실리콘밸리다. 미래의 삶과 산업을 살펴보고 싶다면 실리콘밸리에서 그 단초를 찾으면 된다.

2020년 실리콘밸리에서 가장 뜨거운 주제는 '사람을 위한 과학기술'과 '우주시대의 개척'이다. 인공지능, 자율주행, 로봇, 5G 등 첨단 기술을 활용한 디지털 노동력의 개발과 활용을 통해 사람을 보다 더 편리하게, 스마트하게, 안전하게 하는 등의 주제들이 활발히 다루어지고 있다.

또 다른 한 축은 인간의 생명 연장에 관한 주제다. 특히 클라우드 기반의 슈퍼 컴퓨팅과 빅데이터는 생명과학과 의학 분야 연구 활동의 생산성을 획기적으로 고도화하고 있다. 그리고 실제 '문샷 프로젝트'인 우주 개척 프로젝트들이 실리콘밸리 곳곳에서 진행되고 있다. 실리콘밸리에서 만난 미래를 더 구체적으로 요약하면 다음과 같다.

1. 4차 산업혁명이 아닌, AI 시대의 도래
'디지털 트랜스포메이션'도 이제는 일반화된 상태다. 80여 년의 시간을 가진 '디지털'이라는 기술적 용어는 이제 우리의 일상 속에 내재화되었다. AI(인공지능)는 이제 영역의 구분 없이, 어떤 활동과도 병합될 수밖에 없다.

2. 데이터 기반 사고
AI가 유의미하게 기능하려면 결국 '데이터+알고리즘'의 기반과 수준이 일정 임계 수준 이상이 되어야 한다. 이제는 어떤 기획이나 전략을 수립할 때, 데이터 기반 사고를 하지 않으면 안 된다.

3. AI에 대한 정의, 그리고 경험 혁신

AI에 대한 바른 정의와 이해가 필요하다. AI는 만물 박사가 아니며 전지전능한 것도 아니다. 그저 사람의 행동 기능과 역할을 일정 부분 선행해주고, 보조적으로 뒷받침하는 것이다. 따라서 AI 시대에 더욱 중요하게 살펴야 할 것은 사람의 행동과 감성, 즉 사람에 대한 이해다.

사람의 행동과 감성은 AI 시대의 본질이며 사람에 대한 더욱 세밀한 이해를 통해 새로운 '경험 혁신'을 이끌어낼 수 있어야 AI는 제 기능을 다할 수 있다. '경험 혁신'은 기능, 프로세스, 감성 혁신의 결합체다. 디자인씽킹에서 강조하는 '사람+기술+비즈니스'의 복합적 관점에서 혁신을 살피는 것이 중요하다.

4. 우리가 만난 혁신은 '실패의 결합체'

글로벌 시각에서 혁신의 큰 흐름과 줄기를 살펴보면, 실리콘밸리에서 만들어진 '발명의 결과물'이 뉴욕에서 '산업과 시장의 트렌드'로 만들어지고, 북경에서 '대중화'되는 흐름이다. 디지털, 모빌리티, 핀테크 등 최근의 핫한 산업들은 대부분 이러한 흐름을 지니고 있다.

현재 많은 대중들이 사용하거나 활용하는 상품과 서비스들은 어느 날 불현듯 발명되어 우리들 손으로 옮겨진 것이 아니다. 보편적 상품과 서비스로 자리 잡는 과정에서 수많은 실패가 있었고, 이들의 결합체가 바로 지금의 혁신적 산물이다. 따라서 무언가 부족하거나 완전하지 않더라도 '실패의 결합체인 혁신의 산물'에 대한 가치를 인정하고, 이를 평가 및 소비하는 '혁신의 유효소비시장'이 매우 중요하다. 이것이 존재하고 기능해야 혁신가들이 일할 수 있는 장이 마련된다.

5. 우리가 만날 미래

샌프란시스코에 우버 본사가 있다. 샌프란시스코에는 여전히 케이블카, 트램,

버스, 지하철, 택시 등 전통적인 교통수단이 자리하고 있다. 그리고 IT 산업이 가장 발달한 지역도 샌프란시스코와 실리콘밸리 일대다. 그러나 이 지역 사람들은 여전히 자동차, 전동 스쿠터, 자전거, 트램 등이 뒤엉킨 교통체증으로 많은 불편을 겪고 있다.

'디지털 100% 영역'의 경우 매우 빠른 속도로 변화가 일어나지만, 실제적 활동과 인프라가 수반되는 영역에서는 여전히 힘겨운 줄다리기가 계속되고 있다. 우리가 만날 미래는 '협력하여 문제를 해결하는 사람/커뮤니티/조직/기업'이 주도하는 세상이 될 것이다. 문제를 인식하고 해결하는 전반의 과정이 새롭게 거듭나고 있다.

'다면화/분권화'가 과거에는 '비효율'을 낳았지만, 이제는 이것이 새로운 힘을 지니게 되고 있다. 또한 '자정 기능'까지 지니게 되고 있다.

우리가 만날 미래는 어둡지 않을 것이다. 우리가 살아갈 삶은 보다 밝고, 보다 건강하며, 보다 생산적이고, 보다 의미 있을 것이다.

6. 미래를 위한 교육

우리가 만날 미래가 '협력하여 문제를 해결하는 사람/커뮤니티/조직/기업'이 주도하는 세상이라면, 미래를 위한 교육 역시 이러한 방향성을 지녀야 한다. 교육은 좌뇌와 우뇌를 균형 있게 개발해야 한다. 또한 교육은 실제 세상에서 발견하는 많은 문제를 인식하고 해결할 수 있는 역량을 개발해야 한다. 상상을 하고, 그 상상을 표현하며 구체화할 수 있는 교육도 마련되어야 한다.

실리콘밸리에서 만난 우리의 미래는 '우리의 수명은 더욱 길어질 것이고, 우리의 삶은 더욱 편리해질 것이며, 우리의 활동 범주는 지구를 벗어나 우주를 향하게 될 것이다'라고 요약할 수 있다. 마치 장밋빛 미래가 펼쳐질 것만 같다. 그런데 정말로 그럴까?

혁신은 주체 그룹과 혁신의 산물을 초기 수용하는 그룹에게는 '즐겁고, 신나고, 동기 부여를 일으키는 활동'이지만, 이 그룹에 속하지 않은 사람들 중 일부는 위협적으로 받아들일 수 있다. 이는 혁신이 지닌 본성이며, 실리콘밸리에도 물론 혁신을 따라가는 자와 소외된 자가 있다.

이제 사람들에게는 창조적 역량과 감성적 역량이 이전보다 더욱 중요해지고, 물리적 역량은 그 수요와 중요성의 가치가 점점 쇠퇴할 것이다. 물리적 활동에 기반한 직업인들의 삶은 장밋빛이라고 하기 어려울 것이며, 그들은 또 다른 의미의 미래와 마주하게 될 것이다.

이처럼 혁신에도 분명히 양면성이 존재한다. 정부와 공공 부문의 역할은 이러한 혁신의 어두운 면을 보완하거나 보충하는 것이다. 그런 면에서 실리콘밸리 지역의 정부와 공공 부문은 그 균형자와 조정자 역할을 잘 감당하고 있는 것으로 평가할 수 있다.

실리콘밸리를 외부에서 보면 특별할 것이 없다. 낮에는 외부에서 활동하거나 이동하는 사람도 그리 많지 않다. 미국 외곽의 작은 도시와 크게 다를 바 없다. 그러나 저녁과 주말 풍경은 다르다. 평일 늦은 오후부터 저녁 시간에는 여기저기에서 다양한 모임들이 활발하게 열린다. 특정 기업이나 대학, 연구소 등에서 주관하는 모임도 많지만, 같은 관심 주제를 지닌 사람들이 자발적으로 동호회처럼 모이는 모임이 더 많다. 그리고 앞서 설명한 혁신 기업들의 개방형 혁신 플랫폼은 이들에게 공간이나 다양한 제반 여건을 아낌없이 제공해준다. 이 모임들은 대부분 '상호 학습과 공유'가 목적으로, 서로의 생각과 지식, 기술을 나누고 수용하는 장이 된다. 이는 주말에도 이어져, 더욱 심층 깊은 세미나나 콜로키움 등이 곳곳에서 펼쳐진다.

실리콘밸리의 이러한 인적 교류와 활동은 '다양한 생각과 관점', '최신의 지식과 기술 그리고 정보', '이업종 및 다른 학제 간의 협력 네트워크' 등을 촉발하면서, 혁신이 일상이 되는 고유한 문화를 만들어낸다. 근무시간에는 공식적인 개방형 혁신 플랫폼을 통해서, 저녁과 주말에는 다양한 모임과 교류를 통해서 창조적 혁신 활동을 중단 없이incessant 계속하는, 실리콘밸리만의 고유한 '잠들지 않는 혁신'이 이루어지고 있다.

실리콘밸리 일대는 거대한 학교이자 실험장이라 할 수 있다. 창의적이고 혁신적인 인재일수록 실리콘밸리를 찾고, 여기에 정착하기를 원한다. 그리고 이들은 미래의 변화에 종속되는 것이 아니라, 스스로 미래를 창조하고 디자인하고자 한다.

05

10년, 판을 바꾸기에 충분한 시간:
파워의 이동

2020년 6월 22일은 자동차 업계와 21세기 디지털 사회에 중요한 이벤트가 있었던 날이다. 테슬라의 시가총액(약 225조 원)이 자동차 업계에서 1위 자리를 공고히 했던 토요타의 시가총액(약 214조 원)을 넘어선 것이다. 2010년 1월 나스닥에 상장했으니 10년 만에 업계 1위로 등극한 셈이다. 같은 날, 애플의 기업가치는 약 1,878조 원($1,547B)으로 전 세계 기업 중 으뜸이었다. 애플은 마이크로소프트($1,512B)와 함께 '$1.5T 클럽' 멤버이며, 이는 스티브 잡스의 후임으로 팀 쿡이 CEO에 오른 지 10년도 되지 않아 만들어진 결과다.

테슬라의 CEO 일론 머스크는 원래 이 회사의 창업자가 아니다. 테슬라는 2003년 7월 마틴 에버하드Martin Eberhard와 마크 타프닝Marc Tarpenning이 공동으로 창업했고, 이후 이안 라이트Ian Wright가 합류했다. 이들은 2004년 벤처 캐피털로부터 투자를 받는 과정에서 일론 머스크와 만나게 되었고, 이때 그는 750만 달러의 시리즈 A 투자금 중 650만 달러를 투자하면서 테슬라의 이사회 의장을 맡게 된다.

팀 쿡은 대학 졸업 후 IBM에서 약 12년 일했고, 이후 컴팩compaq 등에서 짧게 근무하다가 1998년 애플에 합류했다. 그리고 13년간 스티브 잡스의 리더십 아래 일하다가 2011년 CEO로 발탁되었다.

일론 머스크가 전형적인 기업가entrepreneur의 모습을 지니고 있다면, 팀 쿡은 조직 내(사내) 기업가intrapreneur의 대표적 사례에 해당한다. 이들은 원천 아이디어나 기술을 지닌 기업가는 아니었지만, 상상력imaginary force과 '퓨처라이징futurizing'을 무기로 업계의 판을 송두리째 뒤흔들었다. 이 두 가지 능력의 조합이 바로 '기업가정신entrepreneurship' 이다.

퓨처라이징은 미래의 시점을 기준으로 구체화된 가상의 모습(목표)을 설정하고, 이를 실현시키기 위해 현재 시점에서 단계적으로 무엇을 실행할 것인지 챙겨가는 혁신 방법론으로, 귀납적 접근법과 그 맥을 같이한다. 다만 귀납적 접근법이 현재의 결과에 영향을 미친 과거의 원인과 과정을 쫓는 것이라면, 퓨처라이징은 미래의 모습에 방점을 찍는다.

테슬라의 일론 머스크, 애플의 스티브 잡스, 소프트뱅크의 손정의 등은 퓨처라이징을 대변하는 대표적 기업가들이다. 이들이 혁신적인 비즈니스를 개발하고 키워나가는 방식이 바로 퓨처라이징이다. 이들은 특정 기술 분야의 전문가는 아니지만 미래의 시점에 어떤 상품이나 서비스가 필요할지를 먼저 상상하고, 이를 매우 구체화시킨다. 그리고 그 상상의 모습(목표)을 실제화하기 위해 현재 시점에서 어떤 기술, 자원, 사람 등이 필요한지 찾고, 이를 유기적으로 조합하여 상상 속의 모습들을 하나둘 현실화시킨다. 즉 퓨처라이징은 미래를 현실화시키는 방법론이라고 간략히 요약할 수 있다.

퓨처라이징의 근저에는 창의력을 넘어서는 상상력이 자리하고 있다. 우리는 창의적 사고력을 키우기 위해서는 많은 관심과 노력을 기울이지만, 상상력을 키우고 발휘하기 위한 관심과 노력은 상대적으로 소홀히 하고 있다.

꿈만 꾸는 사람을 몽상가라고 한다. 그러나 꿈을 꾸고 이를 현실로 만들어낸다면, 그 사람은 기업가라 할 수 있다. 기업가는 상상력과 퓨처라이징을 갖추고 있으며, 이것이 바로 기업가정신이다.

기업 세계에서 기존에는 제조설비plant가 '마켓 파워'를 가지는 중요한 원천이었다면, 이제는 꿈을 꾸고 이를 현실화시켜나가는 기업가정신이 그 자리를 대신하고 있다. '미래를 디자인하는 상상력', '상상한 미래를 구체화하고 이를 현실화시켜나가는 퓨처라이징', 이 조합을 통해 실제화되는 '기업가정신', 이러한 메커니즘이 제대로 작동한다면, 10년이란 물리적 시간은 업계의 판을 바꾸기에 충분한 시간이다. 테슬라의 일론 머스크와 애플의 팀 쿡은 이를 증명했다.

최근 우리 경제와 사회에는 기존 질서가 무너지며 새로운 질서가 만들어지고 있다. '파워'가 이동하고 있는 것이다. 새로운 '파워'가 이동하는 방향을 요약해보면 다음과 같다.

우리나라 기업 중 네이버의 시가총액(약 62조 원, 2021년 7월 8일 기준)은 제조업의 대표격이라 할 수 있는 포스코(약 26조 원)의 두 배가 넘으며, 2위 기업인 SK하이닉스(약 82조 원)의 약 76퍼센트 수준에 이른다. 카카오(약 69조 원) 역시 전통 제조업인 현대자동차(52조 원)의 시가총액을 넘어섰다.

글로벌 시장으로 시각을 넓혀보면, 비디오 커뮤니케이션 플랫폼 서비스를 제공하는 줌Zoom이 약 130조 원($113.736B)으로 세계적인 반도체 제조업인 SK하이닉스보다 1.6배의 규모다. 넷플릭스(약 $235B)는 전 세계 자동차 생산량 1위 기업인 토요타 자동차(약 $244B)와 비슷한 규모의 시가총액을 지닌다. 이처럼 최초 설립 시부터 디지털에 기반한 기업들의 시장가치 성장세가 대단하다.

|도표 1-1| 주요 기업 시가총액 비교

2021년 7월 8일 기준

회사명	거래소	시가총액 (단위: 10억 달러)
넷플릭스	NASDAQ: NFLX	235.341
세일즈포스	NYSE: CRM	227.611
줌 비디오 커뮤니케이션	NASDAQ: ZM	113.736
스포티파이	NYSE: SPOT	48.919
네이버	KRX	53.82
카카오	KRX	60.23

Born Digital + Global Service

2021년 7월 8일 기준

회사명	거래소	시가총액 (단위: 10억 달러)
토요타 자동차	TYO	243.57
테슬라	NASDAQ: TSLA	628.871
SK하이닉스	KRX	71.45
LG화학	KRX	58.91
현대자동차	KRX	45.28
포스코	KRX	22.23

B2C+Digital Transformation+Global Sal

이들 태생적 디지털 기업Born Digital Companies은 자국 내로 시장을 한정하지 않고, 글로벌 컨슈머를 대상으로 직접 비즈니스를 펼친다. 수익을 창출할 수 있는 대상 시장의 규모가 전통 기업 및 내수 기업보다 상대적으로 더 클 수밖에 없다. 이를 전문용어로 '도달 가능한 최대 규모의 시장TAM, Total Addressable Market'이라고 하는데, 성장성에 대한 기대를 갖게 하며 자연스레 기업가치에 반영된다.

우리나라에는 많이 알려지지 않은 스웨덴 기업으로, 아직 서비스 초기 단계인 '스포티파이'라는 음원 스트리밍 서비스 기업이 있다. 현재 뉴욕 증시에 상장되어 있으며 유럽과 북미 전 지역에서 서비스되고 있는데, 이 회사의 시가총액은 약 56조 원(약 490억 달러, 2021년 7월 8일 기준)으로, 국내 음원 스트리밍 서비스 1위 기업인 카카오(음원 스트리밍 비즈니스는 전체 매출액의 약 15퍼센트 미만 수준)와 유사한 수준의 시가총액을 지닌다. 이는 글로벌 컨슈머를 대상으로 하는 비즈니스와 로컬 컨슈머를 대상으로 하는 비즈니스의 가치 차이를 보여준다.

태생적 디지털 기업과 글로벌 컨슈머의 조합은 TAM 관점에서 상당한 매력을 지닌 모델이다. 이에 더해 B2B + C2C + B2G 등의 비즈니스 경로 조합이 추가되면, 도달 가능한 시장 규모는 극대화된다. 바로 이 모델에 해당하는 기업이 전 세계 시가총액 1위인 마이크로소프트다.

'Digitization → Digitalization → Digital Transformation'이라는 용어의 변천에서 알 수 있듯 지금은 '디지털 트랜스포메이션'이 매우 중요한 키워드로 자리 잡고 있다. 그리고 여기에는 기술보다 사람에 대한 내용들이 더 많이 강조된다. 보다 쉽게 개념을 정의해보면 '디지털 기술을 적극 활용함으로써 사람에게 더욱 이익이 되도록 비즈니스를 변환시키는 것'이라고 설명할 수 있다. 그리고 이러한 개념 정의에 가장 충실한 사례 중 하나가 바로 테슬라다.

전기 자동차를 제조하는 것이 아니라, 디지털 자동차를 제조·공급한다고 표현하는 것이 테슬라의 본질을 더 충실하게 드러내는 표현일 것이다. 테슬라의 전기 자동차는 가솔린이나 디젤 엔진에서 전기 모터로 단순히 구동 체계를 바꾼 것이 아니다. 자동차, 더 나아가 모빌리티 영역에 디지털 기술을 적극 활용함으로써 사람들이 보다 편리하고 안전하게, 또 즐겁게 이동성을 누릴 수 있도록 하는 '모빌리티 서비스'를 제공하는 모델이라고 설명할 수 있다. 또 이를 통해 환경을 보호하겠다는 본원적 목적을 이루는 모델이기도 하다.

철강 제품이 '산업의 쌀'이라 불린다면, 디지털 시대에는 데이터가 쌀이다. 우리나라에는 잘 알려지지 않은 CRM 솔루션 회사 세일즈포스의 시가총액은 약 262조 원($227,611B, 2021년 7월 8일 기준) 로 포스코의 시가총액보다 열 배 이상 높다. 우리나라에서 상장했다면 당장 삼성전자에 이어 시가총액 2위에 오를 정도다. 세일즈포스의 경쟁력은 바로 '데이터'다.

'태생적 디지털+글로벌 컨슈머'와 '디지털 트랜스포메이션+데이터', 이 두 조합을 충분히 이해하는 혁신가라면, 후발주자이자 신생 기업이라 하더라도 10년 안에 업계의 판도를 바꿀 수 있는 새로운 시대에 들어서 있다.

06

디지털 노동자와
중간 지대의 소멸

2020년 2월, 뉴욕의 컬럼비아대학교 SIPA(국제관계 및 공공정책 대학원)에서 주관한 포럼에 참여하게 되었다. 세션 주제 중 하나인 '미래의 일과 근로자들 The Future of Work and Workers'은 내게 많은 고민거리를 던져주었다.

  기업 세계에서 개인의 직무 역할은 크게 세 가지로 구분된다. 새로운 기술이나 상품, 서비스를 기획하고 만들어내는 창조자 creators적 역할, 개발된 기술, 상품, 서비스를 고객에게 공급하기 위한 생산과 운영 전반의 과정에 관계하여 활동하는 과정 수행자 processors적 역할, 그리고 판매와 상담 등으로 고객과 접하는 전달자 deliverers적 역할이다.

  디지털 노동자가 보편화되는 흐름 속에서 창조자적 지위에 있는 사람들은 이런 시대 변화의 최대 수혜자라 할 수 있다. 실례로 미국의 프린스턴대학교에서 파이낸셜엔지니어링 전공으로 석사 학위를 받은 사람이 취업할 경우, 평균 연봉은 2019년 기준 15만 5,571달러(환율 1,200원/1달러 적용 시 한화 약 1억 8,700만 원)다.[3]

이들의 평균 연령은 20대 중반이다. 유수의 대학에서 이 전공으로 석사 학위를 받을 경우 최소 연봉 12만 달러를 보장받으면서 커리어 활동이 가능하다. 최근 투자은행이나 금융 회사에서의 주식, 채권 등 투자와 거래 전반의 영역이 파이낸셜엔지니어링에 기초해서 이루어지기 때문에, 이들 전문 인력에 대한 높은 수요와 보상은 자연스런 흐름으로 해석할 수 있다.

한편 현재의 기업 세계에서는 과정 수행자적 역할과 관련된 직무에 가장 많은 사람들이 종사하고 있다. 생산, 인사/노무 관리(급여, 총무 등), 회계처리 및 예산관리 등과 같은 직무가 대표적이다. 이 역할은 표준화의 정도가 상대적으로 높은 것이 특징이다. 즉 이런 직무나 역할 기능은 '경제성(생산성, 효율성)의 원리'에 의해 통제되는 영역이다. 따라서 디지털 노동자의 활용 및 확산이 가장 빠르게 전개될 수 있는 영역이다. 이미 제조공장은 로봇에 의해 자동화되고 있고, 인사관리나 회계관리 업무들은 클라우드 서비스 기업들이 제공하는 다양한 솔루션에 의해 대체되고 있다.

마지막으로 전달자적 역할은 '감성적 역할'과 '물리적 역할'로 구분된다. 직업으로는 뮤지컬 배우 같은 경우가 감성적 역할이라고 할 수 있다. 이러한 영역은 디지털 노동자로 대체되기 어렵다. 사람만이 지닌 고유의 감성을 대체하기는 쉽지 않기 때문이다. 그러나 '감정 노동' 직군에 해당하는 직업들은 빠르게 디지털 노동력에 의해 대체되고 있다. 콜센터 상담원이 급속도로 줄어드는 현상이 이를 설명한다. 즉 '감성'과 '감정'의 영역과 역할 기능에 대해 구분하여 이해하는 것이 필요하다. '감정 직무'는 '경제성의 원리'에 추가하여 '위험성의 원리'도 함께 적용되기 때문에 디지털 노동력이 적극 채택되는 대상이 된다.

한편 물리적 역할의 대표적 직무는 택배 배달원 등이다. 택배 현장을 보면 배송지의 형태나 유형이 워낙 다양해 자동화하기가 어려운 특성이 있다. 이런 다양한 환경 모두에서 통용될 수 있는 배달 로봇을 만들어 사람을 대체하는 것은 경제성의 원리를 적용할 때 오히려 합리적인 선택이 될 수 없다. 물류센터의 기능이 자동화되는 것, 음식점에 식사 메뉴를 운반하는 로봇이 생겨나는 것과는 다른 양상이다. 그러나 이 직무의 부가가치 창출 관점에서 보면 여전히 경제성의 원리의 적용 대상이 되고 있다. 이런 이유로 관련 직무는 임시직화될 확률이 상대적으로 높다고 정리할 수 있을 것이다. 디지털 노동력에 의해 대체되지는 않겠지만 직업적 안정감과 매력도는 높지 않다.

이러한 사항은 개인의 직무 관점을 넘어 기업이라는 조직 영역에서도 그대로 준용된다. 생태계나 플랫폼을 조성하고 개발하는 조직은 더욱 중요하게 부상할 것이며, 단순 제조나 공급을 하는 중간 단계의 기업들은 언제든 디지털 노동력으로 대체될 수 있다. 감성적으로 고객과 관계하는 기업은 유의미하게 존재할 수 있지만, 물리적 관계 기반의 고객 접점을 가진 기업 조직은 한계이익 상태에서 생존과 소멸을 반복하는 불안정한 상태에 놓일 수밖에 없다.

앞서 기술한 것처럼 디지털 노동자가 사람의 일자리를 대체하는 흐름은 코로나19로 인해 더욱 가속도가 붙고 있으며, 특히 중간 과정 역할을 하는 사람들의 일자리가 속속 사라지고 있다. '중간 지대의 소멸'이 시작된 것이다.

'지식 및 기술 격차'는 개인이나 조직의 역할 기능 변화에 영향을 미치는 중요한 영향 관계 변수다. 고도화된 지식과 기술을 충분히 지닌 개인이나 조직은 '창조자적 역할'을 수행하면서 더욱 발전적 지위를 가지게 되는 반면, 이러한 변화에 준비되지 않은 '과정 수행자적 역할'에 해당하는 개인이나 조직은 디지털 노동력에 의해 빠르게 대체될 것이다. 그러면서 어쩔 수 없이 '전달자적 역할' 쪽으로 옮겨가게 된다. 결국 부가가치의 창출 정도가 낮고 임시적 활동 특성을 지닌 이 영역에서 다수의 개인과 조직이 경쟁하는 구조가 되면서 이들의 입지는 더욱 좁아지게 될 것이다.

현재 대한민국의 일자리 상황이 딱 이러하다. 민간 영역에서 안정적인 일자리는 급감하고 임시직과 자영업, 경쟁력 없는 생계형/한계형 기업 영역 쪽으로 일자리가 '강제 집중화'되면서 일자리 양극화 현상이 매우 심하게 나타나고 있다. 코로나19의 영향이 없었던 2017년 말 기준 제조업 부문의 일자리는 전년보다 1.8퍼센트 감소했고, 이는 2018년 -5.6퍼센트, 2019년 -8.1퍼센트로 감소폭이 계속 커지고 있다(통계청, 실업자 및 실업률 추이). 이는 산업적 경쟁력의 문제와도 연관이 있지만, 그와는 별개로 디지털 노동력으로의 전환 역시 중요하게 영향을 미친다고 볼 수 있다. 실업자 수는 계속 증가하는데, 농림어업 부문의 일자리와 비정규직, 특히 '한시적 근로자'의 비중과 일자리가 대폭 증가하는 흐름은 디지털 노동력의 대체 현상에서 파생되는 것과

무관하지 않다.

    중국의 일자리 상황도 이와 비슷하다. 중국의 일자리 통계를 완전히 신뢰하기는 어렵다 하더라도 2017년 말까지만 해도 도시 실업률 지표가 수년간 3퍼센트 중후반대를 꾸준히 보여온 것에 반해, 2018년부터 5퍼센트 수준으로 급등하여 2020년 초에는 코로나19로 일시적으로 6퍼센트를 넘어선 흐름을 보이고 있다.[4] 미국 NBERNational Bureau of Economic Research, 국가경제연구국의 연구원 3인이 지난 2015년 8월 발표한 〈중국에서의 실업과 노동 참여의 장기 트렌드 보고〉'[5]에 의하면 중국의 공식 통계치와 실질적인 실업률에는 최대 7~8퍼센트의 차이가 있다.

    종합하면, 중국의 실업 문제는 이미 2~3년 전부터 중요하게 강조되었는데, 이는 이른바 '미중무역전쟁' 이전부터 중국에서도 디지털 노동력으로의 대체 현상이 시작되었다는 것으로 추론할 수 있다.

    이처럼 여러 현상과 데이터들은 더욱 고도화된 지식과 기술, 이를 토대로 한 가치 창출력을 지녀야만 앞으로의 사회에서 직업적 활동이 가능할 것이라는 사실을 보여주고 있다.

07

**밤 10시,
서울 대치동의 학원가**

밤 10시, 서울 대치동의 학원가는 수업을 마치고 나오는 학생들과 이들을 데리러 온 부모들의 차량이 뒤엉켜 인산인해를 이룬다. 코로나19가 한창일 때도 이 풍경은 여전했다.

2013년 KBS의 다큐멘터리 프로그램으로 〈공부하는 인간〉 4부작이 방송되었다. 첫 편에서는 대치동 학원가의 밤 풍경을 소개했다. 하버드대학교 재학생 네 명이 '세계 최대의 학원 클러스터' 대치동 학원가에 대해 보인, 경이롭다는 반응이 인상 깊게 남았다.

무엇이 대치동 학원가를 '세계 최대 규모의 학원 클러스터'로 만들었을까? 2020년 1월《한국일보》는 〈학벌의 탄생, 대치동 리포트〉라는 심층 기획 기사들을 통해 대치동 학원가의 역사적 발달 과정부터 학벌이 아닌 '능력중심사회'로의 변혁에 대한 담론까지, 다양한 내용을 다루었다. 이중 가장 주목할 만한 키워드는 '불안을 먹고사는 학원가'다.

이 기사에 따르면, 2018년 기준 사교육비 총규모는 한해 약 19조 5천억 원이라고 한다. 같은 해 정부의 연구개발R&D 예산 총액은 19조 8천억 원이었다. 국민의 사교육비 지출 수준과 정부의 연구개발비 지출 수준이 거의 비슷하다. 2020년 정부의 R&D 예산 규모는 24조 874억 원이다. 그리고 교육부의 고등교육(대학 영역) 부문의 2020년 예산은 10조 8천억 원이다. 아마도 2020년 사교육비 총지출액은 정부의 R&D 예산 집행 규모를 가볍게 뛰어넘을 것이다. 학부모들의 '불안감(불확실성)'이 더 커졌기 때문이다. 즉, 대치동 학원가의 성장은 교육정책의 불확실성과 밀접히 연관되어 있다고 할 수 있다.

나는 대치동 학원가로 대변되는 사교육 영역이 명실상부한 산업적 규모로 성장한 원인을 '학벌 중심 사회'보다는 '교육정책의 실패'로 상정하고, 근원적으로 조명해보고 싶다. 그리고 이는 다시 구체적으로는 '예측 불가능한 대학 입시 정책'과 '교육부(정부) 만능주의'로 압축해서 설명할 수 있을 것이다.

어느 영역에서든 독점과 과점은 반드시 시장의 실패를 불러온다. 반세기 이상 지속된, 교육부(시도교육청을 포함한 범정부 영역)가 전권을 갖고 모든 것을 통제하겠다고 하는 교육정책으로는 '학벌 중심 사회'를 '능력 중심 사회'로 전환할 수 있는 유효한 대안 모델을 만들어내지 못한다.

현재의 교육정책과 입시정책에서 입시학원에 의존하지 않고 고교 생활을 통해 우수 대학으로 진학할 수 있는 유일한 경로는 '과학고 및 영재학교 → 4개 과학기술원DGIST, GIST, KAIST, UNIST, 알파벳 순' 모델이다. 교육부의 직접적인 통제를 받지 않는 이 4개 과학기술원은 소수의 정원만 정시전형으로 선발하고, 대부분의 입학정원을 수시전형으로 배정하고 있다. 또한 과학고 및 영재학교 학생의 경우는 2학년을 마치면 과학기술원에 입학 지원을 할 수 있도록 그 길을 열어두었다.

과학고 및 영재학교의 교육과정은 해외의 매우 우수한 고교 교육과정과 비교해도 손색이 없을 정도로 그 수월성을 갖추고 있다. 입시학원을 다닐 시간적 여유도 없을 뿐더러 과학기술원에 진학한다면 입시학원 과정은 불필요하다. 그런데 고교에서 과학기술원에 진학하는 과정에서는 입시학원에 의존하지 않아도 되지만, 과학고와 영재학교에 입학하려면 초등학교 1학년 때부터 준비해야 한다는 것이 대치동 학원가의 비밀 아닌 비밀이다.● 입시학원 경력이 더 일찍 시작되는 역설의 구조를 지니고 있다.

국가의 교육정책은 기본적으로 수월성, 포용성, 혁신성, 다양성이라는 네 가지 방향을 균형 있게 추구하면서 전개되어야 한다. 이를 위해서는 정부 차원에서 반드시 챙겨야 할 영역이 있고, 시장이나 민간의 영역에 맡겨야 하는 영역이 있다. 그러나 우리나라는 정부가 모든 것을 통제하려 하다 보니 네 가지 방향 모두가 엇박자를 내면서 어느 하나도 제대로 이루어지지 못하며 실패하고 있다.

뒤에서 자세히 다루겠지만, 미국의 경우 기본적으로 사립학교(초중

● 《중앙일보》 2019년 10월 10일자 기사에 따르면, 서울과학고등학교 입학생의 48퍼센트는 대치동의 특정 A학원 출신으로 파악되었다고 한다. https://news.joins.com/article/ 23600037

고교 과정 및 대학) 영역은 정부의 관여가 최소화된다. 즉 사립학교는 자신이 지닌 자유도를 기초로 각각 고유한 교육과정을 설계하여 운영하고, 스스로 교육 품질을 보증하기 위한 노력을 펼친다. 그렇지 않을 경우 시장 메커니즘에 의해 도태될 수밖에 없는 구조다. 공립학교의 경우도 '포트폴리오' 개념을 기초로 각각 수월성, 포용성, 혁신성, 다양성을 중점에 두는 다원화된 공교육 정책을 펼치고 있다. 사립학교는 학생과 학부모로부터 평가받기 위해, 공립학교는 지역 주민(학구)으로부터 평가받고 또한 사립학교에 학생을 빼앗기지 않기 위해 서로 경쟁하는 것이다.

우리의 경우 교육부(정부)가 스스로 통제의 범주를 제한하고, 권한을 분산하는 강도 높은 자기 변혁을 하지 않는다면 사교육의 산업화는 더욱 공고해질 것이다. 그리고 밤 10시, 대치동 학원가는 학생과 학부모로 더욱 인산인해를 이룰 것이다.

08
꼰대-라떼 공화국

2020년 5월, 〈꼰대인턴〉이란 드라마가 한 공중파 방송 채널을 통해 방영되었다. 그런데 드라마 자체보다 드라마의 OST 〈꼰대라떼〉가 더 유명세를 탔다. '꼰대-라떼'는 관료 조직과 기업 조직에서 권위주의적 조직문화와 소통의 단면을 풍자하는 표현법이다. 20세기도 아닌 21세기 대한민국에서 '꼰대-라떼'라는 권위적이고 냉소적인 표현이 많은 이의 공감을 얻은 것이다.

그런데 이 표현법이 가장 잘 어울리는 곳은 다름 아닌 교육계다. 몇 년 전, 딸아이가 중학교에 입학한 후 학부모 초청을 받고 학교를 방문했다. 서울에서 학업성취도 평가에서 매우 우수한 공립중학교로 평가받는 학교이고, 이 중학교에 진학하기 위해 멀리서 이사를 오는 경우도 꽤 있다고 했다. 그런데 학교 교실에 들어가보고, 또 담임선생님과

면담하면서 적잖은 충격을 받았다. 21세기 한국 공립중학교의 모습이 30여 년 전 면 단위 시골 중학교에서 경험한 것과 다를 바 없었기 때문이다. 교실에 적힌 급훈과 교훈, 화장실의 밀대 자루 등 외형적인 모습과 전반적인 분위기가 모두 권위주의 시절의 예전 모습 그대로였다.

사실 교육계 내에서도 '꼰대-라떼'가 가장 정형화된 문화로 자리 잡고 있는 곳은 한국의 대학 세계다. 그리고 그 절정이자 핵심은 지도교수와 전일제(풀타임) 박사과정 학생 사이의 관계라고 할 수 있다.

"'교수 갑질'에 멍드는 대학원생… 개밥 주기, 통장 압수, 성폭력에 '논문 강탈'까지".

2019년 10월 13일자 《중앙일보》에 실린 기사의 제목이다. 이 기사의 일부를 인용해보면 다음과 같다.

"대학원생119에 따르면 올 초부터 6개월간 교수 갑질 탓에 피해를 입었다는 대학원생의 제보·신고가 총 159건에 이르렀다. 피해 양상은 폭력·괴롭힘(45.9퍼센트), 노동 착취(37.7퍼센트), 연구저작권 강탈(11.3퍼센트), 금품요구(5퍼센트) 등으로 다양하다. 대학원생119의 신정욱 간사는 "대학원생 상당수가 갑질을 당하고도 보복이 두려워 피해 사실을 알리지 못한다는 걸 고려하면 실제 인권침해는 훨씬 많을 것"이라고 밝혔다."

나는 한국과 미국 모두에서 대학원 생활을 해보았다. 개인적으로는 정말 탁월한 실력을 갖추고 인격적으로도 훌륭한 지도교수님의 지도 아래 대학원 생활을 보냈기에, 위의 사례와 같은 경험은 한 적이 없다. 한국의 지도교수님과는 마치 한 가족 같은 관계로 지내면서, 서로의 가족을 위해 기도하는 관계이기도 하다. 미국의 지도교수님은 다른 사람들에게 나를 "나의 학생이었지만, 지금은 동료이며, 친구"라고 소개한다. 하지만 한국에서는 이런 경우가 매우 예외적이며, 찾아보기 어렵다. 주변에서 간접적으로 접하거나 보고 듣는 여러 사례들은 사실 위 기사의 사례와 크게 다르지 않았다.

한국의 박사과정 학생들은 지도교수와의 관계에서 종종 절대군주를 섬기는 신하와 같은 위계 상황에 놓인다. 학위를 제대로 받을 수 있을지의 여부와 졸업 후 진로 및 학계 활동 등 자신의 커리어 활동에 지도교수가 절대적 영향력을 지니는 것으로 인지하고 있다. 어떤 경우는 대학원생들 스스로가 만들어낸 추론과 과대 해석을 동료 및 선후배 대학원생들과 공유함으로써 실제와는 다른 가공된 전통이 만들어지기도 한다.

특히 교수직을 앞으로의 진로로 계획할 경우, 박사과정 학생들은 스스로 더욱 민감하고 세심하게 지도교수의 심기를 살피는 문화가 형성되어 있다. 일부 부풀려진 사례도 있지만, 어떻든 우리의 대학 세계에서 지도교수와 박사과정 학생 간의 관계가 절대적 '주종 관계'와 같이 형성되어 있다는 것은 부인할 수 없는 사실이다.

정년 심사와 관계하여 지니게 되는 '정교수 vs. 부-조교수 관계', '정년 트랙 교수 vs. 비정년 트랙 교수', '전임 교수 vs. 비전임 교수', '비전임 교수 vs. 시간강사', '교수 vs. 교직원', '정규직 교직원 vs. 임시 및 비정규직 교직원', 사립대학의 '재단 또는 이사장 vs. 보직 희망 교수와 신규 임용 지원 교수', 학점 및 평가권을 지닌 '교수 vs. 학사과정 학생' 등 한국의 대학 세계에는 소위 갑을 관계가 깊이 똬리를 틀고 있다.

이러한 상황에서 창의적 사고와 비판적 성찰이란 그저 고상한 이상주의적 표현에 지나지 않을 수밖에 없다. '꼰대-라떼'란 표현법은 한국 대학 커뮤니티 문화의 핵심적 단면을 어쩌면 너무나 잘 묘사하고 있는지도 모른다.

비단 대학만의 문제가 아니다. 교육부의 젊은 사무관들이 환갑을 넘은 대학교수들 앞에서 권위를 세우는 모습도 심심치 않게 접할 수 있다. 시도교육청의 장학사나 교육공무원은 일선 초중고교 교사들 앞에서 권위적이다. 갓 임용된 고교 교사들은 자신과 연령 차이가 크지 않은 고등학생을 대상으로 '너희들~', '니네들~', '야!~' 등의 표현을 서슴지 않으며, 학부모들에게는 '아이들'이란 표현을 일상적으로 사용한다.

이처럼 시장 메커니즘이 작동하지 않는 제도권 교육계와 달리, 사교육 영역은 서비스업답게 학원이나 학원강사들이 학생들과 학부모들을 고객으로 대한다. 이런 배경에서 학생이나 학부모가 학업이나 진로 상담 등을 학교의 교사나 학교 시스템에 의존하지 않고 외부의 학원 관계자들과 더 깊이 나누는 사례도 자주 접할 수 있다.

우리의 제도권 교육에 깊이 자리하고 있는 '꼰대-라떼' 문화와 '미래 교육', 그리고 '교육 혁신' 등의 담론은 병립할 수 없는 관계처럼 보인다. 한국 교육 전반의 영역에서 교육이란 무엇인지, 그리고 학교란 무엇이고 왜 존재하는 것인지 등 본질적이고 본원적인 문제들을 다시 살펴야 하는 이유가 여기에 있다.

2장

우리에게
교육이란 무엇인가?

01

학교란 무엇인가?

2010년 EBS는 〈학교란 무엇인가〉라는 10부작 다큐멘터리를 방영했다. 그리고 2020년에는 그 후속편 격인 〈다시, 학교〉라는 10부작 다큐멘터리를 방영했다. 나는 최근에 10년의 시차를 둔 이 프로그램 20편을 모두 살펴보았다. 10년이란 시간이 지났지만, 교육 현장의 고민은 근원적으로 달라지지 않은 듯하다. 우리는 여전히 같은 고민을 하고, '학교란 무엇인가?'라는 질문에 교사나 교육정책 관계자 누구도 뚜렷하게 답하지 못한다.

국립국어원의 표준국어대사전에서는 학교를 "일정한 목적·교과과정·설비·제도 및 법규에 의하여 계속적으로 학생에게 교육을 실시하는 기관"이라고 정의한다. 학교를 한자어로 풀어보면 '배울 학學' 자에 '학교 교校' 자인데 이 교校 자에는 가르친다는 뜻도 있다. 즉 학교는 배우고 가르치는 곳이라고 이해하면 될 것이다.

영어로 학교를 의미하는 스쿨School은 케임브리지 사전에 "어린이들이 교육받기 위해 가는 곳a place where children go to be educated"이라고 설명되어 있다. 웹스터 사전에는 "교육을 제공하는 조직an organization that provides instruction"으로 나와 있다. 스쿨의 어원은 라틴어 스콜라schola와 그리스어 스콜레skhole인데, 여가를 뜻하는 레저leisure도 스콜레에서 유래했다.[1] 이러한 맥락에서 학교를 '자유로운 환경에서 토론하며, 배우고 가르치는 곳'이라고 설명해도 크게 무리는 없을 듯하다.

학교의 기원은 교육이고, 교육의 기원은 문자의 발명과 확산이다. 학교가 가족, 거주 집단, 종교 집단 등 사적 영역에 있다가 본격적으로 공적 기능으로 옮겨온 것은 국민에게 주권이 있는 '공화국'을 중심으로 한 국가체제가 등장하면서부터다.

보스턴 라틴 학교Boston Latin School는 1635년 설립된 미국 최초의 공립학교다.[2] 이 학교는 뉴잉글랜드 시대, 즉 영국의 식민지 학교로서의 의미를 지니고 있다. 미국이 '연방국'으로서 공화국으로 출범한 이후 19세기 초부터 공립학교는 보스턴을 중심으로 빠르게 그 숫자가 늘어났으며, 19세기 말에는 사립학교보다 더 많아졌다. 전체 등록/인가 학교 중 공립학교의 비중은 약 90퍼센트에 이른다.[3] 이렇듯 근대의 학교는 국가 체제의 등장 및 발전과 그 궤를 함께한다.

다시 10년 전 EBS의 〈학교란 무엇인가〉라는 프로그램으로 돌아가 보자. 이 프로그램은 세 명의 교사들에게 "학교란 무엇입니까?"라는 질문을 건네며 시작한다. 교사들 모두 명쾌하게 답을 하지 못한다. 내

레이터는 일반인에게 이 같은 질문을 하면 대부분 당황할 것이라고 이야기한다. 그런데 10년이 흘러 방영된 〈다시, 학교〉의 마지막회에서도 '학교란 무엇인가?'에 관한 명쾌한 설명은 없었다. 오히려 학생들의 인터뷰 내용이 그에 대한 보다 현실적이고 본원적인 솔직한 답을 주는 듯하다.

"학원에서는 졸려도 잘 안 자죠."
"학원 가서 수업 듣지, 학교에서는 수업 안 듣고 그냥 놀고…"
"학원에서 예습 나가고, 학교에서 개념 같은 걸 복습하는 용도로 듣고 있어요."
"솔직히 말해서 학원을 풀 가동시키고, 나의 맞춤형 수업을 한 12시간 풀 가동을 시킨다면 오히려 그것이 저에게는 학교 오는 것보다는 훨씬 큰 이득이긴 하죠."

꽤 인지도가 높은 80년 전통의 한 지방 사립고등학교 학생들의 인터뷰 내용이다. 이에 대해 해당 고등학교의 교사는 이렇게 설명한다.

"학생들이 학교에서 어떤 수업 내용을 기대하지는 않아요. 생활기록부의 비교과영역을 충실히 하도록 하는 게 학교의 역할이고, 그런 걸 마련해주는 장이 학교라고 생각하고요. 석차 등급, 그러니까 학생들의 성적을 내주는 곳은 학원이라고 생각해서 학생들이 이분화하고 있더라고요."

이 학생들과 교사의 인터뷰 내용을 종합하면, 필요한 공부는 학원에서 하는 것이고 학교는 대학 진학을 위한 행정과 공식화된 기초자료를 만들어주는 곳으로 생각한다는 것이다. 이것이 21세기 대한민국 교육의 현실이다.

학교란 무엇이고 어떤 정체성과 역할 기능을 가져야 하는지 몇몇 문헌들을 통해 살펴보았다. 서강대 양미경 교수의 연구[4]는 이에 대한 기초적인 참고가 되었다. 학교의 주요 기능은 정치적 기능, 경제적 기능, 사회화 기능, 선발 기능, 교육적 기능으로 대별될 수 있다고 한다. 이 연구에서는 대학생과 중고등학교 교사 및 학부모 총 844명을 대상으로, 위에 언급한 학교의 역할 기능의 우선순위와 이의 효과성을 측정해보았다. 그 결과, 모든 집단에서 학교는 '교육 → 사회화 → 경제 → 선발 → 정치적 기능' 순으로 중요하게 역할 기능을 수행해야 한다고 답했다. 그러나 각 역할 기능별 효과성은 '사회화 → 경제 → 정치 → 선발 → 교육적 기능' 순으로 조사되었다. 학교에 기대하는 기능과 실제 효과 사이의 괴리가 매우 크다는 것을 확인한 연구였다.

실천교육교사모임의 정성식 회장은 코로나19로 인해 학교의 역할과 책임의 범위가 불분명해졌다며 양육, 보육, 교육에 대한 당사자들의 권한과 책임을 법적으로 분명히 하고, 이에 합당한 지원책을 마련하자고 주장한 바 있다.[5] 충분히 공감이 가는 주장이다.

서강대 정유성 교수[6]는 "학교는 더 이상 학습의 중심도 아니고, 교육의 독점적인 장소도 아니기에, 이제 삶과 체험의 장소가 되어야 한다"라고 말한다. 또 성덕고등학교 김혜영 교사[7]는 "학교가 돌봄의 기능, 시민의식의 배양, 유연성과 능동성 배양, 삶에 대해 긍정적 태도를 갖도록 하는 네 가지 기능을 수행해야 한다"고 말한다.

'학교란 무엇인가?'라는 질문에 대해 '법과 제도에 기반하여, 배우고 가르치는 곳'이라는 사전적 정의로 답하는 것은 그리 어렵지 않다. 그러나 21세기 현대사회에서 학교를 역할과 기능 관점에서 정의한다면 더 다원적이고 복합적인 내용이 필요하다.

학교의 주체는 누구인가? '배우고 가르치는 곳'이 학교라면 우선 배우는 사람과 가르치는 사람이 존재해야 한다. 그런데 학교의 어원과 역사적 발전과정 전체를 살펴보면, 학교가 성립하려면 우선적으로 배우는 사람, 즉 학생이 존재해야 한다. 즉, 학생은 학교가 존재하기 위한 필요충분조건이 되는 셈이다. 그렇다면 배우는 사람인 학생을 보다 중심에 두고 학교의 역할 정체성을 정립해보면 어떨까?

최근 미국에서 강조하는 두 가지 교육 키워드는 '학습자 중심'과 '개인화된 학습'이다.

2002년 부시 행정부는 '낙오학생방지법 No Child Left Behind, NCLB'을 제정하며 학습자 중심 교육을 강조했다. 그리고 2015년 오바마 행정부는 이를 대체하는 '모든학생성공법 Every Student Succeeds Act, ESSA'을 제정하며, 개인화된 학습을 법률로써 권고하기에 이르렀다.

이런 변화의 배경에는 1970년대부터 시작된 '공장 같은 학교 Factory Model Schools'에 대한 논쟁이 자리하고 있다. 19세기 산업화 시대에 산업 현장의 인력을 양성하기 위해 이루어졌던, 교육 훈련의 성격을 지닌 학교 모델이 20세기에도 여전히 이어지고 있다는 비판적 시각이었다. 어떤 이들은 제조일자와 품번을 부여하여 제품을 양산하는 '테일러리즘'이 학교에도 투영되어 '졸업장 주는 학교'로 전락했다는 강한 비판을 쏟아내기도 했다.

실제로도 미국의 공교육 시스템은 21세기 초까지도 심각하리만치 환경 변화에 부응하지 못했다. 그러나 최근 10여 년 동안 전반적으로 상당한 변화와 혁신을 전개하고 있으며, 그 중심에는 앞서 강조한 것과 같이 배우는 사람, 즉 학생이 자리하고 있다.

학교의 역할 정체성은 학생의 성장 과정과 학습 목적에 따라 더 세분화될 필요가 있다. 우리의 학제 시스템은 초-중-고교로 구분된다. 초등학교와 중학교 과정은 공통 의무교육인데, 이 과정의 학교는 돌봄, 교육(학습), 사회화 기능이 보다 강조된다. 고교 과정부터는 학생별 선택에 따른 교육 경력을 지니게 되는데, 크게는 대학 진학, 취·창업, 예체능 등 전문 영역의 진출 활동으로 구분되는 경력 대안을 전제로 한다. 따라서 우리의 고교 단계에서 학교의 역할은 교육적·사회적·경제적 기능이 상대적으로 더 중요하게 다루어지고 있다고 할 수 있다.

하지만 이러한 기능적인 설명으로는 '학교란 무엇인가?'라는 질문에 대해 명쾌하게 답하기 어렵다. 그 이유는 학교가 교육의 기능을 사실상 학원에 넘겨주었기 때문이다. 특히 고등학교들이 이 부인할 수 없는 현실과 직접적으로 마주하고 있으며, 코로나19로 이 현상은 더욱 고착화되고 있다. 학교에 물리적으로 등교하는 시간이 현저하게 줄어들어, 학교가 행하는 사회화의 기능과 역할도 매우 제한적인 상황이 되었다.

가장 본원적인 역할 기능인 '교육'을 학원, 즉 학교 밖 세계(시장)로 넘겨준 학교는 이제 무엇을 해야 하는가. 그 주도권을 다시 찾기 위해 과연 얼마나 혁신할 수 있을까? 현재의 대학 입시 제도 및 정책 환경에서 그것이 가능할까?

이런 상황에서 우리는 또 다른 본원적인 질문을 해야 한다.

"우리에게 교육이란 무엇인가?"

02

우리는 왜
대학에 가는가?

2018년 10월 《중앙일보》는 다음과 같은 분석 기사를 소개했다.

　전국 19세 이상 성인 1,000명을 대상으로, 대학 진학 필요성에 대한 인식을 설문 조사했다. 10년 전과 비교해 대학 진학의 필요성을 물었더니 "필요성이 낮아졌다"는 응답자가 절반 이상(53.3퍼센트)이었다. "높아졌다"는 응답은 13.2퍼센트에 불과했다. 응답자의 학력이 높을수록 대학 교육 필요성이 낮아졌다는 응답 비율이 높았다. 이런 응답이 고졸 이하에선 45.9퍼센트였다. 대졸에선 53.6퍼센트, 대학원 이상에선 59.9퍼센트로 높아졌다. 대학 교육을 경험한 고학력자들의 실망감이 더 큰 것으로 풀이된다.

　고교 교사 550명을 대상으로 한 별도 설문에서 응답자의 39.1퍼센트가 "학생들의 대학 진학 필요성이 10년 전보다 더 낮아졌다"고 답했다. 필요성이 "높아졌다"고 답한 응답자는 25.1퍼센트에 그쳤다. 필요성이 낮아진 이유로는, "저성장 시대에는 대학에 진학해도 취업이 불투명하기 때문(68.5퍼센트)", 두 번째는 "국내 대학이 교육기관으로서 경쟁력이 떨어지기 때문(10.2퍼센트)"이었다.[8]

이 기사를 종합적으로 살펴보면, 대중은 '경험상 대학 교육은 취업에 유의미한 영향을 주지 못하기에, 대학 학업에 학비와 시간을 투자하는 것은 합리적이지 못하다'고 인식하는 것으로 해석할 수 있다. 그러나 여전히 사람들은 우리 사회에서 대학 진학이 필요하다고 생각한다. 한국리서치는 2019년 11월 1,000명의 국민을 대상으로 대학 및 교육에 관한 인식을 조사했다. 이 조사에서 응답자의 63퍼센트는 대학 진학이 필요하며, 그 이유로 '대학 졸업장은 승진(77퍼센트), 취직(76퍼센트), 결혼(66퍼센트), 사회에서 성공하는 데 도움이 된다(61퍼센트)'라고 그 필요성과 효과성을 꼽았다. 또한 '명문대학'에 진학하는 것으로 대학 진학을 특징지을 경우, 대학 진학의 필요성과 효과성에 대한 응답은 평균 10퍼센트 정도 더 높아져, '명문대학 졸업장은 취직(86퍼센트)과 승진(81퍼센트)에 도움이 된다'고 응답했다.[9]

시장조사 전문기업 엠브레인 트렌드모니터가 2019년 6월 실시한 '대학 및 대학 교육 관련 인식 조사' 결과도 크게 다르지 않다. 대학 및 대학원 재학생 및 졸업자 1,000명에게 대학 진학의 필요성에 관해 물었는데 전체 응답자의 62.1퍼센트는 '한국 사회에서는 4년제 대학의 학사 학위가 필요하다'고 응답했고, '필요하지 않다'는 의견은 10.6

퍼센트에 불과했다. 그런데 전체 응답자의 77.5퍼센트가 '한국 사회에서 대학은 취업을 위한 통과 의례일 뿐'이라는 주장에 공감했다. 성별과 연령에 관계없이 대학을 취업 관문으로 바라보는 태도는 모두 비슷했다.

대학 교육 경험과 관련해서는, '우리나라 대학은 지덕체를 함양하는 교육기관으로 충분한 역할을 하고 있다(4.8퍼센트)', '대학 교육이 창의적인 사고능력을 기르는 데 적합한 것 같다(4.5퍼센트)', '현재 우리나라의 대학 교육이 다양한 인재 발굴에 적합하다(7퍼센트)'와 같이 부정적인 인식을 지니고 있었다. 그리고 10명 중 7명(68.5퍼센트)은 가끔 대학 교육이 무엇을 위한 것인지 의문이 들 때가 많다고 응답했으며, 세대별 응답률은 20대 68.4퍼센트, 30대 73.6퍼센트, 40대 66퍼센트, 50대 66퍼센트로 대학 졸업 후 사회활동을 본격화하는 30대가 이 문제를 가장 크게 인식하고 있는 것으로 조사되었다.[10]

그렇다면 대학에 다니는 학생의 시각과 관점은 어떠할까?

한국노동연구원의 오선정·김세움 연구원은 대학 재학생 1,434명(4년제 대학 재학생 1,376명, 휴학생 58명)을 대상으로 '대학생의 대학교육에 대한 인식 및 근로 실태'를 조사했다. 이들은 대학에 진학하는 이유가 '임금 및 근무 조건을 향상시키기 위해서(22.2퍼센트)', '진로 및 적성을 파악하기 위해서(16.9퍼센트)', '사회인으로서 필요한 자질 향상을 위해서(13.6퍼센트)', '부모님의 권유와 친구들의 대학 진학 때문에(13.1퍼센트)', '고졸자에 대한 사회적 편견에서 자유롭기 위해(11퍼센트)', '사회생활에 필요한 인적 네트워크를 형성하기 위해서(9.2퍼센트)'라고 응답했다.[11] 《한국대학신문》이 2017년 대학 재학생 1,203

명을 대상으로 대학에 입학한 이유를 조사해본 결과, '취업에 유리한 조건을 획득하기 위해서(36.6퍼센트), '다양한 경험 가능(20.7퍼센트)', '사회적 분위기에 편승(18.7퍼센트)', '대학 본연의 기능인 학문 연구(14.7퍼센트)' 순으로 응답했다.[12]

이상의 내용을 종합해보면, 한국 사회에서는 사회 경험을 지닌 사람일수록 대학 교육이 취업, 승진, 결혼 등 현실 세계를 살아가는 데 유의미하게 영향을 미친다고 인식하고 있었다. 여기에 '자유로운 진리의 탐구, 학문과 연구' 등 순수 학술과 학문에 대한 필요와 목적은 매우 제한적인 것으로 인식하고 있다. 또한 수요자인 대중들이 '학사(학부) 과정' 교육에 대해 '직업교육'과 '사회화 교육' 차원으로 인식하고 있는 것에 반해, 공급자인 대학과 학계에서는 여전히 '학문과 연구' 관점에서 인식하고 있는 문제도 공론의 장으로 옮겨볼 필요가 있다.

미국에서도 유사한 흐름을 보인다. 사회 분야 전문연구기관인 퓨리서치센터Pew Research Center의 연구보고서 〈대학 교육은 가치 있는가?Is College Worth It?〉(2011)에 따르면, 대학의 주된 목적은 '일터에서 필요한 기술과 지식을 교육(47퍼센트)'하고, '각 개인들의 개별적이고 지적인 성장을 돕는 것(39퍼센트)'이고, '이 둘의 목적 기능을 동등하게 가지는 것(12퍼센트)'으로 조사되었다. 즉, 직업교육으로서의 의미 부여가 60퍼센트에 가까운 수준이며, 보조적으로 각자의 인격적인 성장과 지적인 성장을 꼽았다. 다만 우리의 조사에서보다 '지적 성장'에 대한 응답이 두 배 이상 높은 것은 특징적이다. 또한 86퍼센트의 응답자가 대학 학업에 투자한 것이 긍정적 투자였다고 하며, 대학 교육은 지식의 증가와 지적 성장(96퍼센트), 보다 성숙한 인격체(93퍼센트), 직업 준비 또는 취업(88퍼센트)을 위해 유용했다고 응답했다(성인 2,142명, 대학 총장 1,055명, 전화 인터뷰 및 서면 조사)[13]. 즉, 절반 이상이 취업 및 일자리와 관련하여 대학에 진학했고, 효과가 있었음을 시사하고 있다. 또한 전인적 성장에도 효과가 있음을 강조하고 있다.

같은 기관의 2014년 연구보고서인 〈대학 미진학에 따른 비용의 상승 The Rising Cost of Not Going to College〉[14]에서는 1965년부터 2013년까지 25세에서 32세 구간 근로자의 학력별 소득(중위값 기준)을 비교했는데, 4년제 학사 학위 소지자는 1965년 3만 8,833달러에서 2013년 4만 5,500달러로 상승하는 흐름을 보인 데 반해, 2년제 대학 졸업자는 같은 기간 3만 3,655달러에서 3만 달러, 고등학교 졸업자는 3만 1,384달러에서 2만 8,000달러로 하락하는 추세를 보였다. 즉 산업이 고도화됨에 따라 학사과정 이상의 교육을 받은 사람들에 대한 수요와 보상이 상대적으로 더욱 증가하는 흐름이다.

미국 노동통계국의 학력별 실업률-소득 수준(25세 기준, 주당 소득-중위값) 통계(2019)[15]를 보면, 박사 1.1퍼센트 / 1,883달러, 석사 2.0퍼센트 / 1,497달러, 학사 2.2퍼센트 / 1,248달러, 준학사 2.7퍼센트 / 887달러, 고졸 3.7퍼센트 / 746달러, 고졸 미만 5.4퍼센트 / 592달러로 실업률과 소득 수준이 학력과 밀접한 비례관계를 보인다. 이는 한국을 포함하여 OECD 국가에서 공통적으로 나타나는 현상이기도 하다.[16] 2017년 기준, 25~64세 성인 인구를 대상으로 고졸자 평균 임금을 100으로 산정하고 학력별 임금 격차를 보면, 준학사 115, 학사 145로, 대학 졸업자는 고졸자 대비 약 1.5배의 소득을 얻게 되는 셈이다. 결국 취업과 일자리의 안정성, 소득 수준을 높이기 위해서는 대학에 진학하고, 나아가 더 높은 수준의 고등교육을 받아야 한다는 것을 시사한다.

우리는 왜 대학에 가는가? 더 나은 일자리를 얻고, 성공적인 직장을 얻어 직업 생활을 하며, 사회적 관계를 형성하고 사회로부터 인정받기 위해 대학에 진학한다. 그러나 우리는, 현재의 대학이 이러한 대중적 필요와 기대를 실효적으로 충족시키고 있는가, 또한 이것이 과연 대학의 본원적인 역할인가, 그리고 앞으로도 대중들은 대학 학업을 위해 높은 수준의 재정과 4년 내외의 시간을 투자할 것인가 등의 도전적인 질문과 마주하고 있다. 따라서 본원적이고 존재론적인 측면에서 다시금 '대학은 무엇인가?'라고 질문하고 현재의 상황을 살펴봐야 한다.

03

대학이란 무엇인가?

영어 '유니버시티University'를 우리나라에서는 대학교大學校라고 번역한다. 그리고 칼리지College는 대학大學으로 번역하거나, 칼리지라는 외래어 그대로 사용한다. 그러나 한자를 사용하는 중국과 일본에서는 유니버시티를 '대학'으로 번역하여, 우리와 달리 학교를 뜻하는 '교校'자를 사용하지 않는다. 중국의 베이징대학은 '北京大学', 일본의 도쿄대학은 '東京大学'이 공식 명칭이다.

미국 보스턴에는 보스턴 유니버시티Boston University, 1839와 보스턴 칼리지Boston College, 1863가 있다. 한국에서 이는 어떻게 번역되어 소개되고 있을까? 전자는 어렵지 않게 '보스턴대학교'라고 불리고, 후자는 주로 '보스턴 칼리지'로 표현된다. 어떤 이는 '보스턴대학'이라고 부르기도 하며, 미국 대학 시스템에 대해 깊은 이해가 없는 사람들은

'보스턴 전문대학'이라고 표현하기도 한다. 그러나 보스턴 칼리지는 미국 내 대표적 사립대학교 중 하나이자, 최고 수준의 연구중심대학 그룹R1 Research Universities의 멤버 대학이며, 학-석-박사 학위과정 모두를 제공한다. 각종 대학평가에서 보스턴대학교보다 더 자주 높은 평가를 받는 명문 사립 종합대학 중 하나다.

한편 서울대학교 공과대학의 영어 명칭은 'College of Engineering'이고, 인문대학의 영어 명칭은 'College of Humanities'이다. 영어 '칼리지'를 우리나라에서는 단과대학이라고 칭한다. 한편 일본과 중국에서는 단과대학을 '학부學部'로 칭한다. 도쿄대의 공과대학은 '공학부工學部'이고, 영어로는 'Faculty of Engineering'이라 표현하며 베이징대학의 인문대학은 '인문학부人文學部'이며, 영어로 'Division of Humanities'라 표현한다.

근현대 대학의 역사적 진화를 보면 미국의 모델이 전 세계적으로 확산되는 흐름이 뚜렷하다. 따라서 미국의 대학 설립 및 발전사를 참고하면 대학을 이해하는 데 도움이 될 것이다. 한편 우리나라의 대학은 초기 생성 및 발전기에는 일본의 체계를 따르다, 점차 미국 체계에 가깝게 변화하는 중이다. 이처럼 일본과 미국의 체계가 뒤섞여 있기에 명료하지 않거나 정리되지 않은 부분이 존재한다.

미국에서 가장 오래된 대학은 하버드대학교Harvard University이다. 1636년 식민지 '신대학New College'으로 설립인가를 받았으며, 1639년 법원에 의해 존 하버드John Harvard의 유산을 공식적으로 기증받으며 하버드 칼리지Harvard Colledge라는 명칭을 공식화했다. 이후 영어의 고어식 표현인 'Colledge'가 현대어로 변화되어 'Harvard College'로 명명되었다. 하버드 칼리지는 하버드대학교의 모태이자 근간이 되는 학사과정 프로그램으로, 자유교양대학Liberal Arts College의 형식을 지닌다. 현재도 이 근간은 변함이 없다. 하버드 칼리지는 여러 학문 분야와 대학원 과정 등 다양한 학제가 추가되면서 현재의 공식 명칭인 하버드대학교가 되었다.[17] 칼리지와 유니버시티가 혼용되고 있으나 하버드대학교의 변화를 살펴보면 그 시작은 칼리지였음을 알 수 있다.

'College'는 라틴어로 'collegium'이다. '모이다'라는 뜻의 동사인 lego, legere, legi, lectum과 '함께'라는 뜻의 전치사인 'cum'이 결합된 의미다. 즉 '함께 선택됨Selected Together'이라는 의미를 지닌다. 'University'는 라틴어로 '전체Whole'의 의미를 지닌 'universitas'에서 파생되었다. 라틴어로 'universitas magistrorum et scholarium', 즉 '교사와 학자들의 커뮤니티'라는 의미가 확장되면서 현재와 같이 고등교육기관인 대학을 표현하는 의미로 자리 잡았다.[18]

미국의 현대 대학 체계에서 칼리지는 통상 학사과정 중심의 대학교육 기능을 수행하는 학교 및 학제를 의미한다. 물론 앞서 사례로 소개한 보스턴 칼리지의 경우, 대학원 과정을 통해 석·박사 학위과정을 운영하기도 한다. 그렇다 보니 칼리지를 학사과정 대학교로 등식화하기에는 무리가 있으며, 영국이나 유럽에서는 칼리지를 중고등학교로 간주하기도 한다.

그럼에도 박사과정 없이 학사과정만을 중점적으로 제공하는(소수의 석사과정을 제공하기도 함) 자유교양대학과 주로 2년 단위의 직업교육을 중점적으로 제공하는 커뮤니티 칼리지Community College가 고등교육과정Post-Secondary Education; Higher Education•을 대표하므로, 미국에서는 통상 학사과정의 대학 교육 과정 및 학제를 감당하는 대학을 칼리지라고 표현한다.

이에 비해 유니버시티는 대학교라기보다 대학 시스템으로 이해하는 것이 적합하다. 유니버시티는 여러 개의 칼리지, 또는 스쿨의 집합체로서 여러 학문 분야와 학제가 결합된 하나의 시스템이다. 중국과 일본에서 이러한 종합대학의 공식 이름에 '교' 자를 사용하지 않는 이유다.

영국의 임페리얼 칼리지 런던Imperial College London은 영국을 대표하는 과학기술 연구중심대학이다. 이 역시 학사–석사–박사과정을 독립적으로 제공하지만, 학사(학부)과정보다는 대학원 과정에 더 큰 비중을 둔다. 그러나 종합대학을 대표하는 옥스퍼드대학교University of Oxford보다는 학문 영역의 범주가 상대적으로 좁다고 할 수 있다.

종합해보면, 현대 사회에서 고등교육기관을 영어로 표현할 때 '칼리지'와 '유니버시티'가 혼용되는데, 칼리지는 상대적으로 학사(학부)과정에 보다 중점을 두고 있으며, 유니버시티는 대학원 과정까지 포함하여 보다 넓은 학문 분야와 학제를 아우르는 개념이라고 정리할 수 있다.

칼리지와 유니버시티는 모두 '교사와 학자들의 집합체'라는 어원에서 비롯되었으며, 기본적으로 다양성을 전제로 하고 있다. 따라서 대

• 우리의 중고교 교육과정은 중등교육과정으로, 영어로는 secondary education이라고 표현한다.

학은 설립 목적과 추구 방향, 배태 환경에 따라 각각 다른 군집으로 설명되는 것이 합리적이다. 대학이라는 명칭 자체가 어떤 학문적 수준이나 이상적 사회를 위한 큰 배움을 지향한다는 의미를 지니는 것은 아니다. 그보다는 넓고 다양한 학문 분야와 학제, 다양한 학습자와 교사 및 교수자가 함께하는 '커다란 학습 커뮤니티'라는 의미로 이해하는 것이 더 바른 이해일 것이다.

앞 장에서 우리는 학생들이 '진로 및 경력의 개발' 차원에서 대학에 진학한다는 것을 살펴보았다. 따라서 '대학이란 무엇인가?'라는 질문은 각자의 진학 목적에 따라 다시 구체화되어야 할 것이다. 해당 대학이 학생들의 진학 목적에 부응하는 방향과 환경을 제공하고 있는지의 여부, 즉 교육 정합성educational fitness이 중요하다. 이를 배제한 채 다양한 목적과 기능의 대학을 '대학이란 무엇인가?', '대학은 우리에게 아무것도 말해주지 않았다' 등과 같이 하나의 단일체로 간주하는 총칭적 질문은 효과적이지 못하다.

서울대학교 안병직 교수는 칼럼 〈존 헨리 뉴먼의 '대학이념'〉[19]을 통해 대학의 역할 정체성에 대해 다음과 같이 이야기했다.

> 흔히 오늘날의 대학을 가리켜 '멀티버시티multiversity'라고 부른다. 이 말은 현대사회에서 대학은 다양한 목표와 기능을 동시에 추구한다는 뜻이지만, 사회 변화에 따라가기 급급한 대학의 난맥상을 호도하는 것일 뿐이다. 뉴먼의 대학이념은 정체성과 방향감각을 잃고 방황하는 오늘날의 대학에 대해 대학의 본질과 사명이라는 궁극적인 문제를 다시 생각하게 한다.

이 칼럼에서도 대학이 하나의 유형과 특성으로 통칭되었다. 전제의 오류와 같다. 설립의 목적이 전문직업인의 양성에 있는 대학과 심도 깊은 연구 활동을 통해 진리의 탐구, 지식의 생산, 그리고 학자와 연구자를 양성하기 위해 설립된 대학이 같은 교육과정과 체제를 지닐 수는 없다.

대중은 공군사관학교를 대상으로 '공군사관학교란 무엇인가?', '공군사관학교는 왜 존재하는가?'와 같은 본원적인 질문을 하지 않는다. 그 역할 정체성과 설립 목적 및 추구 방향이 무엇인지 익히 잘 알고 있기 때문이다.

고등교육법 제2조는 학교의 종류를 대학, 산업대학, 교육대학, 전문대학, 방송대학·통신대학·방송통신대학 및 사이버대학(이하 "원격대학"), 기술대학, 각종학교 등으로 구분하고 있다. 일반대학은 '4년제 종합대학'으로 일반적으로 통칭되며, 설립 주체와 거버넌스에 따라 국·공립 대학과 사립대학으로 구분된다. 이는 법률적인 구분이기도 하다. 그리고 역할 정체성과 추구 방향에서 다시 학사(학부)과정을 중심으로 한 교육중심대학과 대학원 과정을 중심으로 한 연구중심대학으로 구분된다.

이를 대학의 역할 기능 중심으로 보다 큰 틀로 다시 분류해보면 일반 대학, 직업전문대학, 특수목적대학의 세 가지로 구분할 수 있을 것이다. 그리고 이러한 분류 기준에서 직업전문대학과 특수목적대학에 대해서는 '대학이란 무엇인가?'라는 질문에 대한 답과 설명이 그리 어렵지 않을 것이다. 직업전문대학은 '직업훈련을 행하는 고등교육기관'으로, 특수목적대학은 '설립 목적의 추구와 이행을 위한 고등교육

기관'으로 설명될 수 있다. 이들의 역할 정체성도 같은 맥락에서 쉽게 정의하고 설명할 수 있을 것이다.

반면 일반대학의 경우는 역할 정체성을 어떻게 두는가에 따라 그 답과 설명이 상당히 달라질 수 있다. 근현대 대학의 발전사에서 중요한 가늠자 역할을 하고 있는 미국의 사례를 더 살펴본다면 일반 대학의 역할 정체성을 보다 명확히 할 수 있을 것이다. 또한 이 장과 앞으로의 장에서 다룰 대학 역시 우리의 고등교육법상 '대학', 즉 '일반대학'을 기준으로 하고 있다는 것을 말해둔다.

2018년 기준 미국의 고등교육기관은 총 6,502개이며, 학사 학위를 수여하는 4년제 대학이 2,800여 개, 2년제 대학이 1,500여 개, 반드시 학위 제공을 전제로 하지는 않지만 고등교육기관으로 관리되는 대학이 2,200여 개다. 이 중에는 영리 목적의 4년제 대학도 488개에 이른다.[20]

또한 미국의 고등교육 시스템은 커뮤니티 칼리지, 자유교양대학, 전문교육중심대학Professional/special Institutes, 연구중심대학으로 각각 역할 정체성을 달리하고 있다. 커뮤니티 칼리지는 직업교육을 전문적으로 수행하기 위한 대학이며, 주로 2년제를 채택하고 있다. 지역 밀착형으로 대부분이 공립대학이다. 미국 전역에 걸쳐 1,000개가 조금 넘으며, 우리의 전문대학과 그 성격이 유사하다. 2년제 사립대학들은 Community College라는 표현을 거의 사용하지 않고, College 하나만을 채택하는 경우가 대부분이다. 주로 단기 직업전문교육을 수행하는 관점에서 커뮤니티 칼리지와 유사한 역할 정체성을 지닌다.

한국에서 '자유교양대학'이라고 주로 표현되는 '리버럴 아츠 칼리지'는 4년제 학사 학위과정을 제공한다. 특정 학과로 구분되어 직업적 전문교육을 행하기보다는 인문학, 사회학 및 기초과학 분야의 학문 영역을 매우 자유롭고도 심도 깊게 학습하고 탐구하는 교육과정을 제공한다. 또 이를 통해 보편적인 지식의 습득과 이를 활용하는 법, 지식의 창출과 활용을 통해 새로운 가치를 창출하는 법 등을 배우고 경험하도록 한다. 전통적인 대학의 전형적 모델에 해당하며, 일반적으로 말하는 "대학은 학문과 지성의 전당"이라는 표현에 가장 부합하는 것이 바로 자유교양대학이다.

최근에는 직업적 경력 개발의 관점에서 '트랙' 또는 '전공'으로 특정 학문 영역의 전문성을 강화하는 운영 체계를 지닌 대학들도 증가하는 추세다. 주로 사립대학들이 이 유형을 채택하고 있으며, 박사과정 없이 학사과정 중심의 교육을 제공하는 독립 사립 자유교양대학이 미국 전역에 약 200여 개 있다. 이들이 리버럴 아츠 칼리지를 대표하는 그룹이다. 또한 사립대학 중 대학원 과정을 중심으로 한 연구중심종합대학의 학사과정은 하버드 칼리지, 컬럼비아 칼리지 등과 같이 대부분 자유교양대학 학제를 채택하고 있다.

공립대학 중에서도 뉴욕주의 프레도니아Fredonia, 제네시오Geneseo, 오니온타Oneonta, 플래츠버러Plattsburgh, 퍼처스Purchase 지역의 뉴욕주립대SUNY 지역 캠퍼스의 학사(학부)과정은 이 학제를 따르고 있다. 각 군 사관학교 등도 군사학 교과목을 제외하고는 사실상 이 학제를 준용한다. 즉 사관학교도 자유교양대학으로 분류할 수 있다. 이렇게 종합 사립대학과 공립대학의 일부를 포함하면 이러한 학제를 준용하는 미국의 학사과정은 전체 2,800여 개 중 1,000개 이상에 달할 것으로 추정된다.

기초 학문보다는 직업적 경력 개발을 위한 전문교육과정을 제공하는 전문교육중심대학은 20세기에 들어 빠르게 증가한 유형이다. 공학 분야에 특화된 공과대학Engineering Schools, Tech Schools 및 폴리텍 대학 Polytech Institutes, 문화·예술대학들이 이에 해당한다. 또한 해양, 항공, 광업, 건축 등 전문 분야를 기반으로 하는 대학들도 이에 해당한다.

주립 및 공립대학의 학사(학부)과정은 주로 학부/학과 단위의 전공 교육과정을 제공하는데, 이들의 교육과정도 상대적으로 전문교육과정의 성격에 더 가깝다. 연구중심대학의 성격을 지닌 공립대학들도 학사(학부)과정의 경우는 '전문교육중심대학' 모델을 채택하고 있다. 그 이유는 공립대학의 기초 사명이자 설립 목적이 '고등교육의 보편화'이기 때문이다.

연구중심대학은 '대학원중심대학'이라고 달리 표현되기도 한다. 이들 대학은 학사(학부)과정의 학생보다 대학원 과정의 학생 수가 더 많다. 따라서 대학의 제반 학사 운영이 대학원생 중심으로 이루어진다. 그리고 연구중심대학의 학사(학부)과정은 앞서 소개한 것처럼 대부분 자유교양대학 학제를 채택하고 있다. 그러나 동부와 서부를 대표하는 연구중심대학인 '매사추세츠공과대학Massachusetts Institute of Technology, 이하 MIT'나 '캘리포니아공과대학California Institute of Technology, 이하 CalTech'은 학사과정 역시 연구 중심 교육과정을 채택하고 있다. 학생 수도 상대적으로 적고, 이공계열을 중심으로 매우 심도 깊은 연구가 이루어진다.

일반적으로 미국의 고등교육에서 전문적인 경력을 개발하는 일련의 과정은 자유교양대학에서 학사(학부)과정을 이수하고, 대학원 과정을 통해 전문 경력을 개발하는 체제로 이루어져 있다. 학사(학부) 교육과정을 'Undergraduate Programs', 대학원 교육과정을 'Graduate Programs/Post-Graduate Program'이라고 칭하는 배경에는 학사(학부)과정을 마침으로써 비로소 기초 학문에 대한 깊은 이해, 창의적이고 비판적인 사고력의 배양, 사회적 관계의 형성 등을 통해 자신만의 세계관을 지니고 스스로 주체적인 삶을 살아갈 수 있는 기반이 마련되었다는 의미가 담겨 있다.

그러나 20세기 후반부터 최근까지는 자유교양대학에서 전문대학원Professional Graduate Schools으로 이어지는 미국의 전형적인 전문적 경력 개발 과정에 너무나 많은 비용과 시간, 에너지가 든다는 비판도 높다. 이에 앞서 설명한 전문교육중심대학, 즉 '프로페셔널/스페셜 스쿨' 모델을 통한 전문 경력 개발의 경우 최소 6~7년(대학 4년+대학원 2~3년)의 기간이 소요되는데, 이를 4년 또는 그 이하로 낮추어야 한다는 비판이 있으며, 이에 공립대학들은 최근 학사과정의 전문성을 직업 및 경력 개발 교육을 중심으로 강화해나가고 있다.

대학원 과정은 리서치 스쿨Research School과 프로페셔널 스쿨Professional School로 구분된다. 학문의 탐구와 학자 및 연구자를 양성하기 위한 관점의 리서치 스쿨은 대부분 전일제full-time 석사 및 박사과정으로 운영된다. 의학전문대학원Medical School, 법학전문대학원Law School, 경영전문대학원Business School은 가장 대표적인 전문대학원이다. 순수 학자보다는 현장의 전문가와 현장-학문의 교차 영역 모두에서 전문적인 역할을 수행할 수 있는 전문가를 양성하기 위한 과정이다. 따라서 이들은 학위 체계도 일반적인 대학원과 달라, MDMedicinae Doctor;

Doctor of Medicine, 의학 전문 박사, JDJuris Doctor, 법학 전문 박사, MBA/DBADoctor of Business Administration의 학위를 제공한다. MD와 JD는 의사와 변호사로 활동할 수 있는 자격 요건을 충족할 수 있도록 학위과정(교육과정)이 교집합을 이루는 체계로 구성되어 있다.

따라서 기능적인 직업 중심으로 단기간 내 필요한 직업교육을 이수하고자 하는 사람들은 커뮤니티 칼리지로 진학하고, 전문적인 직업을 더 이르게 갖고자 하는 사람들은 전문교육중심대학으로 진학한다. 그리고 좀 더 긴 호흡으로 기초 학문에 대한 탐구와 학습을 한 뒤 전문적인 직업을 위한 교육 경력을 쌓으려는 사람들은 자유교양대학(학사과정)에서 전문대학원 과정으로 이어지는 교육 경력을 채택한다. 순수 학문의 탐구나 연구자의 경력 대안을 고려 중인 사람들은 리버럴 아츠 칼리지(학사과정) 이후 연구중심대학원으로 진학하는 흐름이 미국의 전형적인 교육 경력 개발Educational Career Development 과정이다.

한국에는 미국에서 학사과정 교육의 주를 이루는, 또 교육중심대학의 성격을 지니는 리버럴 아츠 칼리지의 학제를 지닌 독립적인 대학은 존재하지 않는다. 연세대학교가 서울캠퍼스 입학생에 한정하여 송도캠퍼스에서 기숙 과정으로 1학년 과정을 제공하고는 있지만, 기본적으로 학과/학부 단위를 전제로 하고 있다. 일반대학에서 자유전공이라고 하는 것도 결국은 특정 학과/학부로 귀속되어야 한다. 기본적으로 한국의 '일반대학'에서 학과/학부제 기반의 학사과정 교육은 미국의 프로페셔널/스페셜 스쿨, 즉 전문교육중심대학의 모델에 더 가깝다고 할 수 있다. 따라서 이러한 시스템에서 리버럴 아츠 칼리지 학제가 지니는 기초 학문에 대한 심도 깊은 탐구와 학습, 그리고 기숙

Residential을 중심으로 한 전인적 교육을 기대하는 것은 모순일 수밖에 없다.

미국의 프로페셔널/스페셜 스쿨들은 철저히 산학 협력을 전제로 한다. 그래서 '인턴십'과 '캡스톤' 교과목을 필수적으로 이수하도록 하고 있으며, 취업이나 창업 등에 있어서도 당연히 한국의 대학들보다 효과적이다. 한국에서도 인턴십과 캡스톤 등 실효적 산학 협력 기반의 교육과정을 제공하는 경우 상대적으로 더 높은 취업률을 보인다는 것이 많은 실증 연구 및 분석을 통해 이미 증명되었다.

문제는 한국의 대다수 일반대학들이 교육중심대학과 연구중심대학 사이에서 스스로 역할 정체성을 정립하지 못하고 혼란스러워하는 상황이다. 또한 학사(학부)과정 교육을 리버럴 아츠 칼리지 모델로 할 것인지, 아니면 프로페셔널/스페셜 스쿨 모델을 채택할 것인지 분명히 하지 못한 채 결과적으로 이 둘을 형식적으로 조합하여 운영하는 상황이다. 이러한 혼돈과 정체성의 미정립이 바로 '대학이란 무엇인가?'라는 질문에 명료하게 답하지 못하는 핵심 원인이 되고 있다.

한국의 대학에서 암묵적으로 형성되어 있는 역할 정체성의 분류 및 부여 기준을 보면, 대학의 명성과 평판이 상대적으로 우위에 있으며 대학원에 강점이 있는 대학은 연구중심대학이고, 그렇지 못한 경우는 교육중심대학을 표방하는 것으로 간주된다.

그러나 우리나라에서 실제로 연구중심대학으로 분류할 수 있는 대학은 과학기술특성화대학, 즉 교육부가 아닌 과학기술정보통신부의 통제를 받는 과학기술원DGIST, GIST, KAIST, UNIST 네 곳과 포항공대 POSTECH까지 다섯 대학에 한정된다고 봐야 할 것이다. 이들 대학은 기본적으로 대학원 중심대학으로 재분류할 수 있으며, 학생 수, 학사 체제 및 과정 등 대학의 운영체제가 대학원 과정을 중심으로 전개된다.• 이들 과학기술특성화대학을 제외한 나머지 일반대학은 학생 수, 학사 체제, 교원의 채용과 운영 등 대학 운영체제 대부분이 학사과정에 기반을 둔다. 애초에 연구중심대학이라고 분류하기에는 어려운 여건을 지닌 셈이다.

최근의 학생 구성(재학생 기준, 대학원은 특수대학원 등 포함)을 기준으로 살펴보면, 국립대학인 서울대학교의 학생 구성은 학사과정 1만 6,556명, 대학원 과정 1만 1,228명[21]이고, 사립대학인 연세대학교는 학사과정 1만 8,927명, 대학원 과정 1만 1,350명[22]이다. 국립대학과 사립대학을 대표하는 이 대학들은 모두 학사과정 학생 수가 더 많으며 학제 및 학사 행정 대부분이 학사(학부)과정 편제에 기초를 두고 있다. 그러면서도 '연구중심대학'을 표방하는 것은 지향하는 방향과 현실적인 운영체제 및 구조가 상호 정합성을 확보하지 못하고 있다 해야 할 것이다.

미국의 연구중심대학을 살펴보면, 하버드대학교는 학사과정 6,699명, 대학원 과정 1만 3,120명[23]이며 MIT는 학사과정 4,530명, 대학원생 6,990명[24]이다. 미국 공립대학 중 매우 우수한 연구중심대학 중 하나인 UC 버클리University of California, Berkeley는 사립대학들과 달리 학사과정 3만 853명, 대학원 과정 1만 1,666명으로 서울대보다 더 규모

● DGIST와 UNIST는 학사과정 학생 수가 대학원생 수보다 조금 더 많지만, 분명히 대학원 과정이 중심에 자리하고 있다.

있는 학사과정 교육을 제공하고 있다. 이는 국공립 대학 대부분의 1차적 사명인 '고등교육의 보편화'를 충실히 이행한다는 관점에서 해석될 수 있다. 이는 미국뿐 아니라 대부분의 국가에서 마찬가지다.

미국의 6,500개 이상의 고등교육기관(4년제 대학 2,800개) 중 연구중심대학으로 분류되는 대학은 260여 개에 불과하다.[25] 학사과정 없이 대학원 과정만 운영하는 곳도 많으며, 4년제 대학 중 연구중심대학으로 분류할 수 있는 대학은 전체의 10퍼센트가 되지 못한다(실제적으로는 5~7퍼센트 수준).

한국의 4년제 대학은 2019년 기준 203개다. 미국의 비율 기준으로 본다면 아주 많아야 20개 정도의 대학이 연구중심대학에 해당할 것이다. 과학기술특성화대학 5개가 이미 존재하고 있으니, 일반대학에 주어진 몫은 최대 15개 정도일 것이다. 그럼에도 우리나라 수도권 대학의 상당수와 지역 거점 국립대학들은 대부분 연구중심대학을 표방하고 있다. 그 수는 40~50개 정도다.

한국의 일반대학들이 연구중심대학을 표방한다면, 대학원 과정을 중심으로 한 운영체제를 갖추고 자원과 역량의 배분 및 운영 등에 있어서도 이와 상호 정합성을 이룰 수 있도록 해야 한다. 더 나아가 포스텍의 김도연 전 총장이 강조하는 것처럼 연구중심대학이 아닌 '연구형型 대학'과 '가치 창출형 대학'에 대해서도 함께 고민해야 한다. 만일 재정 등 현실적인 제약사항으로 인해 이러한 방향으로의 변화가 불가능하다면, 연구중심대학에 대한 미련을 내려놓고 교육중심대학, 즉 학사(학부)과정의 교육 기능에 더욱 중점을 두어야 한다. 그리고 유의미한 교육적 가치를 창출할 수 있는 대학으로 역할을 전환할 것을 진지하게 고민하고 실행해야 한다. 그래야 학생과 사회에게 구조적 모순을 지닌 환경을 더 이상 제공하지 않게 된다.

또한 교육중심대학을 표방할 경우, 학사(학부)과정의 교육을 자유교양대학 모델과 전문교육중심대학 모델 중 어느 쪽으로 할 것인지도 선택해야 한다. 전자를 선택할 경우, 교육과정 전반을 기초 학문의 폭을 넓게 지니면서도 그 깊이를 동시에 추구할 수 있도록 학생과 교원을 선발하고, 운영 체제의 변화도 도모해야 한다.

후자를 선택할 경우에는 산학 협력이 곧 교육과정이 될 수 있도록 대학 운영 체제를 전반적으로 크게 전환해야 한다. 미국과 한국 모두 1997년에 설립되어 짧은 역사를 지니고 있는 올린공과대학Olin College of Engineering을 '산학 협력 기반 학사(학부)과정 교육'의 대표 모델로 열심히 살피고 있는 것에도 주목해야 한다. 교육 수요와 시장의 축은 이미 이러한 방향으로 전환하고 있다.

우리 사회에서는 여전히 '우리는 왜 대학에 가는가?', '대학이란 무엇인가?'와 같은 본원적이고 존재론적인 질문들이 주목받는다. 대학이 고유의 역할을 제대로 하지 못하고, 학생이나 사회의 요구 및 기대에 부응하지 못한다는 평가와 인식이 지배적이기 때문이다. 이런 상황에서 대학들은 자신의 고유한 역할 정체성은 무엇인지 스스로 묻고 답해야 한다. 즉, 먼저 개별 대학 고유의 사명을 정립해야 한다. 그리고 '대학이란 무엇인가?'라는 대중과 사회의 질문에 명료하게 답해야 한다. 이미 고등교육시장의 주도권은 공급자인 대학에서 수요자인 학생과 학부모로, 그리고 대중으로 넘어가고 있다.

대중과 사회 역시 대학에 대해 더욱 세분화된 이해를 기초로, '대학의 사명은 무엇인가?', '대학은 어떤 역할과 기능을 감당해야 하는가?' 등의 질문을 계속 던져야 한다. 이러한 질문들이 대중과 대학 상호간에 교차하는 과정을 통해, 위의 질문들과 그에 대한 답 모두 정교해질 수 있다. 그리고 이는 대학이 그 고유의 역할과 존재의 이유를 찾아가는 데 결정적인 안내자가 될 것이다.

04

**대학을 떠나는
미국의 청년들**

미국의 대학 중퇴율은 세계 어느 나라보다 높다. 4년제 사립대학은 20퍼센트, 4년제 공립대학은 44퍼센트, 2년제 공립대학은 29퍼센트다.[26] 미국 전체를 놓고 보면, 학사 이하 학위과정의 중퇴율이 약 40퍼센트이며, 그중 30퍼센트가 2학년이 되기 전 중퇴한다. 한국의 '대학 중도탈락 비율'[27]이 2015년 4.97퍼센트, 2016년 5.10퍼센트, 2017년 5.12퍼센트 수준인 것과 비교하면 큰 차이가 있다.

왜 미국의 청년들은 대학을 떠날까? 미국의 교육 관련 데이터를 분석 제공하는 'EducationData.org'에 따르면, 미국의 청년들은 재정적 압박(38퍼센트), 학사 요건 불충족(28퍼센트), 사회관계 취약(13퍼센트), 가족 부양(9퍼센트) 등의 이유로 대학을 떠난다. 가족 부양도 재정 문제라는 점을 감안하면 약 50퍼센트에 가까운 이유가 재정 문제다.

이를 학비 지불 여력과 같은 절대적인 측면이 아닌 재정 투자의 효용성과 같은 가성비 개념으로 살펴보자.

4년제 공립대학의 중퇴율은 사립대학보다 두 배 이상 높다. 학비로 보면 사립대학이 공립대학보다 몇 배 더 높다. 물론 경제적 여유가 있는 학생들이 사립대학에 보다 많이 지원하고, 장학금 지원도 더 풍족하다. 경제적 취약계층의 학생들을 일정 비율 장학생으로 선발하는 구조도 지니고 있다. 그러나 이 모든 것을 감안하더라도 두 배 이상의 차이는 단순히 '학비 지불 여력'의 문제로만 해석하기에는 무리가 있을 것이다. 실제로 4년제 대학 중퇴자의 39퍼센트는 학점을 3.0 이상 받았으며, 39퍼센트의 중퇴자들은 대학이 소위 '돈 값'을 하지 못하는 '경제적 효용성'을 문제로 꼽는다.

높은 대학 중퇴율은 대학의 경영 면에서도, 특히 영리 목적의 사립대학에 치명적인 영향을 준다. 2년제 영리 목적 사립대학은 2012년 기준 671개를 정점으로 2018년 510개로 감소했고, 4년제 영리 목적 사립대학은 2103년 782개를 정점으로 2018년 488개로 감소했다. 불과 5년 만에 294개, 38퍼센트가 감소한 것이다. 시장 메커니즘이 작동하는 영리 대학에서 대학 교육의 '경제적 효용성'이 즉각적으로 평가되고 또한 반영되는 것을 알 수 있다.

2년제 공립대학이 주된 분포를 보이는 커뮤니티 칼리지 역시 고교 과정을 마치고 바로 진학한 학생들로부터 외면받고 있다. 19세 미만의 연령에서는 38.5퍼센트가 중퇴하여, 4년제 대학(15퍼센트) 대비 두 배 이상의 중퇴율을 보인다. 20세 이상의 연령층에서는 모두 50퍼센트 이상이다.

커뮤니티 칼리지의 경우 주마다 다르지만 학비가 무상인 곳도 많아서, 학비 부담은 상대적으로 가장 낮은 대학 교육과정이라 할 수 있다. 그렇다면 이런 결과는 대학이 기회비용의 측면에서 효용성이 낮다는 것을 시사한다. 굳이 시간과 에너지를 쏟을 필요가 없다는 것이다.

4년제 공립대학이 사립대학보다 두 배 이상 중퇴율이 높은 것은 상대적으로 평가에 둔감한 공립대학들의 교육 품질이 경제적 효용성 및 기회비용 측면에서 유의미하지 않음을 보여준다. 결국 교육 품질을 일정한 수준 이상으로 관리하여 대학 교육의 '경제적 효용성'과 '기회비용의 타당성'을 보증하지 못하는 대학은 공립이든 사립이든 관계없이 학생들로부터 외면받는 현상이 두드러지고 있는 것이다.

미국 대학계에서 또 하나의 중요한 이슈는 기업들이 더 이상 대학 교육을 신뢰하지 않고, 학위에 대한 가치를 재평가하는 흐름이 완연하다는 점이다. 그리고 이는 청년들이 대학을 떠나게 하는 중요한 요인으로 작동하고 있다. 액센츄어Accenture, 그래즈 오브 라이프GRADS of LIFE, 하버드 비즈니스 스쿨Harvard Business School 등 세 기관이 공동으로 연구하여 발표한 보고서 〈학위에 의한 해체Dismissed by Degrees〉(2017)는 학위 인플레이션Degree Inflation이 파생하는 문제에 대해 이야기하고 있다.

2015년 한 해 동안 생산관리감독자 직무와 관련하여 구인공고 기준 67퍼센트의 관련 일자리들이 '학사 학위 이상'을 요구했지만, 해당 일자리의 현재 직무 수행자 중 학사 학위를 보유하고 있는 사람은 16퍼센트로, 51퍼센트의 차이gap를 보이고 있다고 한다. 이 보고서는 이러한 사례를 들며 '학위 인플레이션'이 심각함을 강조하고 있다.[28]

한편 버닝 글래스 테크놀로지Burning Glass Technologies와 하버드 비즈니스 스쿨이 공동 연구한 보고서 〈성장을 위한 방Room to Grow〉(2017)에 따르면, 고객 서비스 등의 직무에서는 학사 학위 없는 사람이 기업이 제공하는 일정한 교육과정이나 인턴십 프로그램을 이수할 때 학위 취득자에 비해 업무 성과나 직무 효과성에서 두드러진 차이가 없다는 실증 연구 결과를 소개하며 역시 '학위 인플레이션'을 경계해야 한다고 강조한다.[29]

구글, 애플, 페이스북, IBM, 뱅크오브아메리카, 스타벅스, 오라클, 언스트앤영, 넷플릭스 등은 우리가 익히 브랜드를 잘 알고 있는 세계적인 기업들이다. 이들은 체계적이고 정교한 '임직원 교육 및 역량 계발 시스템'을 갖추고 있으며, 또한 임직원 채용 시 더 이상 학사 학위를 필수적으로 요구하지 않는다는 공통점이 있다. 이들 기업이 학사 학위를 의무조건으로 요구하지 않는 데에는 세 가지 배경이 있다.

첫째는 더 이상 대학이 변화하는 산업의 요구에 부응할 수 있는 교육 및 인력 양성 수준을 갖추지 못했다는 비판적 평가다. 둘째는 이런 이유로 자체적인 교육 훈련 시스템과 인프라를 구축했고, 이것이 이제는 대학을 넘어설 수 있는 수준을 갖추어, 학위를 기준으로 구직자의 직무 자질과 역량을 평가하는 시스템으로부터 벗어날 수 있는 기본을 갖추었다는 점이다. 끝으로는 이를 통해 '기회'를 확대하는 사회적 기여에 관한 사항이다. 즉 기업 스스로 사회적 이동성Social Mobility을 만들어나가며 사회적 책임을 다하겠다는 것이다.

전문가와 직장인들의 네트워크 플랫폼인 링크드인LinkedIn에서는 〈2019 LinkedIn Top Companies in the U.S. Jobs〉 명단에 있는 기

업을 대상으로 임직원이 올려놓은 자신의 직무와 학위 이력을 익명으로 조사했다. 그 결과 기계설계(26.4퍼센트), 전자기술(25.4퍼센트), 요리사(24.9퍼센트), 생산기술(18.7퍼센트), 컴퓨터네트워크기술(17.3퍼센트), 정보기술(17.3퍼센트) 등의 직무 종사자는 학사 학위를 소지하지 않은 것으로 파악되었다고 한다.[30] 매우 좋은 일자리를 제공하는 기업의 핵심 직무도 학위 없이 수행할 수 있는 시대로 그 흐름이 바뀌고 있다는 것이다.

애플의 스티브 잡스, 페이스북의 마크 저커버그, 트위터의 잭 도로시, 우버의 트라비스 캘러닉, 드롭박스의 애라쉬 페르도우시, 왓츠앱의 잰 컴, 델 컴퓨터의 마이클 델 등의 사례처럼, 주요 혁신 디지털 기업의 창업자들은 대학을 중퇴했거나 진학하지 않았다. 이들 기업에서는 '학위=역량'이라는 등식이 성립하지 않는다는 것이 창업자의 사례를 통해서 확인되었다. 또한 학사 학위는 이미 너무나 보편화되어, 과거와 같이 역량과 잠재력을 판단하는 기준이나 근거가 되기에는 그 객관성이 떨어진다는 주장도 지지를 받았다.

창업의 세계에서는 더 이상 학위가 그 출발선이자 성공으로 가는 열쇠가 아니라는 것이 이미 일반화되었다. 의사나 변호사 등과 같이 학위와 자격이 상호 연계되어 있는 분야를 제외하고, 전문적인 기술 및 고객 관련 업무 영역에서는 학위가 아닌 역량과 실력으로 평가받는 흐름이 빠르게 정착하고 있다. 따라서 미국의 청년들은 대학에서 4년 내외의 시간 동안 연평균 1만 3,544달러(2017년 기준)[31], 4년 기준 약 5만 5,000달러에 달하는 학비를 지불하지 않으려 한다. 대신 기업들이 제공하는 교육과정을 이수하거나, 'edX'와 같은 무료 MOOC 시스템을 활용하거나, 혹은 대학보다 훨씬 저렴한 유다시티, 유데미 등의 마이크로/나노 학위Micro/Nano Degree 과정을 통해 산업과 기업 현장에서 요구하는 지식을 습득하고 직무 역량을 축적한다.

이와 같이 청년들은 대학을 떠나고, 학생들이 떠나자 대학 세계의 중간 지대도 빠르게 소멸하고 있다. 그리고 한국의 청년들 역시 이러한 흐름에서 크게 벗어나 있지 않다고 봐야 할 것이다.

05

평생교육 단과대학을
설립하는 아이비리그 대학들

하버드대학교의 '하버드 평생교육 학부Harvard Division of Continuing Education'는 전통적인 자유교양대학의 학제를 채택하고 있는 하버드 칼리지와는 차별화된 학사과정을 제공하고 있다. 하버드 익스텐션 스쿨Harvard Extension School이라는 이름 아래, 30세 이상의 학생(주로 대학 중퇴, 산업 재직 및 유경력자)을 대상으로 한 교육과정이다. 수업은 캠퍼스 내에서뿐만 아니라 온라인을 통해서도 상당 부분 이루어진다. 또 학위과정과 함께 4년제인 수료증 과정도 제공한다. 또한 아카데믹 갭이어Academic Gap Year 프로그램을 통해 대학에 진학하기 전, 또는 대학 재학 중이라도 하버드대학교의 교과목들을 이수함으로써 대학생활과 특정 전공 분야의 학습을 체험할 수 있도록 하고 있다. 또한 정규 석사 학위과정과 석사과정에 준하는 수료증과정, 의학전문대학원 진학 준비를 위한 예비의학과정Pre-Medical Studies도 운영하며 전문경력개발과정, 여름학교 등 다양한 평생교육과정을 제공하고 있다.

또 다른 아이비리그 대학 중 하나이자 미국 내 최대 도시인 뉴욕의 맨해튼에 자리하고 있는 컬럼비아대학교Columbia University in the City of New York는 아예 평생교육 단과대학 두 개를 설립해서 운영하고 있다. 첫째는 자유교양대학 형식으로 운영되는 스쿨 오브 제너럴 스터디스School of General Studies로, 하버드 익스텐션 스쿨과 유사한 교육과정을 제공하고 있다. 1921년 제2차 세계대전 이후 대학으로 돌아온 학생들의 학사과정 교육을 뒷받침하기 위해 시작되어 오랜 역사를 가지고 있으며, 그 이후 파트타임 학사과정 중심으로 교육과정을 제공하고, 마찬가지로 의학전문대학원 준비 과정 역시 높은 교육 품질로 제공하고 있다.

또 하나는 산업 분야의 틈새 영역 및 급성장 분야 등에 대해 석사과정 및 이에 준하는 비학위 수료증 과정을 다양하게 제공하는 스쿨 오브 프로페셔널 스터디스School of Professional Studies, 전문 평생교육대학다. 이 과정은 평생교육대학원의 성격을 지닌다. 프로페셔널 스쿨, 즉 전문대학원을 설립하여 운영하는 경우 일반적으로 학문 분야는 특정 영역으로 한정된다. 예를 들어 경영전문대학원에서는 경영학의 전통적 학문 분야와 경영학을 바탕에 둔 응용학문 분야로 나뉜다. 그러나 컬럼비아대학교의 평생교육대학원은 학문과 학제를 자유롭게 넘나들면서 산업 수요에 기민하게 반응하는 구조를 지니고 있다. 바이오윤리Bioethics, 건축경영관리Construction Administration, 보험경영관리Insurance Management와 같이 다양한 분야가 하나의 스쿨 아래 편성, 운영된다. 수업 역시 출석 수업On-Campus과 온라인 수업, 그리고 두 가지가 결합된 하이브리드 수업 등으로 상당히 유연하게 짜여진 교육과정을 제공한다. 또 고등학생을 대상으로 한 예비대학과정, 여름학교과정, 기업의 임직원을 위한 교육과정 등 전통적 학술대학원Graduate School 및 전문대학원 체제에서는 제약이 많은 다양한 교육과정을 제공한다.

펜실베이니아대학교University of Pennsylvania의 평생교육 단과대학도 하버드대학교, 컬럼비아대학교의 평생교육과정과 유사한 과정과 범주를 다루고 있다. 명칭은 College of Liberal & Professional Studies이며, 자유교양대학과 전문교육중심대학의 모델을 결합한 것이다. 특히 예술 분야와 대학원 진학을 전문적으로 준비하기 위한 학사후과정Post-Baccalaureate Programs을 제공하는 것이 특징이다.

코넬대학교Cornell University는 "Any person, any study, any time, any place"를 캐치프레이즈로 내건 평생교육대학School of Continuing Education을 통해 다양하고 유연한 교육과정을 제공한다. 군 전역자를 대상으로 한 의학전문대학원 준비 과정, 해외 체험 및 활동 과정, 온라인 기반 기초의학과정 등 전통적인 학제를 뛰어넘는 다양한 교육과정도 제공하고 있다.

앞서 언급한 아이비리그 대학들이 도심에 자리 잡고 다양한 학위 및 비학위 과정을 유연하게 제공하고 있다면, 상대적으로 대학 타운 형태로 도심으로부터 거리가 있는 프린스턴대학교는 커뮤니티 및 지역 관계 오피스Office of Community and Regional Affairs를 통해 평생교육과정을 제공한다. 비학위과정이며, 프린스턴대학교가 위치한 뉴저지 주와 캠퍼스로부터 반경 50마일 내에 거주하는 지역 주민으로 대상이 한정된 커뮤니티 칼리지 성격을 띠고 있다. 또한 대도심에 기반하지 않은 브라운대학교Brown University는 전문평생교육대학을 통해 온라인 기반의 다양한 학위 및 비학위과정의 교육을 제공한다. 다트머스 칼리지Dartmouth College와 예일대학교Yale University는 지역적 제약으로 인해 별도의 평생교육 단과대학을 설립하지 않고, 의학 분야에서의 강점을 기초로 개별 단과대학과 전문대학원에서 온라인 기반의 다양한 평생교육과정을 제공하고 있다.

우리나라에서는 몇 년 전 이화여대가 평생교육 단과대학의 설립 문제로 갈등을 겪은 바 있지만, 위 대학들의 사례처럼 미국 대도심에 기반한 우수한 연구중심대학들은 하나같이 평생교육 단과대학과 평생교육대학원 등을 설립하여 경쟁적으로 운영하고 있다. 서부의 스탠퍼드대학교, 중부의 시카고대학교University of Chicago, 남부의 듀크대학교 등 명문 사립대학에서부터, 캘리포니아대학교의 열 개 캠퍼스 등 명문 공립대학들도 대부분 이와 같은 행보를 보이고 있다. 그리고 이러한 흐름에는 몇 가지 다면적인 배경이 있다.

첫째, 대학이 지니는 고유의 역할론이다. 대학은 '커다란 학습 커뮤니티'로서 특정 집단에 한정한 폐쇄적 고등교육이 아니라 개방적 고등교육을 행해야 한다는 점이다.

둘째, 높은 대학 중퇴율과 늘어난 수명으로 인해 '평생교육'과 '계속교육'에 대한 수요가 커졌다는 점이다. 과거 대학은 고교과정을 마친 학사과정의 신입생, 그리고 산업체에서의 근무 경력이 없는 석사 및 박사과정 학생을 주된 대상으로 전통적인 학위과정을 운영했지만, 이제는 평생교육과 계속교육의 수요자가 대학의 실수요자가 되고 있다. 컬럼비아대학교가 평생교육 단과대학(학부 수준)과 평생교육대학원(대학원 수준)을 별도로 두고 이 수요를 충족하는 것이 이러한 변화를 보여주는 사례다.

셋째, 학문 및 학제 간 자유로운 융복합의 시도와 실험이다. 미국의 사립대학은 학생의 선발, 교육과정의 편성과 운영 등에서 상당한 자유도를 지니고 있다. 그리고 평생교육 영역은 절대적으로 수요에 기반한다. 그러므로 교육 수요에 부응하려면 상당한 유연성이 필요하다. 그러나 경직된 구조를 지닌 전통적인 학제와 학문 영역은 다양한 수요에 기민하게 부응하기 어렵다. 따라서 규모 있는 수요와 새롭게 부상하는 산업 및 학문 분야 등에 기민하게 대응하며 학제-학문 간 다양한 융복합을 시도하는 것은 새로운 분야와 시장을 선점하는 효과를 지닌다. 연구중심대학일수록 이러한 흐름에 뛰어들지 않을 수 없는 것이다.

넷째, 이제 대학은 규모의 경제economy of scale를 확보하는 것이 필수적인 생존 전략이 되고 있다. 이제는 코세라(590만 명), 유다시티(160만 명), 유데미(100만 명) 등 교육기술 기업들이 전통적인 대학을 위협하는 존재로 부상하고 있다. 이들 기업에서 제공하는 교육과정을 이수하는 사람들도 수백만 명에 달한다. 한 대학이 100년 동안 배출한 졸업생 규모를 가볍게 뛰어넘는 것이다. 이런 규모를 기초로 교육기업들은 탁월한 교수와 강사들을 확보해 고품질의 교육과정을 개발한다. 이런 선순환 구조가 학위과정과 연계하거나, 시장에서 전통적인 학위 이상의 평가를 받기도 한다.

현재 대학은 스스로 교육 수요를 만들어내지 못하면 생존이 어려운 환경에 처해 있다. 따라서 고등교육 시장에서 살아남으려면 대학들도 온라인 교육 인프라를 확충하고, 우수한 교육 역량을 지닌 교수를 확보하며, 시장성 있는 교과목 및 교육과정을 개발해야 한다. 하지만 이는 모두 일정 규모 이상의 수요를 확보해야 가능하다. 대학들이 평생교육에 뛰어들 수밖에 없는 배경이다.

06
미국과 영국, 국가 교육부의 사명과 비전

미국 연방 교육부의 사명은 교육적 수월성을 장려하고 동등한 교육 접근성(기회)을 보장함으로써, 학생의 성취 및 글로벌 경쟁력을 위한 준비를 촉진하는 것이다.
The U.S. Department of Education's mission is to promote student achievement and preparation for global competitiveness by fostering educational excellence and ensuring equal access.[32]

우리의 비전은 배경에 관계없이 누구에게나 세계적 수준의 교육, 훈련, 돌봄을 제공하는 것이다. 이는 누구나 자신의 잠재력에 도달할 수 있는 기회를 갖는 것, 그리고 보다 충만한 삶을 살 수 있음을 분명히 하는 것이다. 우리의 비전은 또한 보다 생산적인 경제를 창조할 것이며, 이는 우리나라가 미래에 적합한 국가임을 의미한다. – 영국 교육부
"Our vision is to provide world-class education, training and care for

> everyone, whatever their background. It will make sure that everyone has the chance to reach their potential, and live a more fulfilled life. It will also create a more productive economy, so that our country is fit for the future.[33]" - The UK Department for Education

사명mission은 존재의 이유이고, 비전vision은 미래에 지녀야 할 모습과 지위를 구체화한 형상을 말한다. 미국과 영국, 이들의 연방 정부 교육부의 사명과 비전은 정권에 따라 바뀌지 않고 꽤 오랜 시간 유지되어오고 있다. 정권 또는 상황에 따라 쉽게 바뀐다면 사명과 비전이 아니다. 존재의 이유가 시시때때로 바뀌고, 구체화한 미래의 모습이 상황에 따라 자주 바뀐다면 이는 그 고유의 의미를 잃어버린 것이다.

미국과 영국에서 국가 차원의 교육이 지녀야 할 사명과 비전에는 몇 가지 키워드가 있다. 첫 번째 키워드는 '수월성'이다. 세계적 수준의 교육을 통해 국민들이 미래 시대의 변화와 국제적인 경쟁 환경에서 충분히 경쟁력을 지닐 수 있도록 해야 한다는 것을 강조하고 있다. 이는 국가의 교육은 각 개인이 지니는 잠재력을 발현하고, 이를 펼칠 '기회의 장'을 세계 무대로 확장해주는 것임을 강조하는 사항이다.

두 번째 키워드는 '교육 기회의 동등성'으로, 이는 포용성을 의미하는 것이다. 국가의 교육은 태어난 배경이나 성장하는 환경과 관계없이 누구에게나 동등한 기회가 제공되어야 한다는 것이 원칙이다. 수월성을 전제로 한 고품질의 교육을 동등하게 받음으로써, 자신의 삶에서 스스로 기회를 발견하고 또한 이를 실현하고 성취를 일구어낼 수 있도록 하는 교육의 역할론을 뜻한다. 이는 또한 국가 교육을 통해 사회적 이동성, 즉 '개천에서 용이 날 수 있는 사회'를 만들겠다는 의지를 담고 있는 것이다.

 미국 연방 정부의 교육부는 4년 단위[34], 영국의 교육부는 5년 단위[35]로 '전략 계획strategic plan'을 수립하고 이를 실행한다. 이러한 중장기 계획의 수립과 실행은 모두 국가 교육부의 사명과 비전을 실현하기 위한 구체적인 정책 활동에 해당한다. 세부적으로는 수월성과 포용성이라는 미래 교육의 중심축을 근간으로 혁신성과 다양성을 장려하고 촉진하는 것이다.

 혁신성은 미래의 환경 변화에 교육이 종속되지 않고 그 변화를 주도할 것을 담고 있다. 그 핵심은 '교육기술'로서, 교육기술을 적극적으로 개발하고 채택함으로써 교육 현장의 수월성과 포용성을 추구한다는 사명을 실행하는 개념이다.

 다양성의 근간에는 개인화된 학습이 자리하고 있다. 각 개인의 잠재력 발굴과 개발, 성취를 위해서는 전통적인 집단 교육의 형태로는 부응하기 어렵다는 판단이다. 따라서 교육과정, 교육 체제, 학교의 설립과 운영, 학교의 유형 등에 다양성을 촉진함으로써 각각 다른 개인의 학습 동기, 학습 역량, 학습 발달, 학습 참여, 학습 몰입 등을 충족시킬 수 있도록 하는 개념이다.

 이들 국가들은 교육정책이 지녀야 할 4원칙, 즉 수월성, 포용성, 혁신성, 다양성을 수립하고, 정부가 책임감을 갖고 주도적으로 관여해야 할 영역과 그렇지 않아야 할 영역을 분명히 구분 짓는다. 수월성 및 포용성의 영역은 국가가 직접 관여한다. 공교육 영역이 국제적인 경쟁력을 가질 수 있도록, 또한 미래 시대의 변화를 담아낼 수 있도

|그림 2-1| 국가 차원의 교육정책 추구의 4원칙

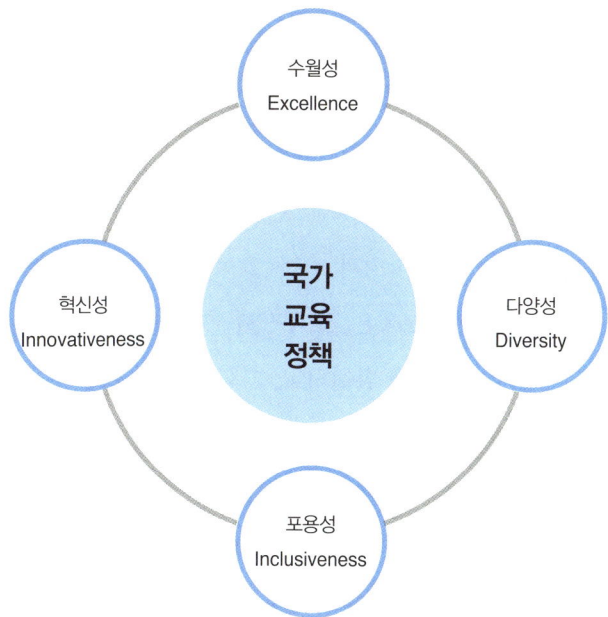

록 정부가 이를 촉진해야 하는 사항임을 분명히 하고 있다. 특히 표준 교육 과정, 교사 역량, 공립학교 시스템 및 인프라들이 세계적 수준의 경쟁력을 가질 수 있도록 상당한 열정을 쏟고 있다.

혁신성 및 다양성의 영역은 국가의 관여도를 최소화하는 것을 통해 해당 목적성을 추구하는 것이 원칙이다. 영국 교육부는 "명확히 경계를 넘어서는 곳에만 한정하여 개입함으로써, 교육기관의 자율성을 보호protecting the autonomy of institutions by intervening only where clear boundaries are crossed 한다"라는 표현을 교육부 비전과 중기 전략에 명시함으로써, 교육 현장의 자율성을 보호하는 것이 교육부의 비전을 실현하는 주요 방법론 중 하나임을 분명히 밝힌다.

미국은 교육정책의 주체가 기본적으로 주 정부다. 연방 정부는 국가 차원에서 책임성을 지니고 수월성과 포용성에 대한 가이드라인을 제시하고, 이를 지원하는 제한적 정책 관여 시스템을 지니고 있다. 또한 사립학교 영역은 철저히 시장 메커니즘 안에서 작동할 수 있도록 하여 공립학교와 사립학교 간 혁신 경쟁을 유도한다.

미국과 영국 교육부의 사명과 비전, 그리고 중기 전략 계획은 앞에서 언급한 대로 국가의 교육은 '교육정책 추구의 4원칙'을 통해 결과적으로 각 개인이 잠재력을 발현하고, 기회를 찾고 이를 실현하며, 성취의 결과를 얻도록 하는 등 '자기 주도적 삶'을 살 수 있는 기초를 제공하는 것이 그 책무임을 분명히 보여준다. 좀 더 구체적으로 말하면, 유아-초중등K-12 교육은 성인의 삶을 준비할 수 있도록 하는 것이라는 개념이다. 그리고 이 책무의 근저에 있는 것이 바로 '자기 고용 가능성Self-Employability'이다.

영국은 1970년대 후반부터, 미국은 1980년대 초반부터 약 10여 년 간 1930년대의 경제대공황 이래로 가장 높은 실업률을 보였다. 이런 배경 아래 1990년대에는 교육 수준과 고용 가능성Employability의 상호관계에 관한 연구들이 활발히 이루어졌다. 그리고 그 결과 높은 수준의 교육이 고용 가능성을 높이는 것으로 나타나자, 고등교육(대학 이상)에 대한 국가적 투자와 지원이 활발히 이루어졌다. 즉, 고용 촉진을 중심에 둔 관점에서 교육의 효과에 관한 연구들이었다. 그리고 1990년대 중반부터는 이것이 확장되어 '교육 수준 vs. 교육과정 – 고용 가능성 vs. 자기 고용'의 상호관계에 대해 연구자들의 관심이 커지기 시작했다. 스스로 자기를 고용하고, 또한 타인을 고용할 수 있는 교육에 대한 관심이다.

로빈슨과 섹스톤의 연구Robinson & Sexton, 1994는 미국의 인구 통계조사census 데이터를 기초로 교육, 경험, 자기 고용-self-employed의 상호관계를 살펴보았다. 방대한 데이터를 통한 실증 분석 결과, 교육은 창업을 통한 자기 고용 및 사업적 성과와 강한 유의관계가 있다는 것을 발견했다. 즉, 교육 수준이 높을수록 창업할 확률이 높아지고, 해당 사업 활동에 있어서도 상대적으로 더 나은 성과를 만들 확률이 높다는 것이다. 경험(경력)은 비슷한 영향 관계를 지니지만, 상대적으로 교육보다는 강도가 낮게 나타났다.[36]

한편 학술적 용어와 관심 수준에 머물던 '자기 고용 가능성'이라는 표현을 대중적 용어로, 또 정책적 방향으로 확산시킨 사람은 영국의 데이비드 영David Young, 영 남작–Lord Young이다. 그는 마거릿 대처 총리 시절 무역부, 산업부, 노동부 장관을 역임한 정책 전문가다. 2010년 총리 직무를 시작한 데이빗 캐머런 총리는 2008년부터 시작된 글로벌 금융위기로 경기가 하락하고 실업자가 증가하는 등 상당한 어려움에 처했던 상황에서, 과거 어려움이 많았던 시절을 거치며 풍부한 정책 경험을 지닌 영 남작을 정책 자문으로 위촉했다. 그리고 그에게 영국의 경제 시스템을 산업화 시대에서 기업가형 경제entrepreneurial economy로 변혁하는 데 필요한 정책 수단을 개발해줄 것을 요청했다.

〈모두를 위한 기업가정신Enterprise for All〉[37]은 영 남작이 캐머런 총리에게 제출한 정책 제안 세 번째 파트의 보고서다. 그는 이 보고서를 통해 다음과 같은 사실을 총리에게 주지시켰다.

"불과 몇 년 전만 하더라도 영국에서 '소규모 기업'은 500명 미만을 고용한 회사였다. 그러나 오늘날 영국 기업의 95.5퍼센트는 10인 미만을 고용하고 있는 소규모 사업장이다. 대기업들에 의해 추구된 스킬들은 변함없이 프로세스 중심적이고, 이는 '팀 스포츠'와 '순응'이 그 특징이었다. 그동안 학교 시스템은 정해진 질서와 프로세스에 순응할 수 있는 교육을 제공했다. 이제 이러한 교육을 떠난 사람들의 실제 세계는 자립과 창의성이 보상받는 사회로 바뀌게 될 것이고, 교육 시스템은 이에 적응해야 하는 세상이 될 것이다."

지금의 고용 환경과 기업 세계의 조직 구성, 일하는 방식은 과거 산업화 시대와는 완전히 다르다. 이전의 교육이 고용을 위한 것이었다면, 앞으로의 교육은 '자아실현'과 '창의성의 극대화'를 통해 자기 고용이 가능하도록 그 구체적인 방법과 경험을 제공해야 한다는 것이다. 그래서 영국은 '전인교육의 회복'과 함께 '기업가정신' 교육을 초등학교 과정부터 의무화하고, 대학을 혁신의 실험장으로 바꾸는 대대적인 교육 혁신에 돌입했다. 그리고 독일을 제외한 주요 유럽연합 국가들이 높은 실업률, 특히 청년실업률 문제로 신음하는 가운데 영국의 실업률은 확연히 낮아지는 등 새로운 혁신 국가로 거듭나게 되었다.

역시 금융위기 이후 출범한 미국의 오바마 정부는 고용 상태 전반에 대한 내용을 조사 분석하여 새로운 미국을 향한 정책 방향을 제시했다. 그 첫 번째가 '이노베이션 아메리카 정책Innovation America Initiative'[38]이다. 이 정책은 3단 구조의 접근법을 취하고 있는데, 그 첫 번째로 국가 혁신의 기초를 다지는 사항과 관련하여 "미국 혁신의 블록을 만드는 것에 대한 투자Invest in the Building Blocks of American Innovation"를 제시했다. 또 여기에서 "21세기 지식과 기술로 다음 세대를 교육함과 동시에 세계적 수준의 일자리 창출Educate the next generation with 21st century knowledge and skills while creating a world-class workforce"을 강조하며 우선적 투자 대상 영역으로 교육 혁신을 설정했다. 또한 실제 세계와 연결시킴으로써 자기 고용가능성을 담보하는 교육 혁신이 되어야 함을 강조했다.

이때부터 본격화된 것이 미국의 'STEMScience과학, Technology기술, Engineering공학, Mathematics수학' 교육과 '기업가정신' 교육이다. 지금은 코로나19로 실업률이 급등했지만, 그 전까지 미국은 통계 작성 이래 가장 낮은 수준의 실업률을 보였고, 스타트업을 중심으로 한 혁신경제로의 전환이 주요 선진국 중 가장 선도적으로 전개되었다.

앞서 설명했듯 '사명'은 존재의 이유이고, '비전'은 미래에 지녀야할 모습과 지위를 구체화한 형상이다. 미국이나 영국의 경우 국가의 교육은 국민들이 스스로 자기 고용 가능성을 지닐 수 있도록 함으로써, 자기주도적 삶을 위한 기초 토대를 제공해주기 위해 존재한다는 점을 강조한다. 또한 각자가 지닌 잠재력의 발현과 함께 기회를 찾고 또 이를 실현하며, 의미 있는 성취를 해나갈 수 있도록 이를 뒷받침하는 역할 기능을 감당하는 것이 국가 교육부가 존재하는 이유라고 설명하고 있다.

07

'모든 아이는 우리 모두의 아이'
- 대한민국 교육부의 사명은?

    미국과 영국의 교육부 정책에는 '사명'과 '비전'이 항상 우선한다. 정책 자료집에도 사명과 비전을 항상 명시하고, 이를 구체적으로 설명한다. 개별 정책들이 이들과 정합성을 이루어야 하기 때문이다.

    앞에서 사명은 존재의 이유이고, 비전은 미래에 지녀야 할 모습과 지위를 구체화한 형상이라고 설명했다. 존재의 이유가 자주 바뀌고, 구체화한 미래의 모습이 해마다, 또는 상황에 따라 바뀐다면 더 이상 사명과 비전이 아니다. 미국과 영국 교육부의 사명과 비전 역시 정권이 바뀌고 해가 바뀐다고 해서 달라지지 않는다. 그들은 이미 현장에서 '교육은 백년지대계'라는 연속성의 의미를 체화하고 있다.

    그렇다면 우리 교육부의 사명은 무엇일까? 찾아보려 노력했으나 결국 찾지 못했다. 못 찾은 것일까, 없는 것일까. 아마도 후자에 해당

할 것이다. 대신 교육부의 비전을 찾아보니, 매해 바뀌는 것을 볼 수 있었다. 2018년 대통령 업무보고에 명시된 교육부의 비전은 "모든 아이가 행복한 학교, 모두의 성장이 열려 있는 사회"다. 2019년에는 "모두를 포용하는 사회, 미래를 열어가는 교육"이다. 그리고 2020년은 "국민이 체감하는 교육혁신, 미래를 주도하는 인재양성"이다. 같은 정부에서도 장관이 바뀌면 비전이 달라지고, 같은 장관 아래서도 해가 바뀌면 비전이 달라진다. 그 변화의 줄기를 깊이 살펴보면, 포용과 미래에 중점을 두고 있는 듯하다.

지난 정부에서는 어땠을까? 2017년 업무보고에는 "모두가 성장하는 행복 교육, 미래를 이끌어가는 창의인재"라고 비전을 설정하고 있다. 2016년은 "모두가 행복한 교육, 미래를 여는 창의인재"였으며 2015년은 "모두가 함께하는 행복 교육, 창의인재 양성"이었다. 그리고 지난 정부가 출범한 이래 첫 새해를 맞은 2014년은 "모두가 행복한 교육, 미래를 여는 창의인재"다. 지난 정부의 교육부 비전은 매해 표현의 형식에 차이가 있지만, '행복 교육'과 '창의인재'라는 키워드를 기초로 하고 있다. 현 정부와 지난 정부에서 모두 사명은 찾을 수 없고, 비전은 매해 바뀌는 형태라는 것을 알 수 있다. 지난 10여 년간 사회에는 상당한 변화가 있었는데도, 우리의 교육은 푯대가 없거나 불분명한 상태에서 전개되고 있었다.

교육정책이 불신을 받는 가장 큰 이유 중 하나로 시시때때로 바뀌는 대학 입시 정책과 이로부터 파생되는 교육정책 전반의 연속성과 일관성 부재를 꼽는다. 그런데 매해 달라지는 교육부의 비전은 이를 그대로 보여주고 있다.

지난 2016년 당시 국회의원이었던 원혜영 의원의 요청에 대해 교육부는 '중장기 교육정책 계획 수립'과 관련하여 이행 현황을 회답했다. 이 내용을 보면, 당시 법률 기준으로 교육부가 중장기 계획을 의무적으로 수립해야 하는 사항은 총 11건으로 중기 지방교육 재정계획, 유아교육발전 기본계획, 특수교육발전 5개년 계획, 지역대학 및 지역균형인재 육성지원 기본계획, 평생교육진흥 기본계획 등이다.[39] 국가 차원의 종합적이고 입체적인 중장기 계획이 아니라 분절적이고 개별적인 정책에 대한 사항들을 다루고 있다. 또한 〈인성교육 진흥 중장기 발전방안 연구〉(2015)와 같은 중장기 교육정책 계획 수립 관련 연구물 역시 종합적이고 입체적인 사항은 다루지 않고 있다.[40] 그리고 이로부터 3년 이상이 지난 2020년에도 교육부에는 중장기 종합 교육정책이 마련되지 않았다. 대중들로부터 '해마다 바뀌는 교육정책'이라는 비판을 받는 것은 교육부가 중장기 교육정책을 수립하고 실행하기보다 이와 같이 임시방편적, 혹은 현상유지적 정책 활동에 기울어

> 우리 교육부는 "사람중심 미래교육"이라는 가치를 바탕으로 협력과 공존이 살아 숨 쉬는 교육, 학생 성장이 중심이 되는 교육, 생애주기 전체를 고려한 맞춤형 교육, 개인의 소질과 적성이 존중받는 교육을 위해 최선의 노력을 다하고 있습니다.
> 사람 중심의 미래교육계획을 구체화하여 사회 변화를 선도할 수 있는 인재양성 시스템을 구축해 나가겠습니다. 또한, 부모의 소득 격차가 교육 기회의 격차로 이어지지 않도록 국가가 책임지는, 국민의 삶에 실질적인 도움이 되는 교육을 실현하겠습니다.
>
> — 교육부 홈페이지 소개글 중

져 있기 때문일 것이다.

앞의 내용은 교육부를 소개하는 표현이다. 또한 이 소개 내용의 머리에는 "모든 아이는 우리 모두의 아이"라는 표현이 강조되고 있다. 그러나 이는 교육부의 공식적인 사명도 비전도 아니다. 다만 '가치 슬로건'이 아닌가 추론된다.

"사람중심 미래교육"이라는 표현에도 추가적인 설명이 필요하다. 가치 지향성이 명료하지 않기 때문이다. 현재 교육부는 영아 단계에서부터 노년층에 이르는, 생애 전주기 교육에 대한 주무 부처의 역할 기능을 수행한다. 그런데 "모든 아이는 우리 모두의 아이"라는 슬로건은 정책 대상의 범주를 최대 중등과정까지로 제한하고 있음을 시사한다. 즉 대학 교육이나 성인 교육 등의 영역은 상대적으로 관심 범주에 들어가지 못하고 있다는 것이다. 그리고 '아이'라는 표현도 짚어봐야 한다. 국립국어원 표준국어대사전에서는 '나이가 어린 사람', '남에게 자기 자식을 낮추어 이르는 말', '아직 태어나지 않았거나 막 태어난 아기', '어른이 아닌 제삼자를 예사롭게 이르거나 낮잡아 이르는 말' 등으로 설명되며, 준말은 '애'라고 표현된다. 국민의 생애 전주기 교육의 주무 부처인 교육부의 슬로건으로는 대상 범주의 설정과 용어의 채택이 모두 적절하지 않아 보인다.

사명의 부재, 매해 바뀌는 비전, 중장기 종합 교육정책의 부재, 적절치 않은 가치 슬로건 채택 등 교육부가 보이는 모습들을 종합해보면, 우리 교육에 대한 교육부의 진정성과 전문성에 대해 기대감보다는 염려의 시각을 가지게 된다. 특히 '포용', '혁신', '공정', '미래'라는 타이틀을 내세우고 있는 현재의 교육정책[41]은 포용성의 원칙을 제외하고는 수월성, 포용성, 혁신성, 다양성이라는 교육정책의 4원칙에서 오히려 퇴보하는 흐름을 보이고 있다.

우리의 교육은 세계적 수준을 지향해야 하고, 국제적으로도 경쟁력을 갖출 수 있어야 한다. 그리고 그런 세계적 수준의 교육이 국민 누구에게나 제공될 수 있도록 기회의 장을 활짝 열어야 한다. 그러나 현실적인 흐름은 우리가 가장 경계해야 할 하향평준화의 길을 가고 있다. 포용성의 가치도 수월성이 전제되지 않으면 교육의 효과가 제한적이라는 것은 미국의 경우를 통해 알 수 있다. 교육 품질이 전제되지 않은 공립학교의 중퇴율이 고등학교 및 대학 과정 모두에서 높게 나타나는 현상이 이를 방증한다. 학비가 무상이거나 해당 주 거주자의 경우 상대적으로 매우 낮은 수준의 학비를 부담하는 공립대학의 중퇴율이 비싼 학비를 부담해야 하는 사립대학보다 두세 배 높은 것이다. 학비가 연간 7만 달러($71,460, 약 8,400만 원, 컬럼비아대학교 2021년[42])에 이르는 아이비리그 대학의 평균 중퇴율은 3~4퍼센트 수준으로 공립대학(52퍼센트)의 1/17 수준이다.[43]

'교육 공정성의 회복'이라는 미명 아래 행해지는 정시 전형(수학능력시험) 중심의 대학 입시 정책은 초중등 교육의 현장을 학교가 아닌 학원으로 옮겨놓는 것으로 귀결되고 있다. 초중고교의 학교 교육 및 교육과정을 혁신한다고 하지만, 현실은 공부는 학원에서 하고 학교는 대학에 진학하기 위한 행정 역할로 인식하는 것으로 기능이 재배분되고 있다. 입시 자체는 공정성을 강화하고 고교 서열화를 해소할 수 있을지 모르지만, 역설적으로 대학의 서열화를 더욱 고착화한다. 입시에서 '줄서기'는 결국 우수한 학생의 선발과 이를 통해 차별화된 교육을 시도하려는 후발 대학들에게 그 가능성을 없애고 기회의 문을 닫아버리는 것과 같다. 영어교육 시작 시기의 혼선, 국제중학교의 폐지, 특목고 및 자사고의 일반고 전환 등에서 알 수 있듯 교육의 다양성도 더 이상 장려되지 못하고 있다. 수월성의 퇴보와 함께 혁신성과 다양성이 모두 자리를 잃어가고 있는 것이다.

고등교육 영역은 기본적으로 시장 메커니즘에 기반해서 접근해야 한다. 의무교육이나 필수교육 영역이 아닌 대학 교육은 선택적 교육 영역이기 때문이다. 시장 메커니즘이 작동해야 공급자 중심의 교육이 아닌 소비자(학습자, 학생) 중심의 교육이 이루어질 수 있다. 미국과 일본, 아시아 국가들에서 영리 목적의 기업형 대학이 증가하는 것은 여전히 공급자 중심의 교육을 행하는 기존 대학들의 경쟁력이 하락하는 흐름에서 비롯된 현상이다. 국공립 대학 중심인 일본, 주립대학 중심인 독일 등도 대학 영역에 대해서는 정부가 거의 관여하지 않는다. 정부는 합리적이고 합목적적인 거버넌스를 구성하고, 일상의 대학 운영과 경영은 이 거버넌스에 의해 작동하도록 하고 있다.

미국에서도 공립대학은 합리적 거버넌스에 기반한 일정한 자유도를 지닌다. 물론 사립대학은 연방 정부나 주 정부의 제도적 통제가 최소화되고, 공립대학이 견줄 수 없을 정도로 대학 운영에 대한 자유도를 지닌다. 심지어 영리 목적의 주식회사도 대학의 설립과 운영이 가능하다.

미국 나스닥NASDAQ에 상장된 로리어트 에듀케이션Laureate Education, Inc.은 영리 목적의 대학을 소유하고 운영하는 주식회사다. 이 회사는 미국의 월든대학교Walden University, 영국의 리버풀대학교University of

Liverpool, 온라인 학사과정 부문, 로우햄튼대학교University of Roehampton, 전 온라인 부문, 호주의 토렌스대학교Torrens University Australia 등 선진국가의 경쟁력 없는 대학을 인수하거나 지분 참여를 통해 혁신적인 교육으로 바꾸어 주는 영리 기업이다. 또한 브라질, 칠레, 온두라스, 멕시코, 페루 등 중남미 전역에 걸쳐 약 150여 개의 캠퍼스와 온라인 교육을 통해 학위과정으로만 약 87만 5,000명 이상의 재학생을 둔 세계 최대 영리 목적 대학을 운영하는 기업이다.[44]

이와 같이 사립대학 영역은 시장 메커니즘을 통해 수요자 평가를 받도록 하는 구조를 지니고 있다. 따라서 학생과 학습자, 커뮤니티에 유의미한 가치를 제공하지 못하는 대학, 특히 영리 목적의 사립대학들은 시장 메커니즘에 의해 자연스럽게 도태된다. 공립대학의 경우에도 학생의 중퇴 또는 중도 탈락률이 일정 비율 이상으로 올라가게 되면 해당 대학의 리더가 이를 책임져야 하며, 더 나아가면 해당 대학 기능의 폐쇄로 이어진다.

그러나 우리의 경우 국공립 대학은 거의 전 영역에 대해 교육부의 통제를 받으며, 사립대학도 상당 부분 통제를 받는다. 제도와 규제, 재정정책이 함께 행해지며, 사립대학이 갖는 자유도는 임계수준 이하에서 항상 관리된다. 대학의 설립과 철수 및 폐쇄 등에 있어서도 시장 메커니즘은 거의 작동하지 않는다.

현재 대한민국 교육 현장의 실제는 각 부처가 사명과 비전을 바로 세우고, 중장기적 계획과 전략을 기초로 국민 누구에게나 유의미한 교육 가치를 제공하기 위해 본연의 활동을 하기보다는 교육부 만능주의로 교육 현장 전체를 통제하려고 하는 것이다. 그러나 국가의 교육이 수월성, 혁신성, 다양성을 담보해주지 못하고 하향 평준화의 길을 가게 될 때, 국제적인 경쟁사회 속에서 일반 국민들은 '각자도생'의 방법으로 자녀들의 교육 경쟁력을 확보하기 위한 길을 찾게 마련이다. 드라마 〈스카이 캐슬〉은 허구를 기반으로 한 이야기만이 아니라 실존하는 현실 세계의 모습이라는 것을 우리는 잘 알고 있다. 사교육에 지출하는 금액이 국가의 R&D 투자에 소요되는 예산 규모와 비슷한 수준으로 그 규모가 커지고, 하나의 산업으로 자리 잡은 데에는 교육정책의 실패가 가장 핵심적인 원인을 제공했다고 할 수 있다. 어떤 분야에서든 독점과 과점은 반드시 시장의 실패를 잉태한다.

08

**한국을 떠나는
고급 두뇌들**

우리나라의 대학진학률은 최근 10여 년 동안 OECD 국가 중 최고 수준을 기록하고 있다. 2018년 기준 연간 1만 5,000여 명의 박사를 배출했으며[45] 2017년 기준 인구 100만 명당 자국민 박사 학위 소지자 수가 약 250명으로, 독일과 슬로바키아에 이어 OECD 국가 중 3위에 해당한다.[46] 또한 2014년 기준 인구 10만명 당 박사 수는 26.3명으로 21명인 미국보다 더 많은 고급 인력을 양성했다. 영국(39.0명), 독일(34.8)보다는 낮으나, 일본(12.6명)보다는 두 배 이상이다.[47]

2019년 4월 기준 해외에서 대학원 과정으로 유학을 하는 한국인 학생 수는 3만 5,975명이고, 이들 중 97.4퍼센트는 북미(2만 157명, 56퍼센트), 유럽(8,621명, 24퍼센트), 아시아(6,272명, 17퍼센트) 지역으로 유학을 떠났다. 국가별로는 미국, 중국, 호주, 일본, 캐나다가 상위 5개

국이며 나머지 국가들의 비중은 그리 높지 않다.[48]

즉 우리나라는 전 세계적으로 고급 인력을 양성하고 배출하는 비율이 높은 국가다. 또 교육에 대한 투자와 관심도 세계 최고 수준이다. 동시에 우리는 대표적인 '고급 두뇌 유출국Elite-Brain Drain Country'이기도 하다. 특히 미국의 과학기술 분야에 박사급 고급 인력을 공급해주는 주요국 중 하나다. 과학기술 분야의 박사 학위를 소지하고, 미국으로부터 임시 비자를 발급받은 고급 인력 중 한국인은 연평균(1995~2015년) 1,031명이고, 그 비중은 9.3퍼센트에 달한다. 물론 중국(연평균 3,179명, 28.8퍼센트)과 인도(연평균 1,513명, 13.7퍼센트)에 비하면 낮지만, 일본(174명, 1.6퍼센트)보다는 약 여섯 배 더 많은 분포를 보이고 있다[49]. 인구 수 대비 미국의 과학기술 분야에 박사 인력을 가장 많이 공급하는 국가라 할 수 있다.

과학기술 분야의 연간 박사 학위 배출 규모는 2018년 기준 8,645명이고, 지난 10년간 평균 7,403명이다.[50] 미국 현지에서 과학기술 분야 박사 학위를 받는 숫자가 연평균 1,086명[51](2005~2015)임을 감안하면, 과학기술 분야의 한국인 박사 배출 인력은 미국 외 국가를 포함하여 연평균 9,000명을 조금 상회할 것으로 추정된다. 이를 전제로 하면, 매년 미국에 귀속되는 한국인 과학기술 분야 박사급 인력은 전체 배출 인력의 10퍼센트를 초과하는 것으로 추정된다.

과학기술 분야 해외 박사 학위자의 국내 신고 현황을 보면, 2012년 538명에서 2016년 323명으로 연평균(CAGR) 12퍼센트씩 감소했다. 공학계열(-8.6퍼센트)보다 자연계열(-18.6퍼센트)의 감소폭이 더 크다. 같은 기간 미국의 과학기술 분야 박사 학위 취득자 수는 2012년

1,132명에서 2016년 890명으로 연평균 5.8퍼센트 감소했다.[52] 해외에서 박사 학위를 취득한 사람 중에는 미국 외 타 국가에서 학위를 받은 경우도 있지만, 추이를 살피기 위해 이를 모두 미국에서 취득한 것으로 간주하면 2012년 594명, 2016년 567명이 학위를 취득하고 한국으로 돌아오지 않았다. 이는 취득자 대비 2012년 52.5퍼센트(2012년), 2016년 63.7퍼센트(2016년)로, 미국 등지에서 박사 학위를 취득하고 한국으로 돌아오지 않는 비율이 확연히 증가하고 있음을 확인할 수 있다.

2008~2009년 글로벌 금융위기를 거치면서 전 세계적으로 혁신 생태계를 조성하는 붐이 일었다. 혁신적인 기술을 가진 스타트업에 투자금이 몰리고, 기술 기업Tech Companies들에 대한 투자가 집중되면서 테크 버블Tech-bubble이 염려될 정도로 혁신의 바람이 거세게 불었다. 이런 흐름과 궤를 같이하여 기업, 연구기관, 대학 등에서 컴퓨터 과학, 데이터과학, 바이오 메디컬, 로보틱스, 수학 등 STEM 분야의 박사급 인력에 대한 수요가 급증했고, 지금도 이 흐름은 이어지고 있다.

이는 전 세계적인 현상이다. 아시아권에서는 일본과 중국, 싱가포르와 호주가 국적과 관계 없이 고급 두뇌의 유치를 위한 노력과 투자를 열심히 하는 국가다. 특히 호주는 최근 파격적인 조건으로 STEM 분야의 박사급 인력을 유치하고 있다. 유럽에서는 영국과 스위스가 가장 적극적이며, 최근 들어 독일과 프랑스도 적극적으로 고급 두뇌를 유치하기 위한 활동을 전개하기 시작했다. 그리고 그 정점에는 미국이 있다.

미국도 트럼프 정부가 들어선 이후 외국인 취업자에 대한 비자 제한 정책을 취했지만, STEM 분야의 박사급 고급 두뇌들에 대해서는 예외를 두며, 오히려 지원 혜택을 제공하고 있다. 2017년 기준 미국의 과학기술 분야에 종사하는 박사 학위 소지자의 37.8퍼센트는 미국 밖에서 태어난 외국인이다. 특히 공학 분야는 56.7퍼센트, 컴퓨터 과학과 수학 분야는 54.6퍼센트다. 물리과학(33.9퍼센트)과 생명과학(33.6퍼센트)에서도 외국 출생 박사 인력의 비중이 높다.[53]

미국과 주요 국가들의 이러한 두뇌유치 전략에는 박사과정 교육이 중요한 지렛대와 창구 역할을 한다. 미국을 기준으로 기업, 연구기관, 대학에 종사하는 박사 학위 소지자의 학위 취득 국가가 미국인 비율은 1995년 평균 53.8퍼센트에서 2015년 76.9퍼센트까지 상승했다. 특히 과학기술 분야는 평균 82.9퍼센트가 미국에서 박사 학위를 받았다(2015년 기준, 공학: 84.6퍼센트, 수학 및 컴퓨터 과학: 84.4퍼센트, 물리 및 지구과학: 82.8퍼센트, 생명과학: 79.8퍼센트).[54]

미국의 박사과정 교육 경쟁력은 양적, 질적으로 세계에서 가장 우수하다. 가장 많은 연구중심대학을 보유하고 있으며, 이들 간의 경쟁으로 교육 경쟁력이 지속적으로 상승하고 있다. 또 중국, 인도, 한국, 독일 등으로부터 우수한 인재들을 끊임없이 흡수하고 있다.

'두뇌 유출'에 부정적 측면만 있는 것은 아니다. 떠났던 두뇌들이 다시 본국으로 돌아와 앞선 경험을 자국 및 지역에 이식하면서 얻게 되는 긍정적 측면도 있다. 이를 '두뇌 순환Brain Circulation'이라 한다. 한국의 과학기술 분야의 성장과 산업화의 과정에는 이러한 두뇌 순환의 순효과도 비중 있게 자리를 차지했다. 그러나 이는 20세기까지 유효

했던 사항이다. 21세기에 들어서는 떠난 고급 두뇌들이 돌아오지 않는다. 특히 우수한 고급 두뇌일수록 그렇다.

《The Global Economy》[55]의 조사에 따르면, 한국의 두뇌유출지수 Human flight and brain drain index, 2007~2019는 3.70으로 조사대상국 176개국 중 139위를 기록했다. 176위는 지수값이 1.0인 호주로, 이는 전 세계에서 두뇌 유출이 가장 적은 나라라는 뜻이다. 따라서 한국은 176개국 중 최소 37위인 셈이며, 이는 한국의 경제력 수준(세계 11위)보다 26계단이나 낮은 수준이다. 우리와 호주 사이에는 주요 선진국가들 대부분이 자리하고 있으며, 우리는 러시아(3.60), 일본(3.30), 싱가포르(2.70)보다 더 두뇌 유출 수준이 높다.

뿐만 아니라 돌아오는 고급 두뇌들도 이전과 같은 두뇌 순환의 순효과를 만들지 못하고 있다. 2000년대 이래, 특히 2010년대 이래 해외에서 돌아오는 박사급 인력을 비판적으로 바라보자면 실력이나 기량이 절정에 달한 시점이 아닌 하락기에 접어들었거나, 해외 생활과 문화에 적응하기 어렵거나, 한국에서만 누릴 수 있는 특혜나 특권에 대한 기대가 있거나, 해외에서 구직활동이 잘 진행되지 못한 경우가 많다. 과거 애국심에 기반해 해외에서 가질 수 있는 좋은 기회를 마다하고 한국에 돌아온 것과는 사뭇 다른 배경을 지니고 있다. 두뇌 순환의 순효과는 사라지고, 역효과가 발생하는 흐름이 만들어지고 있는 것이다.

미국, 유럽, 일본 등 선진국에서 활동하다 보면 정말 우수한 한국인 박사들을 자주 만나게 된다. 이들은 세계적 수준의 기업, 연구소, 대학에서 탁월한 활동들을 하고 있는데, 현지의 대학에서 박사 학위를 받은 사람뿐 아니라, 한국에서 박사 학위를 취득하고 현지 취업과 박사 후과정 등을 통해 이주하거나 정착하는 경우도 많다.

2015~2016년 미국 비자를 발급받은 과학기술 분야 박사들은 1,000명 수준이고, 미국에서 박사 학위를 받은 사람이 900여 명이며, 이 중 300~400명이 한국으로 돌아왔다. 이를 종합해보면, 한국에서 박사 학위를 받은 인력이 미국으로 옮겨간 경우는 연간 400~500명 수준일 것으로 추산된다. 이들의 실력은 과학기술계의 신진 박사들 중에서도 아마도 최상위 수준이지 않을까?

미국에서 유학하며 박사과정을 밟고 있는 고급 두뇌들, 미국에서 박사 학위를 받고 현지에 정착한 고급 두뇌들, 한국에서 박사 학위를 받고 미국으로 건너간 고급 두뇌들은 공통적으로 한국 과학기술계의 미래가 그리 밝지 않다고 이야기한다. 언론과 미디어들은 10여 년 전부터 우리의 두뇌 유출에 대한 보도와 기사들을 쏟아내고 있다. 공통적으로 지적하는 문제들은 일자리 부족, 열악한 처우, 위계질서, 단기 실적주의, 기회의 불공정 등이다.

왜 우수한 한국인 박사들이 한국을 떠날까? 여기에는 매우 복잡한 문제들이 얽혀 있지만, 그 이유를 압축해보면 인재 양성 시스템과 인재들이 활동할 수 있는 혁신 생태계의 문제로 요약할 수 있다. 이를 더 근원적인 관점에서 살펴보고, 그 대안도 생각해보자.

우리의 박사과정 시스템은 양적인 측면에서는 세계적으로도 상위권에 해당한다. 그러나 질적인 측면에서는 여전히 20세기적 패러다임에서 벗어나지 못하고 있다. 좀 더 구체적으로는, 박사과정 학생을 단지 학생의 역할, 즉 학습자로 한정하여 역할 정체성을 정의하고 있는

|도표 2-1| 과학기술 부문 고급 연구 인력(박사급) 양성 및 활용 정책 평가[56]

고급연구인력 (박사급) 양성과 활용 정책		양성		활용 영역 및 연구 활동 기반별 혁신 역량의 요구 수준					
				상대적으로 높음		보통	상대적으로 낮음		
		박사 과정	박사후 과정	스타트업	중견/ 중소기업	대기업	공공 연구기관	대학 (교원)	
글로벌 경쟁력 수준	양적 측면	◆	▽	▽	▽	◆	◆	◆
	질적 측면	◐	▽	▽	▽	◐	◐	◐
제도적 기반 환경		▽	▽	▽	▽	◆	◆	◆
정책적 자원 집중도		◐	▽	▽	▽	◆	◐	◆
향후 정책적 관심도		◐	▽	◆	◆	◐	◐	◐

* 상대적 평가 수준 – ◆: 높음(좋음) / ◐: 보통 / ▽: 낮음(나쁨)

것에 문제가 있다.

　북유럽을 중심으로 한 유럽이나 미국의 연구중심대학에서는 박사과정 학생을 지식 생산의 보조자이자 협력자, 또 동반자로 간주하여 학생 연구원 또는 연구원의 지위를 부여한다. 또 이들의 연구 활동에 대한 근로 가치도 정당하게 평가한다. 미국에는 과학기술 분야의 고급 두뇌를 양성하기 위한 연방 정부 차원의 지원 체계가 있다. 백악관 국가과학기술위원회The White House National Science and Technology Council 산하에 STEM 교육위원회Committee on STEM Education, CoSTEM를 두고 특히 전일제 박사과정 학생의 학업 및 연구 활동을 지원하기 위한 다양한 제도적/비제도적 활동을 전개하고 있다.

　이에 비해 한국의 박사과정 학생들은 여전히 학업의 기반 환경이 취약하다. 특히 연구 활동과 관련하여 참여 기회, 인프라, 연구 활동 지원 등에 대해 개선을 요구하는 목소리가 크다. 최근 다소 줄었다고는 하나 여전히 연구비 행정 및 회계 처리의 '달인'이 되어야 하고, 지도교수의 사적인 내용들까지 살펴야 하며, 이런 과정에서 인권의 사각지대에 놓이는 경우도 비일비재하다. 또한 '취업 지원' 기능은 박사과정 학생들의 만족도가 가장 낮은 항목이다. 연구에 대한 몰입도 어렵고 취업이나 진로에 모두 어려움이 많다. 따라서 우수한 인재일수록 국내보다는 해외 유학을 선택하는 것이 어쩌면 너무나 자연스러운 과정이라 할 수 있다. 국내 박사과정의 충원률은 2016년 91퍼센트에서 2018년 86퍼센트로 지속적 하락세를 보이고 있으며, 과학기술 부문, 특히 공학계열의 해외유학 의사는 2011년 이래 연평균 18.5퍼센트씩 증가하고 있다.[57]

박사후과정Post-Doctorate을 살펴보면 환경이 더욱 열악하다. 스위스 취리히연방공대에서 제공하는 '파이오니어 펠로우십 프로그램Pioneer Fellowship Program'은 박사과정 또는 박사후과정을 통해 자신이 연구한 내용을 상업화하거나 사업화할 수 있는 제도를 갖추고 있다. 미국의 코넬대학교도 3년 동안 연구비와 인건비를 지원받으며 박사 학위과정 중 연구한 주제를 상업화하는 '스타트업 박사후과정Startup Post-Doc'이라는 제도를 마련했다. 우리의 박사후과정에 있는 고급 두뇌들에게는 그야말로 언감생심이자 딴 세상 이야기인 제도다.

한국의 과학기술 부문에서 박사급 고급 인력은 약 10만 명에 이르며, 평균적으로 대학(60퍼센트), 공공연구기관(20퍼센트)에 약 80퍼센트의 인력이 종사하고 있다. 나머지 20퍼센트 내외가 기업에서 일하고 있는데, 이마저도 45.1퍼센트는 상위 20대 기업에 종사한다. 즉 스타트업을 포함한 중소기업에서 활동하는 박사급 고급 인력은 극히 적다는 것을 알 수 있다.

이에 반해 미국의 공학계열 박사 학위 소지자의 76.5퍼센트는 영리기업에 종사하고 있으며 대학 등 교육기관에 종사하는 분포는 6퍼센트 수준이다. 기업에서 일하는 이들이 20퍼센트 수준인 한국과는 확연히 비교되는 활동 분포다. 물리학, 수학, 컴퓨터 과학 등에서도 마찬가지로 기업에 종사하는 박사 학위 소지자가 대학보다 더 많은 비중을 차지하고 있다. 이들은 대학에서 일하는 것보다 더 높은 수준의 소득을 실현하는데, 컴퓨터 및 정보과학 분야를 살펴보면 기업의 종사자들이 대학의 정년 트랙 교원보다 170퍼센트 이상의 소득 수준을 보인다. 수학 및 공학 계열에서도 대학보다 기업에서의 소득이 상당한 수준 차이를 보이고 있다.[58] 고급 두뇌들이 혁신 현장의 최일선에서 활동하고 있는 셈이다.

세계 곳곳의 '혁신의 현장'에서 활동하는 한국인 박사들은 매우 우수하며, 이들의 실력과 경쟁력은 계속 상승할 수밖에 없다. 이런 혁신의 경쟁에서 벗어나려 하거나 경쟁력을 잃어갈 때, 한국은 돌아가기 좋은 모국이다. 세계 무대에서 활동했던 프리미엄도 일정 부분 평가받을 수 있고, 특히 대학에 자리를 잡으면 세계 무대에서는 누릴 수 없었던 특혜와 특권을 누릴 수 있기 때문이다. 이런 부분에 관심이 없거나 문화적으로 잘 절충이 되지 않는 이들은 한국을 떠나 다시 세계 무대로 돌아간다.

결과적으로, 우수한 한국인 박사들은 세계의 혁신 현장 일선에서 활동하는 반면, 한국에서 활동하는 박사들은 상대적으로 비생산적이고 관료적인 문화 가운데서 절치부심하며 지낸다. 그리고 이는 두뇌 순환의 순효과 대신 역효과를 만들어냄으로써, 결과적으로 한국 과학기술 분야의 성장 속도를 늦추는 흐름으로 형성된다. '악화가 양화를 구축'하는 현상이 과학기술계에도 만들어지는 셈이다.

이제는 새로운 선순환의 구조를 만들고, 진정한 두뇌 순환 효과를 거두어야 한다. 그러려면 대학의 박사과정 시스템을 전면적으로 개혁해야 한다. 또한 신규 박사들이 혁신 생태계의 핵심 주체가 될 수 있도록 해야 한다. 박사후과정에도 보다 전략적이고 정책적으로 투자해야 한다. 그래서 이들이 안정성과 특권을 누릴 수 있는 대학과 공공연구기관에 80퍼센트 가까이 집중되어 있고, 상대적으로 불확실성이 높은 기업에서는 20퍼센트만 일하는 이러한 기형적 구조를 새롭게 해야 한다.

70~80퍼센트의 박사급 고급 연구인력들이 창의와 혁신의 장인 기업 영역에서 활동하고, 20~30퍼센트가 대학과 공공 부문에서 시장이 놓칠 수 있는 부분, 또는 시장성과 관련 없이 국가와 인류 전체를 위해 중요한 주제를 연구하는 역할을 하도록 해야 한다.

이런 자기개혁의 과업을 과연 스스로 해낼 수 있을까?

09

세계의 인재들은
왜 미국으로 향할까?

과학기술 분야의 고급 두뇌, 그리고 혁신가와 기업가들에게 이제 국적은 크게 의미가 없다. 전 세계가 이들을 자국으로 불러, '혁신 생태계'를 조성하기 위해 노력하고 있기 때문이다. 과거와 달리 고용 후원자job sponsors가 없어도 비자를 발급받아 현지에서 취업과 창업이 모두 가능한 시대가 열리고 있다.

인재들의 국제적 이동과 관련한 비교 데이터는 매우 제한되어 있어, 그 정확한 규모와 특성을 분석하기는 쉽지 않다.[59] 현재 세계적인 인재들을 자국으로 불러 모으는 데 가장 적극적인 국가는 미국과 영국, 캐나다와 호주 등 영어권 국가다. 또한 아시아 지역에서는 싱가포르와 일본도 매우 적극적이다. 그러나 이 중 그 규모와 효과 면에서 압도적인 국가는 단연 미국이다.

2017년 기준, 미국의 과학기술 분야에 종사하는 인력 중 외국 태생의 인력이 차지하는 비중은 약 30퍼센트에 달한다. 특히 고급 인력의 경우는 그 비중이 더욱 커서, 컴퓨터 과학 및 수학자(58.7퍼센트)와 엔지니어(56퍼센트) 영역은 50퍼센트를 넘을 정도다. 또 이들은 미국에 등록된 특허 중 25퍼센트 정도를 소유하고 있기도 하다.[60] 전 세계 어디에서도 찾아볼 수 없는 인적 구성이다.

미국에서 활동하는 과학기술 분야 종사자 중 박사 학위 소지자를 가장 많이 배출한 국가를 살펴보면 중국(23.8퍼센트), 인도(14.7퍼센트), 이란(4.1퍼센트), 대만(3.9퍼센트), 독일(3.7퍼센트), 한국(3.7퍼센트) 순이다. 고등 학위 소지자의 분포를 전체적으로 보면 인도(22.6퍼센트), 중국(9.7퍼센트), 필리핀(4.4퍼센트), 멕시코(4.2퍼센트), 독일(3.3퍼센트), 베트남(3.2퍼센트), 캐나다(3.1퍼센트), 대만(2.9퍼센트), 한국(2.7퍼센트)의 순이다. 인도와 중국이 합쳐 32.3퍼센트를 차지하고, 나머지 약 70퍼센트에 가까운 인재들은 매우 다양한 국가 출신으로 구성되어 미국에서 활동하고 있다.[61] 이 분포를 보면 한국은 미국의 과학기술 분야에서 외국인 중 주류 집단에는 속하지 못하는 셈이다.

미국 프로야구 메이저리그의 2019년 개막 시 로스터에 등록된 선수 중 251명은 미국 이외의 나라에서 태어난 선수였다. 이들의 비중은 전체 등록 선수 중 28.5퍼센트에 달했다.[62] 1973년 푸에르토리코 출신의 로베르토 클레멘테Roberto Clemente를 필두로 명예의 전당에 이름을 올린 외국인 선수는 7명에 달한다. 미국 프로농구인 NBA에서도 2019~2020 시즌에 108명의 외국 국적 선수들이 출전선수 명단에 이름을 올렸고, 이들의 출신국은 38개국에 이른다.[63] 과학기술 분야와 유사하게 프로 스포츠 분야에서도 30퍼센트에 가까운 선수들이 미국이 아닌 다른 나라에서 태어났다.

문화예술계나 정치계에도 이민자 출신의 유명인사들이 많다. 영화배우였다가 캘리포니아주의 주지사까지 역임한 아널드 슈워제네거 Arnold Schwarzenegger는 오스트리아 출신으로, 군 복무까지 마치고 미국으로 이민했다. 2019년 기준 미 의회에는 24명(5.5퍼센트, 435명 중)의 하원의원과 5명(5퍼센트, 100명 중)의 상원의원이 미국 밖에서 태어난 정치인이다.[64]

연간 매출액 기준으로 500대 기업을 선정하여 매년 발표하는《포춘 Fortune》지의 분석에 따르면, 2017년 말 이 리스트에 오른 기업 중 43퍼센트가 이민자가 일군 기업이라고 한다.[65] 기업활동 관련 전문 미디어 브랜드인《인크Inc.》에서 조사한 바에 따르면, 미국 기업가 중 외국인 출신이 차지하는 비중은 1995년 7퍼센트 수준에서 2016년 21퍼센트 수준으로 증가했다고 한다.[66] 또한 미국정책국립재단National Foundation for American Policy의 연구에 따르면, 기업가치 10억 달러(원화 1조 2,000억 원) 이상 비상장 스타트업인 '유니콘 기업' 중 51퍼센트는 최소한 한 명 이상의 외국 출신 창업자를 보유하고 있다고 한다.[67] 즉 기업 세계에서는 이민자 출신이 이미 주류집단으로 자리 잡은 흐름이 완연하다.

성과나 결과 측정이 상대적으로 객관적인 과학기술, 스포츠, 문화예술, 정치, 기업활동(경제) 등의 영역에서는 미국 밖에서 태어나 미국을 무대로 탁월한 성과를 내고 있는 세계의 인재들이 수두룩하다. 이들은 왜 미국으로 향하고, 또 다른 혁신적인 인재들을 미국으로 불러 모으고 있을까?

다양한 관점으로 이를 해석해보기 위해 다른 분야 학자들에게 '생태계의 번성' 또는 '특정 집단의 번성'과 관련한 배경을 물었다.

"종의 번성과 소멸은 환경의 변화에 종이 가진 특징이 잘 맞거나 그렇지 않을 때 나타난다. 환경은 끊임없이 변하고 있고, 그런 환경에 어울리는 특징을 가진 종들이 더 잘 살아남고 번식해서 자손을 많이 남기게 된다. 이 과정을 적응adaptation이라고 한다. 한 예로, 명태가 우리나라 동해안에서 사라지는 것은 지구 온난화로 인한 바닷물의 수온 상승이라는 환경 변화에 명태가 가진 특징이 어울리지 않기 때문이다. 생태계의 번성과 쇠락은 생태계 내의 요인과 생태계 외부에서 들어오는 요인 두 가지 정도로 요약해볼 수 있다. 생태계 내의 요인은 '포식-피식'을 비롯한 생물 종 사이의 상호작용이다. 종의 수가 많아지는 것과 상호작용이 복잡해지는 것 중 어떤 것이 먼저인지는 모르지만, 서로 관련되어 있다. 그리고 생태계 외부에서 유입되는 요인으로는 에너지를 들 수 있다. 지구에서 생태계를 돌아가게 하는 것은 태양에너지다. 에너지 유입이 끊기게 되면 생태계를 구성하는 개체와 종들이 사라져 생태계가 쇠락하게 될 것이다. 즉, '다양성'과 '에너지 공급'이 생태계 번성을 위한 키워드로 강조된다."[68]

"예술에서 창의성이 두드러졌던 시대의 공통점은 상업이나 농업경제 등이 발달했던 때였다. 그 결과 예술의 소비층이 확장된다. 이탈리아 르네상스나 중국 명대의 엄청난 문화적 역량은 그 배경에 막대한

부의 축적이 있었다. 그리고 그 부가 금고에 머물지 않고 예술가, 작가, 기술자 들을 후원하는 자금으로 풀렸다. 수요가 늘어나면 다양한 계층의 취향이 반영되면서 폭넓은 창의적 시도가 가능한 원리와 같다. 이때 개방성이 중요한데, 이 같은 부와 후원, 후원자Patron가 고립된 지역에서 작동하면 재료와 양식에서 매우 제한된 특성을 보여준다. 하지만 문명의 교차점에서 물자를 중계했던 베네치아 공국이나 남아메리카까지 중국의 물질문명을 전파했던 명나라의 예로 보면 개방된 구조 속에서 다양한 문화적 특성이 혼합되고 새로운 양식들을 내보이게 된다. 우리는 때로 그런 것을 창의적이라고 하기도 한다. 즉, '소비층'의 증가와 이들의 '다양성', 그리고 '개방적 구조'가 중요하다."[69]

생태학적 관점과 예술사적 관점 모두에서 강조되는 키워드는 '수요'의 규모와 다양성, 그리고 '공급'의 규모와 다양성으로 요약할 수 있을 것이다.

다양성은 또한 개방성과 그 궤를 같이한다. 산업과 경제의 영역에서 특정 군집Clusters의 번성과 쇠락은 네 가지 조합에 의해 결정된다는 주장도 있다. 하버드 비즈니스 스쿨의 마이클 포터Michael E. Porter 교수는 '다이아몬드 모델'을 통해 군집을 넘어 산업 또는 국가의 경쟁력을 설명했다. 즉 ① 요소(투입) 조건, ② 수요 조건, ③ 기업전략, 구조, 경쟁관계, ④ 관련 지원산업 등 네 가지 요인의 상호작용이 경쟁력을 결정한다는 것이다.[70] 이는 앞서 설명한 생태학적 관점과 예술사적 관점을 모두 아우르는 것이다.

이를 종합해보면, 세계의 인재들이 미국으로 향하는 이유는 이들을 필요로 하는 규모 있는 수요Demands가 있고, 이들이 활동할 수 있는 열린 장Marketplaces이 있으며, 이들이 성과나 결과를 내고 또한 보상받을 수 있는 제도Institutions가 있기 때문이다. 미국 증시에 상장된 기업 중 그 시가총액의 규모가 큰 상위 500대 기업 중 47퍼센트의 기업에는 최고다양성책임자CDO, Chief Diversity Officer가 있다.[71] 또한 주 정부 및 시정부에도 이들이 존재한다. 이미 기업들은 다양성이 창의성을 만들어내는 원천이며, 이 창의성이 바로 기업의 경쟁력이 된다는 것을 잘 알고 있다.

미국은 '이민자의 나라'로 불린다. 인류 역사상 가장 많은 이민자와 이주자들이 모여 만들어진 나라가 미국이다. 그리고 이들에게 미국은 기회의 나라가 되었다. '아메리칸 드림American Dream'이라는 표현처럼, 누군가에게 미국은 꿈을 꾸게 하며 그 꿈을 이룰 수 있는 나라였다. 물론 최근에는 외국인 근로자와 이민을 제한하는 정책 기조를 보이기도 했지만, 일정한 수준 이상의 실력과 역량을 지닌 사람들에게 여전히 미국은 기회의 나라다. 수요와 활동의 장, 그리고 이를 뒷받침하는 제도와 문화가 존재하기 때문이다. 세계의 인재들은 여전히 미국으로 향하고 있다.

영국 런던에서 태어나 최고의 학벌을 가졌으나 미국 뉴욕으로 이주하여 시민권을 얻은 기업가인 지인에게 왜 미국으로 이주했는지 물으니 그의 대답은 명료했다.

"영국은 여전히 계급 사회다. 나는 영국에서 최고의 학벌을 가졌지만, 넘어설 수 없는 보이지 않는 '계급'이 영국 사회에 여전히 존재한다. 미국은 내게 '기회의 나라'다. 미국에도 보이지 않는 계급 같은 사회계층이 있지만, 영국에 비하면 인식하지 않아도 될 수준이다. 미국에서 나의 가능성은 여전히 무한대로 열려 있다. 그리고 내 자녀도 마찬가지일 것이다. 내가 미국 시민권을 선택한 이유다."

10

우리에게 교육이란 무엇인가?

'우리는 왜 배우려 할까?', '우리는 왜 학교에 가려 할까?', '우리는 왜 대학에 가는가?'. 이런 질문들은 '우리에게 교육이란 무엇인가?'라는 질문에 답하기 위한 예비 질문이기도 하다.

표준국어대사전에서는 "지식과 기술 따위를 가르치며 인격을 길러"주는 것이 교육이라고 정의한다. 한자로 교육은 '가르칠 教'와 '기를 育' 자의 조합으로 이루어져 가르치고 양육한다는 의미를 지니고 있다. 영어 education은 라틴어 educatio에서 파생되었는데, 이는 '양육하다'라는 의미다. 교육이란 말의 어원은 결국 '가르치고 돌보는 것'이라고 요약할 수 있다.

이번에는 사전적 정의를 넘어, 역할 정체성의 관점에서 교육에 대해 살펴보자. 서울대학교 교육연구소의 이재열 교수는 고대부터 근현대에 이르기까지 여러 학자들의 교육에 대한 정의를 정리했다. 플라톤은 '진리(이데아)의 세계로 무지한 인간을 안내하는 과정', 뒤르켐은 '사회적인 인간을 만드는 사회화의 과정', 듀이는 '끊임없는 경험을 통해 성숙해가는 과정', 스키너는 '인간의 행동을 의도적으로 변화시키는 과정', 브라멜드는 '사회의 유지를 위해 문화를 전달하는 과정'으로, 매슬로우는 '자아실현을 위해 고차원적 인간을 형성하는 과정'으로 저마다의 관점에서 다양하게 개념을 정의했다. 이재열 교수는 이들의 정의를 통해 교육이란 단순히 가르치고 배우는 활동이 아니라, '인간을 대상으로 바람직한 무엇인가를 추구하는 의도적인 활동'으로 정의하는 것이 공통적인 방향임을 강조했다.

"교육에 대한 생각에는 여러 흐름이 존재한다. 교육은 스스로 성찰하면서 이성의 잠재력을 넓히는 과정이고 차원과 수준을 높이거나 새로움을 더하는 과정이며, 이러한 일들이 이루어지는 데에는 마음에서 우러나는 자유로운 대화가 반드시 필요하다. 이는 교육 그 자체로 가치로운 측면이다. 물론 교육이 이루어지는 과정에서 시민들은 자신의 삶에 필요한 여러 기능을 익혀 생활의 도구로 삼기도 할 것이다. 이 과정에서 생활에 유용한 기술을 익히거나 고급 직업훈련 프로그램을 이수하는 것은 보상을 추구하는 수단이다. 우리는 이러한 측면을 교육의 도구적 측면이라 한다. (……) 스스로 반성하고 고민하면서 이성의 잠재력을 키우는 기쁨이나 지금보다 나은 새로움을 만들어내는 즐거움은 개인 자신에게, 사회에 있어서도 정말 중요한 교육적 가치다."[72]

조영달(서울대학교 사회교육과) 교수는 칼럼을 통해 교육의 도구적 측면만 강조하는 것이 아니라, 교육적 가치를 잃어버려서는 안 된다고 강조하기도 했다.[73]

사실 '교육이란 무엇인가?'에 대한 질문에 명쾌하게 답하는 것은 쉽지 않다. 위 학자들의 설명을 들어도 명료하게 이해되지 않는다. 이는 지금으로부터 115년 전인 1905년 《교육 저널Journal of Education》에 실린, 〈교육이란 무엇인가What is Education?〉[74]라는 글을 통해서도 확인할 수 있다. 이 글은 여러 학자들이 '교육이란 무엇인가'에 대해 개념 정의한 내용 중 어떤 것이 가장 적합한 정의인지 편집자가 학자들과 독자들에게 평가와 판단을 요청하는 내용으로 구성되어 있다.

여기에 실린 몇몇 학자들의 개념 정의를 보면 '교육은 인간이 본성을 초월하여 이상적인 본성을 획득할 수 있는 과정이다(토머스 데이비드슨)', '궁극의 의미에서 교육은 이성적 삶을 위한 준비이다(허버트 스펜서)', '교육은 사회의 유익 가운데 인격을 개발하는 것이다(존 듀이)' 등과 같이 여러 학자들의 다양한 관점과 견해가 소개되었다.

같은 제목을 가진 추가적인 글도 있는데, 이 글에서는 리처드 리빙스턴Richard Livingstone[75], 조지 슈스터George N. Shuster[76], 피치몬슨M. A. Fitzsimons[77] 등의 학자가 자신의 관점과 시각에서 교육에 대해 일반론적 정의를 내렸다. 그러나 대부분 현학적이고 철학적이라, 학습자나 학생의 입장에서는 명료하게 이해하기가 쉽지 않다.

학자들이 '교육이란 무엇인가?'에 대한 정의와 해석을 이렇게 어렵게 하는 것과 달리, 네팔의 중학생인 샤밀라 라왓Sharmila Rawat은 〈나에게 교육이란 어떤 의미인가?〉라는 글을 통해 교육의 본질을 꿰뚫는 이야기를 했다.

"우리 모두 알다시피 교육은 우리 삶에서 중요합니다. 교육은 우리가 옳고 그른 것을 구별하는 데 도움이 되는 유일한 것입니다. 교육 없이는 우리가 원하는 것을 할 수 없거나 목적지에 도달할 수 없습니다. 교육은 우리 삶의 모든 분야에서 우리를 돕습니다.

나에게 교육은 성공의 관문입니다. 지식, 기술 및 태도를 가질 때 사람들은 성공할 수 있습니다. 이 모든 것은 교육의 도움으로만 얻을 수 있습니다.

나는 교육이 우리의 삶을 제대로 이끌고 활용하는 많은 방법을 보여주는 유일한 방법이라고 믿습니다. 세상에서 교육을 받은 사람은 아무도 소홀히 하지 않습니다.

교육은 사람에게 '제3의 눈'입니다. 교육을 받으면 우리는 직접 보지 않고도 세상의 것들을 알게 되기 때문입니다. 예를 들면, 나는 미국을 방문한 적이 없지만 교육 덕분에 그곳에서 무엇을 찾을 수 있는지, 그 모양과 크기는 어떤지, 미국이 어떤 나라인지 등을 알고 있습니다.

교육은 다름 아닌 우리의 지식과 지혜를 풍부하게 하기 위한 재료로서 우리의 아이디어와 개념을 발전시키는 데 도움을 줍니다. 모든 인간은 감정, 생각, 질문, 그리고 다른 생각들을 가지고 있습니다.

교육은 우리 자신의 생각과 아이디어를 탐구하고 다양한 형태로 표현할 수 있도록 도와줍니다. 그래서 나에게 교육은 다른 사람들과 교류하고 우리의 아이디어를 공유할 수 있는 매체와 같습니다. 교육은 또한 '우리의 운명으로 향하는 문the door to our destiny'이기도 합니다."[78]

거트 비에스타Gert Biesta는 '교육이란 무엇인가'라는 질문을 '교육은 무엇을 위한 것인가'로 바꾸어보자고 제안했다. 즉 교육을 목적성의 관점에서 살펴보면 본질을 바르게 이해할 수 있다는 것이다. 학자들이 교육의 구성요소 중 하나로 목적성을 강조하는 것처럼, 교육에는 반드시 목적의식이 필요하다는 것이 그의 주장이다.

그의 연구에서 교육의 목적은 자격화Qualification, 사회화Socialization, 주체화Subjectification의 세 가지 영역으로 나뉘며, 이들은 상호 교차한다. 특히 교육 현장에서는 이들이 균형을 이루는 것이 중요하다고 한다.

설명을 더 추가하자면, '자격화'는 지식, 기술 및 기질의 전달 및 습득과 관련이 있다. 이는 어린이와 청소년들이 이를 기초로 무엇인가를 '행동'할 수 있도록 허용하기 때문에 중요하다. 이러한 행동은 직업교육과 전문교육의 분야처럼 매우 구체적일 수도 있고, 복잡한 현대사회에서 아동과 청소년의 삶을 준비하려는 일반교육처럼 더 폭넓게 구성될 수도 있다. '사회화'는 교육의 명시적 목표 중 하나다. 교육을 통해 우리는 또한 어린이와 청소년들이 문화, 직업, 정치, 종교적 전통 등과 같은 전통의 존재 방식과 행동 방식을 표현하거나 주도하게 한다. '주체화'는 어린이와 청소년들이 타인의 행동의 대상이 아닌 주도권과 책임의 주체로 존재하게 되는 방식과 관련이 있다.[79]

샤밀라 라왓의 글 〈나에게 교육이란 어떤 의미인가?〉는 거트 비에스타가 정리한 교육의 세 가지 목적 영역(자격화-사회화-주체화)을 학생과 일반인의 어법으로 표현한 것이라고 볼 수 있다. "나에게 교육은 성공의 관문입니다"라고 시작하는 내용은 교육 목적으로서 자격화의 의미를 담고 있다. "세상에서 교육을 받은 사람은 아무도 소홀히 하지 않습니다"로 표현되는 내용은 사회화의 의미를 담고 있다. 그리고 "교육은 우리의 운명을 향하는 문"이라고 맺는 내용은 교육 목적으로의 주체화를 갈음한 내용이라 할 수 있다.

거트 비에스타는 특히 교육의 궁극적인 목적은 주체화에 있다고 강조한다. 자격화 및 사회화와 구분할 수는 있지만, 분리될 수 없다는 것이다. 각자 자신의 삶에 있어 일정한 균형을 통해 직업생활과 사회생활에서 주도권을 지닌 책임 주체로 존재할 수 있도록 하는 것이 교육이 추구하는 궁극의 목적이 되어야 한다는 것이다. 이는 샤밀라 라왓이 강조한 "교육은 우리의 운명을 향하는 문"이라는 내용과도 그 궤를 같이하는 것이다. "궁극의 의미에서 교육은 이성적 삶을 위한 준비이다"라는 허버트 스펜서의 말도 교육의 궁극적 목적으로서의 '주체화'와 같은 맥락이다.

한편 '우리에게 교육이란 무엇인가?'라는 질문에 답하기 위해서는 영국 정부 차원에서 강조되어 확산되기 시작한 '자기 고용 가능성'을 재조명해봐야 한다. 그 철학적, 현상적 배경을 곱씹어보면 교육이 지향해야 할 궁극의 목적과 방향은 각 개인이 '자기 주도적 삶'을 살아갈 수 있는 토대를 제공해주는 데 있다.

앞에서 소개했던 조사 결과와 같이, 현실 세계 속에서 학습자와 대중들은 자신이 원하는 직업과 보다 나은 일자리를 갖기 위해 학습하고 학교 교육에 참여한다(약 80퍼센트 이상). 그런데 이를 더 깊이 들여다보면서 본원적인 학습과 교육 참여 동기를 찾아보면, 궁극적으로는 그 지향점이 '자기 주도적 삶'에 있다는 것을 확인할 수 있다.

각 개인이 성인으로서 자기 주도적 삶을 살아가기 위한 필요충분조건은 바로 일자리의 안정성이다. 우리는 일자리를 통해 경제적 기반을 다지고, 사회와 관계를 맺는다. 만약 일자리가 없다면 개인의 삶은 경제적, 사회적으로 위축될 수밖에 없으며 자기 주도적 삶도 제약을 받거나 불가능해진다. 그래서 자기 주도적 삶을 위해서는 보다 나은 일자리와 자신이 원하는 직업을 갖는 것이 필요하다.

자기 고용가능성은 어느 분야에서든 스스로 자기 일자리를 만들어 낼 수 있다는 것을 의미하며, 이것이 전제될 때 사람들은 각자 추구하는 가치를 좇는 삶을 살 수 있게 된다.

미국과 영국에서 자기 고용 가능성을 강조하며 필수 교육과정으로 반영하는 주제는 '기업가정신'이다. 이는 '현재의 배경과 보유한 자원의 범주를 뛰어넘어 기회와 가치를 추구하는 일련의 혁신적 사고와 행동'이라고 정의할 수 있다. 자기 주도적 삶의 실행 방법론이라고도 할 수 있으며, 자기 고용 가능성을 높이는 것을 전제로 한다. 좀 더 쉬운 표현으로는 '자신의 배경과 관계 없이 꿈을 꾸고, 그 꿈을 이루어 가는 일련의 사고와 행동'이라고 설명할 수 있을 것이다.

지난 2014년 새롭게 만들어진 미국 뉴욕주의 브랜드 슬로건은 "뉴욕, 기회의 나라New York, State of Opportunity"이다. 그리고 주 정부의 주요 정책사항들은 '기회 정책의제Opportunity Agenda'라고 불린다. 또한 세제 혜택과 함께 제반 지원정책이 망라되는 창업과 일자리 특구는 '기회 지구Opportunity Zone'라고 명명되어 주법State Law으로 관리된다.

뉴욕시립대학교 바루크 칼리지Baruch College of the City University of New York-CUNY의 모토는 '아메리칸 드림은 여전히 유효하다American Dream Still Works'이다. 전 세계에서 160개 이상의 국적을 가진 학생들이 이 모토를 기초로 자신의 기회를 찾고 실현하기 위해 이 대학으로 모여들었다. 이들은 대체로 경제적 제약이 있는 학생들인데, 이 학교가 유학생들에게도 미국 전역에서 가장 낮은 수준의 학비를 청구하기 때문이다. 또한 이 대학은 이처럼 경제적으로 여유롭지 않지만 강한 열망을 가진, 가장 우수한 인재들이 활동한다는 금융공학Financial Engineering 분야 등에서 수년째 MIT나 하버드대학교를 넘어서며 미국 내 1~2위의 경쟁력을 보이고 있다. 뉴욕주의 주민이라면, 그리고 가정의 소득 수준이 기초생활수준 이하라면, 뉴욕주 공립대학의 학비가 면제된다. 미국 내 최고 경쟁력을 가진 위의 대학과정도 무상으로 이수할 수 있다. 유학생들에게도 상대적으로 낮은 학비가 들며 폭넓은 장학제도도 제공된다. 이는 '모두를 위한 기회'라는 뉴욕주의 교육 기회균등정책의 일환이기도 하다.

넬슨 만델라의 표현처럼, 여전히 "교육은 세상을 바꾸는 데 사용할 수 있는 가장 강력한 무기"다. 우리의 교육이 궁극적으로 자기 고용 가능성을 담보하고, 자기주도적 삶을 살아갈 수 있는 토대를 제공할 수 있다면, 교육을 통해 개인의 삶을 바꾸는 것이 가능하다. 이는 사회에서 경제적 이동성Economic Mobility과 사회적 이동성이 활발해질 수 있도록 하는 교육을 의미한다.

따라서 우리의 교육은 궁극적으로 각자 저마다의 꿈을 꾸게 하고(기회를 찾게 하고), 그 꿈을 이룰 수 있도록 하는(기회를 실현하도록 하는) 데 더 많은 관심과 노력을 들여야 한다. 자격화-사회화-주체화가 균형을 이루도록 해야 하며, 주체화에 대한 보다 깊은 이해와 관심도 필요하다.

이제 우리의 교육에서 더욱 강조되어야 할 부분은 학습자 및 학생에게 '기회를 향한 문'이 될 수 있는 교육의 역할론이다. 이 문을 열고 나아가 실제 세계에서 스스로 기회를 찾고 실현할 수 있게 하고, 또한 이를 통해 자립하여 자기 주도적 삶을 살 수 있도록 하는 교육의 궁극적 목적을 현장에서 실천하는 것이다.

'꿈은 이루어진다!'라는 명제가 증명되는 경험의 장으로서 교육을 다시 생각해야 한다.

3장

K-12 교육과정:
한국-뉴욕주-캘리포니아주 비교

01
왜 미국과의 비교인가

한국교육과정평가원에서는 해외 주요국가의 교육과정을 수시로 살펴보면서 교육과정 발전 방향을 모색한다. 2018년 교육부 정책 연구 과제로 〈교과 교육과정 국제 비교 연구: 수학, 과학, 사회 교과를 중심으로〉라는 연구 보고서가 발간되었다. 또한 '2018년 교육과정·교육평가 국제 동향 연구사업'을 통해 주요 국가의 교육과정 동태를 월단위로 살펴보고 있다. 그런데 현재 수행되는 해외 교육과정 탐색과 분석은 분절적Fragmented 접근법으로, 학제 시스템 및 학교 유형과 연계하여 종합적으로 살피지는 못하고 있는 듯하다. 그렇다면 우리의 교육과정을 보다 미래 지향적으로 설계하고 운영하기 위한 참고를 얻는 데 한계가 있을 것이다.

교육이 우리의 미래를 결정짓는 매우 중요한 사안이라는 점에 대해서는 누구나 공감하고 동의할 것이다. 교육계에서도 미래를 향한 혁신의 노력을 부단히 전개하고 있다. 그러나 한국 교육의 미래를 밝게 바라보는 시각은 그리 많지 않다. 그리고 그 중심에는 한국 교육의 모든 문제의 근원이자 모든 교육정책 이슈를 빨아들이는 블랙홀과 같은 대학 입시가 자리 잡고 있다. 이 블랙홀에 갇힌 우리의 교육 현실에 해법은 없을까?

우리의 교육 현장에서는 해외의 발전적 교육과정을 탐색하기 위해 북유럽과 싱가포르 등 초중등 교육 경쟁력 수준이 높은 국가의 교육과정을 많이 살펴보았다. 초중등 교육과정은 성인의 삶을 준비하는 과정이자 또한 대학에서의 수학능력을 배양하는 과정이라는 의미를 함께 지닌다. 그러나 이 국가들은 인구 수나 사회구조 면에서 우리와는 차이가 있어, 이들의 교육과정을 그대로 참고하기에는 무리가 있다.

한편 대학의 교육 경쟁력은 전 세계에서 미국이 가장 뛰어나며, 우수 공립/사립학교들의 교육 경쟁력도 세계 최고 수준이다. 미국은 주마다 각각 다른 관점의 교육 철학과 시스템을 채택할 수 있어 하와이주, 알래스카주, 버몬트주 등 소규모 주들은 다른 주와는 다른 고유하고 독특한 교육과정을 채택하고 있다. 그런 면에서 한국 교육과정의 보다 발전적 미래를 탐색하기에는 미국 중에서도 공교육 시스템을 대표하는 뉴욕주와 캘리포니아주가 가장 최적의 탐색 대상이라 할 수 있다.

미국의 공교육 시스템은 최근 세 가지 영향을 통해 변화와 혁신을 요구받고 있다. 첫째, 대학 입시 시스템의 변화다. 최근 아이비리그 대학인 코넬대학교와 다트머스대학Dartmouth College은 더 이상 대학 입시

전형에서 수학능력시험SAT 또는 ACT 점수를 요구하지 않기로 했다. 이제는 특정 요소 하나로 학생을 선발하는 것이 아니라, '입체적이고 포괄적인 전인적 평가Holistic Review'를 통해 학생을 선발하겠다는 것을 강조하고 있는 것이다. 이러한 흐름은 빠르게 확산되어 명문 시카고 대학교도 이 대열에 합류했으며, 사립대학뿐만 아니라 우수한 공립대학들도 속속 이러한 흐름에 동참하고 있다.

이렇게 대학의 학생 선발 방식이 바뀌면 미국의 공교육 시스템도 학생들이 지닌 잠재성의 발견과 실질적인 수학능력의 배양에 보다 집중할 수밖에 없게 된다. 현재는 코로나19로 인해 한시적으로 수학능력시험 점수를 요구하지 않는 상황이며, 이는 앞으로도 수학능력시험을 요구하지 않는 새로운 대학 입시 제도가 확산되고 지속될 수 있는 바탕이 될 것이다.

둘째, 사립학교와 일부 선도적인 공립학교들의 혁신이다. 미국 사립학교는 정부의 재정 지원을 받지 않기 때문에 기본적으로 자유도가 더 높으며, 교육과정을 개별 학교 스스로 선택하고 혁신할 수 있다.

필립스 엑시터 아카데미Phillips Exeter Academy는 고교과정 혁신의 최일선에서 변화를 주도하는 사립학교다. 스탠퍼드 온라인 고등학교는 디지털 시대에 걸맞게 온라인을 기반으로 고교과정이 이루어지며, 미국 내 사립학교 중 최고 수준의 혁신적 모습을 보여준다. 공립학교이지만 사립학교처럼 운영되는 마그넷 스쿨Magnet School인 토머스 제퍼슨 과학기술고등학교Thomas Jefferson High School for Science and Technology은 과학기술 분야의 영재 교육에 탁월함을 보인다. 이와 같은 유명 사립학교 및 선도적인 공립학교들의 혁신적인 교육과정은 학부모와 학생들로부터 열망의 대상이 되며, 이는 보편적 공교육 영역에도 혁신을 요구하는 기대로 이어진다.

셋째, 지역 학구school districts 주민들의 혁신 요구다. 미국 공립학교들의 예산 및 재정은 지역 주민타운 또는 카운티의 세금교육세에 절대적으로 의존한다. 또 지역마다 공립학교에 투입되는 재정의 규모와 수준이 다르며, 이런 배경에서 해당 지역 주민들은 공교육 시스템에 제도적으로 관여하도록 되어 있다. 따라서 경제력이 상대적으로 높은 지역의 공립학교는 해당 지역 주민들의 혁신 요구를 적극 수용해야 하는 구조다.

앞서 강조한 바와 같이 교육정책과 교육과정에는 수월성, 포용성, 혁신성, 다양성이라는 네 가지 원칙과 정책 추구 방향성이 균형 있게 반영되고 다루어져야 한다. 그러나 현재 한국 교육의 현실은 포용성 하나만 중점적으로 강조되며 수월성과 혁신성, 다양성의 영역은 정시 전형 중심의 대학 입시 제도로 인해 대부분 포기되는 것이 현실이다.

2020년 대한민국의 교육 현장은 더욱 과거로 돌아가고 있다. 이른바 조국 사태와 코로나19로 수학능력시험 하나로 학생을 선발하는 정시 전형의 비중이 오히려 높아지는 추세다. '교육 공정성 강화'라는 미명하에 국제중, 외국어고 및 자사고 등의 폐지와 일반고로의 전환 등이 추진되면서 중등교육에서 다양성과 수월성이 더 이상 강조되지 못하고 있다. 고교학점제 도입을 예고하고 있지만, 교육 현장의 준비와 투자 상태는 기대보다는 염려를 하게 한다. 즉 현재 한국의 교육 현장을 압축해서 설명하면 획일화와 하향 평준화라고 할 수 있다. 국제적인 관점에서 우리의 인적 경쟁력, 미래 경쟁력에 대한 담론은 현실적인 제약으로 깊이 다루어지지 못하고 있다.

교육정책의 한계는 교육 현장의 혼선과 불확실성을 증폭시킨다. 대치동 학원가로 대변되는 입시 사교육 영역은 최근의 경기 불황을 무색하게 할 정도다. 학생들은 학습과 탐구보다는 기술적으로 문제를 풀고 대응하는 법을 배우고 훈련받는 데 시간과 에너지, 재정적 자원을 투입하고 있다. '창의융합형 인재 양성', '행복한 학습'이라는 〈2015 개정 교육과정〉의 비전이 무색한 상황이다.

우리와 달리 미국은 공교육 시스템에 혁신을 가하고 있다. 'STEM 교육', '디지털 리터러시 교육' 등 21세기 디지털 사회에서 갖추어야 할 기본적인 소양을 교육과정에 내재화하고, 나아가 '개인화된 학습'을 법률로 뒷받침하고 있다. 그리고 이를 위해 교육과정 간, 학교 간, 학제 간 경계를 허물고 학생의 교육 경력 개발에 더욱 집중할 수 있도록 교육 시스템을 개편하고 있다. 또 각 학생의 교육 경력 개발이 진로 및 경력 개발과 연계될 수 있도록 체계를 갖추고, 이를 통해 개인별로 최적화된 진로 탐색과 경력 개발, 그리고 이를 위한 학습과정이 되도록 하고 있다. 이는 여느 국가에서 찾아보기 힘든 앞선 모델이며 우리가 미국의 사례를 보다 심층적으로 살펴야 하는 이유이기도 하다.

02
학제 시스템과
기초 법제 시스템 비교

우리나라는 전국 공통으로 초등학교 6년, 중학교 3년, 고등학교 3년으로 나뉘어 구성되는 '6-3-3제'를 단일 학제 시스템으로 채택하고 있다.※ 그러나 미국은 유치원kindergarten 과정부터 정규 학제 시스템에 반영하여 12학년까지를 적용하는 이른바 'K-12 시스템'이다. 만 5세에 유치원 과정을 시작하고, 6세부터 1학년 과정을 시작한다. 평균적으로 초등학교 교육과정을 한국보다 1년 앞서 시작하고, 중고교 과정이 별도로 구분되지 않고 12학년까지 통합된 단일 학년제다. 미국계 국제학교들이 주로 해외에서 단일 학교 인프라 내에 Pre-K & K-12

● 일부 마이스터고가 전문대 교육과정과 연계하여 5년제를 채택하는 경우도 있으나, 이는 매우 소수의 사례다.

|도표 3-1| 한국과 미국의 학제 시스템 비교

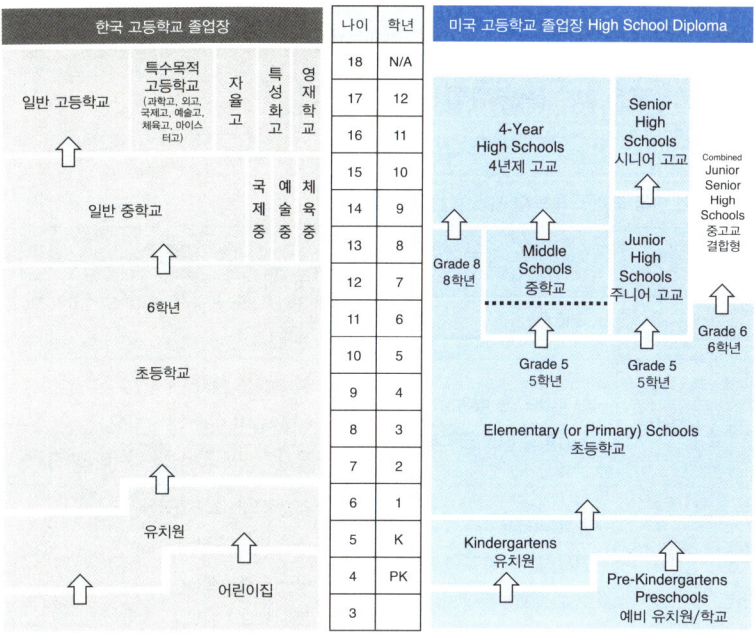

과정을 운영하는 것도 보편적인 학제 구성에 해당한다.

한국의 초중고 과정은 정형화된 단일 학제 시스템(6-3-3제)을 채택하고 있지만 미국은 지역, 거버넌스, 학교 유형 등에 따라 다원화된 학제를 채택할 수 있다. 이 부분이 우리와 가장 두드러지게 차이를 보이는 내용이다. 일부 사립학교와 공립학교는 유치원 단계부터 12학년까지 전체 교육과정을 한 학교에서 제공한다. 사립학교 중 4년제 고등학교 과정만을 제공하는 학교가 가장 많다 보니, 8학년까지 한 학교에서 수학한 후, 4년제 고등학교로 진학하기도 한다. 사립학교를 기반으로 한 교육 경력에서 보편적으로 거치게 되는 학제 구성이다.

우리와 같이 초등학교 6년, 그리고 중학교미국의 Junior High School와 고등학교미국의 Senior High School로 진학하여 각각 3년씩 수학하는 6-3-3제를 채택하는 것도 가능하다. 가장 빈도가 낮은 유형은 6-2-4제로 중학교 과정을 2년 동안 수학하는 형태다.

|도표 3-2| 한국과 미국의 학제 시스템 비교

	한국	미국
학제 구조	6-3-3제	5-3-4제, 6-2-4제, 6-3-3제, 6-6제, 8-4제 등
의무 교육과정	• 전국의 모든 학생 적용 • 초등학교 6년, 중학교 3년	• 각 주별로 상이 • 뉴욕: 만 6세부터 16세까지 • 캘리포니아: 만 6세부터 18세까지
K-12 거버넌스 시스템	• 교육부(국가 수준의 교육과정) • 교육청(지역 수준의 교육과정) • 학교(학교 수준의 교육과정)	• 연방 정부 교육부(국가 수준) • 주 정부 교육부(주 수준) • 학구(지역 수준) • 학교(학교 수준)

기본적으로 미국의 학제 시스템은 다양성에 토대를 두고 있다. 지역 학구의 규모와 범위, 고유의 특성 등이 반영된 학제 시스템을 최적 선택하여 학교의 설립과 운영이 가능하도록 되어 있다. 다만, 교육과정은 연방 및 주 정부의 학업표준learning standards에 기초해 각 학교별 구성과 편성·운영을 할 수 있도록 되어 있다.

미국의 공교육 시스템은 고교과정까지가 의무교육이다. 따라서 K-12 교육은 고등교육(대학과정)을 위한 준비와 성인의 삶을 위한 사회화 준비를 균형 있게 다루며, 어느 한쪽으로 쏠리지 않도록 구성한다. 일부 사립학교들의 경우, 대학 진학을 전제로 'College Prep-Schools대학 진학 준비 학교' 형태로 운영하는 학교(주로 4년제 고교과정)가 있고, 같은 맥락에서 영재교육을 '자유교양대학' 수준으로 제공하는 학교들도 있다. 주마다 편차가 있지만, 사립학교들은 통상 전체 학교 K-12 과정의 약 10퍼센트 수준이다.

법률적인 기반을 비교해보면, 우리는 교육기본법 제8조 제1항에 기초하여 국가는 의무교육을 실시해야 함을 명시하고, 초등교육 6년, 중등교육 3년을 제시하고 있다.

교육과정은 '유아교육법'과 '초중등교육법'으로 나뉘어 적용을 받는데, 현재는 만 3세부터 5세까지를 대상으로 하는 〈2019 개정 누리과정〉, 만 6세부터 17세까지를 대상으로 한 〈2015 개정 교육과정〉에 기초하여 유아 및 초중등 교육과정이 편성·운영된다.

유아 및 초중등 교육 법률 기반 요약

가. 유아교육

'유아교육법' 제2조에 의하면, "유아"란 만 3세부터 초등학교 취학 전까지의 어린이를 뜻하며, 국가 및 지방자치단체는 보호자와 더불어 유아를 건전하게 교육할 책임을 진다고 명시하고 있다. '유아교육법' 제2장 제7조에 의하면, 유치원은 국립 유치원(국가가 설립 및 경영하는 유치원), 공립 유치원(지방자치단체가 설립 및 경영하는 유치원), 사립 유치원(법인 또는 사인이 설립 및 경영하는 유치원)으로 구분되며, 이 외에 영유아를 위한 특수학교가 설립될 수 있다.

유치원 교육과정은 1969년 최초로 '국가 수준 교육과정'으로 제정되었다. 이후 2011년 이원화된 유치원 교육과정과 어린이집의 표준보육과정을 정비하기 위해 〈5세 누리과정〉의 일원화된 공통 과정을 고시했고, 2012년 유아교육 및 보육에 대한 국가 책임이 5세에서 3~4세 유아까지 확대되어 2013년부터는 〈3~5세 연령별 누리과정〉을 채택, 시행하고 있다. 〈2019 개정 누리과정〉

은 최근의 유아·놀이중심 교육을 적극 반영했으며, 2020년 3월부터 시행 중이다.

나. 초중등 교육

'초·중등교육법' 제23조 제2항은 초·중등학교 교육과정의 기준과 기본적인 사항을 교육부 장관이 정하도록 규정하고, 시·도 교육감은 이에 근거하여 지역의 실정에 적합한 기준과 내용을 정할 수 있도록 하고 있다.

학교는 초·중등교육법 제23조 제1항에 의거하여 학교 교육과정을 운영해야 한다. 초·중등 교육법의 제3조에 의하면, 설립 주체는 국립학교(국가가 설립 및 경영하는 학교 또는 국립대학법인이 부설하여 경영하는 학교), 공립학교(지방 자치 단체가 설립 및 경영하는 학교), 그리고 사립학교(법인이나 개인이 설립 및 경영하는 학교)로 구분된다.

기본적으로 우리나라의 학제는 6-3-3제도로, 초등학교 수업연한은 6년, 중학교 3년, 고등학교 3년으로 규정하고 있으며, 시간제 및 통신제 과정의 수업연한은 4년으로 한다.

중학교 과정은 일반적인 중학교 과정 외에 예술 및 체육 분야에 전문화된 중학교를 두고 있으며, 국제중학교는 일반 중학교로 전환될 예정이다.

고등학교는 일반 고등학교, 자율고등학교(자율형 공립 및 사립고), 특수목적 고등학교(과학고, 외국어고, 국제고, 예술고, 체육고, 마이스터고), 특성화 고등학교(직업교육 특성화고, 대안교육 특성화고), 영재학교 등으로 구분된다.

우리의 교육과정은 제 5차 교육과정까지 주로 교육부 주도의 중앙집권적 교육과정 결정 방식이었으나, 교육과정 결정의 분권화 및 교육과정 자율화가 확대되면서 제6차 교육과정 이후 2009 개정 교육과정에 이르기까지 우리나라도 초·중등 교육의 다양화를 위한 노력을 확대하는 중이다.

현재 〈2015 개정 교육과정〉은 2017년 초등학교 1, 2학년의 적용을 시작으로 2020년 현재 중학교 3학년 및 고등학교 3학년에 이르기까지 전체 내용이 적용, 시행 중이다.

교육과정 개정 주기는 9~10년 주기로 개정되다가 최근에는 5~6년 주기로 그 기간이 짧아지고 있다. 이는 시대의 변화를 적극적으로 수렴한다는 측면에서는 긍정적이나, 제반 인프라 및 교육과정의 연속성 관점에서는 일정한 제약을 지닌다.

특히, 대학입학 시스템과의 연계성에 대한 민감도와 영향 효과가 매우 큰 우리나라 실정상 잦은 교육과정의 개정은 현장에서 많은 어려움을 불러온다. 즉 불확실성이 계속 증대하여, 역설적으로 사교육 시장의 영향을 키우는 부분도 존재한다.

다. 유아교육과 초중등 교육의 연계

유아교육과 초중등교육의 법적 근거와 교육과정 개정 시기가 달라, 〈2015 개정 교육과정〉에서는 '누리과정'과 '초등학교 교육과정'의 연계가 제한적이었다. 두 교육과정을 동시에 개정하지 않고 초중등학교 교육과정만 개정하는 상황에서 연계성이 충분히 확보되지 못한 것이다. 이후 〈2019 개정 누리과정〉에서는 초등학교 교육과정과의 구성 체계 및 교육내용과 연계되었는데, 추구하는 인간상, 목적과 목표, 구성의 중점 등 총론 전반의 구성을 초등학교 교육과정의 체계와 통일했다.

미국의 교육은 헌법상 각 주 정부의 교육부와 관련 법률이 주체적 기반 기능을 감당한다. 따라서 학제, 교육과정의 편성과 운영, 관리감독 체계 등 전체 영역에서 주 정부가 총괄적 권한과 책임을 지닌다. 교육행정은 주 정부와 각 학교 구 단위별로 수행되며, 교육행정제도도 주별로 다양한 차이를 보인다. 미국 내 K-12 학제 시스템은 아래 그림과 같이 5-3-4제, 6-2-4제, 6-3-3제, 6-6제, 8-4제 등 다양하게 존재한다.

미국 연방 정부는 1980년대 이전에는 교육과정의 개발과 운영에는 거의 관여하지 않았으나 1990년대 말부터 직간접적으로 교육과정에 대한 관여를 확대하고 있다. 국가교육 및 평가기준을 제시하거나, 각 주에서 교육을 담당하는 최고 책임자들인 교육감 연합회Council of Chief State School Office를 결성하여 전국적인 차원에서 교육과정의 개발이나 교육 관련 정책을 수립하는 다양한 업무를 수행하는 데 상호협력하고 경험을 공유하고 있다. 연방 정부의 수준에서는 최소한의 교육을 보장할 수 있는 필수적 정책 기준과 조언 성격의 정책 기준을 함께 운영 중이다.

미국 연방 정부는 1965년에 제정된 초중등교육법Elementary and Secondary Education Act, ESEA에 교육정책의 방향과 법률적 근거를 두고 재정 지원을 하고 있다. 2002년 부시 행정부가 제정한 '낙오학생방지법'은 연방 정부 차원에서 교육정책을 본격화하는 것으로, 미국 교육 전반을 보다 고도화하기 위한 법률이다. 이후 오바마 행정부는 2015년 낙오학생방지법을 대체하는 '모든학생성공법'을 제정하여 시행하고 있다. ESSA는 NCLB의 획일적인 교육 접근법을 개선하는 것을 목적으로, ① 책무성 계획accountability plan, ② 책무성 목표accountability goals, ③ 책무성 시스템accountability system에 대한 내용을 담았다.

특히 ESSA는 기존의 교육과정이 연령 기준 집단기반교육이었다면, 앞으로는 '개인화된 학습personalized learning'이 공교육 시스템에도 확대될 수 있도록 이를 권장하는 내용을 담고 있다. 이는 공교육의 전반적인 시스템이 '집단'에서 '개인' 단위로 패러다임이 변화하는 것을 보여주는 것이다.

|도표 3-3| 미국 연방 정부의 '모든학생성공법'

	모든학생성공법, 2016 시행
연방 정부의 권한	법률은 유연한 프레임워크를 제공하며, 각 주는 해당 연방 체계 내에서 학생 성취도에 대한 자체 목표를 설정할 수 있음.
연간 시험	각 주에서는 3학년부터 8년까지의 학생들을 대상으로 읽기 및 수학 시험을 치러야 함.
학업 표준	각 주는 읽기, 수학, 과학 영역에서 '도전적인challenging' 학업 표준을 채택해야 함. 공통핵심국가표준Common Core State Standards이 될 수 있으나, 연방 정부는 주 정부의 결정에 영향을 줄 수 없음.
주 단위 및 학군 단위 성적표	학교는 시험 결과, 기타 학업 성취도 측정, 지원금 수령 내용을 공개적으로 보고해야 함. 특수 교육, 소수 인종 및 빈곤층의 학생들의 학업 성과는 분류하여 공개함.
UDL 및 개인화된 학습	ESSA는 UDLUniversal Design for Learning을 지지하며, 이 교수법은 학습과 사고에 차이가 있는 학생들을 포함하여 모든 학생들의 요구를 충족시키는 것을 목표로 함. 또한, 주 정부가 학생들을 위한 개인화된 학습을 확대하도록 권장함.

03

학교 유형의 비교

 '초중등교육법'에서 우리는 일반적인 중학교 과정이 주된 분포를 이룬다. 예술 및 체육 분야에 특화된 특수목적 중학교가 있지만, 이는 전체에서 매우 일부에 해당한다. 또 국제중학교를 두고 있지만, 서울시의 대원국제중학교, 영훈국제중학교가 2021년 일반 중학교로 전환될 예정이다.

 고등학교는 일반고등학교, 자율고등학교(자율형 공립고 및 사립고-전국 vs. 광역), 특수목적고등학교(과학고, 외국어고, 국제고, 예술고, 체육고, 마이스터고), 특성화고등학교(직업교육 특성화, 대안교육 특성화), 영재학교 등으로 나뉜다. 2019년 11월에 발표된 〈고교 서열화 해소 및 일반고 교육역량 강화 방안〉에 의하면, 교육부는 '고교학점제'가 도입되는 2025년에 맞춰 자율형 사립고 42개교, 외국어고 30개교, 국제고

7개교 등 총 79개교를 일반고로 전환할 예정이다.[2]

|도표 3-4| 사립 및 특수목적 고등학교 종류

구분	설명
자율형 사립 고등학교	• 사립의 고등학교를 대상으로 학교 또는 교육과정을 자율적으로 운영할 수 있도록 지정·고시하는 고등학교[3]
영재학교	• 재능이 뛰어난 사람으로서 타고난 잠재력을 계발하기 위하여 특별한 교육이 필요한 영재의 능력과 소질에 맞는 내용과 방법으로 실시하는 교육을 위해 설립되는 고등학교 과정 이하의 학교
특수목적고등학교[4] ('특수 분야의 전문적인 교육을 목적으로 하는 고등학교')	
과학고	• 과학 인재 양성을 위해 전문적인 교육을 목적으로 하는 과학계열의 고등학교
외국어고	• 외국어에 능숙한 인재 양성을 위해 전문적인 교육을 목적으로 하는 외국어계열의 고등학교
국제고	• 국제 전문 인재 양성을 위해 전문적인 교육을 목적으로 하는 국제계열의 고등학교
예술고	• 예술인 양성을 위해 전문적인 교육을 목적으로 하는 예술계열의 고등학교
체육고	• 체육인 양성을 위해 전문적인 교육을 목적으로 하는 체육계열의 고등학교
마이스터고	• 산업계의 수요에 직접 연계된 맞춤형 교육과정을 운영하는 고등학교를 뜻하며, 산업 수요 맞춤형 고등학교

우리는 학교 유형을 구분할 때, 거버넌스 주체에 따라, 국공립/사립 여부를 구분한다. 그리고 교육과정의 목적성 관점에 따라서도 분류한다. 그러나 사립학교들도 대부분 정부의 재정 지원을 직간접적으로 받고 있으며, 제도적으로는 자유도가 크지 않아 거버넌스 주체에 따른 구분은 크게 의미가 없다. 따라서 학교 유형에 따른 분류는 교육과

정의 목적성 중심으로 살피는 것이 현실적이라고 할 수 있다.

고등학교의 경우, 일반고가 학교 수에서는 전체 고등학교의 66퍼센트이고, 학생 수 기준에서는 71퍼센트에 이른다. 여기에 곧 일반고로 전환될 자율고 학생 수 8.1퍼센트를 더하게 되면, 일반형 고등학교

|도표 3-5| 전국 고등학교 학교 수

구분	2017		2018		2019	
	학교 수 (개교)	분포	학교 수 (개교)	분포	학교 수 (개교)	분포
합계	2,360	100.0%	2,358	100.0%	2,356	100.0%
일반고	1,556	65.9%	1,556	66.0%	1,555	66.0%
특성화고	491	20.8%	490	20.8%	489	20.8%
자율고	158	6.7%	155	6.6%	154	6.5%
특수목적고	155	6.6%	157	6.7%	158	6.7%

* 출처: 한국교육개발원 〈교육통계연보〉 참조

|도표 3-6| 전국 고등학교 유형별 학생 수

구분	2017		2018		2019	
	학생 수	분포	학생 수	분포	학생 수	분포
합계	1,669,699	100.0%	1,538,576	100.0%	1,411,027	100.0%
일반고	1,193,562	71.5%	1,096,331	71.3%	1,001,756	71.0%
특성화고	274,281	16.4%	252,260	16.4%	230,098	16.3%
자율고	133,896	8.0%	123,292	8.0%	113,929	8.1%
특수목적고	67,960	4.1%	66,693	4.3%	65,244	4.6%

* 출처: 한국교육개발원 〈교육통계연보〉 참조

에 재학하는 학생 수가 전체 고교생의 80퍼센트 수준에 이른다. 이는 우리의 고교생 약 80퍼센트는 표준화된 교육과정을 이수하고 있다는 것을 시사한다. 또한 나머지 20퍼센트에 해당하는 학생들 중 특성화 고교 재학생이 16.3퍼센트에 달해, 사실상 우리 교육과정에서 다양성과 자율성은 극히 제한적이다.

앞서 기술한 바와 같이 미국은 K-12 학제 시스템 아래 다양한 학년 구성이 가능하다. K-12 과정 전체를 하나의 학교에서 운영하는 것도 가능하며, 2년제 중학교, 6년제 고등학교 등도 존재한다. 고등학교 과정 중 가장 많은 비중을 차지하는 것은 4년제 고등학교다.

가. 공립학교 Public Schools

공립학교는 미국 학생의 약 90퍼센트가 재학하는 주된 학교 유형이다.• 공립학교는 일반 공립학교, 차터 스쿨 Charter School, 마그넷 스쿨 Magnet School과 온라인 스쿨 Virtual or On-line School로 다원화된다.

차터 스쿨은 공립학교의 성격을 띠지만 설립과 운영 등에서 특정 단체, 기업, 지역 주민, 교사, 학부모 등이 설립 주체가 되며, 전통적인 공립학교에 비해 큰 폭의 자유도를 지니고 운영되는 구조를 지닌다. 한국에는 없는 유형의 공립학교로 설립이 비교적 쉬우며, 일정 기간 내 사전계획 및 약정된 재정적/교육적 성과를 내지 못하면 폐교되는 것이 특징이다. 2017년 기준 미국의 차터 스쿨은 총 7,010개로, 전

• 2019년 기준 미국 K-12 과정의 학생 수는 약 5,660만 명이고 이 중 약 90퍼센트인 5,080만 명이 공립학교에 등록했다. educationdata.org 참고.

체 공립학교 중 7.1퍼센트에 해당한다. 학생 수는 2000년 40만 명 수준에서 2016년 약 300만 명으로 대폭 증가했으며, 학교 수도 점차 증가하는 추세다. 전통적인 공립학교의 약 25퍼센트가 도심에 위치하는 데 반해, 차터 스쿨은 약 50퍼센트가 도심에 자리하며 공교육의 혁신을 주도하고 있다.[5]

마그넷 스쿨은 우리의 영재학교 또는 과학고등학교와 유사한 목적의 설립 및 운영 취지를 가진 학교다. 주로 과학기술 및 예술 분야의 영재 교육을 위해 운영된다. 지역과 가족들이 학생들의 교육에 깊이 관여하며, 국제적인 학급 구성과 활동 등도 적극적으로 전개하고 있다. 2017/2018학년도 기준으로 미국 전역에 3,421개 교가 운영 중이다. 애덤 가모란Adam Gamoran의 연구(1996)[6]에서는 마그넷 스쿨이 일반적인 공립학교나 평균적 사립학교들에 비해 학생들이 수학, 과학, 읽기, 사회 교과에서 전반적으로 높은 성취도를 보이고 있다면서, 그 현황을 제시했다(단, 수학은 사립학교가 소폭 높음). 이후 컬럼비아대학교, 밴더빌트대학교의 교육대학원에서도 유사한 연구 결과가 측정되면서 차터 스쿨과 함께 공교육 혁신의 모델로 강조되고 있다.

버추얼(온라인) 스쿨도 최근 공립학교 부문에서 빠르게 확산되는 유형이다. 특히 온라인 특유의 개인화 환경을 토대로 학생들은 교사로부터 1 대 1 지도를 받을 수 있으며, 24시간 학습이 가능하다.

나. 사립학교 Private Schools

미국의 사립학교는 기본적으로 정부의 재정 지원을 받지 않고 학생들의 학비에 의존하여 운영되므로 높은 자유도를 지니고 교육을 행할 수 있다.

전체 미국의 K-12 학생의 약 10퍼센트가 사립학교에 등록했으며, 그 수는 점차 소폭 하락하는 추세다. 사립학교에서 이탈한 학생들은 대안으로 공립학교 중 차터 스쿨이나 마그넷 스쿨을 선택한다. 아직은 유의미한 변화라고 보기 어렵지만, 과거 우수한 교육을 찾아 공립학교에서 사립학교로 이동하던 현상이 이제는 바뀌어 공립학교가 사립학교를 대체하는 현상이 발생하고 있는 것이다.

그렇지만 여전히 사립학교는 교육과정의 수월성, 혁신성, 다양성에서 공립학교보다 비교우위에 있다. 특히 사립학교가 공립학교에 비해 우수한 부분은 교사 1인당 학생 수(공립 15명, 사립 11.9명, 2015년 기준)이다. 이는 교사들의 교육 몰입도와 직접적인 관계가 있다.

평균적인 학비는 저학년이 연간 1만 달러 수준이고, 고학년은 평

|도표 3-7| 한국과 미국의 국/공립 및 사립학교 분포

	합계	국/공립		사립	
한국 K-12(2017)	20,904	14,961	71.6%	5,940	28.4%
한국 유치원	9,029	4,747	52.6%	4,282	47.4%
한국 초중고 소계	11,875	10,214	86.0%	1,658	14.0%
초등학교	6,270	6,196	98.8%	74	1.2%
중학교	3,242	2,605	80.4%	637	19.6%
고등학교	2,360	1,413	59.9%	947	40.1%
	합계	공립/차터 스쿨		사립	
미국 K-12(2017)	56,477	50,695	89.8%	5,781	10.2%
Pre-K to Grade 8	39,773	35,473	89.2%	4,300	10.8%
Grade 9 to 12	16,703	15,222	91.1%	1,481	8.9%

* 출처: 교육통계서비스(국내), National Center for Education Statistics(미국)

균 약 1만 5,000달러 수준이지만(보딩 스쿨의 경우 기숙사비 제외) 그 편차가 매우 심하다. 기숙학교인 보딩 스쿨Boarding Schools의 경우 학비는 평균적으로 사립대학의 1년 등록금과 유사한 수준이며, 우수한 학교로 평가되는 곳들은 평균 5만 달러를 상회한다. 한 예로, 뉴욕주 소재 마스터스 스쿨The Masters School의 경우, 등록금만 1년에 7만 2,000달러 수준(기숙사비 제외, 2019년 기준)에 이른다.[7]

학교의 세부 유형은 전통적인 사립학교를 포함하여 기숙형 학교인 보딩 스쿨, 종교계 학교인 릴리져스 스쿨Religious School, 지역 교구 기반의 가톨릭계 학교인 퍼로키얼 스쿨Parochial school 등이 다양하게 존재한다.

04
교육과정 정책의 비교

우리나라의 교육은 홍익인간의 이념 아래 모든 국민으로 하여금 인격을 도야하고, 자주적 생활 능력과 민주 시민으로서 필요한 자질을 갖추게 함으로써 인간다운 삶을 영위하게 하고, 민주 국가의 발전과 인류 공영의 이상을 실현하는 데 이바지하도록 하는 것이 목적이다. 이러한 우리의 교육과정은 교육기본법 제2조에 기초하고 있으며, 정책을 비교하기 위해서는 제도적 기초를 먼저 살펴봐야 한다.

현행 초중등 교육과정의 기초가 되는 〈2015 개정 교육과정〉에서는 '추구하는 인간상'을 설정하고, 이에 부합하도록 편성하여 운영하고 있다. 유아교육의 표준인 〈2019 개정 누리과정〉 역시 총론적인 관점에서 〈2015 개정 교육과정〉과 연계하여 '추구하는 인간상'에 부합하도록 개정되었다.

|도표 3-8| 우리의 교육과정에서 '추구하는 인간상'

추구하는 인간상	
2019 개정 누리과정(유아교육: 만 3~5세)	2015 개정 교육과정(초중등: 만 7세~18세)
건강한 사람 자주적인 사람 창의적인 사람 감성이 풍부한 사람 더불어 사는 사람	전인적 성장을 바탕으로 자아정체성을 확립하고 자신의 진로와 삶을 개척하는 자주적인 사람 기초 능력의 바탕 위에 다양한 발상과 도전으로 새로운 것을 창출하는 창의적인 사람 문화적 소양과 다원적 가치에 대한 이해를 바탕으로 인류 문화를 향유하고 발전시키는 교양 있는 사람 공동체 의식을 가지고 세계와 소통하는 민주 시민으로서 배려와 나눔을 실천하는 더불어 사는 사람

* 출처: 〈2019 개정 누리과정〉 및 〈2015 개정 교육과정〉

유아 교육과정으로 2019년에 개정된 누리과정의 핵심은 기존의 연령별 교육 내용을 간략화하고, 유아가 주도하는 놀이를 통해 배움이 구현될 수 있도록 "유아·놀이 중심 교육과정"으로 개편한 것이다. 그 취지는 ① 미래 사회에 부응하는 새로운 교육과정, ② 유아의 놀이가 중심이 되는 교육과정, ③ 유아의 놀이를 지원하기 위한 교사의 자율성 등이다.

초중등 교육과정으로, 〈2015 개정 교육과정〉의 비전은 미래가 요구하는 "창의융합형 인재* 양성"과 "학습 경험의 질 개선을 통한 행복한 학습의 구현"으로 요약된다. 교육과정 개정을 통해 ① 문·이과 공통 과목 개설, ② 연극·소프트웨어 교육 등 인문·사회·과학기술에 대한 기초소양교육 강화 등이 이루어졌다. 또한 교과별 핵심 개념과 원리를 중심으로 학습 내용을 적정화하고 교실 수업을 교사 중심에서

|도표 3-9| 〈2019 개정 누리과정〉 개요

추구하는 인간상	• 건강한 사람, 자주적인 사람, 창의적인 사람, 감성이 풍부한 사람, 더불어 사는 사람
목적	• 유아가 놀이를 통해 심신의 건강과 조화로운 발달을 이루고 바른 인성과 민주 시민의 기초를 형성하는 데에 있다.
목표	• 자신의 소중함을 알고, 건강하고 안전한 생활 습관을 기른다. • 자신의 일을 스스로 해결하는 기초능력을 기른다. • 호기심과 탐구심을 가지고 상상력과 창의력을 기른다. • 사람과 자연을 존중하고 배려하며 소통하는 태도를 기른다.

놀이, 일상생활, 활동

누리과정 영역	신체 운동·건강	의사소통	사회관계	예술 경험	자연 탐구
영역별 목표	실내외에서 신체 활동을 즐기고, 건강하고 안전한 생활을 한다.	일상생활에 필요한 의사소통 능력과 상상력을 기른다.	자신을 존중하고 더불어 생활하는 태도를 가진다.	아름다움과 예술에 관심을 가지고 창의적 표현을 즐긴다.	탐구하는 과정을 즐기고, 자연과 더불어 살아가는 태도를 가진다.

* 출처: 〈2019 개정 누리과정〉 해설서

학생 활동 중심으로 전환하기 위한 교수·학습 및 평가 방법을 제시하고 있다.

> *** 창의융합형 인재**
> 인문학적 상상력, 과학기술 창조력을 갖추고 바른 인성을 겸비하여 새로운 지식을 창조하고 다양한 지식을 융합하여 새로운 가치를 창출할 수 있는 사람.
> – 교육부, 〈2015 개정 교육과정〉

|도표 3-9| '추구하는 인간상' 및 핵심 역량과 연계한 학교 급별 교육 목표

추구하는 인간상		핵심 역량	학교 급별 교육 목표		
			초등학교	중학교	고등학교
			초등학교 교육은 학생의 일상생활과 학습에 필요한 기본 습관 및 기초 능력을 기르고 바른 인성을 함양하는 데에 중점을 둔다.	중학교 교육은 초등학교 교육의 성과를 바탕으로, 학생의 일상생활과 학습에 필요한 기본 능력을 기르고 바른 인성 및 민주 시민의 자질을 함양하는 데에 중점을 둔다.	고등학교 교육은 중학교 교육의 성과를 바탕으로, 학생의 적성과 소질에 맞게 진로를 개척하며 세계와 소통하는 민주 시민으로서의 자질을 함양하는 데에 중점을 둔다.
자주적인 사람	전인적 성장을 바탕으로 자아 정체성을 확립하고 자신의 진로와 삶을 개척하는 자주적인 사람	자기관리 역량 − 지식정보처리 역량 − 창의적 사고 역량 − 심미적 감성 역량 − 의사소통 역량 − 공동체 역량	1) 자신의 소중함을 알고 건강한 생활 습관을 기르며, 풍부한 학습 경험을 통해 자신의 꿈을 키운다.	1) 심신의 조화로운 발달을 바탕으로 자아 존중감을 기르고, 다양한 지식과 경험을 통해 적극적으로 삶의 방향과 진로를 탐색한다.	1) 성숙한 자아의식과 바른 품성을 갖추고, 자신의 진로에 맞는 지식과 기능을 익히며 평생학습의 기본 능력을 기른다.
창의적인 사람	기초 능력의 바탕 위에 다양한 발상과 도전으로 새로운 것을 창출하는 창의적인 사람		2) 학습과 생활에서 문제를 발견하고 해결하는 기초 능력을 기르고, 이를 새롭게 경험할 수 있는 상상력을 키운다.	2) 학습과 생활에 필요한 기본 능력 및 문제 해결력을 바탕으로, 도전정신과 창의적 사고력을 기른다.	2) 다양한 분야의 지식과 경험을 융합하여 창의적으로 문제를 해결하고, 새로운 상황에 능동적으로 대처하는 능력을 기른다.
교양 있는 사람	문화적 소양과 다원적 가치에 대한 이해를 바탕으로 인류 문화를 향유하고 발전시키는 교양 있는 사람		3) 다양한 문화활동을 즐기고 자연과 생활 속에서 아름다움과 행복을 느낄 수 있는 심성을 기른다.	3) 자신을 둘러싼 세계에서 경험한 내용을 토대로 우리나라와 세계의 다양한 문화를 이해하고 공감하는 태도를 기른다.	3) 인문·사회·과학기술 소양과 다양한 문화에 대한 이해를 바탕으로 새로운 문화 창출에 기여할 수 있는 자질과 태도를 기른다.
더불어 사는 사람	공동체 의식을 가지고 세계와 소통하는 민주 시민으로서 배려와 나눔을 실천하는 더불어 사는 사람		4) 규칙과 질서를 지키고 협동정신을 바탕으로 서로 돕고 배려하는 태도를 기른다.	4) 공동체 의식을 바탕으로 타인을 존중하고 서로 소통하는 민주 시민의 자질과 태도를 기른다.	4) 국가 공동체에 대한 책임감을 바탕으로 배려와 나눔을 실천하며 세계와 소통하는 민주 시민으로서의 자질과 태도를 기른다.

* 출처: 〈2015 개정 교육과정〉 총론 해설

우리의 교육과정은 기본적으로 유아 교육과 초중등 교육이 구분되어 있다. 물론 〈2019 개정 누리과정〉은 총론적인 측면에서 초중등 교육과 연계될 수 있도록 교육과정을 설계했음을 강조한다. 그러나 뒤에 설명하겠지만 미국이 공통핵심국가표준Common Core State Standards, 이하 CCSS을 통해 유아 교육부터 초중등 교육까지 연계성을 전제로 하여 통합적인 교육과정을 운영하는 것과는 다소 차이가 있다.

미국 공교육의 교육과정은 기본적으로 주 정부와 학구School Districts별 교육위원회School Boards가 주된 권한을 지닌다. 연방 정부 차원에서는 CCSS를 통해 각 주 정부가 교육과정을 편성하고 운용하는 데 참고할 것을 권고하고 있다. CCSS의 교육과정은 "미국 내 모든 학생들이 거주 지역에 관계없이 고등학교 과정까지를 마칠 경우, 대학 진학, 그리고 직업 및 인생에서 성공하는 데 필요한 기술과 지식을 충실히 습득할 수 있도록 한다"라는 구체적 목적성을 토대로 교육과정의 표준을 제공한다.

CCSS의 교육과정은 우리의 교육과정이 유아 교육과 초중등 교육을 구분 짓는 것과 달리, 만 3세부터 17세까지, 즉 유치원부터 고교까지 전체를 통합적이고 입체적으로 아우르는 교육과정을 제시한다.

CCSS에서는 ① 영어 교양 & 문해력 – 역사/사회학, 과학, 및 기술 교과English Language Arts & Literacy in History/Social Studies, Science, and Technical Subjects, 이하 ELA, ② 수학Mathematics의 두 교과에 대해 공통 표준 교육과정을 제시한다. ELA는 미국 고유의 교과과정이며 우리나라에는 이와 비견할 것이 없는 과정이다.

통상 유치원 과정부터 5학년까지(K-5)는 English Language Arts

|도표 3-10| 교육과정 표준 비교

교육 학제	한국	미국
어린이집-유치원 과정	〈2015 개정 누리과정〉 유아 교육과정(만 3~5세)	공통핵심국가표준CCSS (만 3~17세)
초등과정	〈2015 개정 교육과정〉 초중등 교육과정(만 6~17세)	
중등과정		

와 Literacy in History/Social Studies, Science, and Technical Subjects가 별도로 구분되지 않고 통합적으로 다루어진다. 이는 ① English Language(모국어-언어-로의 영어; 읽기, 쓰기, 말하기와 듣기로 구성), ② Arts(영어-읽기, 쓰기, 말하기와 듣기-를 기반으로 한 교양 학습-역사/사회, 과학, 기술 교과 영역), ③ Literacy(역사/사회, 과학, 기술 교과 분야별 문해력), 이상 3개의 세부 영역이 통합적으로 다루어지는 고유한 교과다.

6학년부터 12학년 교육과정은 보다 심화되는 관점으로, 영어 언어 교양과 역사/사회학, 과학 및 기술 교과 문해력이 구분되며 보다 전문화된다. English Language(모국어-언어-로의 영어; 읽기, 쓰기, 말하기와 듣기로 구성)는 언어학적 측면에서의 내용이 더 강조되고, Literacy in History/Social Studies, Science, and Technical Subjects(역사/사회학, 과학 및 기술 교과 문해력)는 각 영역별 심화/전문화된 학습 내용이 강조된다. 단지 외워서 알고 있는 지식으로의 관점이 아닌, '이해하고 활용하는 법-문해력'의 관점에서 다루어진다.

|도표 3-11| CCSS 교육과정 표준

목적	미국 내 모든 학생이 거주 지역에 관계없이 대학, 직업 및 인생에서 성공하는 데 필요한 기술과 지식을 가지고 고등학교를 졸업할 수 있도록 하기 위함	
채택 현황	41개 주와 워싱턴 D.C., 아메리칸 사모아, 괌, 미국령 버진 아일랜드 등 4개 자치령 (2013년 기준) : 뉴욕주, 캘리포니아주 포함	
CCSS 관련 기관	• 전국주지사협회National Governors Association Center for Best Practices, NGA Center • 전국교육감위원회Council of Chief State School Officers, CCSSO	
도입 현황	**뉴욕주의 CCSS 도입 현황** • 뉴욕주는 2011년, 뉴욕주 예비 유치원-12학년 공통핵심국가표준NYS P-12 Common Core Learning Standard을 처음 도입했으며, 2017년 '뉴욕주 미래 세대 영어 언어 교양과 수학 학습 표준New York State Next Generation English Language ArtsELA and Mathematics Learning Standards'으로 수정했음. • 해당 기준은 뉴욕주의 ELA와 수학의 교육 프레임워크를 재구성하기 위함이며, 교사와 교육 실습을 보다 잘 지원하고 추가 지침을 제공하여 21세기 리터러시 비전을 달성하기 위함임. 뉴욕주 교육부NYSED는 뉴욕주 전역의 교실에서 위 기준을 성공적으로 구현할 수 있도록 교육자를 위한 자료를 지속적으로 개발하고 있음. 각 학년별, 과목별로 교육기준과 목표, 세부 지침 사항이 뉴욕주 교육부 웹사이트에 나와 있음. **캘리포니아주의 CCSS 도입 현황** • 캘리포니아주도 2012년에 CCSS 시스템을 도입했음.	
교과 구분	영어 언어 교양 & 역사/사회학, 과학, 및 기술 교과 문해력 English Language Arts & Literacy in History/Social Studies, Science, and Technical Subjects (ELA)	수학 Mathematics
목표	• 학생들이 문학과 비문학뿐만 아니라 과학 및 사회학과 같은 분야에서 사실과 배경지식을 제공하는 더 복잡한 텍스트를 읽을 수 있도록 함. • 대학, 직업 및 인생에서 성공하는 데 필요한 비판적 사고, 문제 해결 및 분석 기술 배양.	• 수학 표준은 광범위한 일반적인 진술보다 명확성과 특수성을 제공함. • 해당 표준은 학생들이 실제 세계의 문제를 해결할 수 있도록 함.

교육 표준 기준	• 대학 및 직업 준비 상태 표준College and Career Readiness Anchor Standards, CCR은 ELA/Literacy 기준의 중추이며, 학년별 표준은 추가적인 사항들을 반영함 • 6학년부터 12학년의 역사/사회학, 과학 및 기술 과목이 별도로 제공되는 것은 ELA/Literacy를 보완하는 목적으로 제공되는 것임. • 개념의 정확성을 위해 읽기, 쓰기, 말하기 및 듣기, 언어로 나뉘어져 있지만 실제 학년별 기준에는 밀접하게 연계됨.	• 수학 실습 표준Standards for Mathematical Practice: 수학 실습 표준은 모든 수준의 수학 교육자가 학생들의 발전을 위해 추구해야 하는 다양한 전문지식을 설명함. 이는 수학 교육에서 오랫동안 중요한 '과정 및 능력'에 기초함. • 커리큘럼, 평가 등을 디자인하는 교사진은 수학적 실습 내용과 수학 교과 내용의 접목에 집중함.

즉, 언어로서의 전문적인 내용과 각 세부 교과 영역별 심화 지식이 결합되어 ① 창의적이고 비판적인 사고를 할 수 있는 역량, ② 특정 주제 및 영역에 대해 질적, 양적 커뮤니케이션과 활동을 균형 있게 전문적으로 할 수 있는 역량, ③ 상황과 활동 과업에 부합한 창의적이고 비판적인 사고, 질적-양적 접근법을 통해 통합적 문제 해결을 할 수 있는 역량을 배양하는 것이 주된 목표이다.

한편 유치원 과정부터 12학년까지 준용되는 ELA는 유치원 과정부터 '대학 학업 및 직업 준비 연결기반 표준College and Career Readiness Anchor Standards'과 부합하도록 세부 교과 내용이 구성된다.

따라서 '읽기-쓰기-말하기와 듣기'와 같은 언어학적 내용들이 대학 교육과정이나 직업적 활동을 준비할 수 있는 차원에서 다루어진다. 예를 들어, 고등학교 교육과정에서 대학에서의 보고서나 논문 형식의 글쓰기 실습, 기업이나 사회에서 다루는 특정 기술적 사항에 대해 기술 보고서Technical Report를 작성하는 등의 실습 과제를 수행하도록 하는 접근법이다.

수학은 상대적으로 전통적인 학습과정을 따른다. 특징적으로 두드러지는 부분은 '수학 실습 표준Standards for Mathematical Practice'을 준용하고 있는 것이다. 이는 수학 교육의 오랜 경험에서 강조되는 '프로세스와 능력(능숙함)processes and proficiencies'을 의미한다. 구체적으로는 NCTMNational Council of Teachers of Mathematics, 국가수학교사위원회에서 제시하는 프로세스 표준으로, '문제 해결-추론 및 증명-커뮤니케이션-표현-연결'의 원칙에 기반하여 실습하도록 하는 부분이다.

두 번째는 국가연구위원회The National Research Council의 보고서 추가에 명시된 수학적 능력(능숙함)에 관한 사항으로, '적응추론-전략적 역량-개념적 이해(수학적 개념-운영-관계의 이해)-절차적 유창성(유연하고 정확하게 절차를 수행하는 기술)-생산적 성향(성실함에 대한 신념 및 자신의 효능에 기초하여 수학을 측정 가능하고, 유용하며 가치 있는 것으로 바라보는 습관적 성향)'에 기반한 실습이 되도록 하는 것이다.

전통적인 수학 교육에 수학 실습을 가미한 CCSS의 수학 교육과정 표준은 학생들이 실제로 세상의 문제를 해결할 수 있도록 하는 데 궁극적 목표를 두고 있으며, 다음의 여덟 가지 원칙을 토대로 방향을 제시한다.

① 문제의 감지(이해) 및 문제 해결에 대한 인내심을 가짐.
② 추상적이고 양적인 추론을 전개함.
③ 존속 가능한 주장을 구성하고 다른 사람의 추론을 비판함.
④ 수학을 활용하여 문제 해결 모델을 발견함.
⑤ 적절한 도구를 전략적으로 활용함.

⑥ 정밀하고 정확하게 수학을 다룸.

⑦ 구조를 찾고 활용함.

⑧ 반복되는 추론에서 규칙성을 찾고 활용함.

위에서 설명했듯 미국 교육과정의 권한과 책임은 주 정부 및 학구 교육위원회School Boards에 있다. 따라서 각 주 정부 및 학구 교육위원회는 CCSS의 교육과정을 참고하여 각 주와 지역 고유의 교육과정을 개발 편성·운영한다.

현재 뉴욕주, 캘리포니아주 등 41개 주에서 CCSS를 교육과정의 기초로 채택하고 있다. 뉴욕시는 '뉴욕시 교육 펠로우NYC Teaching Fellows'[8] 프로그램을 통해 산업 현장의 전문 경력자를 일선 학교의 교사로 훈련하여 배치하는 정책적 노력을 전개하고 있다. 이를 통해 CCSS에서 강조하는 '대학 학업 및 직업활동과의 연결기반 확보', '실제 세계의 문제 해결'이라는 목표를 실현하고자 하는 것이다.

CCSS에서 제시하는 ELA 및 수학 교육과정 외 나머지 교과의 구성과 운영 등은 주 정부를 중심으로 진행되는데, 뉴욕주 및 캘리포니아주는 유치원 과정에서부터 컴퓨터 과학 코딩 교육이 아님을 편성하는 등 현재 실제로 필요로 하는 지식과 역량을 교육과정에 적극 반영하여 운영하고 있다.

사립학교들은 각 학교 고유의 정체성에 부합하도록 편성한 교육과정을 운용하지만, ELA 및 수학은 가급적 CCSS의 표준에 부합하도록 하고 있다. 그러나 과학기술 영재 및 특성화 학교들의 경우, CCSS의 수준을 넘어 자유교양대학의 교과 구성에 근접한 교육과정을 진행하는 학교도 있다. 따라서 미국의 교육과정을 이해할 때는 국/공립학교와 사립학교를 구분해서 이해하는 접근법이 필요하다.

05
유아 교육과정 비교

우리의 〈2019 개정 누리과정〉은 만 3~5세의 유아를 대상으로 하는 국가 차원의 교육과정 표준에 해당한다. 그리고 이번 개정 누리과정의 성격은 다음과 같다.

① 국가 수준의 공통성과 지역, 기관 및 개인 수준의 다양성을 동시에 추구한다.
② 유아의 전인적 발달과 행복을 추구한다.
③ 유아 중심과 놀이 중심을 추구한다.
④ 유아의 자율성과 창의성 신장을 추구한다.
⑤ 유아, 교사, 원장(감), 학부모 및 지역사회가 함께 실현해가는 것을 추구한다.

특별히 이번 개정 누리과정에서는 초등학교 교육과정과 연계성을 확보하기 위한 개정이 이루어졌는데, 추구하는 인간상, 목적과 목표, 구성의 중점 등 총론 전반의 구성을 초등학교 교육과정의 체계와 통일했다고 한다.[9]

한편 누리과정의 목적을 "유아가 놀이를 통해 심신의 건강과 조화로운 발달을 이루고 바른 인성과 민주 시민의 기초를 형성하는 데에 있다"라고 특징 짓고 있다. 따라서 이번 개정 누리과정의 핵심은 '유아·놀이 중심 교육과정'이라 할 수 있다. 또한 '놀이-일상생활-활동'을 연계하여 유아의 배움과 성장을 입체적으로 지원하는 것을 강조하고 있다.

교육과정은 ① 신체 운동·건강, ② 의사소통, ③ 사회관계, ④ 예술경험, ⑤ 자연탐구 등 다섯 영역으로서 3~5세 유아가 경험해야 할 내용으로 구성되어 있으며, 0~2세 보육과정 및 초등학교 교육과정과의 연계성을 고려하여 구성하는 것이 원칙이다.

위의 영역을 중심으로 '유아·놀이 중심 교육과정'이 강조되고, '놀이-일상생활-활동'이 상호 연계되며, 교육적 효과를 기대하기 위해서는 일선 교육기관과 교사의 역할 변화가 매우 중요하다. 따라서 교육부는 다음의 사항을 교육기관 및 교사 차원에서 점검하고, 변화하며 준비할 것을 강조하고 있다.

|도표 3-12| ⟨2019 개정 누리과정⟩ 교육과정 5개 영역 요약

신체 운동·건강		의사소통		
신체 활동 즐기기	신체를 인식하고 움직인다.	듣기와 말하기	말이나 이야기를 관심 있게 듣는다	나를 알고 존중하기
	신체 움직임을 조절한다.		자신의 경험, 느낌, 생각을 말한다.	
	기초적인 이동운동, 제자리 운동, 도구를 이용한 운동을 한다.		상황에 적절한 단어를 사용하여 말한다.	
	실내외 신체 활동에 자발적으로 참여한다.		상대방이 하는 이야기를 듣고 관련해서 말한다.	
			바른 태도로 듣고 말한다.	
			고문 말을 사용한다.	
건강하게 생활하기	자신의 몸과 주변을 깨끗이 한다.	읽기와 쓰기에 관심 가지기	말과 글의 관계에 관심을 가진다.	더불어 생활하기
	몸에 좋은 음식에 관심을 가지고 바른 태도로 즐겁게 먹는다.		주변의 상징, 글자 등의 일기에 관심을 가진다.	
	하루 일과에서 적당한 휴식을 취한다.			
	질병을 예방하는 방법을 알고 실천한다.		자신의 생각을 글자와 비슷한 형태로 표현한다.	
안전하게 생활하기	일상에서 안전하게 놀이하고 생활한다.	책과 이야기 즐기기	책에 관심을 가지고 상상하기를 즐긴다.	사회에 관심 가지기
	TV, 컴퓨터, 스마트폰 등을 바르게 사용한다.		동화, 동시에서 말의 재미를 느낀다.	
	교통 안전 규칙을 지킨다.		말놀이와 이야기 짓기를 즐긴다.	
	안전사고, 화재, 재난, 학대, 유괴 등에 대처하는 방법을 경험한다.			

* 출처: ⟨2019 개정 누리과정⟩ 해설서

회관계	예술 경험			자연 탐구	
를 알고 소중히 여긴다.	아름다움 찾아보기	자연과 생활에서 아름다움을 느끼고 즐긴다.		탐구 과정 즐기기	주변 세계와 자연에 대해 지속적으로 호기심을 가진다.
의 강점을 알고 상황에 맞 표현한다.					궁금한 것을 탐구하는 과정에 즐겁게 참여한다.
가 할 수 있는 것을 스스로 다.		예술적 요소에 관심을 갖고 찾아본다.			탐구 과정에서 서로 다른 생각에 관심을 가진다.
족의 의미를 알고 화목하게 낸다.	창의적으로 표현하기	노래를 즐겨 부른다.		생활 속에서 탐구하기	물체의 특성과 변화를 여러 가지 방법으로 탐색한다.
구와 서로 도우며 사이 좋 지낸다.		신체, 사물, 악기로 간단한 소리와 리듬을 만들어본다.			물체를 세어 수량을 알아본다.
구와의 갈등을 긍정적인 방 으로 해결한다.		신체나 도구를 활용하여 움직임과 춤으로 자유롭게 표현한다.			물체의 위치와 방향, 모양을 알고 구별한다.
로 다른 감정, 생각, 행동을 중한다.		다양한 미술 재료와 도구로 자신의 생각과 느낌을 표현한다.			일상에서 깊이, 무게 등의 속성을 비교한다.
구와 어른께 예의 바르게 동한다.					주변에서 반복되는 규칙을 찾는다.
속과 규칙의 필요성을 알고 킨다.		극놀이로 경험이나 이야기를 표현한다.			일상에서 모은 자료를 기준에 따라 분류한다.
					도구와 기계에 대해 관심을 가진다.
가 살고 있는 곳에 대해 궁 한 것을 알아본다.	예술 감상하기	다양한 예술을 감상하며 상상하기를 즐긴다.		자연과 더불어 살기	주변의 동식물에 관심을 가진다.
리나라에 대해 자부심을 가 다.		서로 다른 예술 표현을 존중한다.			생명과 자연환경을 소중히 여긴다.
양한 문화에 관심을 가 다.		우리나라 전통 예술에 관심을 갖고 친숙 해진다.			날씨와 계절의 변화를 생활과 관련 짓는다.

교육기관 차원에서 변화할 점 살펴보기

- 교육 철학: 유아·놀이 중심 교육과정의 철학을 이해하는가?
- 조직 문화: 교사에게 교육과정 운영의 자율성을 보장하며, 교원 간 신뢰하는 문화인가? 교사 간 협력하는 문화인가? 기관의 행·재정적 절차 및 구조가 교육과정 변화를 지지하는가?
- 학부모 지원: 학부모가 유아·놀이 중심 교육과정의 가치를 인식하고 지지할 수 있도록 기관 차원에서 지원하는가?
- 운영 및 실제:

  (문서) 문서 작성과 관련하여 유아·놀이 중심 교육과정을 운영할 수 있도록 기관 차원에서 지원하는가?

  (주제) 주제와 관련하여 유아·놀이 중심 교육과정을 운영할 수 있도록 기관 차원에서 지원하는가?

  (시간) 융통성 있게 일과를 운영할 수 있도록 기관 차원에서 지원하는가?

  (공간) 융통성 있게 공간을 활용할 수 있도록 기관 차원에서 지원하는가?

  (자료) 다양한 자료를 활용할 수 있도록 기관 차원에서 지원하는가?

교사 차원에서 변화할 점 살펴보기

- 교육 철학: 유아·놀이 중심 교육과정의 철학을 이해하는가?
- 교육과정 지식 및 이해: 개정 누리과정에 대한 지식 및 이해를 갖추고 있는가?
- 일과 구성 및 실행 역량: 교사는 놀이, 일상생활, 활동을 연계하여 유아의 배움과 성장을 지원할 역량을 갖추고 있는가?
- 관찰, 기록 및 평가 역량: 놀이, 일상생활, 활동을 관찰·기록하며 종합적으로 평가할 역량을 갖추고 있는가?
- 운영 및 실제:

  (관계) 유아를 존중하며 민주적인 관계를 형성하고 유지하는가? 동료 교원 및 학부모, 지역사회 구성원과 협력적인 관계를 유지하는가?

  (문서) 유아·놀이 중심 교육과정 운영에 적절한 문서를 사용하는가?

> (주제) 교육과정 운영에 유아의 놀이에서 발현된 주제를 충분히 반영하는가?
> (시간) 유아에게 충분한 놀이시간을 허용하는가?
> (공간) 다양한 공간을 활용하는가? 유아의 심미성과 창의성을 함양하는 환경을 제공하는가?
> (자료) 유아의 놀이를 지원하는 자료를 제공하고 자유롭게 사용하도록 허용하는가? 유아의 심미성과 창의성을 함양하는 자료를 제공하는가?
>
> * 자료: 〈2019 개정 누리과정〉 놀이실행자료

그러나 실질적으로 '놀이-일상생활-활동'이 연계되는 놀이교육 중심의 유아교육을 전개하기 위해서는 교육기관 및 교사 모두가 사전 준비를 할 수 있는 재정적, 시간적, 자원적 기반이 갖추어져야 한다. 이것이 충분히 전제되고 고려되지 않은 상태에서 놀이교육 중심의 교육과정을 구성하고 운영한다면 교육 현장에서 기대와 실행 사이에 차이를 불러올 수 있다. 실제로 일선 교육기관 및 교사들은 "유아·놀이 중심 교육과정"의 수행을 위해 놀이자료 및 교수법, 즉 '페다고지 인프라Pedagogical Infrastructure'가 미흡하다고 강조한다. 구체적인 교육적 목표와 효과에 기반한 놀이교육 콘텐츠가 절대적으로 부족하다는 것이다.

현재 누리과정에서는 놀이자료의 확보 및 활용과 관련하여 다음과 같이 방법을 제시하고 있다.

① 유아가 결정한 자료의 활용을 격려한다.
② 자연물이나 자연현상도 자료가 될 수 있다.
③ 다양한 일상의 사물을 놀이자료로 활용한다.

④ 자료가 없어도 놀이를 할 수 있다.
⑤ 기존의 자료도 새롭게 활용해본다.

|도표 3-13| 〈2019 개정 누리과정〉 놀이 실행 자료와 뉴욕주 놀이 기반 학습 자료 비교

	한국	뉴욕주
자료명	〈놀이실행자료〉	〈Play – Understanding the Value of Play from Birth Through Third Grade〉
목적	• 유치원과 어린이집 교사들이 개정 누리과정을 운영하면서 경험할 수 있는 고민이나 궁금증을 해소할 수 있도록 안내하는 역할. • 기존에 유아와 놀이를 중심으로 교육과정을 잘 운영해오던 교사들에게는 운영의 방향성을 확인시켜 주고, 다소 교사 중심으로 교육과정을 운영해오던 교사들에게는 변화의 방향성을 제시.	• 교육자, 관리자 및 실무자들을 위해 개발된 자료집. • 어린이의 건강한 발달과 학습에서 놀이의 가치를 이해할 수 있도록 하는 것. • 학습 목표를 향해 노력하고 발달 기대를 충족시키는 데 도움이 되는 교육 도구 중 하나로 놀이의 사용을 개발할 수 있도록 하는 것.
내용	• 개정 누리과정과 교사의 역할* • 놀이지원자로서의 교사 • 협력자로서의 교사 • 교사의 놀이지원 사례	• 놀이의 단계 Stages of Play • 놀이의 종류 Types of Play • 놀이를 강화할 수 있는 전략 Strategies to Strengthen Play

* 2019년 누리과정 개정안에서는 유아 중심, 놀이 중심으로 개정 방향이 정해졌으나, 현장간담회 내용을 살펴보면 원칙적으로 놀이 중심 개정 방향에 대해서는 동의하지만 놀이 중심 교육과정 운영에 대한 이해 차이(놀이의 스펙트럼이 다양, 놀이중심 운영에 대한 정의 요청, 실제 현장 적용, 학부모들의 학습 요구 등의 괴리가 존재한다.

현장 교육기관 및 교사들의 경우 재정적, 시간적, 자원적 제약이 존재하므로 풍부한 놀이자료를 확보하고 최적의 놀이 교수법을 개발하는 것이 현실적으로 쉽지 않다. 따라서 누리과정이 추구하는 방향성과 교육 목적이 현장에서 안착하기 위해서는 놀이자료와 함께 놀이 교수법이 양적/질적으로 개발되고 확산되어야 하는 것이 무엇보다 중요하다.

앞서 이야기했듯 미국의 유아 교육과정은 큰 틀에서 초중등 교육과정과 같은 맥락으로 이루어진다. 또한 유치원 과정을 통상 1년 단위로 이수하고, 이때부터 학제 시스템에 포함되어 교육과정이 운영된다. 우리가 총론적 사항을 중심으로 초등학교 교육과정과 연계한다면, 미국의 경우는 만 3세부터 17세(PreK-12학년)까지 준용되는 CCSS에 기초하여 학제와 교육과정 모두 구체적인 통합 및 연계가 이루어진다고 할 수 있다.

교육과정 표준에 명시된 유아교육 영역을 비교해보면, 우리의 누리과정과 뉴욕주 및 캘리포니아주의 유아 교육과정에는 다음과 같은 몇 가지 차이가 발견된다.

첫째, 교육 영역의 범주 차이다. 우리가 교육 영역을 ① 신체운동·건강, ② 의사소통, ③ 사회관계, ④ 예술 경험, ⑤ 자연탐구의 다섯 가지로 나누고 있다면, 뉴욕주와 캘리포니아주는 우리의 다섯 영역에 추가하여 뉴욕주의 경우 ① 학습 입문 또는 학습 방법론 기초 Approaches to Learning, ② 실제 세계의 인식과 지식(수학, 과학, 기술, 컴퓨터 과학과 디지털 리터러시)Cognition and Knowledge of the WorldMathematics, Science, Technology, Computer Science and Digital Literacy의 두 영역이 더 다루어지며, 캘

|도표 3-14| 한국-뉴욕주(NY)-캘리포니아주(CA) 유아 교육과정 영역 세부 비교

	한국 누리과정	뉴욕주	캘리포니아주
표준교육과정	• 2019 개정 누리과정 (만 3~5세)	• NYS Prekindergarten Learning Standards • NYS Kindergarten Learning Standards	• California Preschool Learning Foundations • Common Core State Standards • Content Standards
세부영역	I. 신체 운동 및 건강	I. Physical Development and Health	I-1. Physical Development I-2. Health
	• 신체 활동 즐기기 • 건강하게 생활하기 • 안전하게 생활하기	• Physical Development • Physical Fitness • Physical Health and Well-Being Physical Safety	• Fundamental Movement Skills • Perceptual-Motor Skills and Movement • Active Physical Play
	II. 의사소통	II. Communication, Language, and Literacy	II-1. Language and Literacy II-2. English-Language Development
	• 듣기와 말하기(말이나 이야기를 관심 있게 듣는다 등) • 읽기와 쓰기에 관심 가지기 (말과 글의 관계에 관심을 가진다 등) • 책과 이야기 즐기기(책에 관심을 가지고 상상하기를 즐긴다 등)	• Reading Foundations • Reading • Writing • Speaking and Listening • Motivation • Background Knowledge • Viewing • Vocabulary • Representing	**Language and Literacy** • Listening and Speaking (Language Use and Conventions, Vocabulary, Grammar) • Reading (Concepts about Print, Phonological Awareness, Alphabetics and Word/Print Recognition, Comprehension and Analysis of Age-Appropriate Text, Literacy Interest and Response) • Writing (Writing Strategies) • Speaking (Child Use Nonverbal and Verbal Strategies to Communicate with others etc.)
	III. 사회관계	III-1. Social and Emotional Learning III-2. Cognition and Knowledge of the World (Social Studies)	III-1. Social-Emotional Development III-2. History-Social Science

세부 영역	나를 알고 존중하기(나의 감정을 알고 상황에 맞게 표현한다 등) • 더불어 생활하기(가족의 의미를 알고 화목하게 지낸다, 서로 다른 감정, 생각, 행동을 존중한다, 약속과 규칙의 필요성을 알고 지킨다) • 사회에 관심 가지기(우리나라에 대해 자부심을 가진다. 다양한 문화에 관심을 가진다 등)	**Social and Emotional Learning** • Self-Awareness and Self-Management Skills • Social Awareness and Relationships with Others • Decision-Making Skills • Adaptability **Social Studies:** • Individual Development and Cultural identity • Civic Ideals and Practices • Geography, Humans and the Environment • Time, Continuity and Change • Economic Systems	**Social-Emotional Development** • Self-Awareness • Self-Regulation • Social and Emotional Understanding • Empathy and Caring • Initiative in Learning • Interaction with Familiar Adults • Interactions with Peers • Group Participation • Cooperation and Responsibility • Attachments to Parents • Close Relationships with Teachers and Caregivers Friendships **History-Social Science** • Self and Society • Becoming a Preschool Community Member • Sense of Time • Sense of Place (Geography and Ecology) • Market place (Economics)
	IV. 예술 경험	IV. Cognition and Knowledge of the World (Arts)	IV. Visual and Performing Arts
	• 아름다움 찾아보기 • 창의적으로 표현하기(노래, 악기, 미술, 극놀이 등) • 예술 감상하기	• Dance • Media Arts • Music • Theater • Visual Arts	• Visual Art • Music • Drama • Dance
	V. 자연 탐구	V. Cognition and Knowledge of the World(Mathematics, Science, Technology, Computer Science and Digital Literacy)	V-1. Mathematics V-2. Science

세부 영역	• 탐구과정 즐기기(주변 세계와 자연에 대해 지속적으로 호기심을 가진다. 탐구과정에서 서로 다른 생각에 관심을 가진다 등) • 생활 속에서 탐구하기(물체를 세어 수량을 알아본다, 주변에서 반복되는 규칙을 찾는다 등) • 자연과 더불어 살기(주변의 동식물에 관심을 가진다 등)	**Mathematics** • Counting and Cardinality (CCSS 내용) • Operations and Algebraic Thinking (CCSS 내용) • Measurement and Data (CCSS 내용) • Geometry (CCSS 내용) **Science** • Physical Science • Life Sciences • Earth and Space Sciences • Engineering Design Technology, Computer Science, and Digital Literacy VI. Approaches to Learning How children become involved in learning and acquiring knowledge • Play and Engagement in Learning • Creativity and Engagement • Curiosity and Initiative Persistence	**Mathematics** • Number Sense • (Understanding Number and Quantity, Understanding Number Relationships and Operations) • Algebra and Functions (Classification, Patterning) **Science** • Scientific Inquiry • Physical Sciences • Life Sciences • Earth Sciences

리포니아주는 수학과 컴퓨터 과학 등 두 영역이 추가된다.

둘째, 교육의 비중이 상대적으로 높다. 영유아 단계에는 기본적으로 보육과 교육이 함께 이루어진다. 유아 단계로 갈수록 보육보다 교육의 비중이 점차 높아지는데, 뉴욕주나 캘리포니아주는 우리 누리과정 대비 교육의 비중이 더 높은 흐름을 보인다. 특히 뉴욕주는 '학습 입문 또는 학습 방법론 기초Approaches to Learning'을 'Pre-K' 단계, 즉 우리의 어린이집 교육과정 첫머리에 두고 있다. 또한 앞에서 언급했듯 뉴욕주 및 캘리포니아주 모두 우리보다 더 넓은 범주의 교육 영역을 다루고 있다. 이는 상대적으로 교육 비중이 더 높음을 시사한다.

셋째, 현실 세계의 교육 수요를 반영한 부분이다. 우리 누리과정에서는 수학, 컴퓨터 과학, 디지털 리터러시 등은 직접적으로 다루지 않는다. 우리의 '자연탐구' 영역에 해당하는 과학 영역도 뉴욕주나 캘리포니아주에서는 CCSS에 기초하여 물리학, 생명과학, 지구과학, 엔지니어링 디자인 등으로 세분화하여 호기심 및 탐구정신을 고취하고 기초적인 전문 지식을 습득할 수 있도록 운영한다. 최근에는 마이크로소프트, 애플 등 민간 기업과 협력하여 유치원 단계에서부터 컴퓨터 과학 및 디지털 리터러시 교육을 활발히 펼치고 있다. 또한 교육과정 명에서도 현실 세계의 내용을 다루어야 함을 강조하고 있다. 뉴욕주의 '인지와 세계의 지식(수학, 과학, 사회학, 예술, 기술, 컴퓨터 과학, 디지털 문해력)Cognition and Knowledge of the World(Mathematics, Science, Social Studies, Arts, Technology, Computer Science and Digital Literacy)'은 수학, 과학, 사회학 등 세부 교과 내용들이 실제의 세계와 관련되어 학습되어야 함을 강조한다.

넷째, 교육과정의 구체성에 관한 사항이다. 우리 누리과정의 '의사소통' 영역에 해당하는 뉴욕주의 교육과정은 '커뮤니케이션, 언어, 그리고 문해력 파트 A와 BCommunication, Language, and Literacy Part A and Part B'라고 한다. 이는 다시 세분화되어, 파트 A: 커뮤니케이션의 접근법 PART A: Approaches to Communication, AC)과 파트 B: 영어 언어 교양 및 문해PART B: English Language Arts and Literacy로 나뉜다. 캘리포니아주에서도 마찬가지 맥락인데, '의사소통' 영역은 ① 언어와 문해력Language and Literacy, ② 영어-언어 개발English-Language Development, ③ 영어 언어 교양 English Language Arts으로 세분화된다. 영어 언어 교양은 '언어로의 영어, 영어를 기반으로 한 교양'이라고 표현될 수 있으며, 모국어인 영어를 언어학적 관점과 교양의 관점에서 함께 다룬다는 것을 의미한다. 특히 이 교과는 초중등 과정과 연계되어 이루어진다.

또한 뉴욕주의 '인지 및 세계의 지식Cognition and Knowledge of the World' 역시 다섯 영역으로 세분화되어 수학, 과학, 사회학, 예술, 기술, 컴퓨터 과학, 그리고 디지털 문해력 영역을 각각의 관점과 융합적 관점에서 함께 다룬다.

06

유아-초중등(K-12) 교육과정 비교

초중등 교육과정을 비교하기 위해서는 현재 우리의 교육과정인 〈2015 개정 교육과정〉을 먼저 살펴봐야 한다. 2015 교육과정 개정 시, 강조되었던 사항은 다음과 같다.

- 2015 개정 교육과정은 모든 학생들이 인문·사회·과학기술에 대한 기초 소양을 함양하여 인문학적 상상력과 과학기술 창조력을 갖춘 창의융합형 인재로 성장할 수 있도록 우리 교육의 근본적인 패러다임을 전환하고자 하는 교육과정.
  - 기초 소양 함양을 위해 고등학교에 '공통 과목'을 도입했고, 통합적 사고력을 기르기 위해 '통합사회', '통합과학' 과목을 신설.
- 미래 사회가 요구하는 핵심 역량을 기를 수 있는 교과 교육과정을 개발.
  - 각 교과는 단편지식보다 핵심 개념과 원리를 제시하고, 학습량을 적정화하여 토의·토론 수업, 실험·실습 활동 등 학생들이 수업에 직접 참여하면

> 　　서 역량을 함양할 수 있도록 구성.
> 　　- 과정 중심 평가 확대
> • 대학 입시 중심으로 운영되어온 고등학교 문·이과 이분화와 수능 과목 중심의 지식 편식 현상 개선.
> 　　- 어느 영역으로 진로 진학을 결정하든 문·이과 구분 없이 인문·사회·과학기술에 관한 기초 소양을 갖출 수 있으며, 진로와 적성에 따라 다양한 선택과목을 이수할 수 있도록 함.
> • 새로운 교육과정이 학교 현장에 안정적으로 정착될 수 있도록 교과서, 대입제도, 교원 양성 및 연수 체제 등 교육제도 전반에 걸친 개선을 병행 추진.

개정 교육과정은 그간 우리의 교육과정이 추구해온 교육이념과 인간상을 바탕으로, 미래 사회가 요구하는 핵심 역량을 함양하여 "바른 인성을 갖춘 창의융합형 인재"를 양성하는 데 중점을 두고 있다. 이를 위한 교육과정 구성의 중점은 다음과 같다.

가) 인문·사회·과학기술 기초 소양을 균형 있게 함양하고, 학생의 적성과 진로에 따른 선택 학습을 강화한다.
나) 교과의 핵심 개념을 중심으로 학습 내용을 구조화하고 학습량을 적정화하여 학습의 질을 개선한다.
다) 교과 특성에 맞는 다양한 학생 참여형 수업을 활성화하여 자기주도적 학습 능력을 기르고 학습의 즐거움을 경험하도록 한다.
라) 학습의 과정을 중시하는 평가를 강화하여 학생이 자신의 학습을 성찰하도록 하고, 평가 결과를 활용하여 교수·학습의 질을 개선한다.

마) 교과의 교육목표, 교육내용, 교수·학습 및 평가의 일관성을 강화한다.
바) 특성화 고등학교와 산업 수요 맞춤형 고등학교에서는 국가직무능력표준을 활용하여 산업사회가 필요로 하는 기초역량과 직무능력을 함양한다.

또한 교육과정의 편성·운영의 원칙은 다음과 같이 준용하고 있다.

가) 초등학교 1학년부터 중학교 3학년까지의 공통 교육과정과 고등학교 1학년부터 3학년까지의 선택 중심 교육과정으로 편성·운영한다.
나) 학년 간 상호 연계와 협력을 통해 학교 교육과정을 유연하게 편성·운영할 수 있도록 학년군을 설정한다.
다) 공통 교육과정의 교과는 교육 목적상의 근접성, 학문 탐구 대상 또는 방법상의 인접성, 생활양식에서의 연관성 등을 고려하여 교과군으로 재분류한다.
라) 선택 중심 교육과정에서는 학생들의 기초 영역 학습을 강화하고 진로 및 적성에 맞는 학습이 가능하도록 네 개의 교과 영역으로 구분하고 교과(군)별 필수 이수 단위를 제시한다. 특성화 고등학교와 산업 수요 맞춤형 고등학교는 보통 교과의 네 교과 영역과 전문 교과로 구분하고 필수 이수 단위를 제시한다.
마) 고등학교 교과는 보통 교과와 전문 교과로 구분하며, 학생들의 기초 소양 함양과 기본 학력을 보장하기 위하여 보통 교과에 공

통 과목을 개설하여 모든 학생이 이수하도록 한다.

바) 학습 부담을 적정화하고 의미 있는 학습 활동이 이루어질 수 있도록 학기당 이수 교과목 수를 조정하여 집중 이수를 실시할 수 있다.

사) 창의적 체험활동은 학생의 소질과 잠재력을 계발하고 공동체 의식을 기르는 데 중점을 둔다.

아) 범교과 학습 주제는 교과와 창의적 체험활동 등 교육활동 전반에 걸쳐 통합적으로 다루도록 하고, 지역사회 및 가정과 연계하여 지도한다(안전·건강 교육, 인성 교육, 진로 교육, 민주 시민 교육, 인권 교육, 다문화 교육, 통일 교육, 독도 교육, 경제·금융 교육, 환경·지속가능 발전 교육).

자) 학교는 필요에 따라 계기 교육을 실시할 수 있으며, 이 경우 계기 교육 지침에 따른다.

위의 교육과정 구성, 편성·운영의 원칙을 기초로 우리 초중등 교육과정은 고등학교 교육과정을 기준으로 다음과 같이 요약, 정리할 수 있다.

|도표 3-15| 우리의 초중등 교육과정 요약(고등학교 교과 기준 재정렬)

교과(군)	고등학교	중학교	초등학교
기초	국어	국어	국어
	수학	수학	수학
	영어	영어	영어
	한국사	N/A	N/A

탐구	사회(역사/도덕 포함) – 통합사회	사회(역사 포함)/도덕	사회/도덕
	과학 – 통합과학/과학탐구 실험	과학/기술·가정/ 정보	과학/실과
체육·예술	체육	체육	체육
	예술	예술(음악/미술)	예술(음악/미술)
생활·교양	기술·가정/제2외국어 /한문/교양	선택**	N/A
비교과	창의적 체험 활동*	창의적 체험 활동	창의적 체험 활동
	*자율 활동, 동아리 활동, 봉사 활동, 진로 활동	**한문, 환경, 생활 외 국어 (독일어, 프랑스 어, 스페인어, 중국어, 일본어, 러시아어, 아랍 어, 베트남어), 보건, 진 로와 직업 등	

* 출처: 〈2015 개정 교육과정〉 참조

 우리의 초중등 교육과정은 교과와 비교과로 구분되는데, 특별히 '창의적 체험활동'을 통해 교과과정에서 다룰 수 없는 다양한 교육과정에 대한 수요와 기대에 부응하고 있다. 이는 '자율 활동, 동아리 활동, 봉사 활동, 진로 활동'으로 각각 구분되는데, 초등학교 과정은 전체 시수의 21.6퍼센트, 중학교 과정은 9.1퍼센트, 고등학교 과정은 총 이수 단위의 11.8퍼센트가 창의적 체험활동으로 구성된다.

 큰 틀에서 보면, 고등학교 교과(군) 중 기초 교과에 해당하는 한국사와 생활·교양 교과를 제외하면 초-중-고교 과정이 같은 교과 구조로 구성된다. 그러나 우리의 교육과정은 실제로 '누리과정-초등과정-중등과정(중고교 과정)'으로 3단계의 구조를 지니는 흐름이다.

총론적인 면에서는 누리과정과 초등과정이 연계되어 있다고 하지만, 교과의 세부적인 구성 및 편성·운영 관점에서는 여전히 연계성이 제한적이다. 초등과정과 중등과정도 같은 제약을 내포하고 있고, 중등과정 내에서도 중학교와 고등학교 과정의 연계성에 제한적인 흐름이 발견된다.

실례로 초중고교 과정 모두에서 중요하게 다루어지고 있는 기초 교과는 국어, 수학, 영어인데, 교육대학교와 일반대학교의 사범대학 또는 교육대학에는 이 세 교과의 교사를 양성하는 과정이 각각 다르게 구성되어 있다. 그리고 이들 대학의 교육과정에서도 초등과 중등교육 간의 연계성에 대해서는 심층적으로 다루어지지 않고 있다.

가장 대표적인 수학 교과의 경우, 중학교 과정에서 고등학교 과정으로 올라가면서 학습 내용, 학습량, 난이도 등이 갑작스럽게 몇 배 수준으로 증가하게 된다. 초등학교에서 수학은 총 수업 시수의 13.6퍼센트를 차지하고, 중학교에서는 11.1퍼센트로 감소하는데, 고등학교에서는 총 이수단위(204 단위) 중 필수 10단위로 편성된다. 총 이수단위 대비 수학 교과의 필수 이수 단위는 4.9퍼센트가 배분되는 구조다.●

이처럼 각 과정별 연계성이 충분하지 못하면 수업 및 이수단위 비중 대비 학습 내용, 학습량, 난이도 등 과정별 격차가 커짐으로써 학생들의 학습 동기 및 학습 효과를 떨어뜨리는 원인이 되고 있다. 2015 수학 교육과정 개정을 위한 수학교육 관련 학생·교사 인식조사(사교육걱정없는세상, 박홍근 국회의원 공동 조사) 결과는 이를 뒷받침한다. 조

● 자율편성단위가 증가할 시 비중도 증가함.

사 결과, 초등학생 36.5퍼센트, 중학생 46.2퍼센트, 고등학생 59.7퍼센트가 수학을 포기하는 학생으로 파악되었다.

국어 및 영어 교과의 경우도 같은 맥락이다. 시수 및 이수단위를 기준으로 국어는 초등학교에서 21.5퍼센트, 중학교 과정에서는 13.1퍼센트, 고등학교 과정에서는 필수단위(10단위) 기준 총 이수단위(240단위)의 4.9퍼센트다. 영어는 같은 기준, 초등학교 5.8퍼센트, 중학교 10.1퍼센트, 고등학교 4.9퍼센트의 비중을 지닌다. 국어, 수학, 영어 모두 각 학교별 자율단위를 감안하면, 일반적으로 고등학교 과정에서도 10퍼센트 내외 수준의 비중을 차지할 것으로 예상된다. 그런데 실제로 우리의 상황에서 초등학교 6학년 과정의 국어, 수학, 영어와 중학교 1학년 과정, 그리고 중학교 3학년 과정과 고등학교 1학년 과정의 교과 구성과 운영은 충분히 연계되어 단계적으로 구성되어 있다고 보기 어렵다. 오히려 높은 계단을 올라야 하는 것처럼 상당한 격차와 수준 차이를 지니고 있으며, 이는 결국 학제 시스템의 구성에서 기인한 근원적 문제라고 보아야 할 것이다.

우리와 미국 초중등 교육과정의 가장 큰 차이점은 학제 시스템으로부터 파생되는 연계성 부족, 그리고 학교 유형의 정형화 및 다양성 부족이다.

미국은 유치원부터 고교과정까지가 단일 학년제(K-12)로 되어 있어, 우리와 같이 초등학교(6)-중학교(3)-고등학교(3)로 이어지는 정형화된 구분 학제를 지니고 있지 않다. 중학교와 고등학교의 경계와 구분도 다원화되어 있다. 따라서 단일 학년제 안에서 서로 연계되는 교육과정에 참여하면서 학생들 개인의 성장과 발달이 이루어진다.

사립학교들과 공립학교 중 차터 스쿨, 마그넷 스쿨은 상당한 자유도를 기반으로 각 학교 고유의 교육과정을 개발, 운영하고 있다. 또한 미국은 CCSS가 강조하는 '개인화된 학습'을 초중등 교육과정의 근간으로 하며 제도적으로도 뒷받침하고 있다. 학생들은 같은 학교

|도표 3-16| 한국-뉴욕주-캘리포니아주 유아-초중등 교육과정 영역 비교

학년	한국	뉴욕주	캘리포니아주
Pre-K	유치원 과정 • 신체 운동·건강 • 의사소통 • 사회관계 • 예술 경험 • 자연 탐구	PreK-12 • 학습접근법(예비 유치원-2학년) Approaches to Learning. (PreK-2) • 영어 언어 교양 English Language Arts: · 영어 언어 교양(유치원-12학년) English Language Arts (K-12) · 역사/사회학, 과학 및 기술 교과(6-12학년) Literacy in History/Social Studies, Science and Technical Subjects (G6-12) • 수학 Mathematics • 예술 Arts 무용 Dance 음악 Music 연극 Theater 비주얼 및 미디어 아트 Visual and Media Arts • 컴퓨터 과학 및 디지털 유창성 Computer Science and Digital Fluency • 건강 Health • 신체 교육(유치원-12학년) Physical Education (K-12)	Pre-School 과정 • 사회적-감성적 개발 Social-Emotional Development • 언어 및 문해력 Language and Literacy • 영어-언어 개발 English-Language Development • 수학 Mathematics • 신체 개발 Physical Development • 건강 Health • 역사-사회과학 History-Social Science • 과학 Science K-12 과정 • 비주얼 & 퍼포밍 아트 (예비 유치원-12학년) Visual and Performing Arts (PreK-12) • 영어 언어 교양 및 역사/사회학, 과학, 기술 교과 문해력 English Language Arts & Literacy in History/Social Studies, Science and Technical Subjects: · 영어 언어 교양 및 역사/사회학, 과학, 기술 교과 문해력 (유치원-5학년) English Language Arts & Language Arts & Literacy in History/Social Studies, Science
K			
G1	초등학교 과정 • 국어 • 사회/도덕 • 수학 • 과학/실과 • 체육 • 예술(음악/미술) • 영어 • 창의적 체험 활동		
G2			
G3			
G4			
G5			
G6			

G7	중학교 과정 • 국어 • 사회(역사 포함)/ 도덕 • 수학	· 신체 개발 및 건강(유치원-12학년) Physical Development and Health (PreK–2) • 과학 Science • 사회학 Social Studies • 경력 개발 및 직업 학습을 위한 학습 표준 Learning Standards for Career Development and Occupational Studies (CDOS)	and Technical Subjects (K–5) · 영어 언어 교양 (6–12학년) English Language Arts (G6–12) · Literacy in History/Social Studies, Science and Technical Subjects (G6–12) • 수학 Mathematics • 영어 언어 개발English Language Development • 역사–사회 과학History-Social Science • 컴퓨터 과학Computer Science • 건강 교육 Health Education • 신체 교육 Physical Education • 과학 Science • 캘리포니아 경력 기술 교육 모델 커리큘럼 표준 (7–12학년) California Career Technical Education CTE Model Curriculum Standards (G7–12)
G8	• 과학/기술 · 가정/정보 • 체육		
G9	• 예술(음악/미술) • 영어 • 선택교과(한문, 생활 외국어, 보건, 진로와 직업) • 창의적 체험활동		
G10	고등학교 과정 • 국어 • 수학		
G11	• 영어 • 한국사 • 사회(역사/도덕 포함)–통합사회 • 과학 –통합과학/과학 탐구 실험		
G12	• 체육 • 예술 • 기술 · 가정/제2외국어/한문/교양 • 창의적 체험활동		

* 별색은 해당 연령대 한국 교육과정에는 없는 뉴욕주 및 캘리포니아주 교육과정이다.
** 이탤릭체는 분류한 학년 범주의 일부에만 포함되는 교육과정이다.

내에서 학년에 관계 없이 유연하고 자유롭게 관련 교과 수업에 참여할 수 있고, 대학 교육과정 수준인 APAdvanced Placement, IBInternational Baccalaureate, Honors 과정을 수강할 수 있다.

초중등 교육과정에서 또한 뚜렷한 차이를 보이는 사항은 크게 네 가지로 요약된다. 첫째는 우리의 국어에 해당하는 교과가 보다 넓은 범주로, 또 전문화된 형태로 구성 및 편성·운영되고 있다는 것이다. 교과의 제목은 '영어 언어 교양 및 문해력English Language Arts & Literacy in History/Social Studies, Science and Technical Subjects'으로, 우리의 국어 교과 내용에 추가하여 역사/사회탐구, 과학, 그리고 기술 주제의 문해력을 학습한다. 이는 대학 및 직업 활동의 사전 준비단계로서의 의미도 지니며, 유치원 과정부터 고교 과정까지 통합적으로 연계하여 운영한다.

둘째, 수학 및 과학 관련 교육의 강화다. 핵심 기초 교과에 해당하는 '영어 언어 교양 및 문해력'에서도 과학기술의 주제들이 심층적으로 다루어지지만, 수학과 과학, 컴퓨터 과학 등의 교과를 통해 관련 내용들이 더욱 전문적으로 다루어진다. 또한 STEM 교육의 강화와 맞물려 더욱 확대 편성되는 흐름이다.

셋째, 우리나라에서는 초등학교 고학년의 '실과', 중학교의 '정보' 교과, 고등학교에서 '정보' 교과 및 '창의적 체험학습'의 하위 범주에서 소프트웨어 중심의 교육과정으로 다루는 데 반해, 미국은 컴퓨터 과학 및 디지털 문해력과 관련된 내용을 정규 교과로 편성·운영한다. 뉴욕주의 경우, '컴퓨터 과학 및 디지털 유창성', 캘리포니아주에서는 '컴퓨터 과학'으로 교과를 편성하여, 마찬가지로 유치원 과정부터 고교 과정까지 학습이 이루어지고 있다.

우리가 소프트웨어 교육이나 코딩 학습을 통해 상대적으로 기능적이고 개별 요소 중심으로 이를 다룬다면, 미국의 경우 포괄적인 문해력의 증진과 과학의 차원에서 이를 다룬다. 이는 21세기 디지털 사회에서 언어(모국어)와 수학 못지않게 컴퓨터 과학과 디지털 문해력이 중요하게 다루어져야 함을 시사한다.

|도표 3-17| 한국의 소프트웨어 교육과 뉴욕주 컴퓨터 과학 교육과정 비교

	한국 초중등 교육과정	뉴욕주 교육과정
관련 표준	• 2015 개정 교육과정 총론 해설 • 소프트웨어 교육 운영지침	• 컴퓨터 과학 및 디지털 유창성 학습 표준 Computer Science and Digital Fluency Learning Standards
대상	• 초등학생 5~6학년 "실과" 교과, 중학교 "정보" 교과 연계	• 유치원부터 12학년까지
교과 내용	• 생활과 소프트웨어 • 알고리즘과 프로그래밍 • 컴퓨팅과 문제 해결	• 컴퓨팅의 임팩트 Impacts of Computing • 컴퓨팅적 사고 Computational Thinking • 네트워크 및 시스템 디자인 Networks and Systems Design • 사이버 보안 Cybersecurity • 디지털 문해력 Digital Literacy
세부 내용	• **생활과 소프트웨어**: 나와 소프트웨어, 소프트웨어의 활용과 중요성, 정보기기의 구성과 정보 교류, 정보윤리 • **알고리즘과 프로그래밍**: 문제 해결과정의 체험, 알고리즘의 체험, 프로그래밍 체험, 정보의 유형과 구조화, 컴퓨팅 사고의 이해, 알고리즘의 이해, 프로그래밍의 이해 • **컴퓨팅과 문제 해결**: 컴퓨팅 사고 기반의 문제 해결	• **컴퓨팅의 임팩트**: 사회, 윤리, 접근성, 경력 대안 Impacts of Computing: Society, Ethics, Accessibility, Career Paths • **컴퓨팅적 사고**: 모델링과 시뮬레이션, 데이터 분석, 시각화, 추상화 및 분해, 알고리즘, 프로그래밍 Computational Thinking: Modelling and Simulation, Data analysis and visualization, abstraction and decomposition, algorithms, programming • **네트워크 시스템 설계**: 하드웨어 및 소프트웨어, 네트워크와 인터넷 Networks and Systems Design: Hardware and Software, Networks and the Internet • **사이버 보안**: 위험, 안전망, 책임 Cybersecurity: Risks, Safeguards, Response • **디지털 문해력**: 디지털 활용, 디지털 시민정신 Digital Literacy: Digital Use, Digital Citizenship

넷째, 진로 및 경력 개발 교육 역시 정규 교과과정으로 다루고 있다. 뉴욕주는 '경력 개발 및 직업 탐구를 위한 학습 표준Learning Standards for Career Development and Occupational Studies, CDOS', 캘리포니아주는 '캘리포니아 직업기술 교육 모델 과정 표준California Career Technical Education(CTE) Model Curriculum Standards'이라는 진로 및 경력 개발 교육 표준을 운용한다. 기존 K-12 교육의 세부 교과과정은 이러한 진로 및 경력 개발과 연계된 체계를 갖추고 있으므로, 학생들은 자신의 진로 계획에 따라 교과를 선택하고, 기타 비교과 활동들도 체계적으로 진행할 수 있다. 이 프로그램을 통해 통상적으로 6학년부터 12학년까지 6년여에 걸쳐 대학 진학 또는 취업과 창업에 관한 실제적인 경험을 축적할 수 있다. 또한 대학 진학과 관련하여 AP 프로그램을 통해 연계된 대학의 정규 교과목을 대학 재학생들과 동등한 지위에서 수강하고 학점 인정을 받는 것을 미리 경험함으로써 해당 대학 및 전공 프로그램과 자신의 적합성을 사전에 점검해볼 수도 있다. 또 중고교 과정의 학생들이 DECAdeca.org, Virtual Enterprise Internationalveinternational.org 등 비영리 단체를 통하여 기업 세계에 대해 상당히 전문적이고 체계적으로 직·간접적 체험을 할 수 있는 기반도 갖추어져 있다.

한국에서도 국가 직무능력 표준NCS 기반 교육과정을 운영 편성하고 있지만, 미국이 교재의 세부 내용에까지 코드 체계를 반영하여 디지털 기반의 관리 시스템을 갖추고 있는 것과는 다분히 차이가 있다.

무엇보다 중요한 포인트는 한국의 제반 교육과정의 구성과 편성 등에 대한 노력이 대학 입시 제도라는 하나의 블랙홀에 모두 함몰되는 구조라는 것이다. 그러므로 이 부분의 개선이 없다면 교육과정의 고도화를 위한 수많은 노력들도 현실적으로 효과를 거두지 못할 수밖에 없다.

4장
미국의 교육, 다시 혁신의 시동을 걸다

01
법률로 뒷받침되는 개인화된 학습:
모든학생성공법

미국의 대학 교육 경쟁력은 세계에서 가장 우수하다고 알려져 있다. 실제로 타의 추종을 불허할 정도로 압도적인 경쟁 우위를 지니고 있다. 이에 반해 유아-초중등(K-12) 교육의 경쟁력은 상대적으로 우수하지 못하다. OECD가 주관하는 국제학업성취도 평가PISA, Programme for International Student Assessment에 따르면, 2018년 미국은 OECD 국가 중 읽기 분야에서 11위를 차지했다. 점수로는 OECD 평균 점수인 487점보다 높은 505점이다. 1위는 555점인 중국●, 2위는 549점인 싱가포르다. 우리나라는 7위로 514점을 기록했다.

● 홍콩 및 마카오가 OECD PISA에서는 별도 국가로 구분되어 있으나, 하나의 국가로 간주했다.

수학의 경우, 미국은 35위로 레벨 2 그룹•에 속한다. 평균 478점으로 OECD 평균 489점보다 낮은 수준이다. 중국이 591점, 싱가포르가 569점으로 이 두 나라만이 최고 등급인 레벨 4 그룹에 속한다. 우리나라는 526점으로 5위다.

과학에서는 미국이 평균 점수 502점으로 16위에 올랐으며 OECD 평균 489점보다는 높다. 1위는 중국으로 590점이며, 싱가포르가 551점으로 2위다. 과학은 오직 중국만 최고 등급인 레벨 4에 해당한다. 우리는 5위로 519점이다.••

위의 평가에서 알 수 있듯이 유아-초중등 교육의 학업적 성취 수준은 중국이 전 세계에서 가장 높으며, 미국의 K-12 교육 경쟁력은 OECD 평균을 조금 상회하는 수준이다. 미국은 교육 경쟁력 면에서 중국이나 싱가포르와도 상당한 격차를 보이고, 한국보다도 낮은 수준이다. 그러나 평균값이 아니라 상위권의, 경제적으로 안정적인 학생 그룹으로 대상을 한정하면 이 평가는 완전히 달라진다. 경제력을 갖춘 학생 집단을 평가하면 미국이 OECD 국가 중 최상위권이다. 미국 내 교육 격차와 편차가 그만큼 심하다는 것을 알 수 있다. 그리고 이는 미국이 극복해야 할 장기적이고 구조적인 문제이기도 하다. 이에 2002년 부시 행정부는 '낙오학생방지법'을 제정했고, 이를 이어 2015년 오바마 행정부는 '모든학생성공법'을 제정했다.

미국의 공교육 시스템과 그 수준은 ESSA의 시행 전과 후로 구분해

• 최고 수준은 레벨 6이다.
•• PISA 2018, Insights and Interpretations, OECD

야 할 만큼, 이 법은 정부의 강력한 의지가 담긴 획기적인 법률이다. ESSA는 앞서 설명한 바와 같이 기본적으로 NCLB의 획일적인 교육 접근법을 개선하고자 제정됐다. 책무성 계획, 책무성 목표, 책무성 시스템으로 위계화 및 구조화된 내용으로, 교육 혁신에 대한 연방 정부 차원의 책무성을 강조하고 있다. ESSA는 특히 개인화된 학습을 공교육 시스템의 근간으로 지향한다. 공교육 시스템의 전반적인 중심축이 집단에서 개인으로 옮겨가며, 패러다임의 대전환을 기도하는 것이다. ESSA에서는 다음과 같은 내용을 강조한다.

첫째, 주 정부와 일선 교육 현장의 자율권을 확대하고, 새로운 혁신의 시도에 대해 연방 정부 차원에서 재정적, 정책적 지원을 한다.

둘째, 학업의 표준을 보다 강화하여, 각 주 정부 및 일선학교에서 더욱 도전적인 목표를 설정할 수 있도록 한다.

셋째, 정기적인 연간 평가를 통해 교육 현장의 활동들이 어떻게 성취되고 있는지 모니터링한다.

넷째, 일선 학교의 책임성을 강화한다. 자율권을 대폭 부여하되, 이에 비례하는 성과에 대한 책임성을 지녀야 한다.

다섯째, 학업 성취 목표를 구체화하고, 또한 단-중-장기적으로 정합성과 일관성을 지닐 수 있도록 하며, 또한 학생들이 매우 전향적인 목표 수준을 갖도록 한다.

여섯째, 성과가 제한적인 학교를 대상으로 증거 기반Evidence-based 교육 및 접근법을 적용하여 이들 학교의 성과를 개선한다.

일곱째, 각 주별로 성과 목표와 평가 결과가 정리되고 분석된 리포트 카드를 작성하고 이를 제출한다.

여덟째, 학부모들이 각 학구 및 학교의 교육계획 수립과 평가에 제도적으로 참여할 수 있도록 한다.

아홉째, 읽기와 문해력 향상을 위해 연방 정부 차원의 지원정책을 시행한다.

열째, 학교 교육의 전반적인 혁신을 위해 '모두의 학습을 위한 보편적 디자인'과 '개인화된 학습'을 장려하고, 이를 통해 학생들의 자기옹호Self-advocacy를 보장한다.

이 중 열째 사항은 특히 '개인화된 학습'과 관련되어 있다. ESSA를 통해 미국의 학생들은 자신의 학습력이나 학습 방법, 기호 등 개인의 기준에 따라 학제와 교육과정의 이수, 평가 방법까지 선택할 수 있다. 예를 들어 학교 내 특정 교과목에 대해 월반수업이나 보충수업에 참여할 수 있는 선택권이 있다. 또한 타 학교의 교과목을 이수할 수도 있고, 대학에 가서 필요 교과목을 이수AP할 수도 있다. 더 나아가 학교 밖 MOOCmassive open online course, 대규모 온라인 개방형 코스나, 같은 맥락의 민간 교육기업에서 제공하는 관련 교과목도 이수할 수 있다.

평가 방법의 선택과 학교 밖 교육과정의 이수를 위해서는 학생 스스로 그 수업의 필요성을 논리적으로 설명하기만 하면 된다. 이것을 ESSA에서는 '자기 옹호'라고 표현하며, 학생들에게 그 방법론과 기술을 교육할 것을 명시하는 등 법률적으로 뒷받침하고 있다.

또 '개인화된 학습'은 위의 예처럼 학습력에 따른 물리적 측면의 개인 선택권만 강조되는 것이 아니다. '학습을 위한 보편적 디자인'은 학습자(학생)가 자신의 학습 방법과 학습 기호에 따라서 학습하고 평가받을 수 있도록 해야 하며, 학교와 교사는 이를 제공하여 누구나

'학업 성취의 기회'를 균등하게 가질 수 있도록 하는 것이다. 예를 들어, 학생이 텍스트 중심의 교과서로 학습하는 것이 효과가 높다고 판단한다면 교과서를 중심으로 학습할 수 있어야 한다. 반대로 영상을 통해 더 효과적으로 학습할 수 있는 학생이라면 영상 기반의 학습을 하고, 체험형 학습이 더 맞는 학생이라면 실습 기반의 학습을 할 수 있도록 해야 한다.

평가 방법에 대해서도 마찬가지로 학생 개개인이 자신의 학업 성취를 평가받고 증명하기 위한 방법을 선택할 수 있다. 전통적인 필답 시험 형태도 가능하고, 구두 발표를 하거나, 그룹 프로젝트를 통해서 평가받거나 디지털 방식을 채택할 수도 있다. 한국의 중고등학교에서 주로 시험(필답, 서술형 및 논술형)과 수행평가로 나누어 평가하는 것과는 차원이 다르다.

우리나라 학생들에게는 교과목 및 주제에 대한 평가 방법을 선택할 권리가 없다. 시험으로 평가받는 경우 필답 시험을 치러야 하며, 원한다고 해서 구술 시험으로 대체할 선택권이 주어지지도 않는다.

정부 차원의 '개인화된 학습'의 핵심은 '학업 성취 기회의 균등'이다. 일정한 학업적 성취를 이루는 과정에서 학습 참여와 학습 방법, 평가 방법이 획일화되어 상대적 피해나 손해를 보게 된다면 이는 공정하지 않다는 철학이 투영된 것이다. 우리 정부에서 강조하는 '교육 공정성'과는 다른 관점에서 교육의 공정성을 강조하는 부분이라고 하겠다.

'학습을 위한 보편적 디자인'은 이를 위한 다양한 학습 및 지도 방법과 사례, 콘텐츠를 제공한다. 또한 각각 다른 평가 방법에 의한 학업 성취도를 객관화하기 위한 기준과 방법도 제공한다.

이렇듯 '개인화된 학습'을 생산적으로 뒷받침하기 위해서는 일선 학교와 교사들의 전문적인 노력과 수고가 뒤따라야 한다. 또 이를 위한 정부 차원의 인프라도 충실히 갖추어져야 한다. 모든학생성공법은 이를 위한 연방 정부 차원의 재정 및 정책 지원 사항을 법제화한 내용이다.

하버드 교육대학원의 데이비드 독터맨David Dockterman은 교육기술의 발달로 200여 년 전 소멸된 '개인화된 학습'이 다시 부활하고 있다고 설명한다.

"교육은 '개인화된 학습'을 기초로 태동하고 발전했다. 가정에서 부모와 자녀, 개인 과외 교사 등에 의한 지도와 학습이 있었기 때문이다. 민주주의 국가가 세워지고 국가 체제가 안착하면서, 국민들의 문명화에 대한 국가의 책무가 강조되었다. 또한 시민들의 학습과 교육적 동기가 증가하면서 '모두를 위한 교육'은 국가 교육정책의 중심에 자리하게 되었다.

이 공동의 교육정책 목표를 실현하기 위해서는 많은 학생을 조직화하거나 그룹으로 구성하고, 한 명의 교사를 투입함으로써 대중적인 무상교육이 가능해졌다. 즉 학교와 학급 단위 수업의 개념이 도입된 것이다. 1779년 토머스 제퍼슨이 버지니아주에서 도입하려 했던 '지식의 보다 보편적 확산을 위한 법안'이 그 효시다."[1]

초기 학교와 학급에는 학생의 학습력과 사전 학습 수준 등이 전혀 고려되지 못했다. 19세기 초 미국으로 이주한 영국 태생의 교육 개혁가인 존 랭커스터John Lancaster는 이 문제를 해결할 방법을 개발했다. 그가 만든 '랭커스터리안Lancasterian' 또는 '모니터링 시스템Monitorial System'은 서로 다른 영역의 능력에 따라 아이들을 조직하고 교육하며 평가하는 일련의 방법들을 소개했다. 이 시스템이 유럽과 아프리카 등으로까지 확산되면서 학교와 교육과정의 편성과 운영, 평가 시스템에서 '개인화된 학습'의 개념들이 일부 투영되기 시작했다.

그러나 도시화가 가속되고 대규모 학교들이 생겨나면서, 시스템에 기반하지 않는 '개인화된 학습'은 효율성과 확장성에 한계를 지니게 되었다(이는 근현대 교육이 여전히 '집단'의 단위와 관점에서 행해질 수밖에 없는 이유다). 이로 인해 파생되는 개인별 학습력 차이와 학습 동기 및 목적이 모두 서로 다른 것도 문제가 되었다. 그러한 인식이 공유되면서 1950~1970년대에 걸쳐 연령에 따른 학급/학년제를 적용하지 않는 학교인 '원-룸 스쿨 하우스one-room school house'를 세우고 '개인화된 학습'을 하자는 운동이 일어났다. 1970년대에는 ATIAptitude Treatment Interaction, 접근 치유 상호작용 접근법이라는 것이 소개되면서, 최적의 조건에서 특정 학생의 필요에 맞는 올바른 치료를 지시하기 위한 디지털 방법론이 소개되기 시작했다.

21세기 들어 교육기술은 더욱 발달했고, '개인화된 학습'에 이해와 관심을 가진 규모 있는 재단들이 투자를 하기 시작했다. 2016년 교육전문 매체 〈에듀케이션 위크Education Week〉는 미국 교육부가 제시한 '개인화된 학습'을 수용하는 학구에 5억 달러를 기부했다. 2009년부터 빌 앤드 멜린다 게이츠 재단Bill & Melinda Gates Foundation은 이를 위한 연구개발을 지원하기 위해 3억 달러를 기부하고, '학습을 위한 보편적 디자인'을 통해 학습자 가변성의 여러 차원을 구성하고 해결하기 위한 프레임 워크를 제공하고 있다.

미국의 교육 현장들은 '개인화된 학습'을 실현하기 위한 변혁 활동에 박차를 가하고 있다. 2018년 클라우드 서비스 전문업체인 익스트림 네트웍스Extreme Networks가 교육 현장 관계자들에게 설문조사한 결과, 이미 22퍼센트의 교육자들이 해당 학구에서 '개인화된 학습'을 준용하고 있다고 응답했다. 또한 20퍼센트는 향후 2년 내 이를 채택할 것으로 예상했으며, 12퍼센트는 현재로는 계획이 없다고 응답했다. 향후 1~2년 내 이의 준용 의미가 축소될 것이라 응답한 것은 2퍼센트 미만이었다.[2] 또한 이 조사에서 '개인화된 학습'은 교육 효과성이 가장 높은 학습 방법으로 조사되었다.

구글, 마이크로소프트, 아마존 웹서비스 등도 이미 '개인화된 학습'을 위한 클라우드 서비스를 활발하게 제공하고 있다. SAS, 클래스 도조Class Dojo, 아이튠즈iTunes, 액티브 러닝Active Learning, 에듀케이션 엘리먼츠Education Elements 등도 '개인화된 학습'을 위한 다양한 서비스를 제공하는 교육 관련 기업들이다.

미국에서는 대학의 입시정책의 변화와 맞물려 '개인화된 학습'이 법률로 뒷받침되는 흐름도 빠르게 확산되고 있다. 대학들은 이제 학생 선발 시 수학능력시험SAT, ACT 점수를 필수적으로 요구하지 않는다. 아예 제출하지 말 것을 강조하는 대학들도 있다. 특히 사립대학들은 학생 선발 인원을 우리와 같이 학과 단위, 그리고 전형 방법 단위로 정하지 않고, 기본적인 가이드라인 범주에서 탄력적으로 적용한다. 즉, 상대평가보다는 절대평가의 기준을 더 우선한다. 우리와 같이 학생부-교과전형, 학생부-종합전형, 수학능력시험(정시전형) 등 특정 영역을 중심으로 한 상대평가가 아니라, 해당 대학 고유의 기준을 가진 전인적 평가Holistic Review를 통해 학생을 선발하는 것이다. 이러한 대학 입시 정책과 시스템은 '개인화된 학습'의 정합성을 더욱 높이며 커다란 변혁을 일으키고 있다.

한편 기업의 채용 방식이 변화하는 것도 유아-초중등 교육과 대학 교육 모두에서 '개인화된 학습'이 확산되도록 하는 데 영향을 미치고 있다. 세계 최대 금융사인 JP모건 체이스는 채용 예정인 일자리에 대한 단중기 계획을 공개하고, 해당 직무를 수행하기 위한 '교육과정 이수 가이드라인'을 제시한다. 이 가이드라인에는 해당 교육 내용을 학교에서 이수하건, 학교 밖에서 이수하건, 이를 구분 짓거나 따지지 않는다. 다양한 학교 및 학교 밖 교육과정 정보를 수집하고 검증한 후 이를 체계적으로 데이터화하여, 가이드라인 범주에 맞도록 이수하면 채용으로 이어지는 방식이다. 이러한 방식의 채용은 아마존, 마이크로소프트 등 굴지의 디지털 기업으로 확산되고 있다. 이제는 구직자와 구인자 모두 '개인화된 학습'을 기본으로 하는 시대로 변화하고 있는 것이다.

뉴욕주와 캘리포니아주는 '개인화된 학습'이 실제 세상에서 진로 및 경력 개발과 연계될 수 있는 시스템으로 비교적 잘 자리 잡은 주라고 평가된다. 뉴욕주의 '경력 개발 및 직업 학습을 위한 학습 표준', 캘리포니아주의 '캘리포니아 경력 기술 교육 모델 커리큘럼 표준 California Career Technical Education (CTE) Model Curriculum Standards'은 학생들 개

개인의 진로 및 경력 개발과 교육과정이 연계될 수 있도록 뒷받침하는 시스템 인프라이다. 각 직군/직업/직무별로 교육 표준과 각 교과목의 세부 교육과정이 연계되는 시스템을 갖추었으며, 최근에는 인공지능 기술이 가미되면서 더욱 정교해지고 있다.

이제 학생들은 원하는 대로 직접 교육과정을 디자인할 수 있게 되었다. 한국의 '국가직무능력표준'에 기초한 교육과정 설계 및 운영과 유사한 맥락이지만, 정교성과 실효성 면에서는 현저한 차이가 있다. 우리의 NCS 기반 교육과정에는 학생이 주도권을 갖는 '자기 옹호'라는 개념과 이를 기초로 한 '개인화된 학습'이 전제되어 있지 않기 때문이다. 또한 UDL 같은 시스템 인프라도 갖추어져 있지 않다. 여전히 우리는 정형화된 학제로 교육과정을 운영하고 평가하는 '집단' 기반 학습을 채택하고 있다.

결론적으로, 21세기 교육은 '개인화된 학습'으로 빠르게 나아가고 있지만, 그 과정과 단계는 결코 쉽지 않다. 이 새로운 접근 방식을 유지하려면 새로운 조직과 책임 시스템이 새로운 교육 체계와 맞물려야 하기 때문이다. 그러나 옥스퍼드대학교의 2013년 연구[3]에서와 같이 이미 미국 일자리의 47퍼센트가 자동화 위험에 처한 상황에서 이 흐름은 더욱 가속화될 수밖에 없다. 따라서 이 방향으로의 변혁을 실제적으로 전개하기 위해서는 인내와 끈기, 회복력이 중요하다. 공교육은 항상 어린이와 학생의 변화를 뒤따랐다. 교육기술과 함께 과거로부터 얻은 통찰력을 더한다면 우리의 교육 현장도 앞장서 나아갈 수 있을 것이다.

02

언어가 아니라, 언어를 활용하는 법

미국의 K-12 교육과정에는 한국 교육과정에 없는 교과목이 있다. 그중 하나가 '영어 언어 교양 및 문해력English Language Arts and Literacy, 이하 ELA'으로, 이는 우리의 국어에 해당하는 교과목이다.

물론 우리 고등학교 과정에서도 국어는 공통 교과인 국어와 일반 선택에 해당하는 화법과 작문, 독서, 언어와 매체, 문학으로 세분화된다. 또한 진로 선택과목으로 실용 국어, 심화 국어, 고전 읽기로도 구분된다. 이것만 보면 우리 고등학교에서 국어 교과가 미국의 영어교육에서보다 오히려 더 세분화된 것으로 보인다. 그러나 미국의 관련 교육과정을 세부적으로 살펴보면, 언어가 아니라 언어를 활용하는 법을 학습하고 체험할 수 있도록 교육과정을 구성한 것을 알 수 있다. 실제 세계에서 유의미한 학습 효과를 거두고, 이와 함께 직업적 성취도 도울 수 있도록 교육하고 있다.

ELA는 한국에서처럼 고등학교 과정에서 세분화되는 것이 아니라 유치원 과정K부터 고등학교 과정12th Grade까지 동일한 교과목명으로 구성되어 있다. 뉴욕주와 캘리포니아주에서는 유치원 이전 과정Pre-K부터 교육하고 있다.

먼저 연방 정부의 '공통핵심국가표준'을 통해 각 주 정부 교육부와 일선학교에 전달되는 ELA의 구조를 살펴보면 크게 세 부문으로 구성되어 있다.

첫째, 유치원 단계부터 5학년까지 적용되는 '언어로서의 영어와 기초교양으로서의 영어' 부문이다. 언어의 맥락에서 영어를 습득하고 학습하는 과정의 내용과 영어 기반의 기초 교양이 병합되는 구조다. '영어 언어 교양 및 역사/사회학, 과학 및 기술교과 문해력 표준: 유치원-5학년Standards for English Language Arts & Literacy in History/Social Studies, Science, and Technical Subjects K-5'으로 명명된 이 교과목은 언어 학습 외에 역사/사회, 과학, 기술 교과 영역의 기초 교양을 학습함으로써 문해력을 증진시키는 것을 중점 목표로 두고 있다.

둘째, '교양 영어'의 개념으로 6학년에서 12학년까지 적용되는 부분이다. 읽기, 듣기 및 말하기, 글쓰기를 폭넓은 교양 분야와 결합하여 정교하고 미려하게 활용할 수 있도록 하는 것이 목표다. 교과목명은 '영어 언어 교양 6~12학년을 위한 표준Standards for English Language Arts 6-12'이다.

셋째, '전문 영어'의 개념이다. 마찬가지로 6학년에서 12학년까지를 대상으로 하며, 역사/사회, 과학, 기술 교과목과 연계하여 전문적인 읽기와 쓰기에 중점을 둔다. 특히 각 분야의 문해력을 끌어올리는 것이 중심이다. 따라서 이 부문은 우리와 같이 국어 교사 1인이 일방적으로 수업을 진행하는 것이 아니라, 각 교과 교사와 영어(언어) 교사가 함께 협력하여 수업을 이끌고, 학생들을 지도한다. 따라서 이를 통해 대학의 교육과정을 무리 없이 수학할 수 있도록 기초를 다지며, 또한 직업과 사회 활동에서도 적용 및 활용할 수 있는 수준이 되도록 하는 것이 목표다. 대학 수준의 보고서나 학술논문을 작성하기도 하고, 전문 분야에 대한 기술 보고서를 작성하기도 한다. 명칭은 '역사/사회학, 과학 및 기술 교과 문해력 표준Standards for Literacy in History/Social Studies, Science, and Technical Subjects'이다.

|도표 4-1| 미국 연방 정부의 ELA 표준

영어 언어 교양 및 역사/사회학, 과학 및 기술 교과 문해력 표준(유아~5학년)
Standards for English Language Arts & Literacy in History/Social Studies, Science, and Technical Subjects K-5

- 대학 및 경력 준비 차원의 읽기 표준_College and Career Readiness Anchor Standards for Reading
- 문학을 위한 읽기 표준(유아~5학년)_Reading Standards for Literature K-5
- 정보 텍스트를 위한 읽기 표준(유아~5학년)_Reading Standards for Informational Text K-5
- 읽기 표준: 기초 스킬(유아~5학년)_Reading Standards: Foundational Skills K-5
- 대학 및 경력 준비 차원의 글쓰기 표준_College and Career Readiness Anchor Standards for Writing

- 글쓰기 표준(유아~5학년)_Writing Standards K-5
- 대학 및 경력 준비 차원의 말하기와 듣기 표준_College and Career Readiness Anchor Standards for Speaking and Listening
- 말하기와 듣기 표준(유아~5학년)_Speaking and Listening Standards K-5
- 대학 및 경력 준비 차원의 언어 표준_College and Career Readiness Anchor Standards for Language
- 언어 표준(유아~5학년)_Language Standards K-5
- 학년별 언어 향상 스킬_Language Progressive Skills, by Grade
- 표준 10: 범주, 품질, 학생 읽기의 복잡성(유아~5학년)_Standard 10: Range, Quality, and Complexity of Student Reading K-5
- 학년 내 및 교차 학년상 주제의 유지_Staying on Topic Within a Grade and Across Grades

영어 언어 교양 표준(6~12학년)
Standards for English Language Arts 6-12

- 대학 및 경력 준비 차원의 읽기 표준_College and Career Readiness Anchor Standards for Reading
- 문학을 위한 읽기 표준(6~12학년)_Reading Standards for Literature 6~12
- 정보 텍스트를 위한 읽기 표준(6~12학년)_Reading Standards for Informational Text 6~12
- 대학 및 경력 준비 차원의 글쓰기 표준_College and Career Readiness Anchor Standards for Writing
- 글쓰기 표준(6~12학년)_Writing Standards 6~12
- 대학 및 경력 준비 차원의 말하기 및 듣기 표준_College and Career Readiness Anchor Standards for Speaking and Listening

- 말하기 및 듣기 표준(6~12학년)_Speaking and Listening Standards 6~12
- 대학 및 경력 준비 차원의 언어 표준_College and Career Readiness Anchor Standards for Language
- 언어 표준(6~12학년)_Language Standards 6~12
- 학년별 언어 향상 스킬_Language Progressive Skills, by Grade
- 표준 10: 범주, 품질, 그리고 학생 읽기의 복잡성(6~12학년)_Standard 10: Range, Quality, and Complexity of Student Reading 6~12

역사/사회학, 과학 및 기술 교과 문해력 표준
Standards for Literacy in History/Social Studies, Science, and Technical Subjects

- 대학 및 경력 준비 차원의 읽기 표준_College and Career Readiness Anchor Standards for Reading
- 역사/사회학의 문해력을 위한 읽기 표준(6~12학년)_Reading Standards for Literacy in History/Social Studies 6~12
- 과학 및 기술 교과 문해력을 위한 읽기 표준(6~12학년)_Reading Standards for Literacy in Science and Technical Subjects 6~12
- 대학 및 경력 준비 차원의 글쓰기 표준_College and Career Readiness Anchor Standards for Writing
- 역사/사회학, 과학, 그리고 기술 교과 문해력을 위한 글쓰기 표준(6~12학년)_Writing Standards for Literacy in History/Social Studies, Science, and Technical Subjects 6~12

* Common Core State Standards for English Language Arts & Literacy in History/Social Studies, Science, and Technical Subjects.

연방 정부의 ELA 표준은 2011년 제시되었고, 각 주는 이를 기초로 다시 개별 주 단위로 고유의 표준을 설정한다. 뉴욕주의 경우 연방 정부의 표준을 기초로 2015년 '뉴욕주 영어교양 학습 표준New York State Next Generation English Language Arts Learning Standards'을 정립하고, 현재 일선 학교에서 시행하고 있다.

|도표 4-2| 뉴욕주 영어교양 학습 표준 요약

표준 영역	표준 내용
읽기 표준 Reading Anchor Standards	• 핵심 아이디어와 세부 사항_Key Ideas and Details • 활동과 구조_Craft and Structure • 지식과 아이디어의 통합_Integration of Knowledge and Ideas
글쓰기 표준 Writing Anchor Standards	• 텍스트 유형과 목적_Text Types and Purposes • 구성과 표현 지식을 위한 연구 조사_Research to Build and Present Knowledge
말하기 및 듣기 표준 Speaking and Listening Anchor Standards	• 이해와 협력_Comprehension and Collaboration • 지식과 아이디어의 발표 표현_Presentation of Knowledge and Ideas
언어 표준 Language Anchor Standards	• 학술 영어/학습을 위한 언어의 규약_Conventions of Academic English/Language for Learning • 언어의 지식_Knowledge of Language • 어휘의 획득과 사용_Vocabulary Acquisition and Use

* 출처: New York State Next Generation English Language Arts Learning Standards 참조.

〈2015 개정 교육과정 - 국어과 교육과정〉을 보면, 우리도 미국 연방 표준이나 뉴욕주 표준과 같은 구조의 표준을 지니고 있다. 듣기·말하기-읽기-쓰기-문법-문학으로 나누어 '핵심 개념-일반화된 지식-학년(군)별 내용 요소-기능'의 관점에서 세부 표준을 제시한다. 그러나 좀더 깊이 살펴보면 우리는 언어로서의 국어가 상대적으로 더 강조되고, '교양 국어'는 문학 쪽에 더 많은 비중을 두고 있다. 또한 '전문 국어'는 진로 선택의 영역으로 설정함으로써 '공통 국어'에서 다루어야 할 내용들이 깊이와 폭 모두 상대적으로 제한적이다.

예를 들어 우리의 〈2015 개정 교육과정〉에서 '읽기' 부문의 고등학교 1학년 과정은 '인문·예술, 사회·문화, 과학·기술 분야의 다양한 화제'를 반영하고 있다. 이에 반해 미국의 '공통 영어'에서는 우리의 초등학교 6학년 과정에서부터 다양한 교양 영역의 '읽기'가 시작된다. 또한 '쓰기'에서 우리는 고등학교 1학년 과정에서 '설득하는 글', '정서를 표현하는 글'을 쓰는 학습을 하는데, 미국은 마찬가지로 우리의 초등학교 6학년 과정에서부터 우리 교육과정에서 다루는 범주의 내용을 포함하여 전문적 글쓰기를 학습한다. 미국의 교육과정에는 우리의 초등학교 과정에서부터 'Research연구 조사' 활동이 내재되어 있기 때문에 가능하다.

한국의 정책 현장에서 미국이나 유럽, 일본의 선진 사례들을 소개하면 정책 관계자들은 "우리도 다 하고 있는데요", "우리도 다 있어요" 등의 반응을 자주 보인다. 그런데 우리가 해외 사례를 벤치마킹하거나 사례 조사를 할 때 자주 간과하는 부분이 있다. 그것은 기본적으로 타 사례를 학습해서 자기의 것으로 소화하기 위해서는 '3Ps'라고 하는 3단 접근법을 참고해야 한다는 것이다.

첫째는 '관점perspectives'의 조사다. 해당 정책이나 사례들을 왜 강구하게 되었는지 그 배경과 철학적 세계관을 살펴보는 것이다.

둘째는 '원칙principles'의 조사다. 어떤 정책이나 사례들이 실제 작동하기 위해서는 이를 위한 원칙이 정립되어야 한다.

셋째는 '실행안practices'의 조사다. 구체적으로 어떤 수단을 통해서 해당 정책이나 사례가 기능하도록 할 것인지를 찾아야 한다.

이러한 3단 접근이 이루어졌다면 마지막으로 관점-원칙-실행안 사이의 위계적 정합성hierarchical fitness에 대한 조사를 해보아야 한다. '관점'은 'Why'의 의미를 지닌다. '원칙'은 'How'의 의미이며 '실행안'은 'What'의 의미를 띤다. 즉 'Perspectives(Why)-Principles(How)-Practices(What)'의 위계 관계를 지닌다. 만약 어떤 실행안에 문제가 생기면 상위 위계인 원칙과 해당 실행안이 상호 정합성을 지니고 있는지 점검해야 한다. 그래도 문제의 원인이 파악되지 않는다면 원칙의 상위 위계인 관점과 원칙 간의 상호 정합성을 점검해야 한다. 그래서 서구 사회, 특히 미국의 법령이나 정책들을 살펴보면, '관점'에 대한 내용들을 매우 깊이 있게 고찰하고 정리한 후, 해당 원칙과 실행안을 수립하고 실행하는 흐름을 발견할 수 있다.

우리는 무수히 많은 해외 사례를 벤치마킹하고 살펴보면서 자칭 '한국형 ○○○'와 같은 형태의 정책안을 만들고 실행한다. 그러나 이 과정에서 선진 사례의 관점과 원칙을 깊이 살펴보고 참고하는 경우는 매우 드물다. 미국의 ELA와 우리의 국어 교과를 비교해보아도, 외견상 실행안의 위계는 비슷하다. 그러나 관점의 영역에서는 상당히 차이가 있다.

〈2015 개정 교육과정〉의 국어과 교과과정에는 국어의 성격을 다음과 같이 기술하고 있다.

"초중고 공통 과목인 '국어'는 국어를 정확하고 효과적으로 사용하는 데 필요한 능력과 태도를 기르고, 비판적이고 창의적인 국어 사용을 바탕으로 하여 국어 발전과 국어 문화 창달에 이바지하려는 뜻을 세우며, 가치 있는 국어 활동을 통해 바람직한 인성과 공동체 의식을 함양하는 과목이다. 학습자는 '국어'의 학습을 통해 '국어'가 추구하는 역량인 비판적·창의적 사고 역량, 자료·정보 활용 역량, 의사소통 역량, 공동체·대인 관계 역량, 문화 향유 역량, 자기 성찰·계발 역량을 기를 수 있다."

뭔가 명료하지 못하다. 그리고 '국가의 언어'라는 의미에서 언어 자체에 보다 중점을 두고 있으며, 학습자 개인보다 국가와 공동체의 언어라는 맥락에서 국가주의적 시각도 함께 투영된 설명이다.

반면 미국의 ELA는 국가의 언어라는 관점보다 학생 개인의 언어 활용에 더욱 중점을 둔다. 해당 교과는 대학 진학과 직업적 경력 개발을 준비하는 학생이 읽기, 쓰기, 말하기, 듣기, 그리고 언어의 영역에서 교양Arts과 문해력, 언어 활용법을 독립적으로 활용할 수 있도록 하는 데 목적이 있다고 설명한다. 또 ELA의 학습을 통해 학생들이 얻게 되는 학습의 목표를 구체적으로 다음과 같이 설명하고 있다.[4]

① 독립적인 영어 학습자와 사용자로서의 역량을 지니고 있음을 보여준다.
② 강력한 콘텐츠 지식을 구축한다.
③ 청중, 과업, 목적, 그리고 규율의 폭넓은 범주의 요구에 부응한다.

④ 충분히 이해하려 하고, 또한 비판자적 시각을 유지한다.
⑤ 논거와 사실을 중요하게 여긴다.
⑥ 기술과 디지털 미디어를 전략적이고 유능하게 활용한다.
⑦ 다른 관점과 문화를 이해하게 된다.

비교해보면, 우리의 국어 교육과정에서는 주체이자 학습자인 학생보다 교사와 국가의 시각이 상대적으로 더 큰 영향력을 지니는 것으로 보인다. 그러나 미국의 ELA 교육과정은 학습자인 학생이 주체임을 분명히 하며, 특히 학생의 독립성을 강조한다. 즉 학생이 스스로 사고하고 판단하며 소통할 수 있도록 하는 데 필요한 언어이자 교양이며, 또한 문해력으로서의 국어 교과라는 것을 강조하는 것이다. 그런 면에서 언어가 아닌, 언어를 활용하는 법에 방점을 찍고 있다고 할 수 있다.

03

수학, 즐겁고, 재미있고, 가치 있는 과목

미국에서 수학 전공자들은 최근 가장 고액 연봉을 받는 직업군에 속해 활동하고 있다. 연봉 비교 서비스를 제공하는 페이스케일PayScale에 따르면, 수학을 전공하거나 수학에 강점을 지니고 있는 사람이 일할 수 있는 직업군의 10년 내외 중간 경력자의 연봉은 10만 달러를 가뿐히 넘어선다. 중간 경력의 계리사Actuary의 평균 연봉은 13만 5,000달러(약 1억 6,000만 원)이다. 수학 전공자에게 적합한 직무인 분석 관리자Director of Analytics, 데이터베이스 설계자Database Architect, 데이터 엔지니어Data Engineer, 데이터 과학자Data Scientist, 비즈니스 지능화 관리자Business Intelligence Manager, 계량 분석가Quantitively Analyst 등도 중간 경력자의 연봉 수준이 모두 10만 달러를 넘겼다.[5] 국가 대학 및 고용주 협회National Association of Colleges and Employers의 조사에 따르면, 수학 전공자들은 이과 계열 전공자 중 학사 학위 후 신입 기준 연봉이 물리학(6만 4,438달러)에 이어 2위로 6만 153달러이며, 석사 학위 소지자들 역시 신입 연봉이 이과계열 중 2위로 7만 2,133달러다. 1위는 지질학 분야로 7만 4,000달러였다.

미국 국립과학재단 National Science Foundation의 박사 학위 소지자에 대한 현황 조사 'Survey of Earned Doctorates 2018, NSF'[6]에 따르면, 수학 및 컴퓨터 과학을 전공한 박사 학위 소지자들이 과학기술 분야 박사 학위 소지자 중 가장 높은 연봉으로 커리어를 시작한다. 기업이나 산업체 입사 시 평균 연봉은 13만 달러(약 1억 5,000만 원)이며, 학계로 진출할 때는 평균 7만 2,000달러(약 8,600만 원) 수준으로 커리어를 시작한다. 수요 또한 과학기술 분야 중 가장 많은 것으로 파악된다. 수학을 전공하거나 전문성이 있는 이들의 전성시대라고 할 만큼 수학은 직업 면에서 경제적 가치가 있는 교과목으로 인정받고 있는 것이다.

현재 수학자들은 거의 전 산업 영역에서 활동하고 있다. 인공지능 시대의 핵심 분야가 수학이기 때문이다. 기초과학 영역부터 항공우주, 디지털 등 기술산업 영역에 이르기까지 활동 무대도 매우 폭이 넓다. 최근 수학자들이 맹활약하고 있는 분야는 금융과 생명과학 분야다. 이제 뉴욕 월가의 주류 그룹은 전통적인 경제학 및 금융학을 전공한 사람들이 아니라, 수학과 데이터 과학을 전공한 사람들이다. 정교한 데이터 분석과 모델링을 통해 금융상품을 기획하고 평가, 거래하는 금융공학이 그 자리를 대신하고 있기 때문이다.

생명과학 life science의 영역에는 바이오 수학 biomathematics 또는 수리

생물학mathematical biology을 전공한 박사급 인력들이 주류로 활동하고 있다. 이들은 '슈퍼 컴퓨팅'을 통해 임상학자들을 뛰어넘는 성과를 내는 경우가 잦다. 최근에는 클라우드 기반 슈퍼 컴퓨팅 시대가 열리면서 수학적 배경을 지닌 전문가들의 활동 폭이 더욱 넓어지고 있다. 그래서 어떤 생명과학 연구소는 의학자들이 연구원의 지위를 지니고, 최고 리더십의 지위에 바이오 수학자나 수리 생물학자가 올라, 신약의 개발 주기를 대폭 당기기도 한다.

이처럼 수학은 기술의 진보와 과학적 성과 창출에 유의미하게 영향력을 행사하고 있으며 기술적, 과학적 가치가 있는 교과목이다. 그렇다 보니 STEM 교육 및 교육기술의 확산과 맞물려 미국에서는 수학이 인기 있는 과목으로 그 지위를 바꾸고 있다. 가치 효용성이 입증되었으니, 교육 현장에서 즐겁고 재미있게 학습할 수 있는 여건을 만들어주는 것이 과제로 부상했다.

2018년 12월 미국 백악관은 STEM 교육 전략 계획Charting a Course for Success: America's Strategy for STEM Education을 발표했다. 범정부적인 정책으로 향후 5년간 연방 정부가 STEM 교육을 통해 학교 및 고용시장 전반을 미래형으로 혁신하겠다는 계획이며, 구체적으로는 3개 부문, 9개 전략 목표로 구성되었다.[•] 이 중 수학 교육과 관련해서는 "전략목표 5. Make Mathematics a Magnet수학을 매력적인 것으로 만들기"와 "전략목표 8. Make Computational Thinking An Integral Element of All Education컴퓨팅 사고를 모든 교육의 필수적 요소로 만들기"에서 구체화되고 있다.

• 이에 대한 상세한 내용은 다음의 'STEM 교육'을 통해 설명할 것이다.

우선은 수학 교육을 즐겁고 재미있게 함으로써 일상생활과 직업적 활동에 활용될 수 있도록 하자는 것이 그 방향이다. 이를 위해 수학 교육에 앞서 소개한 수학 실습 표준Standards for Mathematical Practice이 반영되도록 조치하고 있다. 또한 STEM 교육 전략 계획에서 제공하는 'STEM 교육 생태계' 및 '파트너십 풀'을 활용하여 좀 더 실제 세계에 기반한 수학 교육이 되도록 하고, 몰입도와 활용성을 높이도록 설정하고 있다.

한편 수학 교실 게임화Gamifying the Math Classroom도 활발히 확산되고 있다. 이것은 전통적인 게임화 학습에 다양한 멀티미디어 콘텐츠와 기술이 결합되는 접근법을 취하고 있다. 영화의 한 장면과 게임의 룰을 결합하여 학생들에게 학습 동기를 유발하고, PC와 수학 학습 앱을 활용하여 학습한다. 위에서 언급한 "전략목표 8"은 일선 수업 시간에 PC와 관련 앱, 소프트웨어를 적극 활용하여 학습효과를 높이고, 컴퓨팅 사고를 장려하는 정책이다.

한국의 수학 교육과정은 그 구성과 편성에서 학제(초6 - 중3 - 고3) 간 연계성이 제한적이다. 학습 내용 역시 계단형의 연결관계를 지니고 있다. 예를 들어 '문자와 식 - 기하 - 수와 연산 - 함수 - 확률과 통계'로 구성된 수학 교육의 내용 체계에서 어떤 영역은 초등학교 교육과정에서는 전혀 다루지 않고 중학교 과정에서 다루거나, 또는 고등학교 과정에 한해서 다루는 등이다.

이와는 달리 미국의 수학 교육 개편 방향은 제반 학습 체계의 전 영역을 학제에 따라 계단형으로 구분하지 않고, 비중과 난이도의 차이를 두되 유치원 이전 단계부터 고등학교 과정까지 수학의 전 영역을 학습할 수 있도록 해야 한다는 점을 강조한다. 예를 들어, 우리의 경우 '확률과 통계'는 고등학교 단계에서만 학습하는 내용이다. 그러나 미국에서는 '데이터 분석과 확률Data Analysis & Probability'이라고 부르며, 유치원 교육과정에서부터 데이터의 개념과 그 분석을 통한 확률의 개념 등을 학습하고 있다. 그러나 우리의 유치원 교육과정에 해당하는 누리과정에는 수학 교육이 명시적으로 포함되어 있지 않다.

일정 기간 후 미국의 수학 학업 성취도는 상당히 달라져 있을 것으로 예상된다. 수학 과목의 가치 효용성이 이미 입증된 상태에서 더욱 효과적인 학습법과 교수법이 교육 현장에 적용되며 시너지를 만들어 내고 있기 때문이다. 이는 우리 교육 현장에서 중학교 과정을 이수하면서 수학을 포기하는 '수포자'가 급격히 늘어나는 현상과는 분명 다른 흐름이다.

04

미국 교육 혁신의 비전:
STEM 교육과 디지털 문해력

미국에서 STEM, 컴퓨터 과학, 디지털 문해력은 이제 유아-초중등 교육과정의 공통 기초 교과 또는 필수 교과목으로 자리 잡고 있다. 또 교실이나 학교 내에서 수업 방식으로만 학습하는 것이 아니라, 학교 밖(실제 세계)과 다양하게 교류하고 협력하면서 경험 기반 학습 또는 프로젝트 기반 학습의 형태로 교육이 전개된다. 다수의 학교에서도 컴퓨터 과학 교과를 대학의 전공 교과 수준으로 제공하고 있다.

특히 앞 장의 설명에서와 같이 수학 교육이 강조된다. 두드러지는 것은 앞에서 언급했듯 우리의 누리과정에는 별도로 명시화되지 않은 수학 교과가 유치원 과정에서부터 정규 편성되고 있는 점이다. 컴퓨터 과학 교육과 연계하여 수학적 사고와 방법론을 강조하는 교과로서, 사립학교나 마그넷 스쿨 등에서는 대학교의 전공 교과 수준으로까지 편성하기도 한다.

　현실적으로 개별 초중등 학교가 대학 수준의 STEM 교육과 디지털 문해력을 체계적이고 전문적으로 교육할 수 있는 인프라를 독립적으로 갖추는 것은 쉽지 않다. 따라서 공립학교들은 각 학구별로 선도 또는 허브 학교를 두고 상호 협력하는 네트워크 협력 방식을 취하고 있다. 또 일정 규모 이상의 사립학교들은 자체적인 역량으로 관련 인프라를 구축한다. 학교의 재학/등록 학생들을 위한 교육 인프라와 역량에 일정한 여유가 생기는 경우, 지역 주민들을 위한 평생교육과정을 제공하기도 한다. 어떤 학교들은 마치 대학들이 성인을 대상으로 한 비학위 평생교육과정을 제공하는 것처럼 의도적으로 기획하여 운영하기도 한다.

　이를 위해 초중등 학교들은 박사 학위 소지자 및 산업 현장의 전문가들을 교사로 채용하고, 민간 기업들과 협력하는 교육 모델과 인프라도 구축한다. 학생들은 기업의 전문가들과 협력하여 관련 프로젝트를 수행하고, 공립학교들은 학구 내 공공 부문의 디지털 트랜스포메이션, 사회 변혁 프로젝트 등을 교육과 학습 차원에서 수행하며 관련 내용을 학습하고 전문성을 키운다. 그리고 이는 모두 미래의 방향이 아니라, 현재 미국에서 교육 혁신의 비전이 전개되고 있는 사례다. 즉 교육 혁신의 핵심 의제인 STEM 교육과 디지털 문해력, 평생교육이 어떻게 상호작용하고 있는지 보여주는 것이다.

　2018년 12월, 미국 백악관은 'STEM 교육 5개년 전략 계획'을 발표했다. 여기에는 STEM 교육, 디지털 문해력 교육, 평생교육을 '3대 핵심 혁신 축'으로 하여 미국 교육 전반을 혁신하기 위한 일련의 전략을 담고 있다. 특히 주목해야 할 것은 미 백악관에서 강조한 STEM 교육을 기반으로 문해력을 통해 교육 혁신을 이루겠다는 방향성이다.

"21세기 경제에서 개인의 성공은 점점 더 'STEM 문해력'에 의존하고 있다. 점점 더 정교해지는 기술의 세계에서 정보에 입각한 소비자 및 시민으로 기능하기 위해서는 증거-기반 추론과 같은 디지털 기기 및 STEM 기술을 사용할 수 있는 능력이 필요하다."[7]

미국의 국가적 혁신을 위해 STEM 교육을 강화하는 것도 중요하지만 무엇보다도 국민들, 즉 각 개인의 삶에 관한 문제와 밀접한 사항으로 바라보고 있다는 점이 중요하다. 이는 일자리 문제와도 직결된다. 즉, STEM 문해력은 일상의 삶과 직업적 삶 모두에서 매우 중요하며, '성공의 가늠자'와 같은 의미를 지닌다는 것을 강조하는 것이다. 이 전략 계획은 모든 미국인이 평생 고품질의 STEM 교육을 받을 수 있는 비전을 강조하며, 또한 미국이 STEM 문해력과 혁신 및 고용에서 글로벌 리더가 될 것임을 제시하고 있다.

이 전략 계획의 목표는 구체적으로 ① STEM 문해력을 위한 강력한 기초 토대 구축, ② STEM 영역의 다양성, 동등성, 포용성의 증진, ③ 미래를 위한 STEM 노동력 준비라는 세 가지 방향의 목표를 지니고 있다. 그리고 이의 실현을 위한 실행 경로 세 가지도 강조하고 있다.

첫째는 전략적 파트너십을 개발하고 강화하는 것이다. 이를 위해 커뮤니티를 결속시키는 STEM 생태계를 구축한다. 그리고 교육자-고용주 파트너십을 통해 실질적 업무 기반 학습 및 훈련을 증대한다.

|도표 4-3| 미국 STEM 교육의 목표 및 담당 부처

미국 STEM 교육 목표
* STEM 문해력을 위한 강력한 기초 기반 구축
* STEM에서 다양성, 동등성, 그리고 포용성의 증진
* 미래를 위한 STEM 일자리 준비

실행 경로	목표	주무 부처													
		DoC	DoD	DoE	DHS	DoI	DoL	DoS	DoT	ED	EPA	HHS	NASA	NSF	SI	USDA
전략적 파트너십의 개발 및 강화	커뮤니티를 통합하는 STEM 생태계 육성	●	●	●	●	●	●	●	●	●	●	●	●	●	●	●
	교육자-고용주 파트너십을 통한 업무 기반학습 및 훈련 확대	●	●	●	●	●	●			●		●	●	●	●	●
	학습 환경 전반에서 성공적인 사례를 접목	●	●	●			●	●		●		●		●	●	●
자율성이 융합되도록 학생들의 참여 촉진	혁신과 기업가정신 교육 고도화	●	●	●					●		●	●		●		
	수학을 매력적인 것으로 만들기	●	●							●				●		
	학제 간 초교차학습 장려	●	●	●	●	●				●	●	●	●	●	●	●
컴퓨팅적 문해력 구축	디지털 문해력 및 사이버 안전 증진	●	●		●			●				●		●		●
	컴퓨팅적 사고를 모든 교육의 필수적 요소로 만들기	●	●	●	●	●				●		●		●		
	지도와 학습을 위한 디지털 플랫폼의 확장	●			●	●			●	●					●	●

* 출처: "CHARTING A COURSE FOR SUCCESS: AMERICA'S STRATEGY FOR STEM EDUCATION", The White House, Oct., 2018.

즉, 보다 '실제 세계'에 기반한 교육이 될 수 있도록 하고, 이를 통해 고용주 입장에서는 역량 있는 인력을 고용할 수 있도록 협력 관계를 구축하는 것이다. 또한 학습 환경 전반에 걸쳐 성공적인 공식/비공식적 학습 사례를 혼합하여 최적으로 활용하는 내용을 강조한다.

둘째는 학생들이 학제 간 융복합에 관여할 수 있도록 하는 것이다. 이를 위해 '혁신'과 '기업가정신' 교육을 심화한다. 그리고 수학 교육을 강화하여, 수학이 STEM과 융복합 영역에서 이들을 매개하고 중심을 잡아줄 수 있도록 하는 것이다. 학제를 초월하여 학습하는 것을 장려하고, 공급자인 교사나 학교가 학생들의 융합적 시도를 제약해서는 안 된다는 것을 강조하고 있다. 프로젝트 기반 학습, 과학 박람회, 로봇 동아리, 발명 도전, 게임 워크숍 등 다양한 방법을 활용하고, 이를 '스타트업 프로젝트'로까지 연계시킬 수 있도록 한다.

셋째는 컴퓨팅 문해력Computational Literacy을 구축하는 것이다. 이를 위해서는 디지털 문해력 및 사이버 보안을 강화하고, 컴퓨팅적 사고가 모든 교육 영역에서 필수 요건으로 자리 잡도록 하는 것이 중요하다고 강조한다. 또한 이를 위해 지도와 학습을 위한 디지털 플랫폼을 확장할 것을 추진하도록 하고 있다.

STEM 교육을 위한 전략계획에는 미국의 생애 전주기적 교육을 21세기의 패러다임으로 완전히 변혁하는 내용을 담았다. 우선 학교와 학교 밖 경계가 새롭게 정의되고 있다. 수업은 학교 밖 실제 세상의 현장으로 옮겨지고, 학교 안으로는 클라우드 기반 교육 환경이 구축되면서 학생들이 학습하고 경험할 수 있는 범주가 과거와는 비교되지 않을 정도로 넓어지고 생생해지게 된다.

교수법과 학습법 또한 프로젝트 기반 학습과 경험학습으로 빠르게 바뀌고 있다. 학제 간 경계가 허물어지고, 융복합적 학습과 교육이 일상이 된다. 더 나아가 '기업가정신' 교육이 가미되면서 실제 세상과 더욱 가깝게 교육활동이 펼쳐진다.

학습을 위한 연령, 학교 재학 연령이라는 사회적 기준과 잣대 역시 다양하고 유연해진다. 평생학습이 기본이 되는 것이다. 이를 위해 중고등학교와 대학 간 협력이 이루어지고, 더 확장되어 산업과의 협력으로까지 이어진다. 즉 초중등 학교와 대학, 산업체가 모두 동등하게 주체로 참여하는 STEM 교육 생태계를 만들어가는 개념이다. 이는 교육의 현장도 이와 같이 바뀌고 있음을 시사한다. 대학 입시 부정의 문제로 교육 공정성이 강화되면서 고등학교와 대학 간 협력 관계가 강화되기보다는 경계심의 벽이 더 높게 쌓이고 있는 우리의 교육 현장과는 상당히 다른 분위기다.

05
교육정책의 4원칙:
수월성, 포용성, 혁신성, 다양성

국가 차원의 교육정책은 기본적으로 수월성, 포용성, 혁신성, 다양성이라는 네 가지 기본 원칙과 방향성을 균형 있게 다루며 성장, 발전해야 한다. 이 중 어느 하나가 일방적으로 우선해서는 안 되며, 발전의 수준이나 경쟁력의 정도가 상대적으로 낮은 어느 하나를 기준으로 기계적 균형을 맞추기 위해 하향 평준화를 도모하는 것은 더더욱 안 된다.

교육과정은 국가 차원의 교육정책과 개별 학교의 유형 및 목적성에 기초해야 한다. 정책과 제도로 다양한 학교 유형을 뒷받침해야만 개별 학교들이 스스로 고유한 교육과정을 설계하고 편성·운영하는 데 노력하고 투자함으로써, 다양한 교육 수요자의 기대에 부응할 수 있다.

지금까지 여러 번 언급했지만, 우리의 학제 시스템과 학교 유형은 교육 수요자(학생과 학부모)의 관점에서 제한적이고 정형화된 연계성을 가지고 있다. 학생들은 자신의 적성이나 진로를 따라 부드러운 곡선 형태의 진로를 탐색하는 것이 아니라, 단계별로 간격이 큰 계단을 오르거나 직각의 회전 교차로를 운행하는 것처럼 갑자기 학습 난이도를 높이거나 진학 경로를 변경해야 한다. 학생 및 학습자 중심의 학습 경로 선택이 아닌, 분절적이고 정형화된 공급자 구조인 것이다.

미국의 학제 시스템과 학교의 유형을 보면, 위의 네 가지 원칙과 방향성이 충실히 적용되고 있다. 국가 차원에서는 우리와 같이 초(6)-중(3)-고(3)로 구분하지 않고, 유치원 과정부터 고교 과정에 해당하는 12학년까지를 단일 학년 시스템으로 채택하여 K-12학년 시스템을 기준으로 학교의 급과 유형을 다양하게 적용한다. 일반적으로는 K-5학년 과정을 Elementary(or Primary)—초등과정으로 분류 적용하고, 6-12학년은 Secondary—중등과정으로 분류한다.

미국은 기본적으로 연방 정부 차원에서는 학제 시스템 및 교육과정에 제한적으로 관여한다. 개별 주 정부와 학구가 주된 주체적 권한과 책임을 지니고 있다. 이를 기초로 보편적인 공립학교 외에 학제 및 교육과정의 구성 및 편성·운영에서 상당한 자유도를 지닌 다양한 공립 및 사립학교들이 존재한다.

공립의 성격을 지니는 학교들 중에서도 탁월한 마그넷 스쿨이 있고, 준공립의 성격을 지니는 차터 스쿨 중에서도 매우 우수한 학교들이 출현하며 또한 성장한다. 사립학교는 공립학교가 갖지 못한 높은 자유도를 기초로, 학교별로 고유의 교육 모델을 만들어 확대 적용하고 있다. 학생들은 다양한 학교의 유형 및 교육과정을 선택지로 하여 자신에게 부합하는 최적의 경력/진로 대안을 모색할 수 있다.

교육 기회의 균등 문제도 이와 같은 맥락에서 다루어진다. 연방 정부 차원에서는 공통핵심국가표준을 통해 공통 기초 교과에 해당하는 언어와 교양English Language Arts과 수학에 대해 각 학년별 교육과정 표준을 제공한다. 그리고 이 표준이 학년별 연계성에 기초하여 세부 교과 내용을 특징짓는다. 학생들은 같은 학교 내에서, 또는 학교 밖의 교육과정에서 자신의 학습 역량 및 수준에 맞추어 유연하게 수업에 참여하며, 12학년까지 요구되는 학습 수준을 충족한다.

또 K-12 단일 학년 시스템은 학제의 유연한 채택을 가능하게 한다. 공립학교 중 마그넷 스쿨과 차터 스쿨, 그리고 사립학교들은 각각의 목적에 따라 유연하게 학제를 선택할 수 있다. K-12 학년 전체를 한 학교에서 소화하는 경우도 있고, 6년제 및 4년제 고등학교 과정만을 운영하는 학교도 있으며 2년제 중학교 및 고등학교 과정도 있다.

다양한 학제는 또한 다양한 교육과정의 구성이 가능하도록 하고 있다. 대학 학업 준비과정으로의 사립고등학교(4년제 또는 6년제)와 '마그넷 스쿨(주로 4년제 고등학교)'들은 '자유교양대학' 수준의 교과를 구성한다. 필수 공통 교과와 자유 선택 교과, 비교과 활동으로 구성되는 일련의 교육과정을 통해 학생들은 학사 학위과정에 준하는 고등교육을 우리의 중고고 교육과정에 해당하는 기간 동안 학습하고 경험한다. 목적형Charter 준공립학교인 차터 스쿨 중 일부는 비교과 중심의 교육과정을 구성하기도 한다. 프로젝트나 경험학습을 전제로 한 실질적인 융합 교육 형태로 교육과정을 구성하는 것도 가능하다.

한편 K-12 단일 학년 시스템에 기반한 다양한 학제 및 교육과정은 교육 수요자인 학생과 학부모의 관점에서 진로 및 경력 개발을 위한 최적의 조합을 만들 수 있도록 해준다. 수월성, 포용성, 혁신성, 다양성을 모두 실현할 수 있는 선택지가 존재하고, 그 선택권을 학생과 학부모가 지니는 개념이다.

우리의 경우 중학교 과정까지는 수월성이나 다양성을 추구하는 것이 사실상 불가능하다. 예체능 계열을 제외하고는 모두가 공통의 교육과정을 이수해야 하므로, 결국 학원이나 사교육을 통해 이를 충족해야 하는 구조다. 고등학교 과정에서는 영재학교, 과학고, 국제고, 외국어고, 특성화고, 마이스터고 등 예체능계열 외에 다른 목적 부합형 교육과정이 제공되지만, 2025년을 기점으로 대부분 일반고로 전환될 예정이다. 고교학점제를 도입한다고 하지만, 일선 현장에서는 기대보다는 염려하는 분위기가 절대적이다. 영재학교 및 과학고 정도가 수월성에 기반한 목적형 교육과정을 제공하고 있으나 선발 학생 수가 정해져 있어 기회가 제한적이다.

근본적으로, 또한 현실적으로 우리의 중등교육과정은 대학 입시 시스템에 종속되는 구조를 지니고 있다. 교육 수요자인 학생과 학부모의 다양한 기대 및 진로 탐색과 부합한 교육과정을 제공하는 데 한계를 지니고 있는 것이다.

미국의 중등과정6~12학년은 대체로 학점 이수제를 채택하고 있다. 또한 타 학교의 수업에 참여하여 학점을 이수하거나 대학에 가서 직접 교과목을 수강하고 학점을 이수할 수 있으며, 대학 학점 인정 시험 Advanced Placement, 이하 AP을 치를 수 있는 교과를 개설하고 운영할 수 있도록 제도화되어 있다. 또 일부 영재 및 사립학교의 교육과정은 고등학교와 대학의 경계가 불분명할 정도로 고도화되어 있다. 대학 진학 준비학교College Prep. Schools임에도 기업들과 활발한 산학 협력이 이루어진다. NASA와 같은 고등연구기관과 연구 및 교육 협력을 하는 학교들도 있다.

수월성을 추구하는 교육과정의 대표 모델로는 필립스 엑시터 아카데미Phillips Exeter Academy라는 4년제 고등학교를 들 수 있다. 대학에 비견할 만큼 학제의 범위와 수준이 심화된 교육과정을 제공한다.

포용성을 대표하는 모델은 카우프만 스쿨The Ewing Marion Kauffman School이 있다. 캔자스시에 자리한 공립학교로, 차터 스쿨의 대표적 혁신모델이기도 하다. 기업가정신 분야의 세계 최대 연구-교육 진흥 재단인 카우프만 재단Kauffman Foundation이 경제적 취약 계층의 자녀들에게 수월성을 전제로 한 무상교육을 제공하여 사회적 이동성을 이끌어내고자 하는 학교이다. 특히 대학 진학을 전문적으로 준비하기 위한 5~12학년 과정을 운영하고 있다.

혁신성을 대표할 수 있는 모델은 스탠퍼드 온라인 고등학교다. 6년제 온라인 기반 중고등학교지만, 교육기술의 적극적 활용, 스탠퍼드 대학교와 밀착한 교육과정 개발 및 박사급 교사진의 투입, 31개국에 달하는 학생들의 분포, 다양한 비교과 활동, 24시간 학습체제 등을 통해 교육과정을 지속적으로 혁신해가고 있다. 심화 교과 외 융복합 교과의 개발, 팀 지도(복수의 교사가 하나의 수업에서 실시간 동시 지도) 등 페다고지pedagogy의 혁신에도 두각을 보이고 있다.

다양성diversity을 상징적으로 보여주는 모델은 토머스 제퍼슨 과학기술고등학교Thomas Jefferson High School for Science and Technology이다. 이 학교는 대표적인 마그넷 스쿨로, 우리의 과학고등학교와 유사한 성격을 지니고 있다. 미국에는 2017년 기준 약 3,400여 개의 마그넷 스쿨이 있다. 또한 약 7,000여 개의 차터 스쿨이 있다. 이들은 주로 4년제 및 6년제 고교과정을 다루며(K-12 과정 전체를 다루는 학교도 최근 증가세에 있음), 거버넌스 기반에서부터 일정한 자유도를 지니고 고유의 교육과정을 개발 운영하고 있다. 또 일부 학교를 제외하고는 지역 주민 자녀들에게 대체적으로 학비가 없는 무상교육을 제공한다. 탁월한 교육과정을 제공하는 이들 학교를 관통하는 키워드는 바로 '다양성'이다.

K-12 교육과정은 이제 개별 학교나 교육기관의 자원과 역량 수준에 제약되는 것이 아니라, 가용한 모든 협력 네트워크를 통해 학습자(학생)의 요구 및 기대에 부응할 수 있도록 제도적으로 뒷받침하고 있다. 이를 통해 수월성, 포용성, 혁신성, 다양성이라는 네 가지 요구 및 기대를 충족시킬 수 있는 흐름이 만들어진다. 또 개별 학교와 교사들은 ① 학습자(학생)의 기대와 요구, 학습 수준에 대한 면밀한 파악, ② 학내 및 교외 협력 네트워크의 구축 및 파트너십 강화, ③ 개인화된 학습 지원 체계 마련, ④ 시스템적 관리 등을 전제로 교육과정을 설계하고 운영해야 한다. 즉, '교육 생태계'를 개발하는 관점에서 접근하는 것이 필요하다. 대학을 기반으로 한 '혁신 생태계'와 같은 맥락이라 할 수 있다.

지금까지 우리 교육과정과 미국의 학제 시스템, 학교 유형, 교육정책 등을 비교하며 살펴보았다. 이를 종합해보면 우리의 교육정책 및 교육과정에는 학생과 학부모, 즉 교육 수요자에 대한 공감과 배려가 상대적으로 부족하다는 것을 확인할 수 있다. 우리의 교육과정은 교육정책 당국과 교육기관, 교사들의 관점에 기반하고 있으며, 현재의 자원과 역량 수준에 한정되어 있다. 반면 미국은 학교와 교사의 범주를 뛰어넘어 제도적으로 동급의 학교, 상위 교육기관, 지역사회, 산업 및 공공부문의 자원, 역량, 네트워크 등을 최대한 활용하여 교육 수요자인 학생과 학부모의 기대 사항에 부응할 수 있도록 제도적 유연성과 개방성을 담보하고 있다.

06
교육의 수월성:
필립스 엑시터 아카데미

필립스 엑시터 아카데미는 1781년 뉴햄프셔주 엑시터에 설립된, 미국에서 가장 오랜 역사를 지닌 중등과정 학교다. 9학년부터 12학년까지 이수하는 4년제 사립 기숙고등학교(보딩; 기숙-80퍼센트, 데이; 비기숙-20퍼센트 스쿨)로, 대학 준비 과정에 전문화된 교육과정을 제공한다. 미국의 학교 평가 전문기관인 니치가 선정한 2020 미국 최고의 사립고등학교 1위로 평가되었다.[8]

이 학교의 사명은 학생들에게 '선goodness과 지식knowledge을 심어주는 것'이다. 또한 '무한한 방식으로 기회opportunity와 관심interest이 교차하는 곳'이라고 학교의 정체성을 정의하고 있으며, 학생들 스스로 "만약에 이렇다면?What if?"이라는 질문을 하도록 한다. 이는 자선사업가인 에드워드 하크니스Edward S. Harkenss가 제시한 토론식 교육방법론

('사고하고, 토론하고, 질문하라!')으로, 이 학교의 교육 철학과 시스템의 근간이 되고 있다.

수업에서 학생들의 질문으로 시작되는 협업과 상호작용을 교육의 핵심으로 강조하며, 각 교실마다 원형 테이블을 두고 평균 열두 명의 학생들과 교사들이 활발한 토론을 하는 교육방식(하크니스 테이블)•을 채택하고 있다. 교과과정, 비교과과정, 진로 탐색 과정을 제공하며, 제반 교육을 통해 학생들이 인생을 바꾸는 경험life-changing experience을 하고, 실제 삶에서 변화를 만들어나갈 수 있는 기반을 제공하는 것을 지향점으로 삼고 있다.

또 위와 같은 교육철학을 바탕으로 보다 유연하고 개인 맞춤화된 교육과정을 제공하기 위해 총 450개 이상의 교과목과 학년별 학점이수제를 채택하여 1년 3학기제trimester, 가을학기–겨울학기–봄학기로 운영한다.

교과과정과 학사 시스템은 전반적으로 자유교양대학과 유사한 수준이다. 대학 수준의 교수진과 학습법을 바탕으로 하며, 교과과정의 60퍼센트는 심화반accelerated 또는 대학 수준college level으로 제공된다. 주요 특성은 다음과 같다.

- 매 학년 총 18학점을 이수해야 하며, 각 학기별로 총 6학점(5개의 교과과정과 1개의 체육과정)을 주중 오전 8시부터 오후 6시까지 수강한다.

● 하크니스 테이블이라 불리는 원형의 탁자를 중심으로 학생들이 질문과 토론 방식의 수업을 행하는 교수법.

- 총 450개 이상의 교과목이 제공되며, 공통 교과목으로는 영어(모국어), 수학, 과학, 역사, 고전 및 현대어, 예술, 컴퓨터 과학, 건강과 인간개발, 종교, 체육 등이 있다.
- 선택 교과로는 공통 교과목의 심화 과정 또는 인문학, 경제, 통합 과정, 음악, 심리학, 연극 및 춤 등이 있다.
- 교과목들은 기초 입문 수준, 대학 수준, 대학 전공 수준으로 구성된다.
- 대학 수준의 교과목들은 그 범위와 난이도 수준이 ① AP_{Advanced Placement} 시험 수준, ② 학사 과정 1학년 수준, ③ 학사 과정 1학년 또는 2학년 수준으로 세분화된다.
- 대학 전공 수준의 교과목들은 대학의 전공 수업과 같이 독립적인 전공 교과 또는 튜토리얼의 구조를 지닌다.

|도표 4-4| 필립스 엑시터 아카데미 교육과정 체계

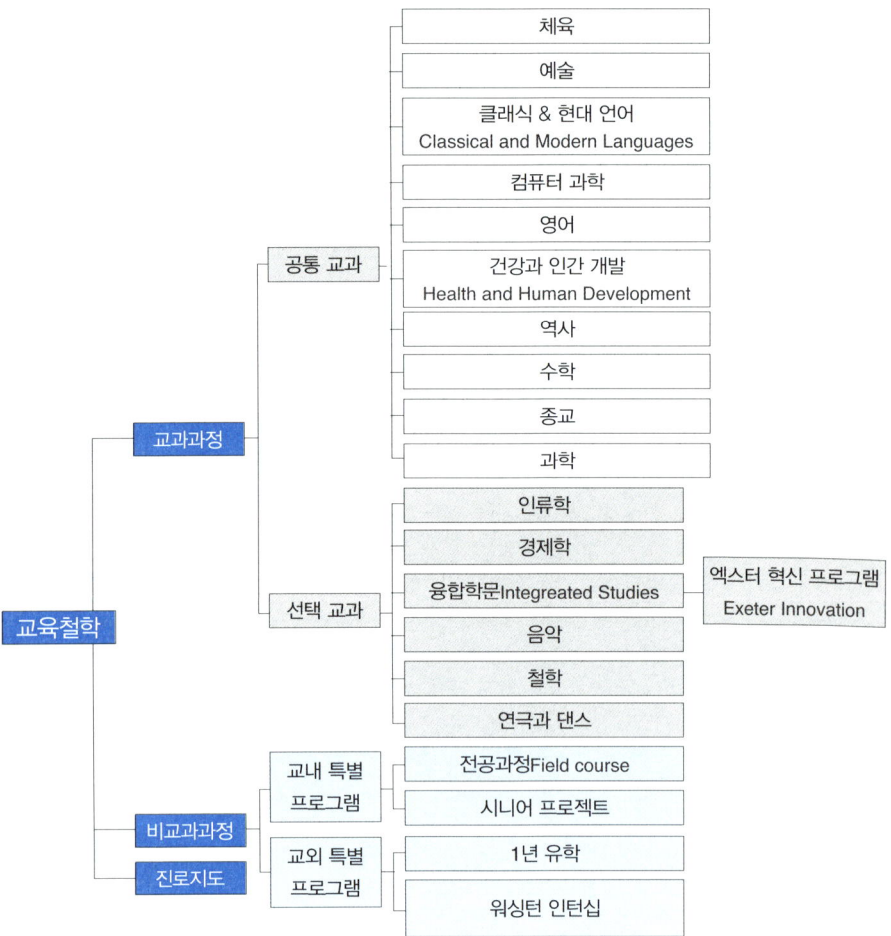

* 출처: Courses of Instruction 2020~2021, Phillips Exeter Academy

|도표 4-5| 필립스 엑시터 아카데미의 교과과정 이수체계(2020~2021 기준)

교과목	입학 학년 구분			
	9학년	10학년	11학년	12학년
총 이수학점	63	47	31	15
학년별 필수 학점	15	15	15	15
공통 교과	61.3	45.3	29.3	12.3
체육 Physical Education	9	6	4	2
예술 Arts*	3	2	2	–
클래식 및 현대 언어 Classical and Modern Languages	9	7	4	–
컴퓨터 과학 Computer Science	1	–	–	–
영어 English	11	8	5	2
건강과 인간 개발 Health and Human Development*	5.3	4.3	3.3	2.3
역사 History	6	5	3	6
수학 Mathematics	9	7	4	–
종교 Religion	2	1	1	–
과학 Science	6	5	3	–
선택 교과	1.7	1.7	1.7	2.7

* 기본적으로 1과목 1학점이 원칙이나, *의 경우, 부분 학점이 제공될 수 있음.
** 출처: Courses of Instruction 2020~2021, Phillips Exeter Academy 참조.

1. Case Study: 통합 탐구

- 통합 탐구Integrated Studies는 학생들이 정보를 수집하고 비판적으로 사고할 수 있도록 교차학제interdisciplinary로 구성하여, 지식과 기술을 통합적으로 얻을 수 있도록 함.
- 예시로 생물윤리Bioethics, 스포츠과학Sports Science, 사회 혁신Social Innovation, 사회 시스템 내 과학, 기술, 이익Science, Technology and Profit in Societies, 디

자인씽킹: 창의적 문제 해결 워크숍Design Thinking: Creative Problem-Solving Workshop 등이 있음.

"Exeter Innovation"

- 통합 탐구의 세부 카테고리인 'Exeter Innovation' 과정은, 다양한 학문 영역에 걸쳐 학생들이 창의성을 실험하고 개발하는 데 목적이 있음. 이러한 경험적 기회를 통해 교실 내 하크니스 테이블식 교과 학습과 교외 활동을 융합함.
- Exeter Innovation의 세부 과정에는 총 네 가지 교과과정이 제공되는데, 연구 방법론부터 역사, 리더십, 문학 등 학제 간 다양한 분야의 내용이 제공됨.
  - EXI535: 아시아계 미국인의 역사 및 문학Asian American History and Literature
  - EXI539: 베시 스미스부터 비욘세까지: 미국 흑인 여성 연기자들의 역사 From Bessie Smith to Beyoncé: A History of Black Women Performers in America
  - EXI559: 연구 방법: Sheth 참여행동연구소 협력 과정Research Methods: Sheth Participatory Action Research Collaboration
  - EXI569: 스포츠 세계에서의 리더십 그리고 확장Leadership in Sports and Beyond

예: "EXI559: 연구 방법: Sheth 참여행동연구소 협력 과정
Research Methods: Sheth Participatory Action Research Collaboration"

- 학생들은 펜실베이니아대학교University of Pennsylvania의 연구 컨소시엄인 '학교참여형 연구협력School Participatory Action Research Collaborative'과 함께 엑시터 캠퍼스 내의 문제를 교차접근방식으로 사회과학 연구를 설계 및 분석함.
- 이를 통해 학생들은 질적 연구방법, 기본 통계 및 관련 사회학 이론을 배

우고 엑시터의 교사들과 연구 협력자들로부터 다양한 논의를 진행함. 학생들은 연구 논문 작성법, 문헌 검토, 정량적 데이터 분석, 포커스 그룹 질적 데이터 수집 등을 학습함.
- 성공적인 결과를 보인 학생들은 펜실베이니아대학교에서 주최하는 포럼에서 연구 결과를 발표하고 또한 교내 총학생회, 교장, 이사회, 그리고 연구와 관련된 기관들에게 연구 결과를 선보일 수 있음.

2. Case Study: 고전어 Classical Languages

- 9~11학년의 공통 교과목으로 지정되어 있는 고전어는 학생들이 그리스어와 라틴어 문학을 읽고 감상할 수 있도록 하는 것이 목적이다. '인간'이라는 존재는 어떤 의미를 지니는지, '지식'은 무엇인지 등 근원적인 질문에 대한 내용들을 고대 문학을 통해 배우고, 고유한 우수성과 독창성을 배울 수 있음.
- 학생들은 공통적으로 라틴어 혹은 그리스어 수업을 모두 수강해야 하며, 선택에 따라 라틴어 혹은 그리스어 세부 전공을 할 수 있음. 성공적으로 이수를 마친 학생들에게는 'Classical Diploma Latin Concentration' 또는 'Classical Diploma Greek Concentration'이 부여됨.
  - 라틴어 전공: 초급 라틴어Elementary Latin, 중급 라틴어Intermediate Latin, 로마 역사Roman History for Latin Students, 키케로Cicero, 라틴어 산문Latin Prose, 오비디우스Ovid, 키케로 및 라틴어 산문(신화)Cicero and Latin Prose-Intensive,

베르길리우스Vergil 등.
- 그리스어 전공: 초급 그리스어Elementary Greek, 중급 그리스어Intermediate Greek, 플라톤의 《사과Apology》(심화), 호머의 《일리아드Iliad》(심화), 그리스 비극Greek Tragedy(심화), 그리스 시집Greek Poetry(심화), 플라톤의 《공화국 Republic》 등 포함.

필립스 엑시터 아카데미 고전어 세부전공 이수 체계

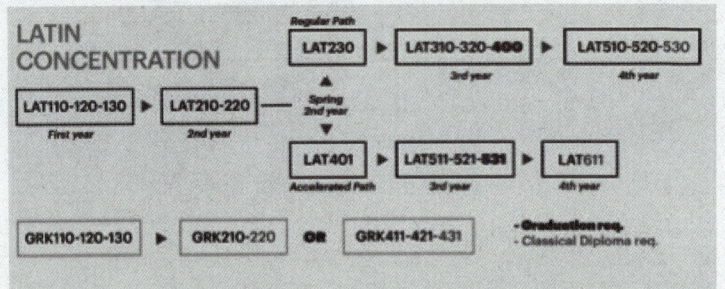

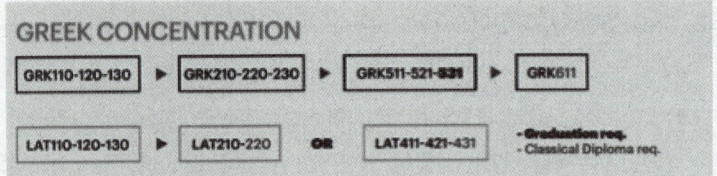

* 출처: Courses of Instruction 2020-21, Phillips Exeter Academy

3. Case Study: 컴퓨터 과학

- 9학년의 필수과목으로 지정되어 있는 컴퓨터 과학은 학생들이 사회적, 기술적 복잡성이 증가하는 세계를 준비할 수 있도록 과정을 제공함.
- 컴퓨터 과학 교과과정은 알고리즘 사고algorithmic thinking, 소프트웨어 제작software creation, 끊임없이 확장되는 기술이 사회에 미치는 영향 등에 집중함.
- 컴퓨터 과학은 학교 내에서 하크니스 토론과 동시에 실습 과정을 제공하며,

아래와 같은 과정들을 제공하고 있음.

- 아래 CSC405–CSC590까지의 교과목은 'Computer Science AP' 시험을 준비할 수 있도록 구조화되어 있어 최근에는 대부분의 학생들이 확장 수강을 함.
  - **CSC205**: 컴퓨팅 및 사회Computing and Society
  - **CSC208**: 동적 웹 구축Building the Dynamic Web
  - **CSC308**: 상호작용, 데이터 중심 컴퓨팅Interactive, Data-Driven Computing
  - **CSC405**: 알고리즘 및 소프트웨어 생성Algorithm and Software Creation
  - **CSC505**: 데이터 구조 및 알고리즘Data Structures and Algorithms
  - **CSC506**: 모바일 애플리케이션 개발Mobile App Development
  - **CSC590**: 컴퓨터 과학의 선택 주제Selected Topics in Computer Science
  - **CSC590**: 소프트웨어 엔지니어링을 통한 사회 혁신Social Innovation Through Software Engineering
  - **CSC590**: 컴퓨터 그래픽Computer Graphics
  - **CSC590**: 인공지능Artificial Intelligence

Phillips Exeter Academy 컴퓨터 과학 세부전공 이수 체계

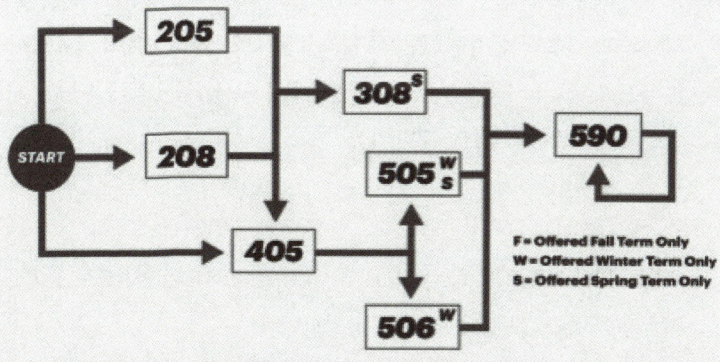

* 출처: Courses of Instruction 2020-21, Phillips Exeter Academy

비교과과정은 캠퍼스 내에서 행해지는 과정Special On-Campus Offerings과 캠퍼스를 벗어나 미국 내 타 지역 및 해외를 기반으로 행하는 경험학습 과정이다. 특히 '1년 해외 유학School Year Abroad' 프로그램은 4년 재학 중 1년을 해외에서 보내는 글로벌 몰입 학습Global Immersion Learning 과정이다. 60명 단위로 유럽과 아시아 등 주요 국가의 현지 가정에서 현지인들과 함께 생활하면서 필립스 엑시터 아카데미의 교사 또는 그에 준하는 협력 교사와 학교에서 현장 학습을 하게 된다.

4. Case Study: 비교과과정

1) 교내 특별 과정
- **전공과정**: 특정 학문의 관련 교과목들을 모두 이수했을 경우, 학생들은 학교에 전공 교과목의 추가 개설을 요청할 수 있음. 1학기당 1학점이 부여될 수 있으며, 요청 시에는 교과과정 개설제안서와 학생 지도 교사 및 학과장의 서명 확인이 필요하다.
- **시니어 프로젝트**: 12학년이 독립적/합동 프로젝트를 진행하며, 학생들이 본인의 프로젝트가 교육적 성과를 나타낼 것으로 교사들을 설득해야 한다. 최종 결과물 합격 시 1학점을 부여한다.

2) 교외 특별 과정
- **워싱턴 인턴 프로그램:** 워싱턴 D.C.의 상원의원의 풀타임 인턴으로 참여하여 국회의사당을 방문하는 경험도 가능하다.
- **글로벌 몰입 학습**School Year Abroad**이 가능한 국가 및 지역:** 아메리카: 미국 The Mountain School, Vershire, Vermont / 바하마 Cape Eleuthera

- **유럽:** 영국 Stratford / 프랑스 Grenoble / 독일 Göttingen / 아일랜드 Callan/ – 이탈리아 Rome / 스페인 Madrid / 러시아 St. Petersburg
- **아시아:** 일본 Tokyo, 중국 Shenzhen
- **아프리카:** 남아프리카공화국 Johannesburg

3) 기타 동아리 활동
- **200개 이상의 예술, 미디어, 정치, 기업가 및 학업 동아리/문화 및 친목 그룹/봉사조직:** Exeter Launch Club: MIT와 연계되어 3~6명 그룹의 벤처 창업을 돕는 동아리.
- **ForEx:** 세계통화시장을 분석 및 토론하는 동아리.
- **Makers of Exeter:** 디자인씽킹을 통하여 최첨단 기술과 함께 교내 및 사회 문제를 해결하고자 하는 동아리.

필립스 엑시터 아카데미는 대학 진학 준비를 위한 고등학교로서 대학 진학 준비에 전문화된 진로 지도를 제공한다. 실제로 2019학년 졸업생 318명 중 99퍼센트가 4년제 대학에 진학했다. '2019~2020 Profile for Colleges'에 의하면, 2019년도 졸업생 318명은 평균적으로 SAT 시험에서 언어: 720점(800점 만점), 수학: 730점(800점 만점)을 기록했다. 또한 학교와 연계된 풍성한 국내/해외 대외활동 이력으로 대다수의 학생들은 미국 내 최고 수준의 대학과 해외 유수 대학에 높은 합격/입학률을 보인다. 학생들은 대학 카운셀링 팀과 함께 진로를 준비하며, 학년별 대학 준비 과정은 아래와 같다.

|도표 4-6| 필립스 엑시터 아카데미의 진로 지도 내용

학년	단계	내용
9, 10	탐구 및 발견 Exploration and Discovery	• 대학 선택지 탐구 및 본인이 누구인지 알아가기 - 학생들의 지적 관심사를 개발하고 추구하며, 강한 학습 습관을 쌓고, 교외 활동 및 운동 활동에 참여한다.
11	조사 및 준비 Research and Preparation	• 본인의 역량 개발 및 대학 리스트업 - 부모님 및 대학 상담사와 함께 자신의 고유한 역량을 개발하고, 자신에게 맞는 대학 목록을 작성하며 목표와 관심사를 세분화한다.
12	세분화 및 구별 Refinement & Distinction	• 대학 지원 - 엑시터에서의 경험, 시간, 노력을 통해 대학 지원을 마무리하고, 세상을 밝히기 위해 다음 여정을 시작한다.

* 출처: Phillips Exeter Academy College Counseling, retrieved from https://www.exeter.edu/academics/college-counseling

앞에서 서술했던 것처럼 필립스 엑시터 아카데미는 수월성을 지향하는 사립학교의 전 세계적 모델이 되고 있다. 영국의 오랜 전통을 지닌 이튼 칼리지Eton College, 1440도 이에 해당하지만 일정한 경제력을 갖춘 남학생으로 자격을 제한하고 있어, 역할 모델로 제시하기에는 충분치 않다. 필립스 엑시터 아카데미도 비싼 학비를 요구하는 학교이긴 하지만, 풍부한 장학제도를 통해 경제적으로 제약이 있는 학생들에게도 적극 기회를 제공한다는 점에서 구분된다.

한국에도 이와 같은 맥락을 표방하는 사립고등학교들이 있다. 민족사관고등학교, 하나고등학교, 상산고등학교 등 전국 단위 자율형 사립고들이 이에 해당한다. 한국적 배경과 맥락에서 이들 학교들은 새롭고 혁신적인 교육철학과 교육과정을 적극적으로 도입했다. 그 결과, 일반적인 공립 및 사립고등학교의 교육과정과는 차이가 있는 교육과정을 개발하여 운영하고 있다. 그러나 수월성을 추구하기보다는 결국 현실적으로 한국의 대학 입학 제도와 시스템에 부합하는 형태로 귀결되는 모습이다.

그중 한국의 필립스 엑시터 아카데미로 견주어 비교되는 하나고등학교(2010년 개교)의 변화에 주목해보자. 하나고 교육과정의 특성은 고교 2학년 및 3학년 과정에서 자유 선택을 대폭 확대한 교육과정을 운영하는 것이다. 또한 AP 교과를 다수 제공한다. 즉, 설립 당시부터 최근까지 자율성에 기초하여 혁신적인 교육을 하려는 의지를 보였다. 그러나, 2020년 신입생 교육과정부터는 〈2015 개정 교육과정〉에 보다 중점을 둔 교육과정을 운영하고 있다. 현실적인 여건 때문에 '표준화의 함정'에 스스로 머무는 선택을 할 수밖에 없는 것이다. 한국 내에서는 여전히 매우 우수한 교육과정을 제공한다고 하지만, 필립스 엑시터 아카데미가 450개 이상의 교과목을 제공하고 이들 중 약 60퍼센트는 대학 수준의 내용을 제공하고 있는 점 등과 비교하면, 실제로는 교육과정의 폭과 깊이에서 모두 상당한 격차를 보인다고 하겠다.

07

**교육의 혁신성:
스탠퍼드 온라인 고등학교**

스탠퍼드 온라인 고등학교는 2006년 설립된 캘리포니아주 스탠퍼드 대학교 소속의 6년제(7~12학년) 사립고등학교이다. 2006년 개교 시 10학년부터 12학년까지의 3년제 과정이었으나, 현재는 6년제 중고 교과정을 제공하며 대학 준비 과정을 전문화한 고등학교이다. 서구식 학교 및 대학 협회Western Association of Schools and Colleges, WASC의 인증을 받았으며, 대학 학제에 준하는 학습을 할 수 있도록 토대를 제공한다. 2020년 기준으로 미국 내 48개 주, 총 31개 국가에서 온 학생 820명이 등록되어 있다. 전일제full-time 학생이 전체의 45퍼센트, 반일제part-time 학생이 55퍼센트를 구성하며, 전일제 학생만이 최종 고등학교 졸업 학위를 수여받을 수 있다.

2020년으로 설립 15년차이자 온라인 과정임에도, 학교 평가 전문

기관인 니치의 2020년도 평가에서 필립스 엑시터 아카데미를 넘어 미국 내 최고의 대학 진학 준비 사립고등학교로 평가되었다.[9]

대학교와 같은 학사 일정으로 수업의 참여와 대외활동을 계획할 수 있으며, 기본적으로 월요일-목요일 오전 8시부터 오후 5시 사이에 수업이 제공된다. 실시간 온라인 수업 형태를 택하고 있지만, 11학년과 12학년은 최소 8개부터 최대 14개까지 오프라인 수업을 이수해야 한다(입학 연도별로 필수 이수학점은 다를 수 있음).

스탠퍼드 온라인 고등학교의 핵심적인 특징 및 차별점은 다음의 네 가지로 요약할 수 있다.

첫째로는 개인화된 교육이다. 개인의 역량과 기량에 맞춘 개인화 수업과 과제를 이수하도록 하여, 학생들이 항상 문제 해결을 고민하고 도전할 수 있도록 한다. 이외에도 학생들을 위한 카운셀러, 학업 자문역, 칼리지 카운셀러가 개인화된 학습을 할 수 있도록 돕는다. 교과과정은 연령과 학년에 따라 배정받는 것이 아니라 각 학생의 준비 상태에 따라 결정된다.

둘째로는 대학 수준의 말하기, 글쓰기 기반의 의사소통이다. 학년과 관계없이 대다수의 수업들은 대학의 세미나 형식으로 진행되며, 교사와 학생들 사이에 활발한 토론이 이루어진다. 평균적으로 열두 명의 학급 규모를 유지하며, 일주일에 최소 두 번 실시간 화상 컨퍼런스를 진행한다. 또한 스탠퍼드 온라인 고등학교는 학문적으로 재능 있고 지적 호기심 많은 예비 대학 학생들을 지원하는 스탠퍼드 예비 대학 과정 Stanford Pre-Collegiate Studies 의 일부로도 운영되고 있다.

셋째로는 얕고 단발적인 지식이 아니라 깊이 있는 지식과 비판적 사고를 키워줄 수 있는 과제다. 이를 위해, 교사진의 64퍼센트가 박사 학위, 36퍼센트는 석사 학위를 소지하고 있다. 모든 교사가 최소 대학원의 학술 탐구 및 연구 경험을 지니고 있으며, 다양한 학문 영역의 탁월한 교육자들로 구성되어 있다.

넷째로는 높은 수준의 교육 환경을 제공하여 재능 있고 열정적인 학생들이 동료로서 함께 참여하고 도전하도록 한다. 여름방학 기간에는 Summer@Stanford라는 여름 기숙 프로그램을 운영한다. 중학교 과정의 학생들은 일주일, 고등학교 과정은 2주간 스탠퍼드대학교 기숙사에서 체류하며 실습과 수업 등 다양한 학습활동 및 비교과 활동에 참여하는 프로그램이다. 이 외에도 온·오프라인에서 다양한 학교 행사, 이벤트, 학생 활동들이 이루어지고 있다.

또한 이 학교는 사명 선언문Mission Statement과 가치 제안들Value Propositions도 명료하게 정립되어 있다. 철저히 수월성을 지향하는 학교이면서, 그 실행 방법으로는 혁신성을 지향하는 전형적인 21세기형 고등학교 모델이다.

스탠퍼드 온라인 고등학교는 전 세계 유수 대학의 기준을 넘는 높은 수준의 교육과정과 학생과 교사들이 수업내용을 심층적으로 탐구할 수 있는 환경을 제공한다. 다양한 학제의 전문 교사들과 함께 각 교과목의 전문적 학습방법론, 기술, 규범 및 지적 습관을 모델링하고 이를 대학 수준의 교과과정으로 제공한다.

사명 선언문

스탠퍼드 온라인 고등학교의 사명은 다양하고 지적으로 열정적인 학생들과 교사로 구성된 전 세계 학습 커뮤니티를 만드는 것입니다. 활발한 세미나를 통한 엄정한 커리큘럼은 학생들이 분석적으로 추론하고 창의적으로 생각하며 비판적으로 논쟁하도록 합니다. 교실을 넘어서, 과외 활동은 학생들과 교사들 사이의 지속적인 관계를 발전시킵니다. 학교는 독립성, 인격의 강화, 그리고 평생을 걸친 지식의 추구를 지원하고 촉진합니다.

특별한 학교

온라인이지만, 스탠퍼드 온라인 고등학교는 학생들과 교사들의 강점을 이끌어내는 가장 앞선 학교입니다.
- 영재 학생, 지적 위험감수자, 학교 교실을 넘어서 중요하고 가치 있는 활동에 관여하는 사람들을 위한 학교입니다.
- 제반 환경하에서 위와 같은 특성을 지닌 학생들을 지도하기 위한 열정을 지니고 있는 각 분야의 탁월한 교사와 강사를 위한 학교입니다.
- 스탠퍼드대학교 내에 위치하고 있으며, 따라서 학습의 최일선에 자리하고 있습니다. 타 학교들과 다른 스탠퍼드 온라인 고등학교의 특별함은 학생, 교사와 강사, 그리고 입지의 조합을 통해 만들어집니다.

* 출처: https://onlinehighschool.stanford.edu

교과과정은 AP 과정과 Honors 과정으로 나뉘는데, 두 과정 모두 대학 수준의 수업으로 진행된다. 추가로 미국 전역 19개 고등학교들의 컨소시엄인 밀론 온라인 학교 네트워크 Malone Schools Online Network를 통해 타 학교의 학점을 인정받을 수 있으며, 별도의 온라인 과정을 수

|도표 4-7| 스탠퍼드 온라인 고등학교의 입학 구분(2020~2021 기준)

전일제 학생	반일제 학생	단일교과
4-5과목 수강/학기	2-3과목 수강/학기	1과목 수강
학업 지도교사 배정 / 밋업프로그램 참가 / 40개 이상의 동아리 가입 가능/ 여름 캠퍼스 기숙 프로그램 지원 가능		
대학 진로 상담 제공	X	x
스탠퍼드 온라인 고등학교 학위 수여	x	X

* 출처: https://onlinehighschool.stanford.edu/enrollment-options 참조.

강할 수도 있다.

교육과정은 공통 교과와 선택 교과, 비교과과정 및 진로지도 과정으로 구성된다. 공통 교과로는 영어, 수학, 자연과학, 사회과학, 언어, 물리학 또는 웰니스 프로그램, 건강 관련 교과들이 있으며, 이 외에 선택 교과로는 인문학, 컴퓨터 과학, 경제학 및 공통 교과의 심화과정 이수가 필수다. 또 필수 심화 과정Advanced Coursework Requirement을 이수하기 위해 AP 레벨(대학 수준)의 영어, 사회과학(역사), 수학 또는 자연과학 과목을 수강해야 한다.

온라인으로 진행하는 데 다소 제약이 따르는 실험 과학의 경우, 학생들이 집에서 쉽게 구할 수 있는 자재로 수업을 진행하거나 학교 측에서 실험실 키트Lab Kit를 배급한다. 고급 장비가 필요한 경우 Honors 또는 AP 수준의 과정을 수강하는 학생들은 여름 기숙 프로그램에 참석하여 해당 부분을 보강할 수 있다.

|도표 4-8| 스탠퍼드 온라인 고등학교의 교육과정 체계

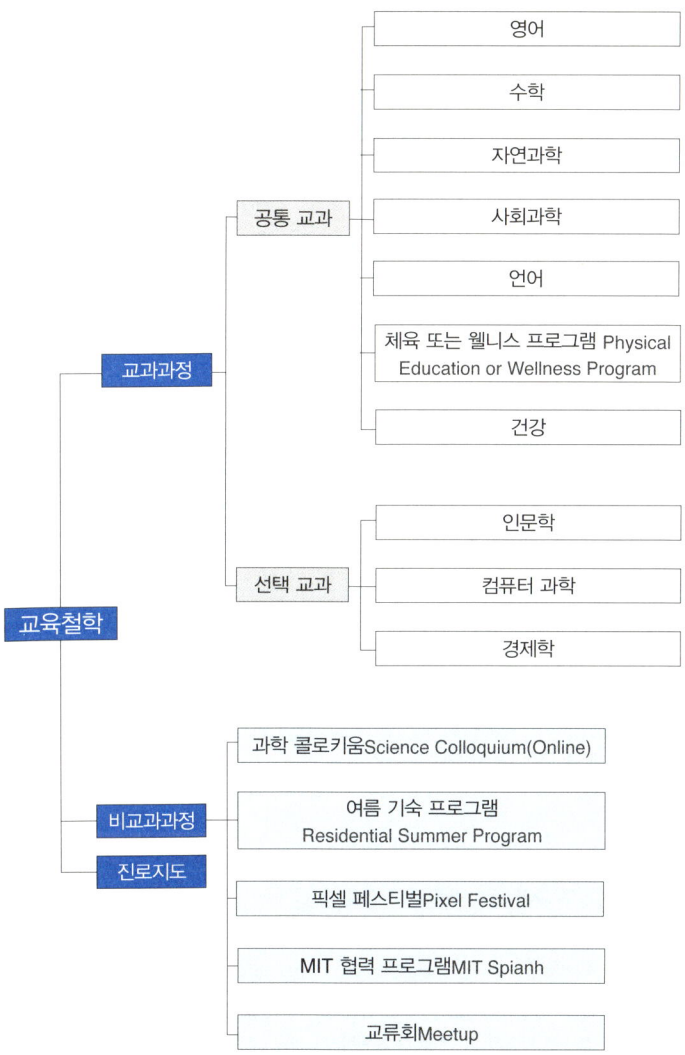

* 출처: 2019 Stanford Online High School Profile 참조.

|도표 4-9| 스탠퍼드 온라인 고등학교의 교과과정 이수 체계: 9~12학년(2020~2021 기준)

교과목	전일제 과정(Full-time) 학생 기준
총 이수 학점	210 학점 (21 full-year courses)
1) 공통 교과	160학점
영어	40학점
수학	40학점
자연과학	30학점 (20학점은 반드시 'Lab Science')
사회과학	30학점 (10학점은 US History)
언어	20학점 (동일 언어)
체육 또는 웰니스 프로그램	4학기 (성적 미반영 교과)
건강	1학기 (성적 미반영 교과)
2) 선택 교과	40학점 (공통 교과 심화 또는 인문학, 컴퓨터 과학 등)
3) 필수 심화 과정	10학점

* 출처: https://onlinehighschool.stanford.edu/academics 참조.

|도표 4-10| 공통 및 선택 교과 세부 내용 (2019 기준)

교과목	과정
핵심교과 (Core)	• 과학-생물학의 방법론 Methodology of Science-Biology • 역사 & 과학 철학 History & Philosophy of Science** • 민주주의, 자유 & 법의 규칙 Democracy, Freedom & the Rule of Law** • 비판적 읽기 및 심화 Critical Reading & Argumentation** • 철학 I & II 심층 주제 Advanced Topics in Philosophy I & II**

교과목	과정
영어	• AP 영어 언어 및 구성작문 AP English Language & Composition • 문학적 분석 및 심화 Literary Analysis & Augmentation • 문헌 분석 및 심화 Textual Analysis & Argumentation • 글쓰기 및 심화의 방법 Modes of Writing & Argumentation • 비판적 이론과 러시아 문학 Critical Theory & Russian Literature* • 비판적 이론과 역사적 상상 Critical Theory & the Historical Imagination* • 비판적 이론과 인류학적 고찰 Critical Theory and the Anthropocene** • 영어 문학과 구성작문 English Literature & Composition • 문학 I & II 심층 주제 Advanced Topics in Literature I & II** • 현대인의 문학과 사진 Modernist Literature and Photography** • 문학 및 신기술 Literature and New Technologies** 대학 수준 영어 UNIVERSITY-LEVEL ENGLISH • 모비딕 만들기 Making Moby-Dick** • 탐정소설의 위안과 욕망 The Comforts & Desires of Detective Fiction**
수학	• 심화 대수학 초급 Honors Beginning Algebra • 심화 대수학 중급 Honors Intermediate Algebra • 심화 삼각법을 활용한 미적분 Honors Precalculus with Trigonometry • 심화 기하학 Honors Geometry • AP 미적분 AB AP Calculus AB • AP 미적분 BC AP Calculus BC • AP 통계학 AP Statistics • AP 미시경제학 AP Microeconomics • 응용 통계 Applied Statistics** • 심화 문제 해결 및 증명 기술 Advanced Problem Solving & Proof Techniques** • 심화 미시경제학 주제 Advanced Topics in Microeconomics** • 미적분 C Calculus C*

교과목	과정
대학 수학	대학 수준 수학 UNIVERSITY-LEVEL MATHEMATICS • 선형 대수 Linear Algebra** • 다변량 미분 Multivariable Differential Calculus** • 다변량 적분 Multivariable Integral Calculus** • 미분 방정식 Differential Equations** • 복잡계 분석 Complex Analysis** • 현대 대수 Modern Algebra** • 분석 실무 Real Analysis** • 편미분 방정식 Partial Differential Equations** • 수 이론 Number Theory** • 행동 논리 Logic in Action**
언어	• AP 중국어 AP Chinese • AP 라틴어 AP Latin • Ap 스페인어 AP Spanish • 중국어 Chinese 1 / 2 / 3 • 라틴어 Latin 1 / 2 / 3 / 4* • 스페인어 Spanish 1 / 2 / 3
과학	• 심화 환경 과학 Honors Environmental Science • 심화 화학 Honors Chemistry (additional lab) • 심화 물리학 Honors Physics (additional lab) • AP 화학 AP Chemistry (additional lab) • AP 생물학 AP Biology (additional lab) • AP 물리학 AP Physics C (additional lab*) • 천문학/천체물리학 Astronomy/Astrophysics • 천문학 연구 세미나 Astronomy Research Seminar • 마음 연구: 심리학, 신경과학, 철학 The Study of the Mind: Psychology, Neuroscience, & Philosophy • 심화 생물학 연구 주제 Advanced Topics in Biological Research** 대학 수준 과학 UNIVERSITY-LEVEL SCIENCE • 빛과 열 Light & Heat** • 현대 물리학 Modern Physics** • 중급 역학 I & II Intermediate Mechanics I & II**

교과목	과정
역사	• 혁명과 반란 Revolutions & Rebellions • 글로벌화 및 제국 교환 Globalization & Imperial Exchange* • 미국 문화 및 사회 American Culture & Society* • AP 미국 역사 AP United States History • 고급 역사 연구 세미나 Advanced History Research Seminar*
인문학	• 자화상/풍경화 그리기 Portrait/Landscape Drawing • 창의적 글쓰기 Creative Writing • 성과 섹슈얼리티에 대한 교차적 접근 Interdisciplinary Approaches to Sex & Sexuality • 법학 연구: 헌법 Legal Studies: Constitutional Law • AP 음악 이론 AP Music Theory
컴퓨터 과학	• 프로그래밍 C++: 기술과 알고리즘 Programming in C++: Techniques & Algorithms • AP 컴퓨터 과학 A AP Computer Science A • 데이터 보안 및 자바 알고리즘 Data Structures & Algorithms in Java
경제학	• AP 미시경제학 AP Microeconomics • 고급 미시경제학 주제 Advanced Topics in Microeconomics • 경제학 Economics
기타	• 건강 Health • 리더십 Leadership • 청소년기 인간 발달 Human Development in Adolescence • 당신의 삶을 디자인하라 Designing Your Life

* AP와 동등한 수준. **Post-AP, 대학 1-2학년 과정의 교과과정이거나 그와 동등한 수준.
*** 출처: 2019 Stanford Online High School Profile 참조.

1. Case Study: 핵심 교과

- 핵심 교과Core Courses는 스탠퍼드 온라인 고등학교의 주요 과정이며, 인문학 및 과학 분야의 철학적 기술, 전략 및 표준을 채택. 학년별로 하나의 교과목을 수강하며, 공통 교과의 자연과학, 사회과학, 영어 등의 분야로 이수 학점을 처리한다.
- 각 핵심 교과목은 스탠퍼드 온라인 고등학교의 독창적이고 중심적인 요소로서, 학교 사명의 주요 원칙을 구체화하고 있다.
- 핵심 교과과정으로 인간의 본성, 과학, 과학의 역사, 정치 이론 및 철학을 배움으로써 학생들은 이를 학술 및 공공 추론Academic and Public Reasoning에 광범위하게 적용할 수 있다.
- 핵심 교과에서 제공하는 지적 프레임워크는 특정 분야의 개념을 알고 기초적인 질문을 할 수 있는 능력, 담론에 대해 비판적으로 생각할 수 있는 준비, 엄격하고 논리적인 원칙과 실천의 숙달에 중점을 두고 있다.

|도표 4-11| 스탠퍼드 온라인 고등학교 핵심 교과 이수 체계(2020~2021 기준): 9~12학년 기준

핵심 교과목	내용
과학-생물학의 방법론 Methodology of Science-Biology(Natural Science)	학생들은 다양한 상황 속에서 생물학을 사용하여 과학적 추론, 통계 분석 및 철학적 사고를 할 수 있다.
역사 & 과학철학 History & Philosophy of Science(Social Science)	학생들은 역사적 사례 연구 방법론을 활용하여 물리적 세계의 관찰들 사이의 상호작용을 조사하고, 그러한 관찰들을 설명하려 시도하며, 결과적인 설명을 테스트하기 위해 사용되는 방법들을 검토한다.
민주주의, 자유 & 법의 규칙 Democracy, Freedom & the Rule of Law (Social Science)	역사적 자료와 이론적 자료 모두를 바탕으로 학생들은 정치적인 국가가 어떻게 구성되는지에 대해 변화하는 개념을 학습한다.
비판적 글쓰기 및 심화 Critical Reading & Argumentation (English)	학생들은 종교적 개념, 지식과 본질의 한계, 윤리와 본질의 내용, 세상과 마음의 관계에 대한 핵심적 철학적 토론뿐만 아니라 추론 방식에 대한 철학적 사고도 탐구한다.

* 출처: https://onlinehighschool.stanford.edu/academics 참조.

2. Case Study: 수학

- 스탠퍼드 온라인 고등학교의 수학 교과는 학생들에게 수학, 컴퓨터 과학 및 경제 분야에서 광범위하고 엄정한 교육과정을 제공한다. 각 교과과정은 수학 이론과 응용에 초점을 맞춘 과정을 통해 수리과학Mathematical Sciences의 견고한 기초를 구축하는 데 중점을 둔다. 또 기초 중등수학 과정에서 고급 대학 수준의 수학 과정까지 연계성을 갖는 수직적 통합 관점의 교과 구성을 강조한다.
- 특히 학생들이 비판적 사고와 문제 해결을 위해 수학 도구를 공식화하고 사용할 수 있도록 수학에 대한 광범위한 이해를 제공한다. 여기에는 계산, 문제 해결, 논리적 추론, 일반화 및 추상화 등이 포함된다.
- 스탠퍼드 온라인 고등학교의 수학 과정을 성공적으로 이수한 학생들은 고등 수학의 기초가 되는 개념과 기법을 이해하고 적용할 수 있으며, 새로운 문제 해결을 위해 독립적인 연구 기술을 개발한다.

스탠퍼드 온라인 고등학교의 수학 교과과정

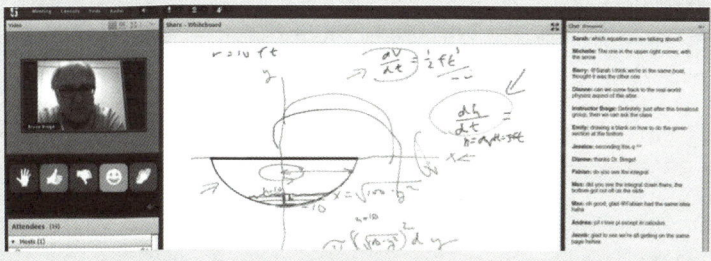

* 출처: https://onlinehighschool.stanford.edu/academics

|도표 4-12| 스탠퍼드 온라인 고등학교의 수학 세부 교과과정

중고등학교 수준 과정	대학 수준 과정
• 심화 대수학 초급 Honors Beginning Algebra • 심화 대수학 중급 Honors Intermediate Algebra • 심화 삼각법을 활용한 미적분 Honors Precalculus with Trigonometry • 심화 기하학 Honors Geometry • AP 미적분 AB AP Calculus AB • AP 미적분 BC AP Calculus BC • AP 통계학 AP Statistics • AP 미시경제학 AP Microeconomics • 응용 통계 Applied Statistics** • 심화 문제 해결 및 증명 기술 Advanced Problem Solving & Proof Techniques** • 심화 미시경제학 주제 Advanced Topics in Microeconomics** • 미적분 C Calculus C*	• 선형 대수 Linear Algebra** • 다변량 미분 Multivariable Differential Calculus** • 다변량 적분 Multivariable Integral Calculus** • 미분 방정식 Differential Equations** • 복잡계 분석 Complex Analysis** • 현대 대수 Modern Algebra** • 분석 실무 Real Analysis** • 편미분 방정식 Partial Differential Equations** • 수 이론 Number Theory** • 행동 논리 Logic in Action**

* AP와 동등한 수준.
** Post-AP, 대학 1-2학년 과정의 교과과정이거나 그와 동등한 수준.
*** 출처: 2019 Stanford Online High School Profile 참조.

3. Case Study: 비교과과정

1) 온라인 과학 콜로키움
- 학생들은 세 파트로 구성된 과학 콜로키움에서 학술적 성과를 발표함.
- 스탠퍼드 온라인 고등학교의 지적 탐구 정신을 함양함과 동시에 자신의 현재 실험을 소개하고 제시하거나 더 위대한 공동체를 연구함.

스탠퍼드 온라인 고등학교 과학 콜로키움

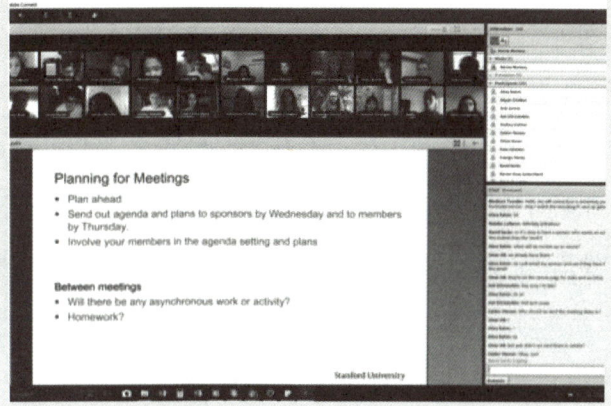

* 출처: https://onlinehighschool.stanford.edu/student-life#onlineevents

2) 여름 캠퍼스 기숙 프로그램 Residential Summer Program
- 스탠퍼드 온라인 고등학교의 모든 등록 학생(전일, 반일, 개별 교과)이 참여 가능하며, 8월 중 2주간 스탠퍼드 대학교 기숙사에서 생활하면서 다양한 학술적 프로그램 및 활동들에 참여하는 프로그램.

|도표 4-13| 여름 스탠퍼드대학교 캠퍼스 기숙 프로그램

도전적이고 풍부한 학업 프로그램	온라인으로 제공할 수 없는 실습과 체험학습을 제공함. 과학 실험실 과정, 학제간 연구 interdisciplinary studies, 견학 field trips, 리더십 활동 등을 포함한다.
실리콘밸리 지역 탐방조사	학생들은 스탠퍼드대학교의 풍부한 자원을 활용할 수 있다. 캔터 아트센터 Cantor Arts Center 방문, 스탠퍼드대학교 도서관 활용, 스탠퍼드 대학교 교수들과의 대화 시간을 가짐. 또한 샌프란시스코 베이 지역을 탐험할 수 있는 기회를 얻으며, 박물관, 크루즈 및 수족관 등을 포함한 현지 지역 학습을 수행한다.
진로 및 경력 탐색	스탠퍼드 온라인 고등학교의 카운슬러와 학업 어드바이저를 만나 학업 계획과 학습 과정을 논의할 수 있음. 또한 다양한 과목의 과제에 접근하기 위한 전략에 대해 토론한다.

* 출처: https://onlinehighschool.stanford.edu/student-life#inpersonevents

스탠퍼드 온라인 고등학교와 견줄 수 있는 한국의 대학 부설 고등학교 중 수월성과 혁신성을 추구하는 학교로 용인 한국외국어대학교 부설 고등학교를 들 수 있다. 미국의 분류 기준을 적용하면 '대학진학 준비 고등학교'로 간주할 수 있으며, 2005년 외국어고로 출범하여 해외대학 진학에 특화된 교육과정을 운영하고 있다. 2011년 자율형 사립고로 전환했고, 지역적 특성으로 학생들이 기숙사 생활을 하고 있어, 미국의 기숙형 사립학교(보딩스쿨)와도 유사한 특성을 지닌다.

일반계(자율형 사립고) 고교이면서도 자유수강제를 전제로 '인문·사회·경제(경영)'와 '자연과학·공학' 트랙의 프로그램과 트랙별 AP 교과를 다수 제공하여 해외 대학에 진학하려는 수요에 부응한다. 또 대학 부설 고등학교의 특성을 살려, 각 교과목의 깊이 있는 수업과 학점제 시스템 등 대학의 학사 시스템을 적용하는 것이 특징이다. 그러나 스탠퍼드 온라인 고등학교가 핵심 교과목에 대해 고등학교 수준과 대학 수준 교과목을 구분하여 수강하는 학생들의 학습능력에 따라 선택이 가능하도록 한 수준에는 아직 이르지 못하고 있다.

한국과학영재학교의 교육과정 역시 스탠퍼드 온라인 고등학교와 비교할 만한 한국의 사례다. 한국과학영재학교는 한국과학기술원 KAIST 부설 고등학교로, 과학영재 양성을 목적으로 설립된 학교다. 고등학교이지만 수리정보과학부, 물리지구과학부, 화학생물학부, 인문예술학부를 두고, 무학년·졸업 학점제를 채택하여 미국의 자유교양 대학 수준의 교육과정을 운영하고 있다.

교과는 핵심(필수)-심화(선택)-융합의 3단계로 구성되어 있고, 필수 과정으로 창의연구활동: 창의기초연구-소집단 자율연구 및 국내·외

위탁 교육-졸업연구가 다루어지고 있다. 또한 '역량 중심 리더십 활동'도 총 300시간 이상을 필수적으로 다루고 있다.

한국과학영재학교의 교육과정 전반을 보면, 스탠퍼드 온라인 고등학교에 비해 결코 떨어지지 않으며 어떤 부분들은 오히려 더 우수하다. 그러나 이 학교의 입학정원은 2021학년도 신입생 기준 120명 내외다. 스탠퍼드 온라인 고등학교가 온라인이라는 강점을 이용하여 미국을 포함한 31개 국가의 학생을 대상으로 교육하는 것과는 차이가 있으며, 캠퍼스를 기초로 한 전통적인 교육 인프라를 가지고 있으므로 물리적인 제약성 역시 존재하는 것이 차이점이다.

스탠퍼드 온라인 고등학교처럼 한국과학영재학교의 주 교사를 대전의 한국과학기술원 본원으로 옮기고, 온라인 과정으로 전국적인 학생을 대상으로 교육과정을 제공해보면 어떨까? 과학기술 분야 영재교육을 위해 상당한 자원을 투입하면서 1년에 120명으로 한정된 교육을 하는 것이 국가적으로 과연 생산적인 걸까?

08

교육의 다양성:
토머스 제퍼슨 과학기술고등학교

 토머스 제퍼슨 과학기술고등학교는 미국에서도 매우 독특한 사례에 해당한다. 지역의 과학, 수학, 기술 분야의 교육을 증진하기 위해 산학 협력 파트너십 아래 1985년 버지니아주 페어팩스 카운티에 설립된 4년제 공립 마그넷 스쿨이다. 9학년부터 12학년까지로, 대학 준비 과정을 기반으로 한 고교 교육과정을 제공한다. 이 학교는 미국의 학교 평가 전문기관인 니치의 2020년도 평가에서 '미국 내 최고의 공립고등학교', '미국 내 최고의 STEM 분야 고등학교' 부문에서 각각 1위로 평가되었다.

 이 학교는 우리의 과학고등학교에 과학기술원을 결합한 개념에 가깝다. 수학, 과학 및 기술 등의 분야에 폭넓은 교과 및 비교과과정을 제공하고 있다. 캠퍼스가 설치된 페어팩스 카운티와 인근 버지니아주

주요 지역의 학교들과 개방적 협력 관계를 지니며, 지역 교육 혁신의 역할 모델을 하고 있다. 일반적인 고등학교에서 볼 수 없는 매우 고유한 모델이라 할 수 있다.

이 학교의 고유한 특성은 사명선언문과 신념을 통해서도 구체적으로 표현되고 있다. 지역의 산학 협력 파트너십의 기반에서 출범한 고등학교이면서도 '인류 공동의 이익에 바탕을 둔 혁신 문화를 조성'하는 것을 사명으로 삼고 있어, 전통적인 명문 대학들의 사명과 비교해도 뒤지지 않는다.

토머스 제퍼슨 과학기술고등학교의 사명선언문과 신념

사명 선언문
토머스 제퍼슨 과학기술고등학교의 사명은 학생들에게 수학, 과학, 기술에 초점을 맞춘 도전적인 학습 환경을 제공하고, 발견의 가능성에서 즐거움과 영감을 얻으며, 윤리적 행동과 인류 공동의 이익에 바탕을 둔 혁신 문화를 조성하는 것이다.

신념
우리는 토머스 제퍼슨 과학기술고등학교에서 다음을 믿습니다. 1. 비판적 사고와 문제 해결 기술은 우리 시대의 복잡한 사회적, 윤리적 문제를 해결하는 데 필수적입니다. 2. 학생들은 학문 분야가 통합된 커뮤니티에서 가장 잘 학습할 수 있으며, 상호작용과 융합을 통해 전체를 형성하는 방식에 대한 인식을 키웁니다. 3. 글로벌 상호의존성은 전 세계 사람들의 언어, 시스템 및 다양한 문화를 이해하도록 해줍니다.

5. 과학의 방법은 세계의 구조를 찾는 데 규율을 제공합니다.
6. 연구는 기본 지식, 개인 창의력 및 호기심의 조합에서 비롯됩니다.
7. 효과적인 의사소통은 종종 좋은 아이디어와 성공적인 이니셔티브의 유일한 차이입니다.
8. 공동 학습, 운동 및 과외 활동은 리더십과 대인 관계 기술을 개발합니다.
9. 책임과 성실성은 우수성을 추구하는 핵심 원칙입니다.
10. 학습은 계속됩니다.

* 출처: https://tjhsst.fcps.edu/about

토머스 제퍼슨 과학기술고등학교는 과학, 수학, 기술을 전문적으로 강조하는 포괄적인 교육과정을 제공한다. 학생들은 전문 연구실 중 하나 또는 멘토링 프로그램을 기초로 이 학교의 학술적 경험의 정점에 달하는 '기술 실험실 프로젝트'를 완료해야 한다.

커리큘럼 전체에 도입된 핵심 기술과 가치는 비판적 탐구 및 연구, 문제 해결 기술, 지적 호기심 및 사회적 책임을 강조하고 촉진하며, 각 학생의 지적 기술 및 감성적 잠재력을 극대화하기 위해 학제 간 교차적interdisciplinary 접근 방식에 기반을 두고 있다.

이 학교의 교과과정은 다음의 여섯 가지 교육 방법론을 기초로 구성 및 설계된다.

> 1. 강력한 의사소통 기술 습득 acquiring powerful communication skills
> 2. 협업 기술 개발 developing collaborative skills
> 3. 시스템의 맥락 속에서 사고하고 일하기 thinking and working in the context of systems
> 4. 실제 프로젝트와 문제 다루기 working with real projects and problems
> 5. 변화 관리 managing change
> 6. 윤리적 문화 개발 developing an ethical culture

교육과정 체계는 버지니아주 교육부의 기준을 기본적으로 채택하고 있으며, 과학 및 기술 관련 심화 교과과정 또는 비교과과정을 운영하며 학생들의 역량을 증진시키는 데 집중하고 있다. 특히, 교과과정의 IBET Integrated with Biology, English, and Technology와 더불어, 비교과과정의 졸업 연구 프로젝트(해당 분야 연구실 혹은 멘토링 프로그램)을 통해 탄탄한 기본기를 바탕으로 본인만의 연구 프로젝트를 개발할 수 있도록 하고 있다.

아홉 개의 교과목은 공통 교과/선택교과과정을 포함하고 있으며, 선택하는 학위에 따라 과목별 이수 학점이 나뉜다. 버지니아주 교육부의 가이드라인에 따라 일반 학위 Standard Diploma와 고등 학위 Advanced Studies Diploma로 나누어 각각의 이수 체계를 제공한다. 일반학위는 22학점을 졸업 요건으로 하고, 고등학위는 26학점을 요구한다. 특히 수학, 실험 과학, 역사 및 사회과학, 세계의 언어 영역에서 1학점 또는 2학점을 추가로 이수해야 한다. 학생들은 주 정부 가이드라인에 따라 학습 표준 Standard of Learning 시험 또는 성과평가를 하는 영어 필기 시험을 통과하는 것으로 인정 학점verified credit을 취득할 수 있다.

일반 학위와 고등 학위 모두에서 취득해야 하는 공통과목은 영어, 수학, 실험 과학, 역사와 사회과학이며 교과과목 내 공통 또는 심화 과정 중 AP, HNHonors, IB로 지정되어 있는 교과과정은 고급 학술 프로그램Advanced Academic Programs에 포함된다. 이는 버지니아주 교육부에서 각 학교의 영재들을 위해 모든 초중고교 학년 교과과정에 설립할 것을 권고하여 제공하는 프로그램으로, 학교별로 상이하다. 토머스 제퍼슨 과학기술고등학교는 AP 과정을 주로 개설해 운영하고 있다.

|도표 4-14| 토머스 제퍼슨 과학기술고등학교 교육과정

* 출처: Graduation Requirements 2021 Course Catalog for 9-12th Grade, TJHSST 참조.

|도표 4-15| 토머스 제퍼슨 과학기술고등학교의 교과과정 이수 체계(2020~2021 기준)

교과목	학위 구분	
	일반 학위	고등 학위
총 이수 학점	22	26
공통 교과	18	23
영어	4	4
수학	3	4
실험 과학	3	4
역사 및 사회과학	2	4
건강 및 체육*	2	2
세계 언어	2	3
현대 미술 또는 콘텐츠		1
경제학 및 개인 재정	1	1
AP, HN 또는 IB 과정 또는 CTE	–	–
긴급 재난 대응 훈련	–	–
선택 교과(공통 교과 심화 과정)	4	3

* 출처: Graduation Requirements 2021 Course Catalog for 9–12th Grade, TJHSST 참조.

고학년 기술연구 졸업 프로젝트Senior Technology Research Graduation Requirement는 토머스 제퍼슨 과학기술고등학교의 교육과정 중 핵심적인 것으로, 12학년의 졸업연구 프로젝트에 해당한다. 학생들은 본인의 연구 프로젝트를 교내 기술 연구실, 또는 외부 전문가의 도움을 받거나, 멘토링 프로그램을 기초로 수행한다. 학교는 전문 연구 실험실과 최첨단 기술 환경을 제공하며, 천문학과 천체 물리학, 자동화 및 로봇공학, 생명공학 등을 포함한 다양한 과학기술 기반을 지니고 있다. 학생들은 본인이 속한 연구실에 따라 필수 이수 교과목이 있으며, 추천 과목도 제시된다.

멘토링 프로그램은 학생들이 과학, 공학, 기술 및 산업계에 실제 종사하는 전문가로부터 멘토링을 받으며 독립적인 연구 및 실험을 진행할 수 있도록 짜여진 교육과정이다. 멘토들은 워싱턴 D.C. 지역의 과학 및 기술 관련 기업, 교육기관, 정부기관에 종사하고 있는 현직자들로, 특정 분야의 집중된 연구와 프로젝트를 함께 진행할 수 있다. 멘토링 프로세스를 통해 학생들은 자신의 통찰력과 전문 지식을 멘토들과 협력하여 자신의 관심사를 테스트하고, 실제 환경에서 지식과 적성을 적용할 수 있다. 학생들은 문제 해결을 위해 비판적인 사고를 적용하고, 그에 따라 더욱 강하고 자신감 있으며, 창의적이고 생산적인 인재로 성장한다.

토머스 제퍼슨 과학기술고등학교의 멘토링 프로그램은 처음에는 졸업연구 프로젝트의 요건을 충족시키고자 만들어졌지만, 지금은 교내 연구소가 감독하며 학교의 멘토십 프로그램 디렉터Mentorship Program Director가 조정 역할을 하고 있다. 교내 연구실에서 진행하는 프로젝트와 동일한 요구사항 및 목표를 지니고 있으며, 멘토링을 받는 학생들은 교외 멘토들과 함께 프로그램을 진행한 후, 학교의 기술 실험실 디렉터Technology Laboratory Director에게 보고해야 한다..

토머스 제퍼슨 과학기술고등학교의 교육과정과 비교할 수 있는 한국의 고등학교는 대체로 과학고등학교들이다. 이 중 서울과학고는 과학 분야의 영재학교로, 무학년·졸업 학점제를 준용하며, 특히 융합

|도표 4-16| 토머스 제퍼슨 과학기술고등학교 교내 연구실 목록

연구실 분야	필수과목	추천과목
천문학 및 천체물리학 Astronomy and Astrophysics	–	• Advanced Astronomy: The Solar System • Advanced Astronomy: The Universe
자동화 및 로보틱스 Automation and Robotics	• Automation and Robotics 1: Robot Design and Prototyping OR • Automation and Robotics 2: Microcontroller Based Systems	• Advanced Analog OR Digital Electronics • AP Computer Science plus data structures
바이오기술 및 생명과학 Biotechnology and Life Sciences	• DNA Science I	• DNA Science II, AP Chemistry, or AP Biology
화학 분석 및 나노화학 Chemical Analysis and Nanochemistry	• AP Chemistry (year)	• Introductory Organic Chemistry with Instrumental Analysis • AP Biology or AP Physics or AP Statistics or AP BC Calculus
컴퓨터 시스템 Computer Systems	• Data Structures including APCS-A	• Artificial Intelligence • Parallel Computing • Computer Vision
에너지 시스템 Energy Systems	–	• Conventional Energy Systems OR • Alternative Energy Systems AND • One Tech Elective
공학 디자인 Engineering Design	• Specialized Computer Assisted Design OR Engineering Design	–
미시 경제학 Microelectronics	• Advanced Analog Electronics AND • Advanced Digital Electronics	• Advanced Audio Electronics • Advanced Microprocessors Systems

285

연구실 분야	필수과목	추천과목
모바일 및 웹 애플리케이션 개발 Mobile and Web Application Development	• Data Structures including APCS-A	• Mobile App Dev • Web App Dev
신경과학 Neuroscience	• [AP Biology (year) AND Neurobiology] or • [AP Calculus BC (year) AND Artificial Intelligence 1 AND Artificial Intelligence 2] or • [AP Calculus BC (year) AND Automation & Robotics 1 AND Automation & Robotics 2	• Advanced Digital OR Analog Electronics
해양학 및 지구 물리 시스템 Oceanography and Geophysical Systems	• Advanced Marine Biology	• DNA Science 1 • Conventional Energy Systems OR Alternative Energy Systems • Advanced Prototyping 1 OR 2 • AP Chemistry
프로토타이핑 및 엔지니어링 재료 Prototyping & Engineering Materials	• Advanced Prototyping 1: Processes • Advanced Prototyping 2: Development	• Specialized Computer Assisted Design
양자물리학 및 광학 Quantum Physics and Optics	• AP Physics C	• Relativity, Electrodynamics, and Quantum Mechanics • Computational Physics OR Intro to Optical Systems OR AMT (Mathematics Techniques for Scientists and Engineers) • Advanced Analog OR Digital Electronics

* 출처: Current Labs, Research Programs, TJHSST 참조.

1. Case Study: 과학과 기술

- 9학년 신입생들은 영어와 디자인과 기술Design and Technology 과목이 통합된 생물학 교과 IBET를 시작으로, 화학, 물리 및 지리 시스템 과목을 수강한다.
- 12학년에 진행하는 졸업연구 프로젝트 이전까지 10학년, 11학년에는 과학, 기술, 컴퓨터 과학의 선택과목을 수강하며 준비할 수 있도록 한다.
- 과학 분야의 모든 교과목은 실험실 교육을 포함하고 있으며, 과학 선택과정의 경우 학생들이 졸업논문 프로젝트를 진행하거나 생물학, 화학, 물리학 및 기타 과목의 AP를 성공적으로 준비할 수 있도록 교육한다.

"IBET Integrated Biology, English and Technology**"**

- 토머스 제퍼슨 과학기술고등학교에서만 독자적으로 제공되는 IBET 과정은 9학년 신입생들을 위한 과정으로, 모든 학생이 연구 실험실 과정에서 필요한 기본적인 역량들을 탐구하고 습득할 수 있도록 고안되었다.
- 생물학, 영어, 기술의 세가지 학문이 통합된 교과목으로서, 학생들은 주어진 토픽을 가지고 그룹을 이루어 함께 1년 동안 연구 프로젝트를 진행한다.
- 1년 후, 교내 연구 심포지엄인 tjSTAR에서 연구 결과물을 발표한다.

2. Case Study: 컴퓨터 과학

- 토머스 제퍼슨 과학기술고등학교의 컴퓨터 과학 교과는 학생들에게 세계적인 수준의 컴퓨터 과학 교육을 제공하고 교과과정 자료를 다른 교육기관에 공유하는 것이 목적이다.
- 모든 학생은 학년이 시작되기 전에 1년 동안 기본적인 CS수업을 이수하고, 컴퓨터 과학 기초를 9학년에 이수함으로써 필수 요구조건을 충족시킨다. 이후에, 학생들이 선택한 연구실 혹은 프로젝트의 주제에 따라 세부적인 선택

과정을 이수한다.

|표 4-17| 토머스 제퍼슨 과학기술고등학교의 IBET 개요

Computer Science at TJHSST for 2020-2021
One credit in Computer Science (a full year) is required to graduate.

Ninth

Students with little or no programming experience.	**Foundations of Computer Science** *Java: classes & objects, loops, conditionals, arrays, files, graphics*
Students with one year, or more, of programming.	**Foundations of Computer Science (Accelerated)** *Python: classes & objects, algorithmic thinking, data processing, modeling and simulation*

Tenth

Prerequisite is Foundations of Computer Science, or Accelerated, or the TJ CS Readiness Assessment – info will be available in the spring.	**Data Structures including AP Computer Science A** *Java: recursion, linked lists, stacks, queues, trees, maps, sets, graphs, heaps*

Semester Electives – Eleventh & Twelfth

Prereq is Data Structures. Students take AI 1 in fall and then may take AI 2 in spring.	**Artificial Intelligence 1** *Python: graphs, heuristics, constraint solvers, game trees*	**Artificial Intelligence 2** *Python: genetic algorithms, learning, natural language processing, agents*
Prereq is Data Structures. Students take CV 1 in fall and then may take CV 2 in spring.	**Computer Vision 1** *C++: image filtering, detection, segmentation, recognition*	**Computer Vision 2** *C++: motion, augmented reality, convolutional neural networks*
Prereq is Data Structures. Students take either course, or both in any order, in fall or in spring.	**Mobile App Development** *Android: Java based, phone, tablet, embedded*	**Web App Development** *JavaScript, Node, SQL, CSS, HTML, the DOM*
Prereq is *AI 1 and AI 2*, plus math pre- or co-req of Multi. Students take ML1 in fall and then may take ML2 in spring.	**Machine Learning 1** *Classification, regression, analysis, evaluation and generation*	**Machine Learning 2** *Neural networks, auto encoders and reinforcement learning*

Senior Research Labs

Prereq is Data Structures. Recommend one or more electives in AI, CV, ML, or Mobile App or Web App.	**Computer Systems Lab** *Senior Research Project or Mentorship*
Prereq is Data Structures. Recommend one or both electives in Mobile App and Web App Development.	**Mobile and Web Application Development Lab** *Senior Research Project or Mentorship*
One of three possible tracks is the computational track. Track prerequisites are both: AP Calculus BC and AI 1&2.	**Neuroscience Lab** *Senior Research Project or Mentorship*

*Any exception to a prerequisite (which are rare) should be directed to the Math-CS Division Manager who, if supportive of an exception, will request final approval of the TJ administration.

* 출처: Flow Chart for CS Courses 2020-21, TJHSST 참조.

3. Case Study: tjSTAR

- 모든 학생은 매년 학술 심포지엄인 tjSTAR Thomas Jefferson Symposium to Advance Research에 참여하여, 학년에 관계없이 본인의 연구 프로젝트를 발표한다.
- 이는 각자의 연구 내용을 공유하고, 미래 연구 기회를 배우며, 잠재적인 경력을 탐구할 수 있는 기회로서의 의미를 지닌다.
- 학생들이 학습을 위한 새로운 아이디어로 서로에게 영감을 주고 동료로부터 피드백을 받고, 동문 및 지역 사회 파트너를 학업 프로그램에 참여시키는 방법으로 사용된다.
- 하루 전일 일정으로, 학생들의 연구 프로젝트 발표 이외에도 발표자, 외부 전문가와의 패널 토론, 상호작용이 이루어지는 실험장 및 박람회를 포함한 다양한 활동들이 펼쳐진다.
- 키노트 스피커로 학생들에게 영감을 불러 일으킬 수 있는 세계적 수준의 과학기술 인사가 참여하며, NASA 등 고등연구기관의 연구자들도 함께 참여한다.

 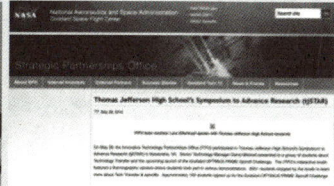

교육을 강조하는 등 자유교양대학 수준의 교육과정을 운영하고 있다. 앞서 기술한 것처럼 대학의 학사 시스템을 적용하고 있으므로, 졸업 요건을 갖추기 위해서는 다음의 사항을 충족해야 한다.

① 180학점 이상 이수(교과 154학점 이상, 연구 활동 26학점 이상)

② 교과 이수 학점의 평균 평점 2.0 이상

③ 졸업 연구 논문 통과

④ 봉사 활동과 단체 활동 각 120시간 이상 이수

⑤ 영어능력시험 통과(TOEFL-IBT 70 및 유사 수준)

서울과학고등학교의 교육과정에서 상대적으로 두드러지는 부분은 현장 연구로, 해외 이공계 체험학습과 위탁 교육과정을 정규 학점과정으로 편성하고 있다. 그러나 처음부터 산학 협력 파트너십을 기반으로 하고 있는 토머스 제퍼슨 과학기술고등학교에 비하면 그 폭과 깊이에서 격차가 존재할 수밖에 없다.

또한 서울과학고가 연간 신입생 128명의 소규모 고교과정으로 대학교육과정(학사과정)보다 더 많은 학점을 이수하는 영재교육 과정인 것에 비해, 토머스 제퍼슨 과학기술고등학교는 2020년 기준으로 9학년 470명, 12학년 443명으로 학년별로 평균 453명이 재학 중이다.[10] 대학 수준의 교육과정 운영과 현장 연구 등을 수행하기 위해서는 인프라나 교수자 등 일정한 규모가 확보되고 투입되어야 한다는 점을 고려하면, 서울과학고등학교와 토머스 제퍼슨 과학기술고등학교의 격차는 충분히 설명될 수 있을 것이다.

09

교육의 포용성: 카우프만 스쿨

카우프만 재단은 기업가정신을 육성하는 세계 최대 규모의 비영리기관이다. 이 재단의 주된 관심사는 미국의 각 개인과 조직이 기업가정신을 발현하는 데 영감을 주고, 그 실행을 위한 구체적인 방법론을 제시하는 것이다. 개인들은 '자기 주도적 삶'을 실현하고, 조직은 '혁신생태계'를 조성함으로써 개인과 조직 모두에 기업가정신이 싹트게 하겠다는 방향을 가지고 있다.

이 재단은 20여 년 전부터 사회적 이동성을 이끌어내는 방법론으로서 K-12 교육의 혁신활동을 지원해왔다. 이러한 맥락에서 2011년 5학년 과정만을 운영하는 학교를 설립하기 위한 프로젝트를 시작했다. 그간의 연구 결과, 경제적 취약층의 자녀들이 제대로 된 K-12 교육을 받고 대학에 진학하는 경우와 평범한 학교 과정을 거친 경우 사이에 학력과 직업, 소득의 차이가 매우 크다는 것을 확인했다. 경제적 부유층의 경우 대학 교육을 받는 것이 사회적 성취와 직접적인 관련성은 없지만, 그 반대의 경우는 유의미한 인과관계와 상호작용이 존재하여, 대학 교육을 받지 못할 경우 경제적 취약성이 세대를 넘어 반복되었다. 즉 이를 극복하려면 경제적 취약층의 자녀들에게 양질의 K-12 교육을 제공해야 하며, 대학 진학을 위해 특히 중등과정의 교육이 중요하다는 결론을 얻었다. 이를 배경으로 초등과정 교육의 마지막 학년인 5학년 때 중등과정 교육에 대한 동기 부여와 몰입도를 높이려는 취지에서 5학년 과정을 운영하는 시범학교 프로젝트에 착수한 것이다.

이러한 이들의 실험은 유의미한 결과를 얻었고, 2015년 캔자스시 정부로부터 인가를 받아 이를 확장하여 5학년부터 12학년까지의 교육과정을 운영하는 무상 공립 차터 스쿨로 진화했다.[11] 공립학교이지만, 운영에 대한 대부분의 결정권은 카우프만 재단이 지니는 것이 특징이다.

재단이 정립한 이 학교의 사명은 명료하게도 '대학 졸업생 창출'이다. 구체적으로는 "학생들이 학문적으로 뛰어나고, 대학을 졸업하며, 경제적으로 독립적이고 개인적으로 만족스러운 삶을 만들기 위해 자신의 독특한 재능을 세상에 적용할 수 있도록 준비시키는 것"이라고 설명하고 있다.

재단은 학생들의 학습 동기와 대학 진학에 대한 동기를 형성하고 성취 의지를 고양하는 차원에서 기업가정신이 내재화된 교육과정을 학교 시스템에 투영시켰다. 또한 교육 인프라, 교육기술의 적용과 활용 등에서 미국 내 최고 수준의 여건을 갖추고, 탁월한 교사 및 교수진을 두어 수월성과 포용성을 균형 있게 강조하고 있다.

이 학교는 캔자스시 거주자라면 누구나 등록할 수 있다. 그러나 경제적 취약 계층 및 소수자에게 더 높은 우선순위가 주어진다. 최고 품질의 교육을 무상으로 받을 수 있어, 언제나 지원자가 넘쳐나기 때문이다. 즉, 교육의 포용성을 강조하며 실천하고 있다.

설립된 지 불과 5년여가 지났을 뿐이지만 이 학교가 성취하고 있는 결과는 미국 전역에 소개될 만큼 강력하다. 이 학교의 첫 졸업생들은 100퍼센트 4년제 대학에 진학했다. 주로 유색인종 중심의 경제적 취약계층의 자녀인 이들은 54퍼센트가 상위 150위권에 속하는 공립대학에 진학했다. 물론 아이비리그 대학과 같은 명문 사립대학에도 많은 학생이 진학했다. 또 현 재학생 class of 2024의 49퍼센트가 캔자스시로부터 장학금을 받았는데, 이는 학생 1인당 평균 5만 달러의 가치에 해당하는 것이라고 한다. 장학금은 학생들의 학업 성취도에 따라 지급되는데, 재단에 의해 학비가 무상으로 책정되므로 시정부로부터 받는 장학금은 해당 학생의 가계와 생활에 직접적인 도움이 된다. 그야말로 교육의 포용성을 실천하는 독특하고 현실적인 방법이다.

대학 진학과 이를 통한 경제적 독립을 학교의 사명으로 한 이 학교의 교육 혁신은 널리 알려졌으며, 이미 미주리주 최고의 공립학교로 평가받고 있다. 교사들과 개별 교육과정들도 그 혁신성이 주목받으면서 미국 전역에서 열리는 각종 시상 프로그램에서 자주 상을 차지하고 있다.[12]

특히 이 학교에서 강조하는 'PREP Values'는 교육 혁신의 지향점이 무엇인지 분명하게 이야기하고 있다. PREP Values란 '우리는 길을 찾거나 만든다We find a way or we make one: Perseverance-끈기', '우리는 알고 있음을 보여준다We show that we know: Results-결과', '우리는 인식하고, 느끼고, 행동한다We notice. We feel. We act: Empathy-공감', '우리는 우리가 하는 일에 우리의 마음을 다한다We put our hearts into what we do: Passion-열정'는 것으로서, '대학 진학 준비 학교'라는 정체성의 이니셜을 활용한 가치 체계다. '끈기 있게 도전하여 결과를 만들어내고, 그 과정이 공감과 열정의 일상이 되도록 하자'는 것이다.

이러한 카우프만 스쿨의 교육 혁신은 최근 미국의 모든 공립/사립 학교에 영향을 미치고 있다. 차터 스쿨의 한 역할 모델로서 수월성과 포용성의 교집합이 가능함을 보여주는 구체적이고 현실적인 참고 사례가 되고 있다.

10

교사, 학생을
'실제 세상'과 만나게 하라

뉴욕시의 공립학교에는 우리나라에서는 찾아보기 어려운 배경을 지닌 교사들이 존재한다. 이들은 교실 현장에서 학생들의 변화를 이끌어내고, 더 나아가 학생들을 실제 세상과 만나게 하는 역할을 맡고 있다. 뉴욕시 교육 펠로우[13]라고 부르는 이 교사들은 뉴욕시 공립학교 교사의 12퍼센트에 달하며 특수교육 영역에서는 22퍼센트, 수학 교과의 경우 26퍼센트, 과학 교과는 18퍼센트를 차지한다. 그리고 이들의 84퍼센트는 상대적으로 경제적 취약층의 자녀들이 재학하고 있는 학교에서 학생들을 지도한다.

교사 자격을 지니고 있지 않은 산업 유경력자 및 비교육 계열 전공 대학 졸업자들이 일선 학교의 교사로 활동할 수 있게 하는 경력 전환 교사 양성 프로그램을 통해 선발된 이 교육 펠로우는 현재 총 1만 명이 넘으며, 빠르게 교사 집단의 중심으로 변모하고 있다. 또 2020년 현재 펠로우 배경을 지닌 교사들 중 619명은 교장, 부교장, 장학사 등 교육 현장의 리더로도 활동하고 있다.

이 프로그램은 지금으로부터 20년 전인 2000년부터 시작되었다. 그보다 먼저 1990년대에 공립학교의 교사가 부족하여 교사 자격을 갖추지 않은 교사들이 현장에 투입되었던 일이 있었다. 당시 약 1만 1,000명의 교사들이 현장에서 학생들을 지도했는데, 이들의 교육 전문성 부족으로 흑인과 히스패닉 등 유색인종 학생들의 성적 격차가 커졌으며, 40퍼센트 미만의 학생들이 정규 기간 내에 학교를 졸업하지 못하는 상황이 발생했다. 이를 해결하기 위해 뉴욕시는 '뉴욕시 교육 협력NYC Teaching Collaborative'이라는 여름 단기 프로그램을 통해 이 문제에 대해 긴급하게 대응했다. 2000년에 이를 보다 발전시켜 전문적이고 체계적인 '경력 전환 교사 양성 프로그램'으로 만든 것이 오늘날의 뉴욕시 교육 펠로우 프로그램이다.

이들은 '온라인 지원 – 전화 인터뷰 – 발표 및 면접 – 선발 통지'의 과정을 거쳐 선발된다. 가장 마지막 단계이자 핵심적인 과정은 '발표 및 면접'으로 이때는 5분간의 샘플 수업, 그룹 활동, 심화 면접을 통해 교사로 활동할 수 있는 기초 자질과 역량을 지니고 있는지 평가받는다. 이렇게 선정된 후보들은 3단계 과정을 거쳐 교사로 활동하게 된다.

첫 번째 단계는 사전 훈련Pre-Service Training이라고 불리는 기초학습 및 훈련이다. 실제 수업에 참관하여 관찰 중심의 훈련 과정을 거치며 교사의 교수법, 학생들의 반응과 행동 특성 등을 세심히 살펴 교육 현장에 대한 이해도를 높이는 것이다.

두 번째 단계는 교생실습과 교육학 석사과정 이수다. 통상 1년 미만의 시간을 전일제 보조 교사로 활동하면서 인근 대학원에서 전문적인 교육학 석사과정(교과 교육학 석사과정 포함)을 이수하고, 교사가 지녀야 할 전문적인 자질과 역량을 학습한다.

세 번째 단계는 전일제 교사로 활동하면서 교육학 석사과정을 마무리하고 학위를 취득하는 과정이다.

즉 사전 교육 이수-인턴 교사 활동-교육학 석사 취득의 세 단계를 거쳐 마침내 정규 교사의 지위를 얻는 것이다. 펠로우로 선정되어 사전 훈련 단계가 시작되면 참여자들은 뉴욕시로부터 교육 수당-교사 활동 보수-학비 보조 등의 지원 혜택을 받는다. 이후 두 번째 단계가 끝나면, 즉 3단계부터는 적어도 5만 9,291달러의 연봉을 받게 되며, 석사 학위를 취득하여 최종적으로 정규 교사 지위를 얻으면 최소 연봉은 6만 6,652달러가 된다.

이들의 보수 수준은 일반적인 공립학교 교사의 호봉 기준에 준하여 적용된다. 그러나 이들에게는 '전문 교육 수당'이 추가로 지급된다. 일정한 시수를 초과하는 수업과 지도에 대해 수당이 지급되는 개념이다.

한편 특수교육이나 수학 및 과학 영역에서 뉴욕시 교육 펠로우의 비중이 상대적으로 높은 이유는, 이들이 한 학교에서만 학생들을 지도하는 것이 아니라, 같은 학구 내의 타 학교에서도 학생들을 지도할 수 있기 때문이다. 이러한 보상 체계는 우수한 산업 유경력자를 교육 현장으로 불러오기 위한 일종의 인센티브라 할 수 있다.

뉴욕시 교육 펠로우 출신의 교사들은 학생들의 학습 동기를 유발하고, 차별적 교수법을 통해 학생들의 학습 몰입도를 높이며, 결과적으로 학습 성취도까지 올리는 역할을 한다. 예를 들어 건축 설계 전문가로 활동했던 한 수학 교사는 칠판이나 보드에 문제를 풀어가며 설명하는 것이 아니라, 블럭 쌓기, 건축 모형 만들기 등의 실습 과정을 통해 수학의 기초원리부터 응용까지 학습할 수 있도록 지도한다. 또 마케팅 커뮤니케이션 전문가로 활동했던 영어 교사는 '공익 광고 만들기' 등의 프로젝트를 통해 영어의 어휘 선택, 문법, 커뮤니케이션 전략에 대한 개념을 생생하게 학습할 수 있도록 지도한다. 나아가 이들은 실제 세상에 대한 이해와 경험을 통해 학생의 직업적 탐색과 진로 및 진학 지도도 더 효과적으로 해줄 수 있다.

지난 20여 년간 이들이 뉴욕시의 공립학교 교육 혁신에 미친 영향은 대단했다. 특히 이들의 80퍼센트 이상이 기존 교사들이 근무를 기피하는 취약층 거주 지역의 학교에서 교사로 활동하며 교육의 수월성을 안착시킨 부분은 높이 평가받아야 한다. 뉴욕시 교육 펠로우를 통해 뉴욕시의 공립학교 전반에 ① 창의성과 기회를 촉발하기 위한 개방적 협력, ② 학생의 성취를 촉진하기 위한 가족의 참여 확대, ③ 학생의 성과를 개선하기 위한 선도적인 커뮤니티 활동 등의 문화가 자리 잡고 있는 것으로도 평가된다. 다만 최근 코로나19의 영향으로 교육 예산이 대폭 감액되고, 상당수의 뉴욕시 교육 펠로우들이 교사로 활동하고 있으므로, 이 프로그램의 규모는 축소될 전망이다.[14]

한국에도 특성화 고교에는 산업 현장에서의 경력을 지닌 교사들이 일부 재직하고 있다. 그러나 일반계 중고등학교에서는 이런 사례를 찾기가 매우 어려우며, 대학의 경우도 마찬가지다. 최근에는 산학 협력이 강조되면서 대학에 '산학 협력 중점 교수' 제도가 생겼다. 산업체 유경력자를 교수로 채용하여 교육과 연구 모두에서 산학 협력을 강화하고, 학생들에게는 실제 세상(산업 현장)에 대한 이해를 높이는 계기를 만들어주자는 취지다. 그러나 이들은 대학교수 집단에서는 전형적인 '비정규직(비정년 트랙) – 비주류' 그룹에 해당한다. 또한 산업 전문가에서 고등교육 전문가로 직무를 전환할 수 있는 프로그램도 따로 제공되지 않는다.

미국의 초중고교와 대학들이 학생들에게 세상에 대한 폭넓고 깊은 이해를 가질 수 있는 기회를 주기 위해 교육자들을 다양하게 구성하는 것과, 정형화된 우리의 교육 구조를 비교해보면 그 차이와 간격을 확인할 수 있다. 이런 측면에서 보면, 한국의 학생들은 '실제 세상'을 경험할 기회를 충분히 가지지 못하고 있는 것이 아닐까?

5장

대학의 새로운 미래

01

문 닫는 미국의 대학들

대학은 기본적으로 '교육-연구-봉사'의 3대 기능을 수행한다. 대학의 기능 중 가장 우선하는 것은 언제나 교육이다. 교육은 대학의 본질이기 때문이다. 또 대학의 존재 이유는 결국 역시 학생이 있기 때문이다. 이는 '연구중심대학'이라도 다르지 않다. 대학과 연구기관(특히 공공 연구기관)의 존재론적 차이는 그 조직 운영이 교육과 학생에 초점이 맞춰졌는지 여부에 달렸다.

최근 미국의 4년제 사립대학 중 영리를 목적으로 하는 대학이 빠르게 소멸되고 있다. 학생에게 그 존재 이유에 대해 평가받지 못했기 때문이다. 결국 학생들이 찾지 않게 되었다. 2012~2013학년도만 해도 영리 목적의 4년제 사립대학은 782개교(사상 최대)였다. 그 후 6년이 지난 2017~2018학년도에는 488개로 총 294개의 대학이 사라졌다.

|도표 5-1| 미국의 4년제 대학교 현황(1999~2000 ~ 2017~2018)

기관의 수준 및 통제	1999~2000	2007~2008	2008~2009	2009~2010	2010~2011	2011~2012	2012~2013
고등 교육기관	6,407	6,551	6,632	6,742	7,021	7,234	7,253
4년제 대학	2,363	2,675	2,719	2,774	2,870	2,968	3,026
공립	614	653	652	672	678	682	689
사립	1,749	2,022	2,067	2,102	2,192	2,286	2,337
비영리	1,531	1,532	1,537	1,539	1,543	1,553	1,555
영리	218	490	530	563	649	733	782

기관의 수준 및 통제	2013~2014	2014~2015	2015~2016	2016~2017	2017~2018	차이 (최댓값~2018)	
고등 교육기관	7,236	7,151	7,021	6,606	6,502	(734)	−10.1%
4년제 대학	3,039	3,011	3,004	2,832	2,828	(211)	
공립	691	701	710	737	750	136	22.1%
사립	2,348	2,310	2,294	2,095	2,078	(270)	−11.5%
비영리	1,587	1,584	1,594	1,581	1,590	(4)	−0.3%
영리	761	726	700	514	488	(294)	−37.6%

* 출처: National Center for Education Statistics(원 자료), 저자 재정리

37.6퍼센트가 감소한 것이고, 연평균 49개의 대학이 소멸되었다. 어떤 대학은 기존 대학에 합병되고, 어떤 대학은 파산했으며, 어떤 대학은 자진 폐교했다. 이들 영리 목적 4년제 사립대학이 문을 닫은 핵심적인 이유는 학생들의 높은 중퇴, 그리고 지원자의 급감이었다. 즉, 교육 서비스의 소비자인 학생들로부터 외면받은 것이다.

미국에는 약 2,800개의 4년제 대학이 있다. 이중 공립대학은 2017~2018 학년도 기준 750개교로 전체 4년제 대학 중 27퍼센트의 비중을 차지한다. 1999~2000학년도 614개교에서 2017~2018학년도 750개교로 136개의 4년제 공립대학이 증가했고, 그 신장률은 22.1퍼센트이다. 미국의 인구 수는 같은 기간 감소하지 않았으며, 학령 인구는 오히려 증가했다. 공립대학은 학령 인구의 증가분만큼 더 설립되어 고등교육을 감당하고 있다.

비영리 4년제 사립대학의 경우는 2015~2016학년도 기준 1,594개로 사상 최다였다. 2017~2018학년도에는 1,590개로 네 개 대학이 사라졌으나, 유의미한 감소폭은 아니다. 하지만 최근 미국의 사립대학들은 절체절명의 위기에 놓여 있다. 특히 코로나19로 인해 이 위기감은 한껏 고조되고 있다. '사립대학의 50퍼센트 소멸설'이 현실화되는 흐름이다.

《파괴적 혁신 4.0》을 쓴 하버드 비즈니스 스쿨의 클레이튼 크리스텐슨Clayton Christensen 교수는 10여 년 전부터 '미국 대학의 50퍼센트가 향후 10~15년 내에 파산할 것'이라고 공개적으로 전망한 바 있다. 그리고 2018년 8월에도 같은 주장을 반복했다. 이에 대해 《포브스》의 데릭 뉴턴Derek Newton은 추이로 보면 맞으나, 50퍼센트 그리고 10~15

년이라는 파산율과 소멸 기간은 과장되었다는 반론을 신기도 했다.[1] 그럼에도 코로나19로 인해 최근 크리스텐슨 교수의 전망이 더 현실적이라는 추론에 힘이 실리고 있는 상황이다.

크리스텐슨 교수와 함께 관련 연구를 진행한 마이클 혼Michael B. Horn도 비영리 4년제 사립대학이 심각한 재정 문제로 파산 위기에 놓인 경우가 늘어나고 있다고 말한다. 특히 미국 북동부와 중서부 시골 지역에 소재한 대학들이 이러한 위험에 노출되어 있다고 한다. 전체 사립대학 중 40퍼센트는 학생 수가 1,000명 미만이고, 이들의 77퍼센트에 해당하는 738개 대학은 등록금 의존율이 임계 수준 이상의 대학이다. 이들 대학의 경우 등록금 인하가 가속화될 경우 파산 위험에 처하게 된다는 설명이다.[2]

지금 미국 대학 세계에서는 어떤 일들이 일어나고 있을까? 먼저 학사과정의 경우 50퍼센트 수준에 이르는 높은 중퇴율이 대학 경영의 가장 핵심적 위협 요인으로 부상하고 있다. 이러한 결과를 빚게 된 데에는 절대적인 이유와 상대적인 이유가 존재한다. 절대적인 이유는 대학 학비가 높아 이를 감당할 경제적 여력이 되지 않아 중퇴하는 경우다. 대학 중퇴자의 38퍼센트가 재정적인 부담을 그 이유로 꼽았다.[3] 상대적인 이유로는 전통적 대학Academic Universities의 학사과정을 대체할 수 있는 대안이 많아졌음을 들 수 있다.

전통적인 대학 학위의 효용성이 취업하는 데 직접적으로 미치는 영향력이 대폭 낮아졌기 때문이다. 최근에는 대학의 학사 학위 없이도 양질의 일자리를 얻을 수 있는 환경이 만들어지고 있다. 더 직접적으로 설명하면, 이제 학생과 청년들은 전통적 대학보다 기업대학

|도표 5-2| 대학의 학위과정별 환경 변화 요약

학사과정
- 취업에 학사 학위 불필요
- 기업 및 산업계의 "직무 역량" 중심 교육과정이 대학의 학사과정 교육을 대체
- 창업의 경우 스타트업 엑셀러레이터 및 기업 플랫폼이 상대적으로 유효

석사과정
- 전통적 학제의 석사과정은 소멸 중
- 도심 기반 "Professional school"만 유효
- Medical School/Law School 이외의 석사과정은 산학 연계형 전문 과정만 유효
- Full-Time 지원자의 급감: 단답화 및 유연화

박사과정
- 우수 연구중심대학원/신성장 분야로의 쏠림 현상
- 미국으로의 쏠림 현상(미국 주요 대학원 학위 이수기간 제한제(5년 운용)

* 출처: 이영달(2020), 환경 변화와 대학 혁신, 한양대학교 발전전략위원회 세미나 자료

Corporate University에 더 주목하고 있다. 금융 분야에서 일하고 싶다면 JP 모건 체이스 그룹에서 제공하는 교육 가이드라인을 따르는 것이 취업에 더욱 유용하다. IT나 디지털 부문에서 일자리를 찾을 경우, 구글에서 제공하는 구글 커리어 인증 프로그램을 이수하는 것이 더 효과적이다. 교육 기업에서 제공하는 나노학위Nano-Degrees 과정도 있다.

이런 기업대학에서 제공하는 고등교육은 소위 말하는 가성비 면에서 전통적인 대학 교육을 압도한다. 전통적 대학의 학사과정 학비의 절반 이하 수준, 심지어 4년 학비 총액이 4,000달러•(약 600만 원) 수준에까지 이르는 온라인 학사과정 또한 전통적 대학 교육의 대체안 중

- 피플대학University of the People, 등록금 지불 방식이 아닌 시험 응시료 지불 방식으로 표면적으로는 무상 교육이다.

하나다. 기업에서 제공하는 고등교육 프로그램이 시간, 비용, 취업과 승진은 물론 이직까지 직업 활동 전반에서 매우 효과적으로 평가 받고 있다.

2020년 기준 미 연방 정부 교육부의 고등교육기관 및 프로그램 인증 데이터베이스Database of Accredited Postsecondary Institutions and Programs, DAPIP에 의해 인증받은 온라인 학사과정을 제공하는 대학은 278개교에 이른다.[4] 코로나19로 인해 학생들의 학사과정 교육에 대한 수요가 급증하고 있기 때문이기도 하다. 특히 기존 전통적인 대학에서 제공하는 온라인 학사과정은 더욱 인기가 높다. 애리조나 주립대학Arizona State University이 대표적 사례로, 'ASU Online'이라는 별도의 브랜드로 오프라인 학사과정과 동일한 품질의 교육을 온라인으로 제공한다.

일반대학원Research Graduate School의 석사과정 역시 학생들의 지원 급감으로 심각한 어려움을 겪고 있다. 미국에서는 박사과정을 지원할 때 석사 학위가 필수 자격 요건이 아니다. 그 결과 연구 활동 중심의 석사 과정의 경우, 이를 생략하고 바로 박사과정으로 진학하는 경우가 일반적이며 석사과정 학생들이 급감하는 이유이기도 하다.

의학전문대학원과 법학전문대학원 등 자격증과 연계된 전문대학원Professional Graduate School의 경우 여전히 지위가 공고하다. 그러나 3대 전문대학원 중 하나인 경영전문대학원 일반적으로 자격증과 연계되지 않다 보니 석사과정MBA 학생 모집에 상당한 어려움을 겪고 있다. 공인회계사CPA, 공인재무분석사CFA 그리고 금융 공학 등 자격과 연계된 일부 전공 영역의 경우 여전히 그 지위가 유효하다. 하지만 전반적으로 풀타임 MBA과정 학생 모집이 상당히 어려운 실정이다.

이에 반해 산학 연계형 석사과정의 경우, 그 효용성을 인정받고 있다. 주로 1년 또는 1년 반 정도의 기간이 소요되는 프로그램으로, 석사과정을 마치면 취업으로 연계된다는 장점이 있어 지원자들이 많이 몰리고 있다. 카네기 멜른대학교Carnegie Mellon University의 엔터테인먼트 테크놀로지센터Entertainment Technology Center는 석사과정인 엔터테인먼트 기술 석사Master of Entertainment Technology, MET만 집중적으로 제공하고 있는데, 이는 산학 연계형 교육과정의 대표적 혁신 모델로 평가받고 있다.

학생들은 2년의 교육과정 중 첫 학기를 통해 엔터테인먼트 관련 전반의 영역에 대한 산업적, 기술적 내용들을 학습하고, 나머지 3학기는 융복합 프로젝트를 학습한다. 특히 '학생-교수-기업'이 팀을 이루어 진행하는 프로젝트 개발이 이 프로그램의 핵심이다.[5] 기업들은 이 프로그램에 참여하기 위해 대가를 지불하고, 그 반대급부로 새로운 기술과 비즈니스 모델, 그리고 이를 실행할 수 있는 전문 인력을 패키지로 공급받는다. 학생들은 프로젝트를 수행한 기업에서 일자리를 얻어 대학원 과정 중 진행했던 프로젝트를 현실화시키는 구조다.

미국 고등교육의 전반적인 영역에서 전통적인 대학들은 기업대학의 영역 확장 및 부상으로 인한 경쟁력 약화와 함께 지원자 급감 문제로 인한 어려움을 겪고 있다. 그에 반해 연구중심대학에 한정되는 사항이지만 일부 전공의 박사과정은 지원자가 넘쳐난다.

대학 평가 및 조사 전문 서비스를 제공하는 칼리지 밸류 온라인College Values Online에 따르면, 연봉 수준이 높은 박사 학위 전공 분야[6] 10개는, ① 컴퓨터 과학(상위 10퍼센트 연봉 평균 18만 9,780달러), ② 경제학(18만 5,020달러), ③ 간호학(18만 4,180달러), ④ 약학(16만 2,920달러), ⑤ 화학(15만 7,780달러), ⑥ 물리학(14만 8,110달러), ⑦ 공학(14만 7,000달러), ⑧ 수학/통계학(14만 6,770달러), ⑨ 면역학(13만 4,000달러), ⑩ 심리학(13만 2,000달러)이다. 이 분야들을 전공했을 경우 상대적으로 연봉 수준이 높고, 취업률도 높다. 인력 수요가 꾸준히 늘고 있기 때문이다. 계속 늘고 있다. 그에 따라 해당 전공 분야의 박사과정을 이수하기 위한 학생들의 경쟁 또한 치열하다.

전통적으로 의학 분야의 대학원 입학 경쟁률은 매우 높은 편이다. 《U.S 뉴스U.S. News》 데이터에 따르면 2019년 가을 학기 입학을 위한 의학 전문대학원 입학 합격률은 평균 2.5퍼센트였다.[7] 100명이 지원했을 때 2.5명이 합격할 정도로 경쟁이 치열하다. 대학원 입학 관련 정보를 제공하는 기관인 프렙스칼라PrepScholar의 조사에 따르면, 대학원의 합격률은 학교의 평판과 학위과정 수준 그리고 전공 등에 따라 5퍼센트에서 100퍼센트 수준까지 편차 폭이 매우 크다고 한다.[8] 박사과정 합격률을 아이비리그 대학으로 한정하면 평균 10퍼센트 수준이다. 그리고 앞서 설명한 고연봉 박사 학위 전공 분야들도 평균 10퍼센트 내외의 합격률을 보인다.[9] 많은 수요와 높은 수준의 보상이 이런 쏠림 현상을 만들어내는 것이다.

미국의 대학 세계에서도 중간 지대 소멸 현상은 뚜렷하게 확인된다. 각각의 카테고리에서 상위 10퍼센트 수준으로 평가받는 대학들은 그 지위가 더욱 강화되고 있다. 이들은 창조자적 지위에 해당하기 때문이다. 반면 하위 10퍼센트 그룹에 속한 대학은 속속 문을 닫고 있다. 그리고 80퍼센트에 속하는 중간 지대는 생존을 위해 선택과 집중을 해야 하는 상황이다. 이제 개별 대학이 기업처럼 소비자인 학생에게 고유한 그리고 의미 있는 가치를 제안하지 못한다면 더는 생존할 수 없다.

마이클 E. 포터Michael E. Porter의 경쟁이론 중 다섯 가지 힘에 따른 산업구조 분석 모형5 Forces Model[10]이 있다. 경쟁 우위는 산업 내 다섯 가지 힘의 역학 관계로부터 파생된다는 이론으로 ① 산업 내 기존 경쟁 정도, ② 공급자와의 교섭력, ③ 구매자와의 교섭력, ④ 대체제의 위협, ⑤ 신규 진입자의 위협이다.

미국의 사립대학(특히 4년제 대학)들이 당면한 문제는 이 다섯 가지 힘의 영역 모두에서 경쟁 지위가 약화되고 있다는 것이다. 기존 경쟁 영역에서 명성 있는 대학들의 온라인 학위과정이 확산되면서, 일정 이상의 평판과 명성을 확보하지 못한 대학들의 지위는 상당히 약화되었다. 교육 서비스의 구매자인 학생들이 대학을 떠나고 있기 때문이다. 물론 한국의 경우, 여전히 대학교수가 되기 위한 대기자가 많지만 미국의 일부 전공 영역은 우수한 박사일수록 대학보다 기업이나 산업 현장을 택한다. 이는 전통적인 대학의 교육 서비스 구매자와의 교섭력이 근현대 대학 역사에서 볼 때 최약세로 향하는 이유이며, 이 추세는 앞으로 가속화될 것으로 보인다.

기업대학은 교육 서비스 구매자의 흥미를 끄는 가장 강력한 대체제이다. 이들 중 일부는 학위를 제공할 수 있는 자격을 갖추면서 고등교육의 '와해적 혁신'을 이끄는 신규 진입자 역할을 하고 있다.

중간 지대에 위치한 전통적 대학들은 과연 어떻게 생존의 길을 모색해야 할까?

02
문 여는 중국과
아시아의 대학들

미국을 중심으로 서구 국가들의 인적 구조 변화와 기업형 대학 등 고등교육의 대안 모델이 확산되면서 전통적인 대학들이 문을 닫는 현상이 가속화되는 데 반해, 중국과 아시아 지역에서는 새로운 대학들이 속속 문을 열고 있다. 새롭게 문을 여는 대학들은 온라인 대학과 연구중심대학으로 그 유형을 압축할 수 있다.

중국의 인구는 2019년 기준 약 14억 명(1,397,715,000명, 세계은행)으로 세계 최대다. 인구성장률이 최근 1퍼센트 미만이지만 인구 규모를 바탕으로 이제 중국은 미국을 넘어 세계 최대 고등교육 시장으로 부상하고 있다.

《유니버시티 월드 뉴스University World News》에 따르면, 중국의 고등교육 등록률은 2018년 기준 18세의 48퍼센트[11]에 도달했다고 한다. 같은 해 미국의 18~19세 고등교육 등록률 50.5퍼센트[12]와 유사한 수준이다. 중국 교육부의 2018년 8월 기준, 4년제 대학 정규 학사과정 등록 학생 수는 약 1,650만 명이다. 미국의 2019년 기준 4년제 대학 정규 학사과정 등록 학생 수는 약 1,400만 명[13] 수준이다. 중국의 등록 대학생의 수가 이제 미국과 유사한 규모로 성장한 것이다. 학사과정 이하 고등교육기관 등록 학생 수를 비교해보면, 중국은 2018년 기준 약 4,030만 명이고, 미국은 약 1,970만 명이다. 중국의 대학 한 개당 학생 수는 1998년 3,335명에서 2010년에는 9,298명으로 십여 년 만에 세 배 가까이 증가했다.[14] 또한 2018년 기준 4년제 대학의 한 개 대학당 학생 수는 1만 3,274명으로 대학 규모 역시 지속적으로 확대되고 있다.

국가통계국National Bureau of Statistics of China[15] 데이터에 기초하면, 중국의 고등교육기관은 1998년 1,022개에서 2018년 8월 기준 3,713개로, 지난 20년 동안 2,691개 증가했다. 매년 100개 이상의 고등교육기관이 생겨난 셈이다. 2018년 기준 미국의 고등교육기관 6,502개에 비하면 57퍼센트 수준이고, 4년제 대학 기준으로는 중국이 1,243개로 미국의 2,828개 대비 44퍼센트 수준이다.

그럼에도 불구하고 주목할 만한 사항은 중국의 온라인 정규 학사과정에 등록한 재학생 수다. 2018년 기준 약 740만 명으로, 전통적인 정규 학사과정 등록 학생 1,650만 명 대비 45퍼센트 수준에 달한다. 앞으로 새롭게 문을 여는 대학이나 전통적인 대학 모두 온라인 학위과정을 개설하면서 학생 규모를 확대해나갈 것이다. 중국 교육부는 이미 2000년부터 베이징대학北京大學, 칭화대학淸華大學, 중국인민대학中國

人民大学, 상하이교통대학上海交通大學, 푸단대학復旦大學 및 국가개방대학國家開放大学을 포함하여 68개의 고등교육기관을 시범 원격 교육 대학 또는 온라인 및 평생교육 대학으로 선정, 승인하고 이를 확산 및 고도화하는 일련의 정책 활동을 펼치고 있다.

중국의 국가개방대학의 변화는 아시아 지역에서 온라인 대학의 새로운 역할과 기능을 잘 보여주는 중요한 지표다. 이 대학은 영국의 개방대학The Open University을 모델로 1979년 설립되었다. 1972년 설립된 한국방송통신대학교보다 역사는 짧지만 그 확장 규모와 질적 변화는 비교하기 어려울 정도다.

한국방송통신대학교의 학생 현황은 2019년 4월 1일 기준 누적 졸업생 69만 3,000여 명, 재학생 10만 5,000여 명(제적생은 15만 6,000여 명)[16]이다. 중국의 국가개방대학은 같은 해 기준 약 1,512만 명의 졸업생을 배출했으며, 재학생 규모도 한 국가의 인구 수를 넘을 정도인 2,000만 명 이상이다.[17]

온라인 대학의 성패는 규모의 경제를 이룰 수 있는지 여부에 달려 있다. 중국의 국가개방대학은 세계 그 어디에서도 찾을 수 없는 큰 규모로 과감한 인프라 투자를 통해 선순환의 흐름을 만들어내고 있다. 이미 클라우드를 기반 인프라로 갖추고, 중국의 국영 TV 및 라디오까지 결합해 티베트 지역까지 교육 서비스를 제공하고 있다.

또한 베이징대학, 칭화대학 등 중국 전역 최고 수준의 대학 27개가 연합 체계를 갖추어 캠퍼스 인프라, 교수진, 교육과정, 도서관 등 전통 대학의 일체를 모두 활용할 수 있도록 하는 협력 체계를 갖추고 있다.[18] 이에 더해 주요 기업, 각 지방 정부 등 범국가적 협력 지원 체계를 갖추고 고등교육의 확대를 기하고 있다. 이는 공산주의 체제를 유지하고 있는 중국이기에 가능한 모델이다.

학위를 제공하는 사립대학도 최근 증가세를 보이고 있다. 학위를 제공하는 일반대학의 구성은 중앙정부 산하 국립대학 9퍼센트(114개교), 지방정부 산하 공립대학 57퍼센트(703개교), 그리고 사립대학은 34퍼센트(426개교)다. 앞으로도 이러한 사립대학은 지속적으로 증가할 것으로 예상된다. 최근에는 연구중심대학 기능이 민간 부문에 개방되고 있다.[19] 2018년 중국 항저우에 설립된 시후대학西湖大學은 중국 최초의 연구 중심 사립대학이다. 우리나라 과학기술원과 유사한 구조이며, 2026년까지 대학원생 3,000명, 학부생 2,000명을 선발할 계획으로 현재 그 기초를 다지는 중이다. 재정은 텐센트 홀딩스Tencent Holdings의 회장인 마화텅Ma Huateng 등 기업가들이 중심이 되어 뒷받침한다.

인도는 미국, 중국에 이어 세계에서 세 번째로 큰 규모의 고등교육 시장을 지닌 국가다. 인도의 대학연구기금위원회University Grants Commission에 따르면, 2017년 기준 789개의 종합대학, 3만 7,204개의 단과대학 및 직업전문대학 1만 1,443개의 독립적인 고등교육기관이 존재한다고 한다. 인도의 최근 고등교육에 대한 수요는 중국 이상의 흐름을 보여, 2020년 4월 기준 종합대학의 수가 950개로 3년 사이에 161개가 새롭게 문을 열었다.[20] 인도의 고등교육 등록률(18~23세)은 26.3퍼센트로 미국이나 중국에 비교하면 절반 수준이다. 하지만 머

잖아 세계 최대 인구 대국의 지위에 오를 예정이라는 점과 낮은 연령이 지배적인 인적 구성, 그리고 고등교육에 대한 높은 수요를 감안하면 인도 역시 앞으로 새로운 대학들이 대거 문을 열 것으로 예상된다.

실제로 인도에는 2000년대 이래 사립대학들이 속속 문을 열고 있다. 재피정보기술공과대학교Jaypee Institute of Information Technology, 2001, 러블리대학교Lovely Professional University, 2005, 아미티공과대학교Amity School of Engineering, 2005, 자이푸르국립대학교Jaipur National University, 2007, 비를라과학기술원Birla Institute of Technology&Science, 2008, BML문잘대학교BML Munjal University, 2014 등이 상당한 수준의 경쟁력을 갖추고 성장하고 있다. 이들의 공통점이자 특징은 기업들과의 협력 관계를 통한 성장 모델이라는 점이다. 또한 이 대학들은 최근 연구중심대학 형태를 조금씩 갖추어나가기 시작하고 있다. 이 산학 협력 기반 연구중심대학 모델의 효시는 타타그룹Tata Group을 기반으로 하는 타타기초연구원Tata Institute of Fundamental Research, TIFR이다. 1945년에 설립되었으며, 뭄바이Mumbai에 위치한다.

인도에는 전통적으로 인도공과대학교The Indian Institute of Technology, IIT가 연구와 교육 부문 모두에서 우월성을 대표하는 대학으로 자리하고 있다. 과거 십 수 년 전 인도공과대학의 뉴델리와 뭄바이 캠퍼스를 방문한 적 있다. 이미 마이크로소프트 등 세계적인 기업들과 협력하는 관계로 산학 협력 기반 연구중심대학으로 기반을 다지고 있었다.

인도공과대학교 같은 우수한 대학들이 이제 온라인 교육으로 영역을 확장하고 있다. 2018년 관련 법안UGC Online Courses Regulations, 2018이

통과되어 2020년 현재 50개 이상의 온라인 학위들이 제공되고 있다.

인도에도 우리나라의 방송통신대학, 그리고 중국의 국가개방대학과 유사한 형태의 대학이 존재한다. 인디라간디국립개방대Indira Gandhi National Open University가 이에 해당한다.

그럼에도 불구하고, 2015년에 설립된 교육기술 기업인 업그래드upGrad는 교육기술을 적극 활용 인디라간디국립개방대학에 앞서 교육혁신을 가속화시키고 있다. 아마존, IBM 등 세계적인 기업들과 협력하면서 교육과 함께 취업 지원 기능도 함께 수행하는 온라인 고등교육 모델을 취하고 있다. 미국의 듀크대학교가 협력 대학으로 참여하면서 이와 연계된 학위과정도 개설하여 운영하고 있다. 데이터 과학, 공학(소프트웨어 중심), 경영학, 그리고 법학 분야에 중점을 두고 있다. 수요가 많은 실용 학문 영역이자, 온라인 학습이 상대적으로 더 효과적인 영역에 집중해서 성과를 내는 모델을 취하고 있다.

이렇게 중국은 물론 인도의 새로운 대학들은 더 혁신적인 모델들을 취하고 있고, 특히 국제적인 협력 활동을 매우 역동적으로 펼치고 있다.

세계 인구 대국 중 네 번째인 인도네시아(약 2억 7,000만 명)의 경우, 3,500개 이상의 고등교육기관이 존재한다.[21] 이중 종합대학은 2020년 기준 577개다.[22] 또한 매우 젊은 인구구조를 지닌 관계로 이들의 직업훈련과 관련한 직업전문학교가 1만 3,000개 이상 존재한다.[23]

인도네시아의 고등교육 등록률은 2008년 21퍼센트 수준에서 2018년 36.3퍼센트로 최근 10년 동안 폭발적인 증가세를 보이고 있다.[24]

이러한 증가세로 인해 인도네시아에 새로운 대학 설립이 촉진되고 있다.

　인도네시아 정부는 국가 차원의 고등교육 경쟁력을 높이기 위해 시장을 개방하는 정책을 펼치고 있다. 그 일환으로 2018년에는 국제대학의 인도네시아 내 캠퍼스 설치를 진흥하는 법률을 통과시켰으며, 아세안 지역의 역내 유학생을 유치하기 위한 정책도 함께 펼치고 있다. 특히 지리적으로 인접한 호주 대학들이 인도네시아에 현지 캠퍼스를 설치하고, 온라인 교육과정과 병행하여 빠르게 영역을 확장하고 있다.

　한편으로 미국과 호주의 교육기술 기업들이 인도네시아나 필리핀, 베트남 등 아시아 중 인구가 많은 국가로 눈길을 향하고 있다. 아세안 지역의 인구는 약 6억 6,000만 명이며, 중위값 연령이 30세가 채 되지 않으며, 현재 세계에서 가장 빠른 경제 성장을 이루고 있는 지역이기도 하다. 특히 이 지역에서는 영어 구사 여부에 따라 연봉이나 소득 수준에서 큰 차이를 보여 영어권 고등교육에 대한 수요가 매우 높다. 이러한 점을 잘 알고 있는 미국의 교육기술 기업은 이미 진출해 높은 수준의 고등교육 수요를 빠르게 흡수하고 있다.

　미국 캘리포니아주에서 인가받은 정규 대학인 피플대학University of the People은 스스로를 다음과 같이 정의한다. '비영리, 무상교육을 행하는 최초로 인증 받은 미국의 온라인 대학이다.[25]' 이 대학의 모델은 무상 대학으로 실제 등록금이 없다. 온라인으로 수업을 이수한 후 학점 취득을 위한 시험 응시료만 납부하면 되는 구조이기 때문이다. 이스라엘에서 토플시험센터를 관리했던 경험을 지닌 설립자가 토플시험을 참고해서 구상한 새로운 모델이다. 이 대학에는 미국의 뉴욕대학교NYU, UC 버클리대학교, 영국 에딘버러대학교University of Edinburgh 등 세계적인 대학들이 협력 기관으로 참여하고 있다. 빌 앤드 멜린다 게이츠 재단으로부터 후원을 받았고, 마이크로소프트 등 세계적인 기술 기업들도 함께 참여하고 있다. 현재 재학생 수는 4만 4,000여 명이며, 200여 개 국가에 흩어져 있다. 이중 1만 2,000여 명은 석사과정 재학생이다. 아시아 및 아프리카 그리고 동유럽 지역이 많은 비중을 차지한다. 경영학, 컴퓨터 과학, 생명과학 같은 산업 수요가 높은 분야에 집중해서 학위과정을 제공한다. 2009년 설립 후, 2010년부터 첫 신입생을 선발했으며, 현재 1,911명이 학사 학위를 받았다.[26]

이런 유형의 온라인 대학들이 주목하고 있는 지역이 바로 아세안과 인도, 그리고 아프리카다. 앞서 설명한 것처럼 규모의 경제를 갖추기 위함이다. 피플대학에 전통적인 대학들이 협력하는 이유 역시 향후 온라인 교육이 대학 교육의 중심이 되는 구조로 재편되는 환경에 대비하는 동시에 임계 규모를 갖추기 위한 일련의 사전 단계를 병행하는 개념으로 이해할 수 있다.

아세안 지역은 규모 있는 고등교육 수요는 많고, 상대적으로 진입 규제는 낮다. 새로운 대학 모델들이 진입하기에 매우 좋은 여건을 지니고 있는 셈이다. 이러한 조건들로 인해 아세안 지역은 대학 혁신을 위한 새로운 모델들이 속속 선보이는 혁신의 각축장으로 변화되고 있다. 이 지역이 기술이나 혁신을 도입하는 데 있어, 기득권이 상대적으로 약한 관계로 가장 최신의 기술과 혁신 모델들이 바로 진입하고, 자리 잡을 수 있는 특성을 지니고 있어 미국과 유럽 유수의 핀테크 기업들이 아세안으로 몰려가는 것과 같은 맥락으로 볼 수 있다. 결국 우리는 고등교육의 미래를 중국과 인도 그리고 아세안 지역을 통해 그 구체적인 실상을 볼 수 있을 것이다.

03
박사과정은 늪인가, 기회의 창인가

'박사과정의 늪'은 대학원생들이 매우 자주 사용하는 표현이다. 의사나 약사, 변호사, 교사 등 자격을 지닌 채 박사과정을 이수하는 경우를 제외하고는, 특히 한국의 전일제(풀타임) 박사과정을 이수하고 있는 학생이라면 하루에도 여러 번 스스로에게 또는 동료에게 '내가 박사과정의 늪에 빠진 건 아닌가'라는 질문을 한다고 한다.

김성수 전 국회의원(더불어민주당)이 2018년 발간한 《국정감사 정책자료집》의 내용 중 일부인 〈대학원생 연구 환경 실태 조사 결과 보고서〉[27]에는 다음과 같이 기술되어 있다.

외부에서 보기에 대학원생은 학교에서 공부하는 학생으로 보인다. 그러나 '인생은 멀리서 보면 희극이고 가까이서 보면 비극'이라는 말처럼 대학원생의 삶은 외부에서 보기에 즐거워 보일 수 있지만, 실제 그 안을 살아가는 대학원생들은 누구보다 치열하고 어려운 현실 속에서 살아가고 있다. 잘 알려지지 않은 대학원생의 현실은 크게 세 가지로 나누어볼 수 있다. 첫째, 교수와의 관계. 둘째, 대학원생의 자기 신분에 대한 인식. 셋째, 인권에 관한 문제로 볼 수 있다.

상기한 보고서 외 한국 대학원생의 실태에 관한 여러 문헌들은 대학원 과정 학업의 어두운 실상을 보여준다. 2017년 6월 소개된 〈2016년 서울대학교 대학원생 인권 실태 및 교육 환경 조사보고서〉[28], 2015년 9월 국가인권위원회에서 공개한 〈대학원생 연구 환경에 대한 실태 조사〉[29] 보고서, 그리고 2014년 7월 소개된 〈서울대학교 대학원 실태 조사 연구보고서〉[30]를 시간 순서에 따라 살펴보았다.

이 보고서들을 살펴보면, 대학원생, 특히 전일제 박사과정 학생들이 왜 스스로 '박사과정의 늪'이라는 표현을 자주 하는지 알 수 있다. 그리고 부분적으로는 개선되었지만 근본적인 변화는 여전히 이루어지지 않고 있음도 확인할 수 있다.

2014년 〈서울대학교 대학원 실태 조사 연구보고서〉에 따르면, 박사 학위 취득까지 장기간이 소요된다. 인문대학의 경우 박사 학위 취득까지 평균 19.23학기가 소요되는 것으로 조사되었다. 사회대학(15.7학기), 자연과학대학(13.9학기), 법과대학(13.8학기) 등 전체 단과대학 평균 박사 학위 취득 기간은 6.5년(12.5학기)으로 파악되었다.

2015년 국가인권위원회의 〈대학원생 연구 환경에 대한 실태 조사〉라는 보고서에는 다음의 내용이 소개되어 있다. 대학원 진학 목적으로는, 학위를 요구하는 전문직 취업(32.2퍼센트), 학문적 관심 및 자아실현(31.6퍼센트), 대학 사회 입직(교수, 연구원 등, 21.2퍼센트)의 순이었다. 대학원생의 재학 중 역할에 대한 조사는 없음(34.1퍼센트), 연구조교(RA, 23.9퍼센트), 수업조교(TA, 19.3퍼센트), 행정조교(8.7퍼센트) 순으로 파악되었다. 이는 학생들이 대학원 재학 중에 하는 역할이 진학 목적과 상당한 차이가 있음을 가장 잘 보여주는 예라고 할 수 있다. 전문직 취업이나 대학 사회 입직과 같은 구체적 목적(53.4퍼센트) 그리고 학문적 관심까지 포함하면 전문적인 학문 탐구와 관련된 목적은 85퍼센트다. 하지만 실상 이와 관련된 활동은 연구조교와 수업조교를 합한 43.2퍼센트로, 대학원 진학 목적과 부합하는 역할을 하는 학생은 절반 정도인 것으로 파악된다.

재학 중 겪는 어려움으로는 경제적인 부분(56.5퍼센트), 학업/연구 과정 수행(55.4퍼센트), 취업 및 진로 고민(44.4퍼센트), 교수 및 지도교수와의 관계(19.2퍼센트), 선후배, 동기들 간의 관계(13.3퍼센트), 개인 및 가정적 문제(11.2퍼센트) 순으로 응답했다. 응답자 수는 1,905명으로 통계적으로 충분히 의미 있는 응답이다.

〈2016년 서울대학교 대학원생 인권 실태 및 교육 환경 조사보고서〉에는 학내 인권의 전반적인 사항과 관련하여, 보통(42.3퍼센트), 열악한 편(34.6퍼센트), 좋은 편(23.1퍼센트)의 순으로 조사되었다. 많은 대학원생이 보통 수준보다 다소 열악한 환경에 처해 있음을 알 수 있다. 구체적으로는 신체의 안전 및 인격권, 자유권, 평등권, 성희롱/성폭력, 학업 및 연구에 대한 권리, 노동권 전반의 사항에서 유의미한 수준의 문제점과 제약 사항이 존재하는 것으로 파악되었다.

앞서 소개한 2018년 김성수 의원의 〈대학원생 연구 환경 실태 조사 결과보고서〉에는 교수 갑질, 노예 등의 표현이 서문에 등장하며, 대학원생의 열악한 면학 환경에 대한 내용들을 다루고 있다. 그리고 본 보고서의 마무리 부분에는 다음과 같은 내용의 전국대학원생 노동조합과 고려대학교, 카이스트, 서울대학교 대학원 총학생회 명의의 '공동 선언문'을 담고 있다.

대학원생도 사람이다. 대학원생 인권 보장하라! 대학원생도 학생이다. 내실 있는 교육과정과 교수자를 확충하라! 대학원생도 노동자다. 근로계약을 통해 노동권을 보장하라!

이렇듯 한국의 전일제 박사과정 학생들은 공통적으로 학위 취득 기간의 장기화, 경제적 어려움, 학업 및 연구 그리고 진로의 불확실성, 교수 및 연구실 관계 그리고 취약한 인권, 그리고 학계 전반에 걸쳐 있는 연구 윤리 문제 등의 제약 사항을 떠안고 학업과 연구 활동을 하고 있다. 박사과정의 늪이란 이들이 처한 열악한 환경을 축약한 표현이고, 여전히 유효하다.

인구 수 대비 박사를 많이 배출하는 국가는 10만 명 중 영국(39명), 독일(34.8명), 한국(26.3명), 미국(21명), 프랑스(20.6명), 그리고 일본(12.6명) 순이다. 실제로 이들 국가의 박사과정 양성 시스템을 연구 활동을 통해 직접 경험해본 적이 있다. 박사과정 대학원생들이 처한 기초 환경에 차이가 상당하다는 것을 확인할 수 있었다. 이러한 문제의

식에 기초하여 2019년 〈고급 연구 인력 양성 및 활동 촉진 방안: 박사 및 박사후과정을 중심으로〉[31]라는 보고서를 작성하여 정부에 몇 가지 정책 방안을 제안했다. 이 보고서의 내용을 요약해 소개하고자 한다.

현재 우리는 과학기술 부문 박사급 고급 연구 인력 10만 명, 연간 1만 명 배출하는 시대에 돌입했다. 인구 수 대비 양적 측면에서는 미국보다 더 많은 비율의 박사급 연구 인력을 보유하고 있고, 신규 박사 또한 더 많이 배출하고 있다. 영국과 독일에 이어 주요 국가 중 세 번째 지위에 있다. GDP 대비 연구개발 투자 비율도 전 세계에서 가장 높은 수준을 보이고 있다. 박사급 고급 연구 인력의 양적/질적 수준은 국가의 경제성장 및 혁신 경쟁력과 상호 비례관계를 지니고 있다. 연구개발 투자 비율도 세계 최고 수준인 만큼 우리의 과학기술 경쟁력과 혁신 경쟁력은 세계적 수준이 되어야 하는데, 현실은 양적 수준 대비 상당한 격차와 불균형 상태를 보이는 질적 수준을 지니고 있다.

이러한 현상의 주된 원인은 우리의 고급 연구 인력 양성과 활용 정책이 통합적으로 다루어지지 못하고, 또한 이를 뒷받침할 수 있는 제도적, 인프라 기반이 미흡한 데서 찾을 수 있다. 우리나라 고급 연구 인력의 양성과 활용에 대한 문제를 해결하기 위해서는 우선 제대로 파악하고 개선 방안을 제시해야 한다. 그 일환으로 다음 내용을 제시하고자 한다.

먼저 'I. 서론: 문제의 제기'를 통해서는 첫째, 고급 연구 인력의 양성과 활용에 대한 통합적이고, 전문적 정책 부재로 인한 문제점들, 둘째, 고급 연구 인력의 수요 증대 및 양성 환경의 취약성이 지속됨으로써 발생되는 문제점들, 셋째, 시장 기반 혁신과 멀어지는 고급 연구 인력의 활동에 관한 문제점들, 넷째, 취약한 연구 활동의 질적 수준 및 인적 기반에 대한 문제점들을 제기했다.

'II. 고급 연구 인력 양성 현황 및 활동 실태'의 장에서는 첫째, 양적으로 증가하는 고급 연구 인력 양성 현황을 살펴보고, 둘째, 질적 수준이 답보 상태에 머무르고 있는 고급 연구 인력 양성 수준에 대해 살펴 보았다. 그리고 셋째, 국내 대학과 공공 연구기관에 집중화됨으로써 해외 및 기업 부문으로의 진출에 답보 흐름을 보이고 있는 고급 연구 인력 활용 현황을 살펴보았다.

'III. 고급 연구 인력 양성 정책 개선 방안'의 장에서는, 과학기술 특성화 대학을 근간으로 플래그십 모델을 개발 적용한 후 일반대학으로 확산하는 것을 전제로 다음의 사항을 제안했다. 첫째, 박사과정의 양적/질적 수준 제고: 학생 ROI 중심적 접근을 강조했다. 이를 위해서는 박사과정 학생에 대한 역할 정체성 정립 및 인권 보호 기능을 강화해야 한다. 또한 학비 및 수학 기간을 예측 가능하도록 운용해야 한다. 그리고 박사과정을 다원화하고, 각 트랙별 최적화 교육 및 연구 과정을 설계할 필요가 있다. 둘째, '정부출연연구기관(이하 '출연연'으로 표기)-기업-산업' 부문과 연계된 박사과정 양성 협력 시스템 및 제도적 기반을 구축해야 한다. 셋째, 글로벌 협력 시스템을 구축하여 고급 연구 인력의 글로벌화를 꾀할 필요가 있다.

'IV. 고급 연구 인력 활동 촉진 방안'의 장에서는 마찬가지로 과학기술 특성화 대학을 기초로 플래그십 모델을 개발 적용 후 일반대학으로 확산하는 방향성을 전제로 다음의 사항을 제안했다. 첫째, 박사후과정에 대한 패러다임의 전환과 함께 양적 확대 및 운영 세분화를 제안했다. 신진 연구자 과정으로 인식하고, 이를 기반으로 한 전문적 지위 부여와 함께 과기 특성화 대학과 출연연에는 박사후과정을 위한 '인력-연구비 쿼터제'를 운영하는 것을 제안했다. 이는 신진 연구자(박사 학위 취득 후 5년 미만)들이 연구 생애 주기 중 창의성과 생산성이 가장 높은 부분에 주목하여 이를 정책적으로 또 제도적으로 뒷받침하는 것의 중요성과 함께 국가 및 지역 혁신 체계의 핵심 동력으로의 의미 부여를 강조하는 사항이다. 이를 위해서는 박사후과정 역시 활동 경로에 따라 세분화될 필요가 있고, 이미 시행하고 있는 주요 선진국의 사례를 소개했다. 둘째, 대학 및 출연연 기반의 '연구개발 전문회사' 제도를 도입할 것을 강조했다. 이는 기존의 연구개발 서비스업 및 연구개발 지원업 관련 정책보다 더욱 전향적인 제안으로써, 앞서 기술한 바와 같이 혁신 생태계의 주체적 기능으로 활동을 촉진하는 데 주된 목적을 지닌 제안이다. 셋째, 국가 및 지역 혁신 시스템과 연계된 연구개발 전문회사 제도를 운영해야 하며, 이는 연구개발 부문의 기득권 구조를 혁파함과 동시에 국가 및 지역의 혁신 생태계에 역동성을 가하는 핵심적 대안임을 강조했다.

끝으로 국가의 과학기술 및 혁신 경쟁력은 인적 경쟁력에 의해 결정된다는 가장 본원적이고 핵심적인 전제 사항을 기초로 인재 정책이 수립 및 실행되어야 함을 강조했다.

정부에서도 이러한 문제들을 인식하고 있다. 과학기술원을 시작으로, 대학원생들에게 학업 및 연구 장려금을 지급하고 있으며, 일반대학으로도 확산될 예정이다. 2020년 3월부터는 혁신 성장 선도 고급 연구 인재 성장 지원KIURI 사업도 시행하고 있다. 네 개 대학(서울대학교, 성균관대학교, 연세대학교, 포항공과대학교)을 선정하고, 박사후과정을 지원하는 일련의 지원 정책을 펼치고 있다. 이러한 정부의 정책 지원으로 인해 대학원생들의 입지나 처우가 개선되었고, 인권 신장에 진전이 있었다. 그러나 이는 네 개의 과학기술원과 네 개의 대학에 한정된 사항이다. 그 수준이과 규모가 매우 제한적이다.

이 보고서를 작성하면서 우리나라의 박사과정 양성 시스템 그리고 신진 박사를 활용하는 환경 모두가 상당히 취약하고, 비생산적 환경에 처해 있음을 확인할 수 있었다. 요약 부분 마지막에서 강조한 것처럼 국가 차원의 과학기술 및 혁신 경쟁력은 절대적으로 인적 경쟁력에 의해 결정된다. 우리의 고급 두뇌 양성과 활용이 여전히 열악한 가장 큰 이유는 근본적인 문제 인식과 개선이 되지 않고, 현상적인 문제 개선 사항만 다루고 있기 때문이다. 그 결과 대학원 전반에 자리하고 있는 대학원생, 특히 박사과정 학생들의 역할 정체성 인식은 여전히 문하생 성격으로 간주되고 있다.

미국이나 유럽에서는 박사과정 학생은 학생의 지위와 함께 연구원의 지위를 동시에 지니고 있다. 또한 공동 지식 생산자라는 인식이 확고하다. 이에 반해 우리의 학계에는 여전히 노예라는 극단적인 표현을 할 정도로 교수와 학생이 주종 관계를 맺고 있다는 인식이 지배적이다. 이는 박사 학위를 취득한 후에도 이어진다. 주요 선진국에서는 박사 학위를 취득한 신진 연구자를 혁신 생태계의 주체로 인식하고 이들의 활동을 뒷받침하기 위한 제도적, 정책적 대응을 충실히 하는 데 반해, 우리는 여전히 박사과정의 연장선에서 다루고 있기 때문이다. 이러한 관점에서 보면 가장 열악하고, 특히 경제·인권의 사각지대에 놓인 집단이 박사후과정에 있는 신진 박사들일 수 있다.

2017년 서울의 한 사립대에서 전기공학 박사 학위를 취득한 Y씨는 미국 텍사스대에서 2년간 포닥Post-dotoral researcher, 박사후연구원, 한국에서는 이를 줄여 Post Doctor 또는 포닥이라고 부른다을 했다. 그는 "한국에서 포닥을 할 수 없었다"고 했다. Y씨는 "미국에서 포닥은 독립적인 연구자로 인정받기 위해 거쳐야 하는 과정이지만 한국에서는 월 250만 원도 받기 어려워 오롯이 연구에 집중하는 게 불가능하다"고 했다.

그 결과 과학 연구 현장의 중추인 새내기 박사 연구자들이 한국을 떠나고 있다. 한 해 배출되는 5,600여 명의 이공계 박사 중 28.5퍼센트(약 1,600명)는 외국행을 원한다는 게 한국과학기술기획평가원의 조사 결과다. 3.5명 중 한 명꼴이다. 한국 기초연구연합회 추산으로도 신진 박사 네 명당 한 명은 해외로 떠나는 실정이다. 하지만 정부는 관련 통계조차 없다.[32]

"연구는 '포닥' 싸움인데…… 4명 중 1명은 살길 막막, 한국 떠난다"라는 2019년 11월 26일자 《조선일보》의 기사 제목이다. 이 기사가 한국의 박사후과정에 있는 신진 박사들이 처한 실상의 모습을 적나라하게 보여준다.

한국 박사과정의 열악한 환경 그리고 불확실한 진로 기반을 떠나 더 나은 대안으로 고급 두뇌들은 유학이라는 선택지를 찾고 있다. 미국이나 독일, 영국, 그리고 일본 이상 네 국가로 집중되고 있다. 특히 미국은 박사후과정까지 포함하면, 나머지 세 국가 모두를 합한 것보다 그 수가 더 많다. 한국의 박사과정 학생 그리고 신진 박사들만 미국으로 향하는 게 아니다. 미국의 고급 두뇌 시장의 'Big 3'로 일컬어지는 한국을 포함한 인도와 중국의 신진 인력들 역시 자국을 떠나고 있다. 모두 매우 우수한 인적 자원이지만 자국의 박사과정 양성과 인프라가 상대적으로 취약하기 때문에 자국의 박사과정의 늪에서 벗어나, '기회의 창'이 닫히기 전에 미국으로 도전의 길을 떠나는 것이다.

이들이 미국행을 꼽는 현실적인 가장 큰 이유는 연구자에 대한 투자 수준 차이라고 할 수 있다. 미국 국립과학재단의 〈과학기술 인디케이터 2020Science&Engineering Indicators 2020〉에 따르면, 미국은 과거에도 그리고 현재에도 연구자들에게 최고의 나라다. 연구자 일인당 투자비 수준은 2016년 기준 35만 6,085달러로 다른 국가에 비해 월등히 높다.

최근 중국이 연구개발 투자를 매우 공격적으로 펼치면서 미국의 71퍼센트 수준인 25만 2,157달러 수준까지 신장되었다. 2009년 이래 연평균 5.86퍼센트의 증가세를 보여, 미국의 0.68퍼센트 그리고 다른 국가들의 1퍼센트 미만 수준의 흐름과는 달리 매우 높다. 한국은 2016년 기준 미국의 59퍼센트인 21만 628달러를 연구개발에 투자했다. 2009년 이래 연평균 증가세는 0.87퍼센트로 미국(0.68퍼센트), 일본(0.84퍼센트)보다 높은 수준이다.

|도표 5-3| 주요 국가의 연구자 일인당 투자비 비교

국가	연구자 일인당 연구비 투자 현황				신장율	
	2009년		2016년		2009~2016	연평균
	금액	미국 대비	금액	미국 대비		
미국	$339,612	100%	$356,085	100%	4.9%	0.68%
중국	$169,227	50%	$252,157	71%	49.0%	5.86%
일본	$220,595	65%	$233,924	66%	6.0%	0.84%
한국	$198,279	58%	$210,628	59%	6.2%	0.87%
EU	$201,262	59%	$199,524	56%	−0.9%	−0.12%

* 출처: Science&Engineering Indicators 2020, National Science Board(원 자료), 저자 재정리

이는 박사과정 학생에게도 준용된다. 미국 전 학문 영역에서 박사과정 학생들은 수학 기간 동안 필요한 재정을 33퍼센트는 연구조교, 25퍼센트는 펠로우십, 22퍼센트는 수업조교 활동을 통해 해결한다고 한다.[33] '뚜렷한 역할 없이 대학원 생활을 한다(34.1퍼센트)'는 한국의 실정과는 상당한 차이가 있다. 우리의 대학원생 43.2퍼센트만이 연구 및 교육 관련 활동을 하는 데 반해, 미국의 경우 평균적으로 80퍼센트가 이에 해당한다. 이를 과학기술 분야 박사과정으로 좁혀보면, 물리 및 지구과학 96퍼센트, 수학 및 컴퓨터 과학 91퍼센트, 공학 90퍼센트로 연구 및 교육 쏠림 현상이 크게 나타난다.

미국으로 많은 신진 박사들이 건너가는 배경에는 그밖에도 크게 다섯 가지 정도가 있다. 그 첫 번째는 OECD 국가 중 대학에 재정 투자를 가장 큰 금액으로, 가장 많은 비중으로 투자하는 국가라는 점이다. 2005년, 2008년, 그리고 2010~2013년 중 GDP 대비 고등교육 재정

투자 비율을 보면, 미국은 2.6퍼센트로 OECD 평균 1.5퍼센트, EU 22개국 평균 1.4퍼센트보다 높다. 미국 다음으로는 캐나다가 2.5퍼센트이고, 한국과 칠레가 각각 2.3퍼센트 수준이다.[34]

미국 정부 차원 연구개발 투자는 속지주의●를 채택하고 있다. 그래서 투자 대상을 선정할 때 인력의 국적보다 현재 소속 지위가 미국인지 아닌지 여부가 더 중요하다. 또한 민간 부문의 연구개발 투자는 상업적 목적과 응용기술 개발에 중점을 두는 데 반해, 정부의 연구개발 투자는 기초연구에 더 많은 비중을 두며, 결과적으로 대학 투자 비율이 높다. 결국 상대적으로 더 좋은 조건에서 기초연구에 몰입할 수 있도록 환경을 제공하는 대학이 많이 분포하고, 합리적인 연구개발 투자 방식으로 인해 박사과정 유학생들이 미국으로 향하게 된 것이다.

두 번째는, 유학생과 외국인 고급 인력에 대한 높은 수준의 개방성이다. 미국은 앞장에서도 설명한 바와 같이 과학기술 분야의 경우 미국 밖에서 태어난, 즉 외국 태생의 연구 인력이 이미 주류가 되는 환경이 이루어져 있다. 이 또한 한국을 포함하여 아시아 지역의 박사과정 학생 및 박사후연구원들에게 매력적인 기초 환경이다.

미국 국립과학재단의 〈과학기술 인디케이터 2020〉에는 이러한 현상에 대해 구체적으로 설명되어 있다. 이 보고서에 따르면 박사후과정의 49퍼센트, 전임교수의 29퍼센트가 미국에서 태어나지 않았다. 특히 컴퓨터 과학 및 수학 분야는 박사급 인력의 약 60퍼센트가 미국 태생이 아니며, 공학 분야도 50퍼센트가 넘는다.[35] 2017년 기준 미국

● 어떤 나라의 영토 안에서 태어난 사람은 그 출생지의 국적을 얻게 된다는 입장

에서 활동하고 있는 과학기술 인력 중 미국 출신이 아닌 사람은 약 30퍼센트에 이른다. 학사 학위 수준에서는 약 20퍼센트, 석사 학위는 약 39퍼센트, 박사 학위 수준에서는 약 43퍼센트에 달한다. 전 세계에서 외국 태생 인력이 차지하는 비중이 이 정도로 높은 나라는 미국밖에 없다고 해도 과언이 아니다. 영국, 독일, 프랑스, 일본 등 박사 배출이 많은 다른 국가들에서는 찾아볼 수 없는 수준으로 개방성이 높다고 할 수 있다.

세 번째는, 학위 취득에 소요되는 총 기간과 학위 후 진로 결정에 소요되는 기간이 상대적으로 짧다. 미국은 앞서 소개한 연구자 및 박사과정 학생들에 대한 투자 및 지원 환경으로 인해 연구자들이 연구 및 학업에 몰입할 수 있어 다른 나라에 비해 상대적으로 단기간에 학위를 받을 수 있다. 또 미국 대학의 박사과정은 석사 학위를 필수적으로 요구하지 않는다. 따라서 학사 학위 후 박사 학위를 취득하는 데 소요되는 총 기간도 상대적으로 짧다. 최근에는 학사과정 졸업 후 별도의 경력 없이 바로 박사과정에 진학하는 경우가 빠르게 증가하고 있다. 서른이 되기 전에 박사 학위를 받고, 우수한 연구중심대학에 교수직으로 자리 잡는 경우가 크게 증가하고 있다. 상위 40위 연구중심대학의 경우, 박사 후 경력 없이 전임 교수 및 전임 연구원으로 임용된 신규 박사의 약 50퍼센트는 서른 미만이다.

2018년 소개된 미국 국립과학재단의 〈2016 박사 학위 취득자 실태 조사2016 Doctorate Recipients from U.S. Universities〉에 따르면, 30세 미만에 박사 학위를 받은 사람이 1986년 약 1만 명 수준에서 2016년에는 2만 명 이상으로 30년 만에 두 배로 증가했다. 미국의 전 학문 분야에서 박사 학위를 취득하는 사람의 중위값 연령은 31.4세다. 물리학 및 지구과학(29.5세)과 공학(29.9세) 분야는 박사 학위 취득 시점의 중위값 연령이 30세 미만이다. 그리고 유학생들은 평균적으로 1996년에는 32.4세(중위값)에 박사 학위를 받았고, 2016년에는 30.9(중위값)세로 더 낮아졌다.[36] 유학생들의 박사 학위 취득이 상대적으로 더 젊은 고급 인재를 배출하는 통로가 되는 셈이다. 그리고 학위 취득 연령은 계속 낮아지는 추세다.

박사과정을 시작해서 학위를 받는 데까지 소요되는 기간은 분야별로 편차가 크다. 전반적으로는 1999년에서 2018년까지 지난 20년간 지속적으로 단축되고 있다. 재직자들이 중심인 교육학 전공의 경우, 1999년 약 15년에서 2018년은 12년으로 약 3년 정도 단축되었다. 과학기술 분야는 20년 동안 평균 6년 정도의 시간이 소요되었다.[37] 이에 MIT, 캘리포니아공과대학 등 동부에 위치한 대학들과 미국의 몇몇 연구중심대학의 경우 전일제 박사과정의 재학 연한을 5년 미만으로 제한하는 것을 검토하고 있다. 국제적으로 우수한 학생을 유치하기 위한 유인책 차원이다.

네 번째는, 상대적으로 더 나은 진로와 처우 조건이다. 한국과학기술기획평가원의 〈과학기술 인재 정책 플랫폼 통계〉에 기초하면, 우리의 과학기술 분야 박사 학위 취득자는 학위 취득 후에 2018년 기준 대학 및 기타 교육기관 그리고 의료기관(44.9퍼센트), 민간 기업 및 민간 연구소(32.5퍼센트), 공공 연구기관 및 정부(18.0퍼센트), 창업 및 자영업(2.7퍼센트) 순으로 진로를 선택했다. 그리고 박사후과정을 제외한 일반 취업의 경우 자연 계열의 평균 연봉은 약 4,400만 원, 공학 계

열은 약 6,100만 원, 의약학 계열은 약 6,500만 원으로 파악된다.[38]

미국의 취업률은 우리와 유사한 70퍼센트 내외 수준이다. 그러나 취업 경로나 처우는 상당한 차이를 보인다. 우선 박사후과정의 경력이 있을 때, 앞서 소개한 바와 같이 우리나라에서는 연간 3,000만 원(월 평균 250만 원) 내외 수준이다. 상위권이라고 해도 월 300만 원 정도 수준이다. 미국은 전공 영역마다 차이가 있지만 평균적으로(2018년 기준) 1년차 기준 연간 5만 달러(약 6,000만 원) 수준으로 우리나라의 두 배에 달한다. 수학 및 컴퓨터 과학 분야를 전공한 박사후과정의 1년차 연봉은 중위값 기준 연간 6만 달러(약 7,200만 원) 수준이다. 경제학자들의 커뮤니티 플랫폼인 이노믹스INOMICS의 〈이노믹스 연봉 리포트 2018INOMICS Salary Report 2018〉에 따르면, 미국의 박사후과정은 전체적으로 평균 7만 달러(약 8,400만 원) 수준이며, 독일(평균 5만 8,000달러), 영국(평균 4만 2,000달러), 이탈리아(평균 3만 달러)보다 월등히 좋은 조건이었다.[39]

또한 대학에 교수나 전임 연구원 지위로 자리하게 될 경우 1년차 연봉은 평균 7만 달러, 산업계로 진출할 경우 1년차 평균 연봉은 10만 달러(약 1억 2,000만 원) 수준으로 높아진다. 수학 및 컴퓨터 과학 분야 1년차 중위값 연봉은 13만 달러(약 1억 5,000만 원) 수준이다.[40]

상기한 〈이노믹스 연봉 리포트 2018〉에서는 미국의 교수나 박사들의 시니어급 지위의 소득 수준은 스위스(연간 18만 623달러)와 함께 세계 최고 수준이다. 미국의 고급 두뇌들은 세계에서 두 번째로 소득 수준(17만 9,736달러)이 높으며, 스위스의 99.5퍼센트 수준이다. 이어 3위가 캐나다(14만 1,219달러)로 스위스 대비 78.2퍼센트, 4위는 영국

(11만 6,731달러)으로 64.6퍼센트, 5위는 55.1퍼센트인 독일(9만 9,471 달러) 순이다.[41]

소득 수준 차이는 연구자가 민간에서 활동할 때, 더 큰 격차를 지닌다. 미국에서 박사 학위를 받고, 미국의 민간 부문에서 활동할 경우, 연구 역량뿐 아니라 소득에서도 상당한 차이를 보인다. 이는 미국의 박사 학위 취득자 중 60~70퍼센트가 민간 기업으로 진출하는 이유이기도 하다. 특히 컴퓨터 과학 및 수학 그리고 공학 분야의 박사 학위 취득자는 70퍼센트 이상이 민간 기업으로 진로를 모색한다. 이는 앞서 설명한 바와 같이 민간 기업의 처우가 대학보다 월등히 좋기 때문이다. 최근 연구 활동을 뒷받침하는 환경 조건도 민간 기업이 대학보다 우위에 서게 되었다. 무엇보다 연구자가 민간 기업에서 활동하다가 언제든지 대학으로 다시 진입할 수 있는 경로가 열려 있다는 점이 우리와 다르다. 반면 우리의 과학기술 분야 신진 박사들은 민간 기업에 24.3퍼센트(2018) 정도 진출한다.

다섯 번째는, 문화와 인권에 관한 사항이다. 미국의 박사과정 역시 각 대학이나 연구실마다 어느 정도 차이가 있다. 그러나 평균적으로 박사과정 학생을 '공동 연구자' 또는 '지식의 공동 생산자'로 간주하는 문화는 공통적으로 있다. 우수한 연구중심대학일수록 이러한 분위기는 더 공고하다.

2015년도 국가인권위원회의 〈대학원생 연구 환경에 대한 실태 조사〉[42]에서도 소개한 존스홉킨스대학교Johns Hopkins University의 〈박사과정 학생의 권리장전Statement of the Rights and Responsibilities of Ph.D. Students at Johns Hopkins University〉을 통해서도 확인할 수 있다.

서문: 박사과정 교육은 대학교의 교수 및 연구 사명에 있어 근본이 된다. 학자들의 지적 공동체가 번창하기 위해 박사과정 학생, 교수진 및 대학 공동체의 기타 구성원 간 협약의 바탕을 이루는 원칙을 인정하는 것은 중요하다. 이러한 정신에 의거하여 박사과정 위원회는 대학 내 모든 교수진 및 학생들과 협력하여 존스홉킨스대학교의 박사과정 학생들에 대한 권리와 책임에 관한 성명을 밝힌다. 이 문서에 기술된 원칙들은 대학 내 여러 단과대학에 의해 규정된 정책에서 구현되어야 한다. 또한 단과대학들은 이러한 정책들을 감독하고 강제할 수 있는 구조를 개발해야 한다.

-중략-

박사과정 학생들은 대학 공동체의 모든 구성원으로부터 존중받고 전문적 태도로 대우받을 권리를 가진다. 이는 대학 정책에서 적용되듯이 차별과 괴롭힘을 받지 않을 것, 의사소통에서 합당한 수준의 비밀 보장을 받는 것을 포함한다. [평등권, 인격 존중]

-중략-

박사과정 학생들은 연구와 학문에 대한 자신의 기여에 대해 적절히 인정받을 권리를 가진다. 그러기 위해 학생의 공헌에 대한 기대 수준과 인정 방식에 대한 학생, 지도교수 및 기타 관련 당사자와의 논의가 필요하다. [지적재산권, 연구 실적 인정]

박사과정은 불확실성과의 긴 싸움이다. 기본적으로 박사과정의 늪에 빠질 확률이 높으며, 비단 우리나라만의 문제가 아니다. 미국 역시 박사과정에 늪이 있다. 연구 자원이 빈약한 대학의 전일제 박사과정,

비과학 기술 및 상경 계열 전공자, 고령자, 여성 등의 배경을 가진 박사과정 학생이나 신진 박사의 경우 이 늪에 빠질 개연성은 상대적으로 높다. 그래서 박사과정 진학에 대한 전문적이고 체계적인 소개와 안내가 더 필요하다. 특히 박사 학위를 취득함으로써 얻게 될 기회의 창에 대한 현실적이고, 객관적인 안내가 필요하다.

04

대학을 떠나는 교수들

　직업교육을 전문적으로 하는 대학과 특수목적대학을 제외하고, 일반적인 대학들은 크게 연구중심대학과 교육중심대학으로 구분할 수 있다.

　자유교양대학은 교육중심대학의 전형적인 모델로, 대부분 학사과정 중심의 학제를 선택하고 있다. 물론 부분적으로 석사과정을 운영하기도 하지만 박사과정은 두지 않는 것이 일반적이다. 따라서 교수들은 연구 업적보다 교육 업적 중심으로 선발되고, 평가받는다. 연구중심대학은 대학원 중심 대학으로 달리 표현할 수 있다. 주로 사립 연구중심대학들은 학사과정에 자유교양대학의 학제를 둔다. 따라서 학사과정에서 단과대학의 개념은 준용되지 않는 것이 일반적이다. 공립 연구중심대학들은 학사과정의 학제를 자유교양대학과 직업교육이 결합된 모델을 채택하고 있다. 한국의 일반대학들은 대부분 이와 같은 구조를 지니고 있다.

또한 연구중심대학에는 전문대학원들이 있다. 일반적으로 미국의 경우 전문대학원을 두는 경우 학사(학부) 과정에는 해당 전공을 개설하지 않는 경우가 많다. 앞서 설명한 바와 같이 미국의 연구중심대학들은 대체적으로 학사과정을 자유교양대학 학제로 운영하기 때문이다. 의학전문대학원, 법학전문대학원, 그리고 경영전문대학원이 대표적인 전문대학원이다.

대학 유형과 운영에 기초하여, 대학의 전임 교수들의 역할도 구분된다. 소속 대학의 성격에 따라 그 역할 정체성도 함께 구분되는 구조이다. 대체적으로 자유교양대학같이 교육중심대학에 소속된 교수들은 교육 중심 교원Teaching Faculties, 연구 중심(대학원 중심) 대학에 소속된 교수들의 주된 정체성은 연구 중심 교원Research Faculties으로 분류되는 게 일반적이다. 그리고 전문대학원에 소속된 교수들은 의사, 변호사, 그리고 경영컨설턴트 등과 같은 현장 전문 활동과 학계의 연구 활동을 겸업하는 현장 전문가형 교원Professional-Research Professor으로 구성된다. 일부 대학에서는 연구 활동을 중심으로 하는 교수와 교육 및 서비스(학사 행정)를 중심으로 하는 교수를 트랙으로 아예 구분 짓기도 한다.

최근 미국 대학에서는 대학을 떠나는 교수가 증가하고 있다. 어떤 교수들은 자발적으로, 또 어떤 교수들은 원하지 않음에도 불구하고 떠날 수밖에 없는 상황과 마주하고 있다. 비자발적으로 퇴직하는 경우, 사립 교육중심대학에 소속된 교수들이 다수를 차지한다. 그 원인은 앞서 설명한 것처럼 지원자가 급감해 대학 자체가 문을 닫게 되어 교수들이 그만둘 수밖에 없어졌기 때문이다.

두 번째로 많은 분포는 공립대학에서 학사과정을 지도하는 인문교양 분야 비정년 트랙 교수(정년이 보장되지 않고 기간제 계약으로 근무하는 전임 교수직)들이다. 캘리포니아대학University California 시스템을 시작으로 규모 있는 주립대학State University 시스템들이 온라인 강좌를 대폭 개설하면서 정년이 보장되지 못한 교수들의 자리가 사라지고 있다. 코로나19로 인해 대학들이 일시적으로 캠퍼스 문을 닫으면서 이 흐름은 급속도로 확산되고 있다. MOOC를 통해 이수한 학점을 대학에서 취득한 학점과 동일하게 인정해주는 대학도 빠르게 늘고 있다.

"2020년 9월, 미국의 대학은 개강을 했고, 실제 학생들은 빠르게 대학을 이탈하고 있다. 이와 같이 경쟁력이 상대적으로 뒤처지는 '사립 교육중심대학' 그리고 '공립대학의 인문-교양 분야 학사과정 지도 담당' 영역의 교수들은 그들의 의사와 관계 없이 대학을 떠나게 되는 형편이다."

뉴욕대학교 스턴 경영전문대학원Stern School of Business에서 MBA과정 학생들을 대상으로 마케팅을 지도하는 스콧 갤러웨이Scott Galloway 교수가 매거진 《인텔리전서Intellegencer》를 통해 강조한 사항이다. 그는 또 '소수의 엘리트 사이보그대학이 곧 고등교육을 독점할 것The Coming Disruption to College: Scott Galloway predicts a handful of elite cyborg universities will soon monopolize higher education.⁴³'이라는 예측을 내놓기도 했다. MIT@Google, iStanford, Harvard×Facebook처럼 명성과 자원 그리고 역량을 갖춘 대학들이 거대 정보기술 기업들과 협력하면서 고등교육 시장의 판도를 바꾸게 될 것이라는 전망이다. 현재 1,000명 미만의 학사과정을 선발하는 MIT가 구글과 협력하여 온라인 및 하이브리드 대학 모델로 학사과정에 1만 명 이상 선발할 경우, 중상위권 대학에 진학하려던 학생들이 과연 어떤 대학을 선택할 것인가를 생각해보면 충분히 예상할 수 있는 미래라는 주장이다.

2018년 백화점들이 본격적으로 파산할 것이라고 전문가들이 예측했을 때, 대부분의 사람들은 단기간에 이루어지지는 않을 것이라고 전망했다. 하지만 소위 잘나가던 세계 유수한 백화점들은 현재 대부분 파산의 길을 걷고 있다. 이러한 현상은 대학 세계에서도 일어날 것이라고 전문가들은 전망하고 있다. 그러면서 상위 50위권 내 대학의 경우 그 지위가 더 강화되겠지만, 50~1,000위 사이에 있는 대학들은 생존을 위한 전략적 선택과 소멸의 기로에 서게 될 것이라고 주장한다.

하버드대 교육대학원에서는 일반 기업이나 공공 조직의 구성원과는 달리 교수를 특수 직업 관점에서 다양한 연구 조사를 한다. 본 대학원 산하 협력형 연구 센터 고등교육 학술 경력 협력 네트워크The Collaborative on Academic Careers in Higher Education, COACHE는 약 300여 개의 대학과 파트너십을 맺고, 대학교수들의 임금, 근로 환경, 생산성, 이직, 채용 등 전반적인 영역을 살핀다. 2019년까지는 매우 엄격한 방법론에 의해 설문 중심의 '대학교수 집단의 근로 환경'에 대한 내용들을 조사하고, 이 결과를 소개하는 활동을 수행했다.

최근 코로나19 상황이 장기화되면서, 고등교육 학술 경력 협력 네트워크에서도 대학교수 집단의 역할 정체성에 대한 근본적인 재해석과 재정의가 필요하다는 의견에 대해 다양한 논의가 이루어지고 있다. 우선 정년 트랙 교수의 재직을 1년간 중지할 것인가의 여부, 채용 결정과 이의 고지가 완료된 정년 보장 교수의 채용을 1년간 늦출 것인가의 여부, 정년 및 채용 예정 교수에 대한 연구비 지급에 대한 판단, 연구 업적과는 달리 공식적으로 그리고 객관적으로 측정되지 않는 학생들의 지도에 대한 공식적, 비공식적 헌신에 대한 교수 업적의 평가, 대학 재정 악화로 교수들의 성과 평가에 생산성 중심의 기준 적용 등 코로나19 이전과는 완전히 달라질 대학과 교수의 역할에 대한 논의가 뜨겁다.[44]

코로나19로 인한 대학의 재정난은 비단 사립대학에만 영향을 주는 것이 아니다. 공립대학 역시 정년이 보장되지 않은, 비정년 트랙 교수들을 해고하는 상황에 이르렀다. 이들이 대학을 떠나게 되면서 그간 담당했던 교육 기능(강의, 수업, 학생 지도)을 이제 정년 트랙 교수들이 수행해야 한다. 그 결과 연구에 대한 부담이 가중되고, 당연히 교육 품질은 떨어지게 되었다. 학생들은 이에 대해 강한 불만을 제기하고 있다.

이 악순환의 흐름 가운데 일부 정년 보장 교수들은 행정 서비스나 강의 시간 추가를 거부하는 등 자신들의 지위만을 보호하기 위한 분열적 행동을 하고, 또 일부 교수들은 이런 문화에 대한 피로감으로 대학을 떠나 기업 세계로 향하고 있다. 어쩌면 우리는 역사상 대학을 떠나는 가장 많은 수의 교수들을 보게 될지 모른다.

보스톤의 공영 라디오방송Boston's NPR News Station에서는 매사추세츠 대학교의 사례를 다음과 같이 소개하고 있다.

"수백 명의 비정년 트랙 교수들이 일자리를 잃고 있습니다. 그들의 학생들은 분노하고 있습니다."[45]

연구중심대학 교수들이 비자발적으로 대학을 떠나는 경우는 사례가 많지 않다. 연구 업적이 부족하거나 개인 신상에 문제가 있는 경우를 제외하고 비자발적으로 대학을 떠나는 교수는 거의 없다고 해도 과언이 아니다. 그럼에도 불구하고 자발적으로 대학을 떠나는 교수들은 대부분 연구 활동을 매우 활발히 하는 교수들이다. 이들은 대학을 떠나 기업 세계로 자신의 일터를 옮기며, 대부분 빅 테크 기업이나 대기업 연구소로 간다. 일부는 직접 스타트업을 창업하기도 한다. 두 부류의 교수들의 목적은 명확하다. 기업으로 간 교수들은 더 나은 연구 활동을 위해서, 또 스타트업을 한 경우는 자신의 연구 결과물을 시장에서 평가받기 위해서다.

미국 국립과학재단의 〈미국 과학기술 현황 2020The State of U.S. Science and Engineering 2020〉을 보면, 2000~2017년 기간 동안 미국의 누적 연구개발비 투자 지출액은 7조 330억 달러(약 8,440조 원)이다. 2017년 한 해로 한정해보면, 약 5,480억 달러(약 657.6조 원)이다. 투자의 구성비는 누적 금액 기준 민간 기업(71퍼센트), 대학(13퍼센트), 연방 정부

(11퍼센트), 비영리 및 기타(4퍼센트) 순이다. 각 부문별 최근 11년 동안 연평균 성장률은 비영리 및 기타(4.74퍼센트), 민간 기업(4.04퍼센트), 대학(3.74퍼센트), 연방 정부(1.78퍼센트) 순이다. 민간 기업 부문의 최근 18년간의 누적 연구비 지출액은 대학의 5.3배 그리고 연방 정부 부문의 6.2배에 달한다. 대학과 연방 정부 모두를 합하더라도 민간 기업 부문의 35퍼센트 수준이다. 즉, 민간 기업의 연구개발비 지출액이 규모와 그 신장 속도 면에서 대학이나 연방 정부 모두를 크게 넘어선다. 바로 이 점이 연구중심대학 교수들이 대학을 떠나 민간 기업으로 옮겨가는 주된 배경이다.

20세기 중후반까지만 하더라도 대학교수들의 연구 역량은 기업보다 우위에 있는 경우가 많았다. 대학의 교수들은 새로운 지식과 기술의 생산자 기능을 하고, 이를 기업과 산업에 이전 및 이식시킴으로써 산업 대비 상대적 우위에 있었다. 그러나 21세기에 들어서면서 기업의 연구개발 역량이 대학을 앞서는 흐름이 완연하게 되었다. 첨단산업의 경우 기술 사업화는 물론 지적재산권의 생성과 학술 논문 실적 역시 기업이 대학보다 우위에 서는 흐름이다. 이러한 현상은 기업들이 대학에 인력 공급 외에 의존할 영역이 거의 없다는 것을 의미한다.

대학의 연구개발 투자는 재정 여력이 갖추어진 소수의 대학으로 집중되고 있다. '카네기 고등교육기관 분류법'●에 의해 분류된 각 130여

● 카네기 고등교육기관 분류법Carnegie Classification of Institutions of Higher Education. 카네기 교육진흥재단에서 구성한 대학의 목적 및 수준에 따른 분류법. '리서치 I'은 연구 집적도가 매우 높은 대학 그룹, '리서치 II'는 연구 집적도가 높은 대학 그룹. 미국의 연구중심대학으로 평가 및 분류되는 대학의 I 그룹 및 II 그룹. 일정 기간 평가를 통해 절대 기준을 충족하지 못할 경우 탈락하고,

개의 '리서치 I&II Research I&II, 총 260여 개의 연구중심대학 정도만 유의미한 해당 대학의 교수들에게 연구비 투자를 뒷받침할 수 있다. 그리고 이들 중에서도 리서치 I 그룹 대학과 리서치 II 그룹의 대학 간 연구비 지원 여력 또한 상당한 차이를 보인다.

민간 기업이 대학에 연구개발비를 더 이상 투자하지 않는 흐름이 전개되는 가운데, 고유의 재정 여력이 취약한 대학의 교수들은 연방 정부의 연구비에 절대적으로 의존할 수밖에 없어진다. 그런데 연방 정부의 연구비 예산은 그 증가폭이 미미하고, 특히 2011년 이후 오히려 소폭 감소하고 있다. 당연히 교수들의 연구비 확보를 위한 경쟁은 심화되었다. 그 과정에서 탈락해 연구비를 확보하지 못한 교수들이 늘게 되었다. 그 결과 일정 수준 이상의 연구력을 갖춘 교수들은 자발적으로 대학을 떠나 민간 기업으로 자리를 옮기거나, 스스로 필요한 자본금을 조달해 스타트업을 하는 대안을 모색하게 된 것이다.

미국의 실리콘밸리나 보스톤 등지에서 벤처 캐피털이 투자 대상을 심사할 때, 가장 선호하는 창업자는 교수 출신이다. 그 이유에 대해서 투자를 전업으로 하는 벤처 캐피털리스트들은 "교수 출신 창업자들은 일반적인 배경을 지닌 사람보다 더 뛰어난 학습 역량, 최신 기술적 역량과 배경, 연구비 수주를 위한 펀딩 경험, 필요한 고급 인력을 확보할 수 있는 인적 네트워크, 상대적으로 더 강한 실험 정신 등에 있어 더 우위에 있다"고 자신의 경험에 비추어 평가한다.

이를 충족할 경우 신규 또는 재진입이 가능함. 연방 정부의 연구개발비 지원 시 본 기준을 참고해 차등 지원함. https://carnegieclassifications.iu.edu/index.php

무선 네트워크 분야의 유명한 기업인 퀄컴Qualcomm을 공동 창업한 앤드루 비터비Andrew Viterbi는 캘리포니아대학교 LA 캠퍼스 그리고 캘리포니아대학교 샌디에이고 캠퍼스에서 교수로 재직했다. 현재는 자신의 이름을 딴 벤처 캐피털 회사인 비터비그룹The Viterbi Group의 회장이자, 서던 캘리포니아대학교University of Southern California의 이사회 의장을 맡고 있다. 이 대학의 공과대학 이름은 USC 비터비공과대학USC Viterbi School of Engineering이다.

분석용 통계 소프트웨어 분야의 유명 기업인 SAS의 창업자인 제임스 굿나이트 역시 교수 출신 창업자다. 1972년부터 1976년까지 자신의 모교인 노스캐롤라이나 주립대North Carolina State University에서 교수로 재직하다 동료 교수들과 공동으로 창업했고, 현재는 CEO로 재직 중이다. 교수 출신답게 미국 내에서 지적 도전을 가장 장려하고, 연구 활동하기 가장 좋은 민간 기업의 대표격으로 평가받는 기업으로 성장시켰다. 그의 재산은 10조 원 이상으로 알려져 있다.

지금도 여전히 스탠퍼드대학교에서 교수로 활동하고 있는 마크 호로비츠Mark Horowitz는 야후의 공동 창업자에 이름을 올렸었고, 현재 나스닥에 상장된 칩Chip 설계 전문 기업인 램버스Rambus Inc.의 공동 창업자다. 팻 한나한Pat Hanrahan 역시 현재 스탠퍼드대학교에 재직 중이며, 애니메이션 분야 유명 기업인 픽사Pixar의 창업팀 멤버였으며, 데이터 시각화 전문 소프트웨어 부문의 유명 기업인 태블로 소프트웨어Tableau Software의 공동 창업자다. 이들 외에도 과학기술 분야, 특히 정보 통신이나 의약학, 생명공학 분야의 교수들 중 스타트업 하는 경우가 최근 빠르게 증가하고 있다.

우리나라도 교수 출신 창업자들이 있다. 게임 기업인 (주)네시삼십삼분(4:33분) 권준모 의장 역시 교수 출신 창업자다. 하지만 아직 미국과 유럽에서 많은 사례인 교수 창업은 우리나라에서는 매우 드물다.

2017년 미국의 연구비 지출 비중 중 연방 정부의 비중은 11퍼센트다. 같은 해 기준 우리 정부의 연구비 지출 비중은 미국의 두 배가 넘는 21.4퍼센트[46]였다. 또 우리 정부의 연구비 지출은 미국보다 더 많은 비중으로 대학에 들어간다. 결국 우리나라 대학교수들이 더 나은 연구 활동을 위해서, 그리고 더 나은 경제적 성취를 위해 굳이 대학을 떠나야 할 이유는 없다. 한국의 대학은 급변하는 환경 그리고 불확실성의 영역에서 여전히 안전지대인 셈이다.

그러나 앞으로 5~10년 뒤 한국의 대학 세계 그리고 대학의 교수들은 지금과 같은 지위에 있을 수 있을까? 대학을 떠나는 교수들이 늘고 있는 사례는 과연 미국에만 한정된 것일까?

05

산업 단지로 탈바꿈하는 미국의 커뮤니티 칼리지

미국의 커뮤니티 칼리지는 한국에는 없는 미국 고유의 대학 시스템으로 2년제 공립대학을 말한다. 굳이 한국에서 유사 모델을 찾아보자면, 한국 폴리텍 대학사립 국책 특수대학[47]의 전국 34개 캠퍼스와 유사하다. 그러나 폴리텍 대학이 하나의 대학 시스템으로 전국적인 캠퍼스를 두고 있다면, 미국의 커뮤니티 칼리지는 주로 주 정부 예산을 지원받는 공립대학으로 미국 전역에 2020년 기준 1,050개교가 다소 다른 구조로(공립 942개, 사립 35개, 독립 73개)[48] 운영되고 있다는 차이점이 있다. 또 기본적으로 직업교육 중심의 2년제 준학사과정을 제공한다는 면에서 한국의 일반적인 전문대학과 유사한 특성을 지닌다. 그러나 우리나라 전문대학이 대부분 사립(127개교로 94퍼센트, 입학 정원은 15만 9,452명으로 98퍼센트에 달한다) 대학 형태로 운영되고 있다는 점에서 주 정부 밀착형으로 운영되는 미국의 커뮤니티 칼리지와 다소 차이가 있다.

한국의 전문대학 충원율은 점차 하락하는 추세다. 2015년 98.9퍼센트에서 2017년 97.6퍼센트로 하락했다. 특히 국공립 전문대학(8개교)의 충원율은 같은 기간 100퍼센트에서 94.6퍼센트로 빠르게 감소하고 있다. 취업률은 평균적으로 70퍼센트 내외 수준을 보이고 있다.[49]

'4년제에 밀리고, 고졸에 치이고……, 위기 외친 전문대 총장들'이라는 표현은 2019년 '한국전문대학교육협의회 정기총회'를 보도한 《한국경제신문》의 기사[50] 제목이다. 이 표현은 현재 직업교육기관으로의 한국의 전문대학이 지닌 역할 정체성의 위기를 단적으로 보여주는 예라고 할 수 있다.

이러한 현상은 미국의 커뮤니티 칼리지 역시 마찬가지다. 미국은 우리나라보다 더 심각해 중퇴 공장Dropout Factories이라고 표현하기도 한다. 현재 커뮤니티 칼리지에 등록한 학생 수는 약 680만 명인데, 40퍼센트 미만의 학생만이 3년 내에 졸업하거나 편입하는 실정을 비약적으로 표현한 내용이다. 커뮤니티 칼리지에 대한 학술 저널을 출간하는《커뮤니티 칼리지 리뷰Community College Review》에서 이에 대한 사례를 소개하고 있다. 루이지애나주의 배튼 루지 커뮤니티 칼리지Baton Rouge Community College는 2007년 가을 학기에 학교에 입학한 신입생 중 단 5퍼센트만 교육과정을 이수하는 비율을 보였다고 한다. 반면 캘리포니아주 쿠퍼티노(애플이 소재한 실리콘밸리)에 있는 디 앤자 칼리지De Anza College의 전국(온라인 과정 포함) 이수율은 같은 기간 74퍼센트였다고 한다.[51] 이러한 데이터를 근거로 《커뮤니티 칼리지 리뷰》에서는 학생들이 단순히 집에서 가까운 대학이 아니라 수준 높은 커뮤니티 칼리지를 선택한다는 점을 강조한다.

 산업과 기술이 고도화되면서, 전통적인 기술은 수요 감소로 인해 퇴보되고 있고, 중급 기술middle-skills은 자동화와 디지털화되면서 '중간 지대의 소멸' 현상과 마주하고 있다. 과거에는 특정 장비나 요소 기술을 다루는 숙련된 기능인이나 장인들이 중요하게 강조되었다. 하지만 최근에는 이를 자동화 시스템과 로봇 등이 대체하면서 시스템을 설계하거나 운영 및 관리할 수 있는 기술인력이 중요해졌다. 따라서 시스템을 기획, 설계하기 위한 인력의 경우, 기술 수준의 고도화로 학사 수준의 전문 교육으로는 충분하지 않은 경우가 많아졌다. 컴퓨터 과학이나 수학 그리고 공학 분야에서는 오히려 박사급 인력에 대한 지속적인 수요 증가가 이를 방증한다.

 자동화 시스템이나 로봇으로 대체하기 어려운 영역, 즉 자동화의 경제성이 충족되지 않는 영역은 매우 고도화된 장인 수준의 기능과 준학사(전문학사)급 교육이 불필요한 기능으로 구분된다. 전자의 경우 대학 재학 2~3년이라는 기간 내에 장인 수준의 기능을 갖출 수 없으며, 규모의 경제가 이루어지지 않는다. 후자의 경우 소위 말하는 3D 직종difficult, dirty, dangerous로 어렵고, 더럽고, 위험한 일을 뜻함으로 외국인에 의해 노동력이 대체되고 있다. 이러한 점은 학생들이 2년이라는 시간을 들여도 직업 활동에 도움을 받지 못하는 준학사(전문학사) 수준의 전통적인 직업교육을 하는 한국의 전문대학이나 미국의 커뮤니티 칼리지가 존재하는 이유에 대해 근원적 물음이 제기되는 이유다. 이러한 물음에 대한 근원적 해결책은 아니더라도 모방할 수 있는 모델, 혹은 혁신을 꾀하고 있는 미국의 커뮤니티 칼리지들이 있다.

2015년 7월, 뉴욕에서 열린 'NYC 지역 혁신 공동체-연차 네트워크 회의NYC Regional Innovation Node–Annual Network Meeting'에 직접 참여했다. 이때 커뮤니티 칼리지가 혁신 생태계에 어떻게 기여하고, 새로운 산업 시대에 필요한 중급 기술인력을 어떻게 양성하는지에 대한 다양한 의견과 사례가 소개되었다. 이때 소개된 몇몇 사례를 5년이 지난 현재 시점에서 역추적해보았다.

이노바이오 솔트 레이크 커뮤니티 칼리지 바이오테크놀로지 프로그램InnovaBio® Salt Lake Community College Biotechnology Program[52]은 미국 유타주에 소재한 솔트 레이크 커뮤니티 칼리지Salt Lake Community College와 지역의 생명과학 기업들 간 협력에 의해 만들어진 전문 인력 양성 프로그램이다. 먼저 기업들은 유타주 정부로부터 재정적인 지원을 받아 대학 내에 각 회사의 실제 실험실과 제조 인프라를 갖춘다. 대학은 학생들을 선발하고, 일련의 학사 행정 관리를 맡는다. 교수진과 교육과정은 각 회사에서 주도적으로 기획해 운영하고, 대학은 이를 행정적으로 뒷받침한다.

학생들은 온라인 기반의 강의 참여, 실험실 인턴십, 또 제조에서 판매, 실습으로 이어지는 일련의 교육과정STUDENTfacturED®을 통해, ① 바이오테크놀로지 숙련 인증서Biotechnology Certificate of Proficiency-16학점/풀타임 2학기, ② 바이오테크놀로지 준학사Biotechnology Associate of Science–61학점/풀타임 4학기, ③ 바이오테크롤로지 학사Bachelor of Science in Biotechnology-Utah

Valley University – 유타밸리대학으로부터 인정받을 수 있는 추가 교과목 이수를 통한 학사 학위 이수 등을 얻을 수 있다.

온라인으로 이루어지는 강의는 정해진 학사 일정에 따르지 않고, 역량 기반 교육competency-based education, CBE에 기초하여 진행된다. 따라서 학생들은 스스로의 학습력 및 학습 환경에 따라 교육과정을 이수한다. 모든 필수 교과목에서 'B 학점' 이상 취득하면, 학생들은 대학 내에 있는 실제 기업의 실험실과 제조 현장에서 인턴십을 수행한다. 온라인 강좌와 인턴십을 통해 학생들은 DNA 조작 및 분석, 단백질 발현 및 정제, 세포 배양, 효소 및 항체 분석, 바이오 제조, 비판적 사고와 문제 해결, 통신, 팀워크에 대한 실제적인 경험학습을 한다.

인턴십 과정에서 학생들은 해당 기업에 즉시 고용되거나, 고용 예정 계약을 체결한다. 인턴십 과정에서 고용이 결정되지 않은 학생들은 '제조-판매 실습' 교육과정을 추가적으로 이수한다. 이는 전문적인 멘토링을 기반으로 생명 공학 제조 산업과 관련된 품질 시스템 및 FDA 규정을 효과적으로 이해하는 데 중점을 두고 있다.

이 과정의 목표는 생명공학 제조회사에서 일할 수 있도록 상황에 맞는 실습 교육을 통해 학생들을 준비시키는 것이다. 학생 스스로 제품을 기획 및 생산하고, 고등학교 교사 및 솔트 레이크 커뮤니티 칼리지의 일선 조직에 판매하여 발생한 수익을 통해 유지할 수 있도록 해 더 실제적인 경험학습을 하도록 하고 있다.

기업들은 최소한의 투자로 수준 있는 실험 및 제조 인프라를 대학 캠퍼스 내에 갖출 수 있다. 또한 숙련된 초급 및 중급의 실험 및 제조 전문 인력을 별도의 교육 훈련 비용 부담 없이 안정적으로 확보할 수 있다. 학생들은 지역 정부의 학비 보조에 따라 별도의 학비 없이 전문 분야의 교육을 받을 수 있으며, 1년 내외의 시간에 생명과학 분야 과학 기술자로 직업 활동을 시작할 수 있다. 솔트 레이크 지역에서 이 분야 초급 기술자의 연봉 수준은 5만 5,720달러(약 6,600만 원)에 이른다.[53] 기업과 학생 그리고 지역 정부 모두에게 도움이 되는 구조다.

5년 전 텍사스주의 오스틴 커뮤니티 칼리지Austin Community College, 이하 ACC와 텍사스 생명과학 협력 센터The Texas Life Science Collaboration Center는 현재 오스틴 커뮤니티 칼리지 생명과학 인큐베이터ACC Bioscience Incubator로 의미 있게 자리하고 있다. 특별히 이는 생명과학 분야의 연구와 생산 사이에서 발생하는 갭을 메우는 데 중점을 두고 있는 활동이라 할 수 있다. 그런 기능을 하기 위해서 우선 인프라를 '교육-실험-인증-제조-인큐베이팅-엑셀러레이팅'을 원스톱으로 진행할 수 있도록 초대형 규모로 갖추었다.[54] 생명과학 분야의 초대형 스타트업 클러스터를 기획하면서 연방 정부와 주 정부, 대학 연합이 협력해 만든 사항이다.[55]

이러한 인프라와 프로그램의 궁극적인 목표는 결국 연합하고 있는 연구중심대학(텍사스 오스틴대학교, 텍사스 A&M대학교 등)의 교수와 연구원 등이 쉽게 스타트업 할 수 있도록 이를 뒷받침하는 것이다. 그래서 특별히 이 인프라에는 인큐베이팅 기능과 엑셀러레이팅 기능은 물론 투자금 유치도 함께 이루어진다.

학생들이 이 인프라를 통해 교육받는 과정은 앞서 소개한 솔트 레이크 커뮤니티 칼리지의 교육과정과 유사하다. 조금 다른 점이 있다면, 오스틴 커뮤니티 칼리지의 학생들이 해당 교육과정을 이수할 경우 솔트 레이크 커뮤니티 칼리지 수료 및 졸업한 학생들보다 진로 선택 폭이 더 넓다는 것이다. 졸업 후 바로 취업할 경우에도 마찬가지다. 편입할 경우에도 연합 대학이 솔트 레이크 커뮤니티 칼리지가 한 개인데 반해 오스틴 커뮤니티 칼리지의 경우 11개로 선택 폭이 넓다. 또 대학발 스타트업과 연계해 취업과 편입이 동시에 이루어질 수 있는 독특한 구조로 되어 있다. 즉 기업에서 일을 하는 동시에 학사과정도 이수할 수 있도록 구조화되어 있다. 이를 통해 학생들은 일찍이 산업 현장에 대한 실제 근무 경험을 쌓고, 향후 연구중심대학의 대학원 과정으로 진학까지 할 수 있다. 결국 학생들이 생명과학 분야에 수준 있는 현장을 잘 아는 전문가로 성장하고, 스타트업까지 할 수 있는 기회를 갖게 된다.[56]

미국 커뮤니티 칼리지의 혁신 방향은 앞서 소개한 사례와 같이 산업 단지화로 요약해서 설명할 수 있다. 학생의 중퇴율 증가, 온라인 강좌 및 학위과정의 증가, 거리와 무관한 경쟁력 있는 커뮤니티 칼리지로 학생들의 쏠림 현상 발생, 풀타임보다 파트타임을 선택하는 학생 수 증가 등이 동시에 발생하면서 지역 밀착형 공립 직업교육 전문대학으로의 지위에 있던 커뮤니티 칼리지의 캠퍼스가 공동화되는 현상이 발생했다.

이러한 공동화 현상으로 인해 커뮤니티 칼리지의 캠퍼스 부지와 시설에 여유가 생기게 되었다. 여기에 미국의 제조업 부활 정책인 미국 제조 네트워크Manufacturing USA가 결합되면서 미국 전역에 1,000개 이상의 캠퍼스를 지닌 커뮤니티 칼리지가 이제는 제조 기업들을 위한 산업 인프라로 탈바꿈되고 있다.

  제조업은 기본적으로 생산 및 품질관리 차원에서 초급 및 중급 기술인력이 상대적으로 더 많이 필요하다. 아무리 공정 과정에 자동화가 이루어지더라도, 노동자의 숙련도와 안정적인 근무는 제조업 경쟁력의 핵심 중 하나다. 산업 단지화되는 커뮤니티 칼리지를 통해 기업들은 인프라 투자 비용과 인력 확보 및 훈련 비용에 대한 부담을 현저히 낮출 수 있게 되었다.

  일반적으로 고등학교 과정을 마치게 되면, 졸업생들은 '취업-진학-창업' 중 하나의 경력 대안을 선택하게 된다. 미국의 커뮤니티 칼리지의 새로운 혁신 방향과 이에 따른 학생 진로 및 경력 대안은 이전보다 더 정교하고 또한 실효적인 내용을 갖추게 되었다. 그 결과 커뮤니티 칼리지로 진학한 학생은 취업하거나 진학하고, 또는 창업할 수 있으며, 세 가지 모두 취할 수도 있다.

  앞서 소개한 사례들은 커뮤니티 칼리지 학생들이 이전처럼 의미 없는 교육과정을 답습하는 게 아니라 유망 직종으로의 취업, 연구중심 대학으로 진학(편입), 더 실제적인 학습과 경험 기반의 창업이 모두 가능해지는 효과적인 교육 과정을 이수할 수 있게 되었다.

  미국의 국립과학재단은 2015년부터 커뮤니티 칼리지 이노베이션 챌린지Community College Innovation Challenge[57]라는 프로그램을 운영하고 있다. 학생들이 실제 산업 현장에서 발생하는 문제들을 효과적이고 또한 빠르게 해결하는지를 겨루는 경진대회다. 학생이 중심이 되고, 교수들도 함께 팀을 이루어 실제 기업들의 기술적 문제를 해결하기 위한 프로젝트를 수행하는 활동이다. 이 경진 대회는 첨단 기술 교육 Advanced Technological Education, 이하 ATE 프로그램의 일환이다.

 ATE는 25년의 활동 이력을 가진 교육정책으로, 커뮤니티 칼리지 학생들을 고도로 숙련된 기술인력으로 교육하기 위한 연방 정부 차원의 투자 활동이다. 미국 전역에 기존 커뮤니티 칼리지 캠퍼스 내에 40개의 ATE센터를 두고, 각 산업별 전문화된 '교육-실험-실습' 인프라를 갖추고 여기에 필요한 재정 및 전문 교육 인력을 지원하는 정책 활동이다.[58]

 전미 커뮤니티 칼리지 기업가정신협회 The National Association for Community College Entrepreneurship, NACCE[59]는 커뮤니티 칼리지 학생들에게 기업가적 마인드를 심어주고, 기업가적 혁신 방법론 entrepreneurial innovation methods을 학습하고 경험할 수 있도록 하며, 일상 기업가 벤처 펀드 Everyday Entrepreneur Venture Fund, EEVF를 통해 현재의 커뮤니티 칼리지 재학생 및 최근 졸업생의 스타트업을 전문적이고, 체계적으로 돕는 역할을 한다.

 이제 커뮤니티 칼리지의 존재감은 전통적인 교육을 행하던 4년제 일반 사립대학보다 더 크다. 결국 문제의 바른 인식, 효과적인 대안 모색, 실천적 리더십의 발현이 조합을 이루면 무용론에 휘청이는 대학이나 관료적 문화에 짓눌린 대학들도 유의미하고 가치 있는 고등교육기관으로 충분히 거듭날 수 있음을 미국의 혁신 커뮤니티 칼리지를 통해 알 수 있다.

 이러한 점은 한국의 전문대학과 폴리텍 대학들의 미래에 충분한 참고가 될 수 있을 듯하다.

06

대도심 한가운데로 향하는
경영전문대학원 캠퍼스

미국 뉴햄프셔주 하노버에 메인 캠퍼스를 둔 다트머스 칼리지의 턱 경영전문대학원The Tuck School of Business at Dartmouth College은 미국에서 최초로 설립된 경영대학원이다.

현재와 같은 경영학 석사Master of Business Administration, MBA, 경영 전문석사로 표현하는 게 더 정확한 표현임. 과정을 세계에서 최초로 제공하고, 오늘날의 경영전문대학원의 효시가 된 것은 1908년 설립된 하버드 경영대학원으로 현재 하버드 비즈니스 스쿨로 간략화되었다.

아이비리그 대학 중 하나이자, 미국 최초의 경영대학원을 설립한 120년 전통의 경영전문대학원은 최우수 MBA과정 리스트에서 최근 이름이 누락되는 경우가 잦다.

MBA 관련 전문 미디어 브랜드이자, 경영전문대학원을 평가하는 전문지 《포엣츠 앤드 퀀츠Poets&Quants》의 조사[60]에 따르면, 턱 비즈니스 스쿨의 2019년 MBA과정 지원자는 2018년 대비 22.5퍼센트가 감소했고, 합격률은 34.5퍼센트였다. 더 충격적인 사실은 등록률이 40.5퍼센트로, 20세기에는 상상도 할 수 없는 내용이다.

그 이유는 무엇일까? 비단 턱 비즈니스 스쿨뿐만이 아니라 미국의 경영전문대학원은 전체적으로 위기 상황으로 치닫고 있다. 기존 경영전문대학원의 메인 프로그램인 전일제 MBA과정 지원자 급감 현상이 절대적인 이유다. 효용성이 그 수명을 다했음을 의미한다.

21세기 들어서 경영전문대학원의 학생 특성은 직업 활동과 학업을 병행하는 파트타임 MBA과정으로 그 주류가 바뀌었다. 간부 및 임원급 재직자를 위한 파트타임 경영학 석사과정인 'Executive MBA' 과정이 기존 전일제 MBA과정보다 더 중심이 되는 구조다. 따라서 일터가 있는 대도심과 거리를 두고 있는 교외 캠퍼스에 기반한 경영전문대학원의 경우, 'Executive MBA' 과정의 운영이 어려운 상태에서 전일제 MBA 과정 지원자가 급감할 경우, 대학원 운영 전반이 위축될 수밖에 없는 구조를 지니고 있다.

턱 경영전문대학원의 캠퍼스는 보스톤 국제공항에서 북서쪽으로 약 130마일(약 210킬로미터) 떨어져 있다. 교통 흐름이 아주 좋은 상태에서 공항에서 캠퍼스까지는 자동차로 약 2시간 20분 정도 소요된다. 뉴욕의 JFK 국제공항에서는 약 280마일(약 450킬로미터) 떨어져 있다. 서울과 부산 간 고속도로 거리(약 400킬로미터) 보다 먼 거리다. 한마디로 캠퍼스가 도심으로부터 멀리 떨어져 있는 교외에 자리하고 있다. 또 턱 경영전문대학원의 MBA과정은 전체가 전일제 MBA과정으로만 구성되어 있다. 앞서 경영전문대학원의 학생 구성이 달라지는 트렌드 변화에 가장 크게 타격을 받고 있는 비즈니스 스쿨이다.

로체스터대 사이먼경영전문대학원Rochester Simon Business School의 앤드루 애인설리어Andrew Ainslie 학장은 《포엣츠 앤드 퀸츠》와의 인터뷰에서 미국의 상위 100대 MBA 과정 중 10~20퍼센트가 향후 몇 년 내에 문을 닫을 것으로 전망했다.[61] 실제로 중부 지방의 명문 대학인 일리노이대학교 어바나-샴페인 캠퍼스University of Illinois at Urbana-Champaign, UIUC의 경영대인 기스경영대학Gies College of Business이 2019년 5월 전통적인 전일제 MBA과정과 파트타임 MBA과정을 모두 폐쇄하고, 온라인 MBAiMBA과정만 개설하는 것을 공식화했다. 2019년 기준 파트타임 지원자는 38명, 전일제 지원자는 290명, 온라인 지원자는 3,200명이었기 때문이다. 전통적인 프로그램과 온라인 프로그램 간 지원자 차이가 10배에 달했다.[62] 로체스터대학교의 캠퍼스, 그리고 일리노이대학교 어바나-샴페인 캠퍼스 모두 대도심과는 거리가 있다.

《포엣츠 앤드 퀸츠》에서 평가한 상위 25위 내 MBA과정 중 최근 3년 간 전일제 MBA과정의 지원율이 급감하는 경영전문대학원은 대부분 대도심에서 멀거나, 규모가 작은 도시에 기반하고 있었다.

인디애나대 켈리(Kelley, -40.6퍼센트), 노스캐롤라이나대 케넌-플래글러(Kenan-Flagler, -38.5퍼센트), 카네기멜른대 테퍼(Tepper, -28.7퍼센트), 텍사스 오스틴대 맥콤스(McCombs, -24.9퍼센트), 라이스대 존스(Jones, -23.1퍼센트), 다트머스대 턱(Tuck, -22.1퍼센트), 예일대 경영전문대학원(-22.1퍼센트) 등 상당한 명성을 지니고 있는 비즈니스 스쿨이지만, 전일제 MBA과정에 대한 수요 자체가 급감하면서 대도심과 거리가 있는 이들 대학원은 지원자 급감 현상 그리고 30퍼센트대 수준으로 하락한 등록률 등으로 자구책을 만들어야만 생존이 가능한 그런 상황을 맞고 있다.

|도표 5-4| 미국 Top 25 MBA과정 지원자 감소 현황(2020)

학교 School	MBA과정 전년 대비 지원자 변화 (%)	MBA과정 전년 대비 지원자 변화 (명)	2018~ 2019 지원자	2017~ 2018 지원자	2016~ 2017 지원자	3년 변화 추이
인디애나대학교 Indiana(Kelley)	-31.50%	-341	741	1,082	1,247	-40.60%
노스캐롤라이나대학교 UNC(Kenan-Flagler)	-24.70%	-435	1,323	1,758	2,151	-38.50%
카네기 멜른대학교 Carnegie Mellon(Tepper)	-21.10%	-349	1,307	1,656	1,833	-28.70%
텍사스 오스틴대학교 Texas(McCombs)	-6.60%	-137	1,941	2,078	2,586	-24.90%
라이스대학교 Rice (Jones)	6.50%	38	625	587	813	-23.10%
다트머스대학교 Dartmouth(Tuck)	22.00%	-589	2,032	2,621	2,610	-22.10%
예일대학교 Yale SOM	-15.60%	-591	3,194	3,785	4,098	-22.10%
조지타운대학교 Georgetown (McDonough)	-6.90%	-101	1,358	1,459	1,742	-22.00%
코넬대학교 Cornell(Johnson)	-4.10%	-65	1,535	1,600	1,960	-21.70%
듀크대학교 Duke(Fuqua)	-14.60%	-521	3,036	3,557	3,796	-20.00%

대학교					
버지니아대학교 Virginia(Darden)	-3.90%	-89	2,190	2,279	2,736	-20.00%
워싱턴대학교 Washington(Foster)	-10.50%	-98	836	934	1,038	-19.50%
노스웨스턴대학교 Northwestern (Kellogg)	-15.50%	-692	3,779	4,471	4,595	-17.80%
캘리포니아대학교 버클리 UC-Berkeley(Haas)	-9.70%	-371	3,540	3,821	4,132	-16.50%
캘리포니아대학교 LA UC UCLA(Anderson)	-17.70%	-606	2,817	3,423	3,314	-15.00%
미시간대학교 Michigan(Ross)	-6.20%	-198	2,990	3,188	3,485	-14.20%
펜실베이니아대학교 Penn(Wharton)	-5.40%	-340	5,905	6,245	6,692	-11.80%
에모리대학교 Emory(Goizueta)	-24.20%	-326	1,022	1,348	1,146	-10.80%
하버드대학교 Harvard Business School	-6.70%	-658	9,228	9,886	10,351	-10.80%
뉴욕대학교 NYU(Stern)	-7.00%	-263	3,518	3,781	3,927	-10.40%
매사추세츠공대학교 MIT(Sloan)	-6.50%	-360	5,200	5,560	5,798	-10.30%
스탠퍼드대학교 Stanford GSB	-5.80%	-455	7,342	7,797	8,173	-10.20%
시카고대학교 Chicago(Booth)	3.40%	144	4,433	4,289	4,677	-5.20%
서던캘리포니아대학교 USC(Marshall)	-5.90%	-118	1,899	2,017	1,998	-5.00%
컬럼비아대학교 Columbia Business School	-2.50%	-153	5,876	6,029	6,008	-2.20%

* 데이터 출처: 《Poets&Quants》

뉴욕, 로스앤젤레스, 시카고 등 대도심을 기반으로 한 경영전문대학원의 경우 전일제 MBA과정 지원자는 상기한 대학원들과 달리 한 자리 수 감소폭을 보이고 있다. 전체적으로 경영대학원의 지원자가 하락하더라도 대도심에 위치한 경우 그 영향을 덜 받는다고 할 수 있다. 이들은 마켓플레이스에 기반하고 있으며, 지원자들도 인턴십이나 취업 등이 상대적으로 용이한 대도심 기반 학교를 더 선호하기 때문이다.

동부의 명문 버지니아대 다든 비즈니스 스쿨Darden School of Business, The University of Virginia의 캠퍼스는 탁월한 인프라를 갖추고 있다. 그러나 워싱턴 D.C. 다운타운에서 200킬로미터 이상 떨어진 버지니아 주 샬러츠빌Charlottesville의 외곽에 자리하고 있다. 다든 비즈니스 스쿨은 2019년 2월 'Executive MBA과정파트타임 경영학 석사과정'과 '경영 분석 석사과정Master of Science in business analytics'의 운영 목적으로 백악관에서 포토맥강을 건넌 위치에 '워싱턴 D.C. 다운타운 캠퍼스'를 열었다. 그 이름은 '샌즈패밀리그라운드The Sands Family Grounds'다. 상당한 투자가 들어간 이 도심 캠퍼스의 설립 배경에는 역시 재직자를 위한 'Executive MBA'가 중심이 되는 경영전문대학원으로 변화하는 흐름이 있다.

이와 같이 대도심으로 경영전문대학원의 캠퍼스가 이동하는 현상은 이미 오래전에 시작된 트렌드다. 업스테이트 뉴욕 이타카Ithaca라는 아름다운 교외 지역의 캠퍼스 타운에 메인 캠퍼스를 두고 있는 코넬대의 존슨 경영전문대학원Johnson Graduate School of Management은 현재 뉴욕시 맨해튼 옆 루즈벨트 아일랜드에 자리한 코넬대의 공과대학Cornell Tech 뉴욕 캠퍼스 내 '타타 이노베이션 센터'를 기반으로 'Executive MBA' 과정을 제공하고 있다.

펜실베이니아주 필라델피아 외곽에 메인 캠퍼스를 둔 펜실베이니아대 와튼스쿨The Wharton School은 샌프란시스코 다운타운에 캠퍼스를 열고 경영학 석사과정을 제공하고 있다.

펜실베이니아주 피츠버그에 메인 캠퍼스를 두고 있는 카네기 멜른대 테퍼 경영전문대학원Tepper School of Business은 뉴욕 맨해튼 증권거래소 인근 대형 빌딩의 한 개 층을 임대하여 컴퓨팅 금융 석사Master of Science in Computational Finance과정을 제공하고 있다. 이밖에도 로스앤젤레스와 실리콘밸리에도 소규모 캠퍼스를 열어 산업 특화 과정을 개설하고 있다. 일종의 새로운 대학 생존 트렌드가 만들어지고 있는 셈이다.

고등교육 영역에서 경제성의 원리가 가장 빠르게 반영되는 교육과정이 경영전문대학원의 경영학 석사과정이다. 한때 의학전문대학원, 법학전문대학원과 함께 전문대학원 트로이카 체제를 이루던 경영전문대학원의 지위가 완전히 달라졌다. 지원자 수와 등록률이 매년 지속적으로 감소하고 있기 때문이다. 스탠퍼드대 경영전문대학원의 경영학 석사과정 1년 등록금은 7만 3,061달러(약 8,800만 원), 1년간 학업을 지속하기 위해 소요되는 총비용은 12만 7,220달러[63](약 1억 5,300만 원)이다. 학위를 받기 위한 2년 동안 총 3억 원 이상을 부담해야 한다. 더구나 전일제의 경우 기회비용 손실을 감안하면 2년간 최소 4억 원 정도를 지출해야 한다. 한마디로 가성비 면에서 매우 불리한 구조다.

'Top 25 MBA' 명단 최상위권에 있는 한 비즈니스 스쿨의 입학 담당 책임자와 대화를 나눌 기회가 있었다. 그는 현재 경영전문대학원이 처한 현실을 솔직하게 이야기해주었다.

"요즘 미국인으로 우수한 전일제 학생 모집은 거의 불가능하다. 외국인 유학생으로 입학 정원을 채워야만 하는 구조다. 그런데 이마저도 지원자 감소에 따라 그 수준이 예전보다 훨씬 못하다. 전반적으로 학생 구성에 있어 수월성이 떨어지게 되어 교육 품질 유지가 걱정스럽다. 그러나 이제 비즈니스 스쿨은 국제 학생에 대한 의존도가 절대적인 상황이어서 여기에 모든 것을 걸 수밖에 없다. 경영학 교육 부문을 STEM 교육 영역으로 인정받을 수 있도록 해야 하고, 이를 통해 국제 학생의 수료 후 비자 발급 및 취업 문제에 대한 솔루션을 찾아야만 생존이 가능하다."

[도표 5-5] Top 10 비즈니스 스쿨 MBA과정 지원, 합격, 그리고 등록률 현황(2015~2019)

자료	2019	2018	2017	2016	2015	2-Year Trend	5-Year Trend
합격률 Acceptance Rate	17.5%	15.7%	14.5%	14.5%	15.6%	+1.8 (11.5%)	+1.9 (12.2%)
지원자 수 Applications	50,235	53,907	57,311	54,694	52,384	-3,672 (6.8%)	-2,149 (4.1%)
합격자 수 Admits*	8,783	8,343	8,309	7,934	8,177	+440 (5.2%)	+606 (7.4%)
등록자 수 Enrolled	5,438	5,446	5,349	5,100	5,279	-8 (0.15%)	+159 (3.0%)
등록률 Yield*	61.9%	64.9%	64.4%	64.3%	64.6%	-3.0 (4.6%)	-2.7 (4.2%)

* 데이터 출처: 《Poets&Quants》

《포엣츠 앤드 퀀츠》의 조사에 따르면, 'To 10 MBA'의 2019년 합격률 평균은 17.5퍼센트다. 그리고 'Top 11~25 MBA' 합격률은 평균 38.8퍼센트다. 그리고 'Top 3 MBA'의 등록률은 평균 80퍼센트인데, 'Top 4~25 MBA'의 등록률은 45퍼센트 수준이다. 최근 3년 동안 지원자 증가가 있는 경영전문대학원은 단 한 곳도 없다. 최고 -40.6퍼센트에서 최저 -2.2퍼센트다. 3년간 평균 지원자 감소율은 -17.8퍼센트다. 경영학 교육 인증인 세계경영대학협회Association to Advance Collegiate Schools of Business International, AACSB의 인증을 받은 비즈니스 스쿨은 미국 내 500개 이상인데, 'Top 25' 중 가장 낮은 등록률을 보인 경영전문대학원이 32.7퍼센트에모리대학교 고이주에타 경영전문대학원, Goizueta, Emory University 수준이라고 볼 때, 나머지 대학들은 사실상 개점 휴업 상태나 다름없는 실정이다. 하위 10퍼센트는 이미 다른 교육과정으로 전환했거나, 폐쇄를 결정했다. 그나마 중간 지대에 자리한 대학원들은 현재 소멸 현상 앞에서 결정이 내려지기만을 기다리는 실정이다.

 20세기 말까지 상당한 비용을 투자하면서까지 풀타임 MBA과정을 이수하려는 지원자들이 넘쳐났다. 하지만 21세기가 되면서 이러한 현상은 향수에 지나지 않는다. 우리나라에서도 20세기에 미국의 'Top 25 MBA'를 마치면 대기업에 부장급 지위로 사회생활을 할 수 있었다. 하지만 트렌드가 바뀌면서 최근에는 대리 프리미엄도 주어지지 않고 있다. 이는 비즈니스 스쿨에서 수요와 무관한 교육과정을 제공하고 있기 때문이라고 설명할 수 있다. 수요 공급에 가장 민감하게 반응해야 할 비즈니스 스쿨이 시장과 수요자의 반응에 제대로 부응하지 못하고 있는 것이다. 한마디로 '비즈니스 전문성의 역설'이다.

경영전문대학원은 왜 시장(기업)과 소비자(학생)로부터 외면받게 되었을까?

첫 번째 이유는 고비용 구조를 들 수 있다. 법학전문대학원과 함께 경영대학원은 대표적으로 시설 투자가 크게 이루어지지 않는 전문 교육과정이다. 의과전문대학원과 비교할 수 없을 정도로 차이가 난다. 그럼에도 불구하고 그간 경영전문대학원은 시설(건물, 강의실 및 부대시설)에 상대적으로 과감한 투자를 했고, 그 결과 타 단과대학이나 대학원보다 훨씬 고급스러운 시설과 인프라를 갖추게 되었다. 게다가 대도심에 캠퍼스를 둔 경우 이에 대한 유지 비용이 꽤 크다. 고임금의 교수진들을 고용했고, 상위권 경영전문대학원의 교수들은 상당한 이적료를 기초로 스카우트 전쟁이 벌어지기도 했다. 이러한 과감한 투자는 수요가 많아 교육 서비스의 수익 구조가 안정적일 때는 아무 문제없었다. 하지만 수요가 급감한 현재 상황에서는 이 모든 것들이 높은 고정비 부담 요인으로 작용하고 있다.

두 번째는 실제 세상과 점점 동떨어지고 있는 교육을 들 수 있다. 우수한 경영전문대학원일수록 전임 교수들은 대부분 연구 업적에 대한 평가를 받아 임용된다. 그렇다 보니 일선 현장의 활동 경험이 있는 학생들을 지도하기에 한계가 있는 경우가 많다. 일부 대학원에서는 연구 업적이 뛰어난 교수들 중 교수법이나 강의 역량이 우수한 교수진들을 별도로 구성해 경영학 석사과정을 전담하도록 하고 있다. 하지만 현장 경험이 일천한 교수들의 지도는 특히 혁신 기업 관점에서 보면 효용성이 그리 높지 않다. 현장 경험이 있는 사람을 겸임 교수 형태로 활용하는 경우에는 반대로 연구나 교육 경험이 제한적이라 정해진 구조의 수업 활동을 모두 소화하는 데 한계를 보인다. 결국 의학전문대학원의 교수들이 직접 수술과 연구를 병행하는 것처럼 경영전문대학원의 교수들이 현장 활동과 연구를 병행하며 교육해야 해결될 수 있을 것이다.

세 번째는 융복합의 산업 흐름의 변화를 따라가지 못하고 있다는 점이다. 이는 두 번째 교수 역량 문제와 맥을 같이한다. 이 또한 물론 테크노 MBA 형태로 공학과 경영의 융합, 헬스 케어 MBA 형태로 생명과학과 경영의 융합, 예술 경영 MBA 형태로 문화 예술과 경영을 융합시키는 등의 형태를 추구하고 있다. 하지만 실정은 옴니버스 강좌 형태로 산업 현장에서 요구하는 융복합 기반의 가치 창출을 교육하지 못한다는 한계성을 보이고 있다.

상기한 이유들로 MBA 시장은 스타트업 영역의 경우 스타트업 엑셀러레이터에게 그 지위를 잠식당하고 있고, 융복합 영역의 경우 싱귤래리티대학Singularity University과 같이 학위를 제공하지 않는 산업 기반의 기업대학에 그 지위를 잠식당하고 있다.

최근 경영전문대학원은 비용 구조 합리화에 나서고 있다. 첫째, 온라인 MBA과정의 개설 확대. 그 결과 2년 이상 공부해야 학위를 받을 수 있는 전통적인 MBA과정은 빠르게 소멸되고 있다. 둘째, STEM Science, Technology, Engineering, Mathematics의 약자로 과학, 기술, 엔지니어링, 수학을 함께 가르치는 융합 교육정책을 의미한다 분야로 인정받을 수 있는 학술 석사과정의 확대. 데이터 과학이나 컴퓨터 과학과 결합되는 방식으로 그 포맷이 달라지며, 방학 기간 없이 1년 또는 1년 반의 수학 기간을 갖는다. 비용도 MBA과정 절반 이하 수준으로 낮추고 있다. 셋째, 마이크로학위

과정의 적극적인 개발이다. 유다시티에서 브랜딩한 나노학위 개념을 대학 세계에 도입해 더 엄정한 품질로 교육 서비스를 제공하는 것이다. 이러한 구조 변화는 주로 기업 교육과 산업 교육 영역을 대상으로 하고 있으며, 경영전문대학원과 교육기술 기업 간 일대 경쟁이 펼쳐지고 있다.

전통적으로 미국에서는 경영전문대학원을 운영하는 대학은 학사 과정에서 경영학 전공을 개설하지 않았다. 연구중심 사립대학일수록 더욱 이런 경향을 띠고 있었다. 그러나 앞서 설명한 변혁의 방향처럼 유기적으로 대응할 수 있는 경영전문대학원은 그리 많지 않다. 그래서 하위권 대학들은 경영전문대학원을 아예 포기하고, 학사과정 경영학 교육에 집중하고 있는데 극심한 구조 조정이 뒤따른다는 단점이 있다.

상대적으로 한국의 경영대학이나 경영전문대학원들에겐 미국의 이런 흐름이 다소 남의 일처럼 느껴질 것이다. 국내 종합대학에서는 학사과정 없이 순수하게 경영전문대학원만을 운영하는 사례가 없기 때문이다. 대학원대학교를 제외하면, 거의 모든 대학이 학사과정에 기반한 구조다. 결국 국내 대학들은 아직 생존을 위한 변혁의 몸부림을 치지 않아도 된다. 학사과정의 경영학 전공 지원자는 지금도 타 전공에 비해 상대적으로 많다. 태생적으로 한국의 경영학 교육이 전반적으로 퇴보할 수밖에 없는 구조와 환경인 셈이다. 그러나 미국을 비롯해 전 세계적으로 경영전문대학원의 소멸, 내지는 이러한 흐름의 변화를 이미 학생들도, 시장도 감지하고 있다. 한국의 대학에서 경영학 학사 학위 소지자에 대한 산업 매력도는 빠르게 감소하고 있다. 대학 입시에서도 그 인기가 예전만 못하다.

   수요와 공급에 의한 시장 메커니즘은 대학 세계에서도 결국 균형을 찾아간다. 수요가 변한 만큼 이제 공급 영역에서 변화해야 할 때다.

07

**태국 방콕의
특별한 대학**

태국 방콕에 위치한 특별한 대학을 소개하려고 한다. 이 대학은 지난 2004년부터 고등교육 평가 서비스를 전문적으로 제공하는 영국의 고등교육평가기관Quacquarelli Symonds, 이하 QS의 'QS 세계 대학 순위 2021QS World University Ranking 2021'[64]에서 252위에 랭크되었다(QS의 대학 평가 시스템이 대학의 경쟁력을 객관적으로 평가한다는 보장은 없다. 따라서 이를 기준으로 절대적 평가를 해서는 안 된다. 단지 참고할 뿐이다).

최근 말레이시아, 인도네시아, 그리고 태국 등 아시아 국가의 대학 경쟁력이 빠르게 상승 중이다. 특히 말레이시아 대학의 경쟁력 상승이 눈에 띄는데, QS에서 발표한 '세계 대학 순위'에서 200위 내에 이름을 올린 말레이시아 대학은 말라야대학교(Universiti Malaya, 59/고려대학교 62위), 말레이시아푸트라대학교(Universiti Putra Malaysia, 132

|도표 5-6| QS 세계 대학 순위 2021

세계 순위	대학	국가
37	서울대학교Seoul National University	한국
39	한국과학기술원KAIST, Korea Advanced Institute of Science&Technology	한국
69	고려대학교Korea University	한국
77	포항공과대학교Pohang University of Science And Technology, POSTECH	한국
85	연세대학교Yonsei University	한국
88	성균관대학교Sungkyunkwan University, SKKU	한국
146	한양대학교Hanyang University	한국
208	쭐랄롱콘대학교Chulalongkorn University	태국
236	경희대학교KyungHee University	한국
252	마히돌대학교Mahidol University	태국
295	광주과학기술원Gwangju Institute of Science and Technology, GIST	한국
333	이화여자대학교Ewha Womans University	한국
392	한국외국어대학교Korea University of Foreign Studies, HUFS	한국
403	중앙대학교Chung-Ang University, CAU	한국
456	동국대학교Dongguk University	한국
456	가톨릭대학교The Catholic University of Korea	한국
490	서강대학교Sogang University	한국

* 출처: QS Top Universities

위), 말레이시아케방산대학교(Universiti Kebangssan Malaysia(141위), 말레이시아과학대학교(Universiti Sains Malaysia, 142/한양대학교 146위), 말레이시아기술대학교(Universiti Teknologi Malaysia, 187위)로 다섯 개 대학이다. 말레이시아의 인구 수나 경제력 등을 감안하면 괄목할 만한 성장세임이 틀림없다.

동남아시아 국가 대학들의 경쟁력이 급상승한 이유로 대학 경영과 운영이 상당히 높은 수준으로 자유롭다는 점이 배경에 자리하고 있다. 대학들은 기업의 혁신과 성장 방식을 과감히 도입하고, 전략적 혁신이란 개념을 대학 경영에 반영하고 있다. 그중에서도 눈에 띄는 대학이 있다. 바로 마히돌대학교Mahidol University다.

이 평가에 따르면, 이 대학의 지위는 한국의 경희대학교(236위)와 광주과학기술원(295위) 사이에 있다. 291위 이스라엘의 명문 테크니온공과대학Technion-Israel Institute of Technology보다 위에 자리한다. 그 뒤를 이어 한국의 이화여자대학교(333위), 한국외국어대학교(392위), 중앙대학교(403위), 동국대학교(456위), 가톨릭대학교(456위), 서강대학교(490위)가 있다.

영국의 고등교육평가기관 외에도 각종 대학 평가에서 태국에서 가장 우수한 대학 중 하나로 꼽히는 태국의 마히돌대학교는 말레이시아의 앞서 언급한 대학들처럼 'QS 랭킹'에서 200위 안에 이름을 올리지는 못했다. 하지만 대학의 모태가 된 의학 분야의 연구 경쟁력 그리고 국제 교육 및 온라인 교육 등 21세기형 대학으로의 변혁을 매우 적극적으로 전개하는 대학이다. 그 변화 속도가 한국의 대학들보다 훨씬 빠르며, 유효하게 진행 중이다. 이를 통해 마히돌대학은 태국이 인도차이나반도에서 갖는 경제 및 외교적 지위와 함께 국제적 수준의 대학으로 성장하고 있다. 이 대학의 학생들의 국적을 살펴보면 베트남, 미얀마, 라오스 등지에서 유학 온 학생 비중이 매우 높다는 것을 알 수 있다.

마히돌대학교는 1888년 시리라즈 병원Siriraj Hospital을 설립하면서 최초의 의과대학을 설립한 데서 그 역사의 출발점을 찾을 수 있다. 현재는 의학, 약학, 간호학, 치의학, 수의학, 생체 의용 공학, 물리치료학, 열대 의학, 공중 보건학 등 의약학 분야의 전 영역을 다루는 학부를 두고 있다. 또한 아세안보건개발원ASEAN Institute for Health Development을 두고 있어 열대 의학 학부와 더불어 아세안 지역 고유의 의학적 연구에는 가장 선도적인 대학으로 평가받고 있다.

이 대학의 의약학 계열의 경쟁력은 앞서 소개한 것처럼 아세안 지역의 공중 보건 및 의학 연구를 대표적으로 수행하고 있다. 그러다 보니 약 6억 6,000만 명의 인구를 지닌 동남아시아 지역의 광범위한 임상 연구를 하고 있다. 이러한 폭넓고 다양한 임상 연구는 마히돌대학의 첫 번째 경쟁력이다. 또한 '의료 관광 1위 국가 태국'을 만드는 데 주도적인 역할을 한 의약학 계열 대학답게 이를 통해 축적한 국제적인 진료와 치료를 두 번째 경쟁력으로 꼽을 수 있다.

단일 국가가 아닌 국제적인 관계를 맺는 의약학 계열 대학으로는 최대 규모의 대학이다. 현재 의학부는 시리라즈 의과대학Faculty of Medicine Siriraj Hospital, SI과 라마티보디 의과대학Faculty of Medicine Ramathibodi Hospital, RA 두 개로 각각 병원과 결합되어 교육과 연구 그리고 의료 서비스를 제공한다. 이러한 범주와 규모를 기초로 시리라즈 의과대학의 연구 업적은 최근 들어 괄목할 만한 성장세를 보이고 있다.

급성장하는 연구 성과를 내는 데는 의학부 내 시리라즈 연구 수월성 관리 센터Siriraj Center of Research Excellence Management, SiCORE-M와 시리라즈 암면역요법 연구 수월성 센터Siriraj Center of Research Excellence for

Cancer Immunotherapy, SiCORE-CIT 같은 연구를 수월하게 하기 위한 입체적 기구와 기반을 갖추고 있기 때문이라는 점 또한 강조하지 않을 수 없다.[65] 연구 지원에서부터 연구 성과 관리까지 원스톱 서비스로 이어지도록 시스템을 갖춰 세계적으로도 평가될 만하다.

마히돌대학교의 세 번째 경쟁력은 모든 의학 교육과 연구 활동을 영어로 수행한다는 것이다. 태국 의료 관광의 효시이자, 현재도 이를 뒷받침하고 있는 모태 대학인 만큼 교육과정 자체를 모두 영어로 하는 것은 당연한 일인지도 모른다. 그 일환으로 1948년부터 발행했던 학술지 《시리라즈 메디컬 저널 Siriraj Medical Journal》[66]을 2007년부터 영어로만 발행하고 있다.

최근 한국의 국립대 의과대학에서 이 대학 관계자들을 초청하거나 태국을 방문하는 빈도가 증가하고 있는데, 이 대학의 연구 경쟁력이 상승했기 때문임을 체감할 수 있다. 'QS 세계 대학 평가 의학 부문 QS World University Rankings by Subject 2020: Medicine'[67]에서 이 대학은 세계 100위권(101~150위 구간)으로, 서울대학교 의대(33위), 성균관대학교 의대 및 연세대학교 의대(각 51~100위) 다음에 위치한다. 고려대학교 의대(101~150위)와 같은 지위에 있다. 그 다음 한국의 의대로는 경북대 의대(151~200위), 한양대 의대 및 경희대 의대(각 201~250위), 그리고 가톨릭대학교 의대(251~300위) 등이 자리하고 있다. 같은 기관 조사에서 약학 분야는 2018년 세계 100위권 내로 진입했다.[68]

이 대학의 또 다른 경쟁력은 바로 국제 교육이다. 자유교양대학 형식과 그 연장선에서 일부 석사과정을 제공하는 마히돌국제대학 Mahidol University International College, MUIC, 그리고 미국의 비즈니스 스쿨과 유사한 모델의 마히돌경영대학The College of Management, Mahidol University, CMMU이다. 이들은 기본적으로 영어로 교육하는 것을 전제로 하고 있고, 또한 기업형 대학으로 운영한다. 독립적인 예산과 권한을 가지고 수익 창출을 전제로 교육 서비스를 제공하고 있다.

이를 토대로 이 두 개의 단과대학들은 태국을 비롯해 중국에서 영미 국가로 유학하려고 하거나 아시아 지역에서 영미 국가나 싱가포르에서 유학하기에 경제적 부담이 있는 학생을 모집, 선발하여 교육하고 있다.

아세안 지역에서 영어 구사 능력은 취업과 연봉 그리고 사회 활동 모두에서 매우 큰 영향을 미친다. 따라서 이들 지역에서 학사과정으로 마히돌국제대학, 석사 및 박사과정으로 마히돌경영대학은 진로 및 경력을 위한 매우 매력적인 선택지라고 할 수 있다.

마히돌국제대학은 앞서 소개한 바와 같이, 자유교양대학 형식을 채택하고 있다. 이 국제대학에는 현재 3,606명의 재학생이 수학하고 있다. 학생과 교수는 28개 국적을 가진 다원화된 구성이다.[69] 교원 119명, 직원 329명을 둔 상당히 규모 있는 단과대학으로, 서울교육대학교의 전체 규모와 거의 비슷하다. 학사과정 전공으로는 경영학, 디자인, 공학, 인문 및 언어학, 국제 관계학, 미디어학, 자연과학, 그리고 관광 서비스 창업학이 있다.

학사과정의 교육 품질 및 교육 과정 또한 매우 우수하다. 가장 많은 학생이 등록하고 있는 경영학의 경우, 전 세계 상위 5퍼센트 수준 대학(세계 800여 개)만이 가지고 있는 국제경영대학발전협의회AACSB의 인증을 보유하고 있다. 이 인증을 받은 국내 대학은 2019년 기준

19개이며, 중앙대학교를 비롯해 한양대학교 에리카 캠퍼스, 한국외국어대학교, 울산과학기술원 이상 네 개 대학은 최근 받았다.

또한 마히돌국제대학은 국제재무분석사Chartered Financial Analys, 이하 CFA 기관의 대학 제휴 프로그램University Affiliation program에 등록되어 있다.[70] 한국의 경영대학 중 이 지위를 지니고 있는 대학은 아직 없다. 교수진의 역량도 충분히 국제적으로 평가받을 수 있는 수준이며, 외국인 교수의 비중은 한국 경영대학보다 수 배 이상 높다. 교육과정 구성도 인턴십과 프로젝트 기반 학습법Project Based Learning, PBL을 필수 과정으로 채택하는 등 미국이나 영국의 경영대학 못지않은 수준이다. 즉, 국제적으로 인정 및 평가받을 수 있는 교육 품질을 제공하고 있다.

마히돌국제대학 학사과정 학비는 세부 전공마다 차이가 있는데, 평균적으로 4년간 80만 바트(약 3,000만 원)이다. 가장 높은 수준의 학비를 보이는 과정은 커뮤니케이션 디자인 학사Bachelor of Fine Arts Program-Communication Design 과정으로 95만 4,600바트(약 3,600만 원)이고, 기숙사 생활을 할 경우, 총비용은 120만 3,400바트[71] (약 4,600만 원)다. 연간 1,000만 원 이상 소요되지만 미국이나 영국 사립대학으로 유학 가는 비용의 10분의 1 수준이다. 저렴하게 수준 높은 교육을 받으려는 지역의 학생들에게는 매력적인 조건이라 할 만하다.

마히돌경영대학은 경영학 석사 및 박사과정을 제공하는 국제경영대학원이다. 태국어로 진행되는 과정도 있지만 영어로 진행되는 국제교육과정이 중심이다. 경영학 일반 전공도 있다. 하지만 산업 및 기능에 더 특화되어 세분화된 전공을 개설하고 있으며, 특히 마히돌경영대학의 교육과정은 프로젝트 기반 학습법과 문제 기반 학습법Problembased Learning을 기본 페다고지로 채택하고 있다. 현장 교육을 강화하기 위해 마히돌경영대학은 방콕 다운타운 비즈니스 중심가에 캠퍼스를 별도로 두고 있다. 기업 및 산업과 유기적으로 교류하며, 현장성과 전문성을 높이기 위해서다. 한국의 경영대학이 여전히 강의라는 방식에 매몰되어 있는 것과 상당한 차이를 보이는 점이다.

29명의 전임 교수진들은 국제적으로 경쟁력을 갖추었으며, 비태국인 교수의 비중이 높다. 또한 비즈니스 중심가에 캠퍼스가 있는 장점을 활용해 파트타임 교수진을 적극 활용하고 있으며, 이는 현장 중심의 교육을 위한 전문가를 말한다. 즉, 현장 전문가를 적극적으로 교육에 참여시키고 있는 셈이다. 또한 국제 교육을 하는 과정인 점을 특화시키기 위해 해외 협약 대학의 교수를 초빙하는 방문 교수 제도도 적극 활용한다. 이를 통해 교수진의 '연구-현장 전문 교육-국제 교육' 간 균형이 이루어져 국제적 수준의 교육 서비스를 제공한다.

미국 MIT의 MBA과정 아시아 지역 파트너 비즈니스 스쿨로 관계를 맺고 있어, 이들의 아시아 현장 학습 시 마히돌경영대학이 호스트 기능을 맡기도 한다. 이 과정에서 태국 현지 기업들을 대상으로 MIT와 연계한 기업 교육 프로그램Corporate Executive Program을 제공하기도 한다. 이 역시 비즈니스 중심가에 캠퍼스를 두고 있기 때문에 가능하다.

마지막으로 마히돌대학교의 차별적 혁신 행보는 바로 온라인 교육이다. 마히돌대학교는 방콕에 세 개, 타 지역에 추가로 세 개의 규모 있는 캠퍼스를 두고 있다. 이러한 물리적 인프라에 더해 온라인 인프라를 구축함으로써, 태국 전역에 교육 서비스를 제공할 수 있게 되었다. 교육과정이나 대상의 범주도 규모 있는 종합대학답게 온라인 플랫폼을 통해 의학에서 인문학 그리고 요리 영역까지를 다룬다. 대상은 유치원 과정부터 성인 교육 영역까지를 아우른다. 즉, 온라인 평생교육 플랫폼인 셈이다.

일반적으로 국가의 경제력이 상대적으로 낮으면, 해당 국가의 대학 역시 낮은 수준으로 평가하거나 간주하는 경우가 많다. 그 반대의 경우도 마찬가지다. 이런 이유로 한국 대학에서 혁신 모델을 참고할 때 대부분 미국과 영국 그리고 일본 대학을 중심으로 접근한다. 하지만 한국의 사립대학, 특히 지방 소재 사립대학들에게는 마히돌대학교를 '대학 혁신 사례'로 참고할 만하다. 당면한 대학 혁신이라는 문제에 대한 매우 중요한 단서를 제공해주기 때문이다. 특히 선택과 집중의 문제, 즉 개별 대학이 집중해야 할 영역을 판단하고 그 이후 높은 수준의 집중력을 발휘해 이를 실행해나가는 일련의 과정을 참고할 필요가 있다.

국제 교육 또한 유익한 참고 사례다. 마히돌대학교는 별도의 단과대학을 설립하고, 여기에 내국인과 외국인이 함께 공부할 수 있도록 했다. 또 공식 교육 언어로 영어를 채택함으로써 국제적 교육에 대한 높은 수요를 합리적 비용으로 소화할 수 있도록 했다. 마지막으로 종합대학이 지닌 다양한 교육 콘텐츠를 온라인 평생교육 플랫폼을 통해 대학의 교육과정을 대중적 교육으로 확산시킬 수 있다는 가능성을 보여주기도 한다.

여전히 한국 학계에서는 태국의 대학이라 큰 관심을 두지 않고 있다. 하지만 21세기형 대학 그리고 대학 혁신을 위한 유효한 참고 자료를 제공하는 사례가 바로 태국 방콕에 위치한 특별한 대학, 마히돌대학교라는 사실을 기억할 필요가 있다.

08

우주의 중심에 서 있는 듯, 중국의 연구중심대학

연구 역량과 성과를 중심으로 세계의 대학을 평가하는 세계 대학 학술 순위The Academic Ranking of World Universities, ARWU는 1993년 상해교통대학Shanghai Jiao Tong University의 고등교육연구원Graduate School of Education, 교육대학원에서 '세계적 수준의 대학World-Class Universities'이라는 브랜드로 대학 평가를 시작한 역사적 배경을 지니고 있다. 2009년 이래 현재의 브랜드로 변경되었고, 대학과 정부로부터 분리되어 독자적인 지위를 갖는 'Shanghai Ranking Consultancy'라는 기구를 기반으로 매년 세계의 대학을 평가한다.[72] 상대적으로 중국 대학의 연구 역량을 가늠하기에 적합한 평가 프로그램이다.

'세계 대학 학술 순위 2020'에 따르면, 세계에서 가장 우수한 연구 역량을 지닌 대학은 미국의 하버드대학교다. 그리고 한국, 중국, 일본

|도표 5-7| 세계 대학 학술 순위 2020

세계순위	대학	국가	자국 순위	종합 점수
1	하버드대학교Harvard University	미국	1	100
2	스탠퍼드대학교Stanford University	미국	2	74.2
3	캠브리지대학교University of Cambridge	영국	1	70.6
26	도쿄대학The University of Tokyo	일본	1	40.1
29	칭화대학Tsinghua University	중국	1	38.1
34	교토대학Kyoto University	일본	2	36.3
49	베이징대학Peking University	중국	2	32.4
58	저장대학Zhejiang University	중국	3	30.7
63	상해교통대학Shanghai Jiao Tong University	중국	4	29.6
73	중국과학기술원University of Science and Technology of China	중국	5	28.6
83	나고야대학Nagoya University	일본	3	27.2
100	푸단대학Fudan University	중국	6	25.5
101~150	서울대학교Seoul National University	한국	1	N/A
201~300	한양대학교Hanyang University	한국	2-6	N/A
201~300	한국과학기술원Korea Advanced Institute of Science and Technology	한국	2-6	N/A
201~300	고려대학교Korea University	한국	2-6	N/A
201~300	성균관대학교Sungkyunkwan University	한국	2-6	N/A
201~300	연세대학교Yonsei University	한국	2-6	N/A

* 데이터 출처: The Academic Ranking of World Universities(ARWU), ShanghaiRanking Consultancy

의 동아시아 3국 중에는 도쿄대학(26위)이 가장 높은 순위에 자리하고 있다. 중국 대학 중에는 26위에 칭화대학이 있다. 한국의 서울대학교는 100위 안에 이름을 올리지 못하고, 101~150위 구간으로 평가

되었다. 중국은 이 평가에서 여섯 개 대학이, 일본은 세 개 대학이 100위 안에 이름을 올리고 있다. 이 자료를 통해 중국의 연구중심대학들이 빠르게 부상하고 있음을 확인할 수 있다.

2019년 10월 중국 허베이성河北省의 성도인 스좌장시石家庄市에서 열린 '2019 중국 국제 디지털 경제 엑스포'에 패널과 발표자로 참여했다. '금융 산업에서 디지털 노동자와 인공지능'이라는 주제로 발표했는데, 발표 세션의 좌장을 칭화대학의 컴퓨터 과학 학부 교수가 맡았다. 이 교수는 지능 기술 시스템 국가 중점 연구실과 칭화대학 인공지능 연구원을 이끌고 있었다. 세션이 끝나고 가볍게 대화를 나눌 시간이 있었다. 베이징에 가면 칭화대학 인공지능 연구원을 방문할 수 있는지 문의하자, 워낙 찾는 사람들이 많아 일정에 여유가 없다면서 다음과 같이 설명을 덧붙였다.

"내가 마치 우주의 중심에 서 있는 듯 느껴진다. 전 세계로부터 많은 사람들이 칭화대를 찾는다. 과거에는 일부러 찾아가도 만나기 쉽지 않은 학자나 전문가들이 먼저 협력하고 교류하자는 제안을 한다."

중국 최고의 연구중심대학, 그리고 최근 가장 뜨거운 주제인 인공지능 관련 연구소이니 국제적으로 상당한 관심과 주목을 받고 있는 게 당연할 것이다.

중국의 대표적 연구중심대학인 칭화대학[73]의 인적 구성을 한국의 서울대학교[74]와 비교해봄으로써, 이의 연구 역량과 자원을 가늠해볼 수 있을 것이다.

|도표 5-8| 칭화대학(중)과 서울대학교(한)의 인적 구성 비교

구분	A-B 차이(명)	칭화대학교(A)		서울대학교(B)	
		인원(명)	구성비	인원(명)	구성비
교수 수	1,435	3,565	14.2명	2,130**	13.2명
학생 수	22,538	50,664	100%	28,126	100%
학사과정 학생 수	(507)	16,307	32.2%	16,814***	59.8%
국제 학생 수	940	1,198	2.4%	258	0.9%
석사과정 학생 수	10,960	18,606	36.7%	7,646***	27.2%
국제 학생 수	1,543	1,624	8.7%	81	0.3%
박사과정 학생 수	12,085	15,751	31.1%	3,666***	13.0%
국제 학생 수	432	435	0.9%	3	0.1%

* 데이터 출처: 각 대학 현황
** 정년 트랙 전임 교수(정-부-조교수) 합산 인원, 초빙 교원 등은 제외.
*** 기존 학생 수에 '외국인 교환학생'을 국제 학생으로 간주하여 추가 합산.

칭화대학의 재학생 수는 2020년 현재 5만 명을 상회한다. 서울대학교 재학생 수가 2만 8,000여 명인 것을 감안하면 약 1.8배에 달한다. 거의 두 배 규모 대학인 셈이다. 교수의 수는 칭화대학이 3,600여 명으로, 서울대학교 2,800여 명 대비 1,435명이 더 많고, 약 1.7배 규모 수준이다. 교수 1인당 학생 수는 칭화대학이 14.2명이고, 서울대학교가 13.2명으로 상대적 우위에 있었다.

학생 구성은 좀더 상세하게 비교해볼 필요가 있다. 칭화대학의 박사과정은 전체 학생의 31.1퍼센트에 달하는 1만 5,751명이다. 이에 반해 서울대의 경우 3,666명으로 13.0퍼센트다. 두 대학 간 박사과정 학생 수 차이는 1만 2,085명으로 칭화대가 서울대 대비 4.3배였다. 연구중심대학의 기초 환경 차이를 확인할 수 있는 사항이다. 또한 칭화대의 경우 대학원생 비중은 67.8퍼센트로 서울대의 39.2퍼센트와 큰 차이를 보인다. 기본적으로 학사과정 학생 비중이 더 많은 경우, 연구중심대학으로 분류하는 데 제약이 있다. 서울대는 59.8퍼센트의 학생이 집중되어 있어 사실상 학사과정 중심 대학에 해당한다. 국제 학생 구성 역시 총 3,257명으로 전체 학생 수의 6.4퍼센트에 달해 칭화대학이 높다. 서울대의 경우(외국인 교환학생 기준), 총 342명이고, 전체 학생 수 대비 1.2퍼센트 수준이다. 특히 박사과정의 국제 학생 수나 비중의 차이는 상당한 수준이다.

인적 구성을 통한 두 대학의 특성을 요약해보면, 칭화대학은 국제적인 매머드급 연구중심대학●으로, 서울대학교는 한국의 교육-연구 복합 대학으로 표현할 수 있을 듯하다. 그리고 이 차이는 세계 대학 학술 순위로 설명된다.

과학 분야 유명 학술 저널인《네이처nature》에 실린 각종 논문들을 분석하여 제공하는 '네이처 인덱스nature index'에서는 2020년 4월 연간 현황을 소개했다. 2019년 한 해 동안《네이처》관련 82개의 학술 저널에서 가장 많은 연구 결과를 발표한 곳은 중국과학원Chinese Academy of Sciences, 이하 CAS이었는데, 점유율이 2위인 하버드대학교보다 1.95배 높았다. 또 중국과학원은 중국과학기술대학University of Science and Technology of China, USTC을 부속 대학으로 두고 있는데, 그곳에서 발표된 논문까지 포함하면 점유율이 하버드대의 2.44배에 이른다. 논문 인용

● 미국 아이비리그 대학 중 대학원생 비중이 가장 높은 컬럼비아대학교의 전체 박사과정 재학생 6,331명(2020년 가을 학기 기준)의 세 배에 달하는 규모, Columbia University Enrollment by School and Degree Level, Fall 2020

|도표 5-9| 네이처 인덱스 2020 연간 현황 상위 10위 연구기관

2019	기관	국가	2018년 점유비	2019년 점유비	2019년 성과 빈도	2018~2019 점유비 차이
1	중국과학원	중국	1726.7	1805.22	5,480	1.1
2	하버드대학교	미국	877.2	925.15	2,577	2.0
3	막스 프랑크 연구소	독일	773.55	764.83	2,613	−4.4
4	프랑스 국립 과학연구센터	프랑스	711.29	723.45	4,433	−1.6
5	스탠퍼드대학교	미국	628.02	646.44	1,656	−0.4
6	매사추세츠공과대학교	미국	569.99	560.07	1,863	−5.0
7	헬름홀츠독일연구센터협회	독일	503.23	485.75	2,200	−6.6
8	중국과학기술대학교	중국	351.08	455.82	1,231	25.6
9	옥스퍼드대학교	영국	411.25	453.65	1,367	6.7
10	베이징대학교	중국	413.39	437.62	1,616	2.4

* 데이터 출처: nature index

실적 역시 비슷한 비율이다.

상위 10위의 연구 기관에 한정하여 살펴보면, 중국은 이들 기관의 실적 중 37.2퍼센트(세 개)를 점유하고 있다. 다음으로는 미국 29.4퍼센트(세 개), 독일 17.2퍼센트(두 개), 프랑스 10.0퍼센트(한 개), 영국 6.3퍼센트(한 개) 순이다. 이 결과만 보더라도 중국의 과학 분야 연구 수준이 이제 세계 정상급이라는 사실을 확인할 수 있다.

중국의 연구중심대학을 살펴보기 위해서는 전통적인 명문 대학이자 국가 중점 대학인 칭화대학, 베이징대학, 저장대학, 상하이교통대학, 푸단대학 등과 함께 중국과학원 부속 대학인 중국과학기술대학에 관심을 기울여야 한다. 중국과학원과 중국과학기술대학은 국내 한국과학기술연구원KIST과 한국과학기술원KAIST의 관계와 같은 맥락에서 이해하면 될 듯하다.

중국과학기술대학은 앞서 설명한 것처럼 1958년 중국과학원의 부속 교육기관으로 설립되었다.[75] 1970년 베이징에서 지금의 위치인 안후이성安徽省 허페이시合肥市로 캠퍼스를 이전했다. 세계적 수준의 과학기술 인재를 양성하는 것을 목표로 한 중국과학기술대학은 최고 수준의 인재 선발과 과학기술 인프라 및 연구 경험의 축적, 세계적 수준의 연구 활동 지원으로 이어지는 3단계 인재 개발 정책에 기초하고 있다.

그래서 이 대학에 입학하기 위해서는 중국 전국 고등학교 졸업생의 상위 0.3~0.5퍼센트 내에 들어야 한다. 학부생의 70퍼센트 이상이 중국과학원 또는 캠퍼스 내 국립연구소와 연계된 연구 프로그램에 참여한다. 그리고 대부분 박사과정까지 진학해서 중국과학아카데미 그리고 중국공학아카데미 회원으로 활동하며, 국가적 그리고 세계적 수준의 과학기술 전문 인력으로 성장한다. 즉, 과학기술 분야에서 수월성을 목표로 교육하는 중국의 대표적 대학이라 할 수 있다.

2016년 말 기준 중국과학기술대학의 재학생 수는 1만 5,500명이다. 학사과정 47.7퍼센트(7,400명), 석사과정 40.0퍼센트(6,200명), 박사과정 12.3퍼센트(1,900명)으로 구성되어 있다. 한국과학기술원 대비 학생 수는 약 1.5배 규모다. 교수 수의 경우 중국과학기술대학(1,812명)이 한국과학기술원(639명) 대비 약 2.8배 더 많다.

기초 인프라의 경우, 중국과학기술대학에는 국립 싱크로트론 방사선 연구소, 허페이 국립 마이크로 스케일 재료 과학 연구소, 핵 탐지 및 원자력 전자 국가 핵심 연구소 등 네 개의 주요 국가 과학기술 인

|도표 5-10| 중국과학기술대학과 한국과학기술원의 인적 구성 비교

구분	차이(A-B), (명)	중국과학기술대학*(A)		한국과학기술원**(A)	
		인원(명)	구성비	인원(명)	구성비
교수	1,173	1,812	8.55	639	16.44
학생	4,996	15,500	100.0%	10,504	100.0%
학사과정	3,634	7,400	47.7%	3,766	35.9%
석사과정	2,106	6,200	40.0%	4,094	39.0%
박사과정	-744	1,900	12.3%	2,644	25.2%

* 2016년 기준[76]
** 2020년 기준[77]
*** 데이터 출처: 각 대학 홈페이지 대학 일반 현황

프라, 62개의 아카데미, 지방 및 장관급 핵심 과학 연구기관을 포함하여 12개의 국가 수준 과학연구기관을 두고 있다.

중국과학원은 중국과학기술대학 이외에도 부속 대학으로 베이징시 외곽에 소재한 중국과학원대학University of the Chinese Academy of Sciences, UCAS과 상하이 시내에 소재한 상하이과학기술대학ShanghaiTech University을 두고 있다. 이렇게 중국과학원을 정점으로 중국과학기술대학은 기초과학부터 응용기술 영역까지 매우 심도 깊게 연구하고 교육할 수 있는 인프라를 갖추고 있다.

이러한 중국의 연구중심대학이 비상하기까지 중국 당국의 노력이 컸다. 중국의 고등교육 진흥을 위해 1998년 계획된 985공정985工程[78]의 한 축에는, 세계적 수준의 연구중심대학 육성이 있었기 때문이다. 이를 위해 중국 정부는 아홉 개의 연구중심대학을 선정(칭화대학, 베이징대학, 푸단대학, 상하이교통대학, 중국과학기술대학, 저장대학, 난징대

|도표 5-11| 과학기술 분야 주요 분야 국가별 논문 게재 실적(2000~2018)

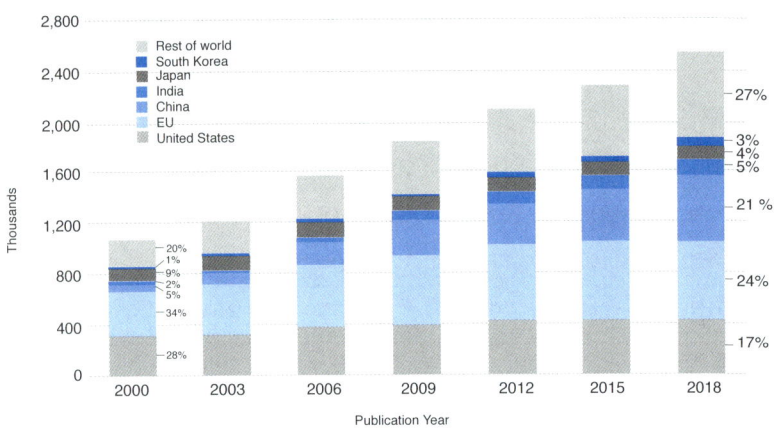

* 이미지 출처: The State of U.S. Science and Engineering 2020, National Science Board

학, 시안교통대학, 하얼빈공과대학)하고, 국가 연구비의 10퍼센트를 배정하는 등 집중적인 육성 정책을 펼쳤으며, 지금도 유효하다. 그 결과 2009년 공식화된 구교연맹九校联盟[79]으로 불리는 연구중심대학의 학술논문의 20퍼센트, 논문 인용의 30퍼센트[80]를 점유하는 수준으로 성장하게 되었다.

이제 중국의 연구중심대학들과의 협력과 교류는 선택이 아닌 필수 활동이 되었다. 이들은 지식을 비롯해 기술, 인프라, 연구비, 교수, 학생 등 모든 영역에서 이미 세계적 수준에 올랐기 때문이다. 중국의 R&D 투자 수준은 2017년 기준 미국에 거의 근접할 정도로 규모가 커졌고, 중국의 연구자 1인당 투자비(25만 2,157달러)[81] 역시 미국(35만 6,085달러)의 70퍼센트 수준을 넘어섰다. 한국(21만 628달러)의 1.2배, 일본(23만 3,924달러)의 1.1배 수준이다. 이제 사실상 미국을 제외하고 중국의 연구력을 뛰어넘을 수 있는 국가는 없다고 해도 과언이 아니다. 이는 과학기술 영역에도 중국과 미국의 패권 싸움이 본격화되고 있음을 알리는 신호탄이기도 하다.

09

러시아 모스크바에 MIT 캠퍼스가?

모스크바 중심으로부터 서쪽으로 약 25킬로미터 떨어진 곳에 러시아판 실리콘밸리를 위해 새로운 미니 신도시가 건설되었다. 약 400헥타르의 면적에 IT, 에너지, 원자력, 바이오 메디슨, 그리고 우주 기술에 걸쳐 다섯 개 분야의 클러스터가 조성되고, 거주자를 위한 주택과 교육 인프라가 만들어지고 있다. 거주 인구 2만 명, 유동 인구 3~5만 명을 예상하는 자족형 미니 혁신 신도시 개념이다.

이 새로운 도시의 이름은 스콜코보 혁신 도시 Skolkovo Innovation City[82]다.

2009년 말 당시 드미트리 메드베데예프 Dmitry Medvedev 대통령이 프로젝트를 기획했고, 퇴임 후에도 스콜코보 재단 The Skolkovo Foundation 운영에 깊이 관여하고 있다.[83]

스콜코보 혁신 도시에는 현재 1,000개 이상의 기업이 입주해 있다. 상주 기업에는 사업 운영을 위한 특별한 경제적 조건을 부여하는 특별법을 적용한다. 현재 러시아 52개 지역의 1,400개 이상의 기업이 거주자 지위를 받았다. 보잉The Boeing Company, 시스코Cisco Systems, 유로넥스트EADS, 제너럴 일렉트릭GE, 존슨앤드존슨Johnson&Johnson, IBM, 인텔Intel Corporation, 마이크로소프트, 지멘스Siemens, 노키아Nokia, 삼성 등 세계적인 혁신 기업들은 러시아 기업들과 기술 협력 관계들을 맺고 투자를 포함한 교류 활동을 펼치고 있다.[84]

올해로 10주년을 맞는 이 미니 혁신 도시 건설은 외견상 화려하고 웅장하게 전개되고 있다. 하지만 출범 후부터 부패와 권한 남용 등의 문제로 진통을 겪는 중이다. 2013년 블라디미르 푸틴Vladimir Putin 대통령의 재집권 후 정부로부터 재단 자금 150만 달러의 횡령 및 오용 혐의로 형사 기소되었고, 재단의 정부 자금 남용에 대한 부패 수사로 200명 이상의 관리자와 직원이 해고되는 등 혁신의 저해 요소들이 전면에 부상했다.[85] 이런 이유로 입주해 있던 유명 혁신 대기업들의 이탈 현상도 발생했다.[86]

그 이후 현재는 개방형 혁신과 스타트업의 허브 개념으로 구체적으로 정체성을 정립하고, 새롭게 거듭나기 위한 일련의 정책적 노력들을 펼치고 있다. 더 투명하고 혁신적인 정책 방향을 전개해나가는 데 핵심적인 역할이 강조되는 곳이 바로 교육기관인 스콜코보 과학기술원Skolkovo Institute of Science and Technology, 이하 스콜텍 Skoltech이다.

스콜텍은 러시아에 MIT와 같은 탁월한 과학기술 중심 대학을 만들겠다는 야심 찬 목표로 2011년 10월 25일 공식 출범되었다. 그리고 다음날 스콜코보 재단은 MIT와 스콜텍의 개발과 운영에 대한 포괄적인 다년(5년) 계약을 체결했다.[87] 그에 따라 MIT, 스콜텍 그리고 스콜코보 재단은 'MIT-스콜텍 정책MIT Skoltech Initiative'에 대한 계획안을 함께 만들고 합의했고, 그 후 2016년 3월, 3년간의 2단계 협약을 진행했다.

첫 번째 단계는 스콜텍의 개교 및 초기 성장 단계의 전반을 아우르는 광범위한 활동으로 구성되었다. 대학 시스템University 설계 및 운영, 교수진의 구성, 학사 운영 체계, 학생 선발과 교육, 연구 기반 인프라 구축 등 새로운 과학기술 중심 대학의 면모를 갖추는 일련의 기반 구축 과정 전반에 대해 MIT에 위탁을 준 사항이다.

MIT-스콜텍 프로그램의 두 번째 단계는 대학 및 스콜코보 지역의 혁신 생태계의 지속적인 개발을 촉진하기 위해 더 구체적인 방법론 중심의 협력 활동을 전개하는 것이었다. MIT 교수 자문위원회의 구성과 운영, 초기 단계 연구 기금의 조성과 운영, 공동 연례 회의를 포함하여 중점 영역에 대한 핵심 연구 및 자문 활동을 중심으로 이루어졌다. 또한 MIT와 스콜텍의 교수진이 필요에 따라 기존의 장점과 상호 관심을 기반으로 함께 작업할 추가 협업 프로젝트를 시작할 수 있는 유연성 기반 환경도 갖추었다. 1단계에서 설립 된 두 개의 연구와 교육을 위한 혁신 센터는 2단계에서 공동 연구, 교육 및 혁신 활동을 지속적으로 전개하여 총 다섯 개로 확대되었다.[88]

바이오메디컬 과학기술, 우주 과학기술, 핵 과학기술, 에너지 과학기술, 정보 과학기술 등을 다루기 위한 다섯 개의 연구와 교육, 혁신을 위한 다섯 개의 복합 기능 센터를 설립했다. 이 센터들은 스콜텍이 구

> **MIT-스콜텍 프로그램에서 MIT의 역할과 기능**
>
> - 스콜텍의 설계 및 구축 지원
>   - 관리 구조, 거버넌스
>   - 스콜텍 교수진 모집 및 개발
>   - 캠퍼스 기획 및 실험실 설계에 대한 조언
> - 대학원 석사 및 박사 학위 프로그램 설계 지원
>   - 다섯 개 프로그램 영역의 핵심 커리큘럼 개발
>   - 연구 센터에서 커리큘럼 트랙 발굴
> - 스콜텍 연구 센터의 일부 설계 지원 및 참여
>   - 멀티 캠퍼스 대학, 국제 연구센터
>   - 러시아 및 국제적 대학 그리고 기관 간의 공동 연구를 위한 관문으로의 스콜텍 구축
> - 스콜텍에서 혁신과 기업가정신의 문화 창조를 위한 탐색
>   - 교육 및 학생: 교차 또는 공동 학위 요건; 동아리, 사업 계획 경진 대회, 벤처 멘토링
>   - 관리 기능 : 과학정책사무국OSP, 기술 이전TLO, 산학 협력 등
>   - 상업화 경로: 클러스터/테크노 파크로 이어지는 파이프라인의 단계로 혁신 연구 자금, 벤처 자금 등
>
> * Duane Boning(MIT Faculty Lead), The SkTech/MIT Initiative: Building the Future of Skolkovo Tech

축한 러시아 내 협력 대학 및 연구기관들과 협력 및 교류하는 체계를 갖추고, MIT는 해외의 대학 및 연구기관들과의 협력 시스템을 갖추는 기능을 수행했다. 즉, 러시아 국내는 물론 국제적인 네트워크를 기

반으로 하는 복합 기능 센터를 다섯 개 만들었다고 설명할 수 있다.

또한 이 다섯 개의 센터는 기업가정신 및 혁신 센터Center for Entrepreneurship&Innovation와 매트릭스 구조로 병립하도록 구조화되었다. 이를 통해 연구 및 교육의 결과물이 산업과 기업가, 투자자들로 연계되어 기술이전 및 스타트업으로 발전할 수 있는 일련의 혁신 생태계를 조성할 수 있는 구조다.

현재 MIT-스콜텍 프로그램은 2019년 말 5년 기간의 세 번째 협력 계약을 체결했다. 1단계와 2단계 협력 과정에서 MIT는 75명의 교수진을 스콜텍에 지원했다. 3단계에서는 두 대학의 연구원들이 함께하는 공동 연구와 그에 집중된 공동 컨퍼런스, MIT 교수진이 교수자문위원회를 통해 개인 차원에서 연구 및 기관 운영에 관한 문제에 대한 자문 활동 참여, 연구 및 기관 운영과 관련한 상호 방문 및 교류 등의 내용을 핵심 협력 의제로 담고 있다.[89] 이를 통해 다섯 개 중점 분야에 대해서 세계적 수준의 연구 활동과 고급 연구 인력 양성, 산업 내 기술적·경제적 혁신 성과 창출이라는 세 마리 토끼를 동시에 잡겠다는 의지를 담고 있다.

특히 석사 및 박사과정의 양성 및 활용 시스템을 참고할 필요가 있다. 48개 국가에서 온 대학원생들이 학비 부담 없이 세계 최고 수준의 국제적 산학 협력 기반 교육을 받을 수 있기 때문이다. 그 결과 입학 지원자는 매해 증가하고 있고, 지원자 대비 평균 합격 후 등록률은 3퍼센트 수준이다. 러시아 및 독립국가연합CIS 지역에서 온 학생은 20~30퍼센트 수준이며, 최근 가장 많이 분포한 지역은 중동과 아프리카로 2018년 등록 학생 수가 34퍼센트, 2019년은 30퍼센트 수준이다.

학위를 마친 학생들은 러시아 및 세계 전역에서 연구, 교육 혁신 센터라는 복합 기능을 가진 혁신 플랫폼에 기반하여 활동할 수 있다. 즉, 졸업한 후 학교와 단절되지 않고 박사과정이나 박사후과정, 연구원, 교수 등으로 활동할 수 있는 구조다. 그래서 국제 학생의 분포가 자국 학생보다 더 많음에도 불구하고, 학위 후 러시아에 체류하는 비중이 전체 졸업생의 87퍼센트[90]에 이른다. 이들은 이 플랫폼과 모국의 네트워크를 결합해 국제적인 커뮤니티 활동을 전개하고, 이를 통해 러시아는 자국의 혁신 생태계 정점에서 활동할 수 있는 혁신 연구가를 지속적으로 유입시킬 수 있다.[91]

스콜텍의 고도화된 복합 혁신 플랫폼은 10년도 채 되지 않은 시간 동안 괄목할 만한 성과를 내고 있다. 2013년부터 2019년 6월 1일까지 총 2,273편의 연구 논문 등재 실적을 보였으며, 이 과정에서 참여하거나 협력한 세계의 대학 및 연구 기관은 900개가 넘어 국제적인 협력 활동의 수준과 규모와 성과 모두 주목할 만한 수준에 이르렀다고 할 수 있다. 2018년 기준 《네이처》에 실린 논문 실적은 세계 3대 '신생 과학기술 중심 대학'에 꼽히는 홍콩과학기술대학교(1991년), 난양공대(1991년), 한국과학기술원(1971년)과 같은 수준까지 이르렀다.[92] 이들 대학이 30~40년 동안 노력해 올려놓은 수준을 10년이 채 안 되어 도달한 것이다. 이렇게 단기간에 압축적이면서, 고도로 성장할 수 있었던 배경에는 혁신적인 파트너인 MIT가 있다.

2019년 말 기준 스콜텍은 교수 136명, 박사후연구원 143명, 전문 기술인력 202명, 그리고 학생을 포함하여 약 2,600여 명이 활동하는 혁신 커뮤니티를 구성하고 있다.[93] 또한 현재까지 49개의 혁신 스타트

업을 배출했고, 2020년 기준 역내 약 500개의 스타트업에 기술과 인력 등을 지원하고 있다.[94]

어떻게 MIT 교수들과 러시아 연구진이 자연스럽게 융화될 수 있었던 것일까? 그 해답은 스콜텍을 이끌고 있는 교수들의 특색 있는 채용 및 개발 과정에 있다. 채용에 관한 전권을 가진 MIT에 의해 최종 선발된 교수들은 MIT 보스톤 캠퍼스에서 1년간 체류 과정을 거친다. 또 2년 동안 MIT 교수들과 공동 연구를 수행한다. 이를 통해 MIT 교수 수준의 교육 및 연구 역량, 그리고 MIT의 혁신 생태계를 경험한 후 근무지를 러시아로 옮겨 실제적인 활동에 투입되는 구조다. 이는 MIT-스콜텍 교원 개발 프로그램 Skoltech Faculty Development Program (FDP) at MIT으로 불리는 교수 채용 및 개발 프로그램으로 지금도 추가 채용되는 교수들에게 적용되고 있다. 학생들 역시 이와 유사하게 MIT 보스톤 캠퍼스에서 코스워크도 수강하고, 관련 연구실과 교류할 수 있다.[95] 이렇게 교수부터 학생까지 충분히 MIT만의 고유한 문화를 직접 체험할 수 있게 해놓은 시스템으로 인해 러시아에 캠퍼스를 구축했다고 해도 무방할 정도로 융합이 잘 되고 있다.

MIT는 스콜텍과의 협력 외에도 여러 개의 유사 협력 프로그램을 진행 중이다. 케임브리지-MIT연구소 Cambridge-MIT Institute, 싱가포르/MIT 제휴 프로그램 Singapore/MIT Alliance, MIT&마스다르 연구소 아부다비 MIT&Masdar Institute, Abu Dhabi, 싱가포르 기술 디자인 대학 Singapore University of Technology and Design, SUTD+MIT 등의 협력 및 교류 활동을 하는데, MIT 스콜텍 정책은 이와 같은 맥락이라고 설명할 수 있다.[96]

> **MIT가 스콜텍과 협력하는 이유**
> - 러시아 과학자/엔지니어 인재 풀과 깊은 연결 관계 형성
> - 새로운 문제와 접근 방식에 노출됨으로써 발생하는 학습 효과
> - 통합된 연구, 교육, 혁신 모델의 실험
> - 새로운 MIT 학생 국제 경험 기회 제공
> - 새로운 최첨단 연구 시설을 설계하고 그 이점을 경험
> - 미래 글로벌 리더 교육 지원
> - 중요한 국가에서 잠재적으로 영향력이 큰 사회/경제적 주도권 싸움에 기여
> - 스콜코보에 위치한 기술 기업(기존 기업 및 신생 기업)과 협력
> - MIT 참여 지원을 위한 자금 모집
> - 러시아의 기존 협력 관계의 기반 구축과 향후 잠재성
> - 여러 러시아 및 국제 대학과의 장기적인 MIT 협력을 위한 핵심 허브 또는 관문 생성
>
> * 출처: Duane Boning(MIT Faculty Lead), The SkTech/MIT Initiative: Building the Future of Skolkovo Tech

미국 연방 정부의 관련 규정 준수에 문제없다는 전제 하에, 앞서 제시한 이유로 MIT가 국제 간 교류와 협력을 적극적으로 전개하는 일련의 행보는 다른 대학들에게 중요한 시사점을 준다. 전 세계적인 연구와 교육 부문의 협력 네트워크 구축과 이를 통한 경쟁력의 강화 및 활동 범주의 확장, 세계적 수준의 연구 및 교육 인프라와 프로그램의 '기획-실행-관리'라는 전주기적 과정에 대한 구체적이고 실제적인 경험의 축적, 연간 400억 원 정도 되는 연구 및 교육 기금의 재정 수입, 그리고 이를 통해 궁극적으로 전 세계를 아우르는 'MIT 혁신 생

태계'를 만들어나가고 있는 점을 관심 있게 살펴볼 필요가 있다. 대학 차원의 혁신 생태계 조성 활동이 이제는 범세계적인 접근법을 취하고 있기 때문이다.

10

세상을 바꾸는
세계의 기업가형 대학들

21세기 들어 세계 유수의 연구중심대학들은 기업가형 대학Entrepreneurial Universities으로 변화하기 위한 노력에 박차를 가하고 있다. 이러한 흐름의 부상과 확산에는 설립 때부터 기업가형 대학을 표방한 MIT(1861)와 스탠퍼드대학교(1885)의 영향이 크다. 이들 두 대학이 서로 건강하게 경쟁하며 도전과 응전의 역사를 통해 만들어낸 굵직한 업적과 두드러지는 성과는 21세기 대학이 왜 기업가형 대학을 표방해야 하는지, 그리고 대학의 연구와 교육 기능이 어떤 방향성과 정체성을 지녀야 하는지 중요한 참고를 제공한다.

이 두 대학은 과거 역사에서 그리고 현재에도 기업가형 대학의 상징적인 존재다. 세계 대부분 대학들이 이 두 대학의 사례를 참고하면서 스스로의 변혁 모델을 설계하고 관련 혁신 활동을 펼친다. 즉, 이

대학들은 21세기 들어 다른 대학들이 기업가형 대학으로 변혁하는 데 중요한 촉매제이자 역할 모델 지위에 있다.

2013년 한국의 한 방송사와 인터뷰하면서 이 두 대학이 만들어낸 국가적 수준의 경제적 성과와 제반 영향들을 소개한 바 있다.[97] 당시만 하더라도 한국에서 연구중심대학을 표방하는 대학의 리더 그룹에서는 기업가형 대학에 대한 이해가 매우 제한적이었다. 기업가정신이나 스타트업 그리고 벤처 관련 활동은 대학이 지녀야 할 고유의 정서와 부합하지 않는다는 분위기였다. 대학 캠퍼스에서 열린 기업가정신 관련 행사에서 그 의미를 제대로 표현하기 위해 起業家•라고 쓴 현수막을 제작하자, 企業家••로 정정해야 한다고 문제를 삼기도 했다. 불과 7~8년 전만 해도 학계 전반의 분위기는 순수한 학문의 전당에 상업적 색채를 띠는 기업 세계의 문화가 들어온다는 것은 도저히 받아들일 수 없다는 흐름이 팽배했다.

당시 정부도 대학의 이러한 시각에 대해 문제 인식을 지니고 있었다. 기업가정신에 대해 갖는 제한된 인식과 경계심 그리고 대학의 역할 정체성 혼돈 현상을 어떻게 대학 스스로 극복할 수 있을지 고민하기 시작했다. 대학이 혁신 활동의 중요한 서식지가 되어야 한다는 명제를 스스로 인식하고, 새로운 역할 정체성을 찾아나갈 수 있도록 길을 제시하기 위한 방법을 다각도로 찾고자 했다. 그때 대학 평가 모

• 어떤 사업을 구상하여 회사를 설립하는 일을 직업으로 하는 사람.
•• 기업에 자본을 대고 기업의 경영을 담당하는 사람.

델 도입이 한 수단이 될 수 있다는 판단을 했다. 그리고 '어떻게 하면 대학들이 해외 사례를 살펴보는 등 자발적인 변혁의 노력을 할 수 있을까'라는 정부의 고민에 기초하여, 2013년 하반기 〈주요 선진국의 대학 창업 환경 평가 모델 도입 방안 연구〉[98]라는 연구 용역 과제를 수행했다. 이 연구 과제를 수행하면서 미국과 유럽의 여러 대학 사례들을 매우 심층적으로 살펴볼 수 있었다. 특히 MIT와 스탠퍼드대의 설립 배경과 역사적 발전 과정 그리고 오늘날 국가적 수준의 경제적 성과와 영향을 만들어내는 대학들의 노력에 대한 내용들은 무척 인상적이었다.

이 두 대학은 여러 가지 기술적 방법론에 있어서도 타 대학보다 앞서기 위한 것들을 적극적으로 찾고 또 적용하려고 노력해왔다. 그 이외에도 이들 대학에는 다른 대학에서 찾을 수 없는 고유한 무엇인가가 있었다. 바로 대학의 설립 목적과 철학이 기업가형 대학을 추구했다는 점이다. 대학이라는 공동체 문화에 기업가정신이 내재화된 것이다. 이들 대학의 설립자들은 기존 질서에 순응하기보다 새로운 역할 정체성을 지닌 대학을 설립해 와해적 혁신을 꿈꾸었다. 그 후 이들의 남다른 철학이 공동체 문화로 내재화된 것, 이것이 핵심 성공 요인 중 첫 번째로 꼽을 수 있는 사항이었다.

많은 대학이 이 두 대학의 사례를 참고했음에도 불구하고 이들과 같이 규모 있는 영향력을 만들어내지 못하는 배경에는 공동체 문화라는 변혁의 핵심 성공 요인을 간과하고, 기술적인 방법론 중심으로 접근했기 때문일 것이다.

MIT의 설립자 윌리엄 로저스William Barton Rogers는 MIT의 설립 헌장에 다음과 같은 내용을 담았다.

"(……) 일반 교육은 물론, 상업-상업적 행위 그리고 교양, 학문적 탐구의 관심 사항은, 산업적 지향(추구)과 함께 지적 문화의 가장 진지한 협력을 요구한다.(……) the interest of Commerce and the Arts, as well as of General Education, call for the most earnest cooperation of intelligent culture with industrial pursuits.[99]

대학의 설립 목적 자체가 과학기술의 연구 및 교육이 궁극적으로 산업 현장에 적용될 수 있어야 한다는 것이다. 윌리엄 로저스는 19세기 미국의 교육 시스템이 근본적으로 붕괴되었기 때문에, 이에 대한 대안적 교육이 필요하다는 문제 인식을 강하게 가지고 있었다. 특히 전통적인 과학 교육과 실제적인 현장 실무 교육이 양립할 수 없는 문제에 대해 깊이 고민했다. 그 과정에서 설립자들은 하나의 교육 기관을 중심으로 이론과 실무가 함께 교육되고, 학습할 수 있는 대안 모델이 필요함을 강조했다.[100] 또한 과학과 기술이 산업화되어 공동체 내에서 물질적 번영과 지적 발전이 진심으로 인정받을 수 있어야 함을 강조했다.[101] 이런 철학적 배경을 담아 설립 모토를 'mens et manusmind and hand, 마음과 손'[102]로 정했다. 학문과 실무를 균형 있게 발전시키는 것이 MIT의 존재 이유와 역할임을 강조한 사항이다.

즉, 학술주의Academism와 기업가정신주의Enterpreneurialism는 서로 경계를 두고 구분되는 관계가 아니라 상호 병립하고 교차하면서 실제 세상, 특히 산업에서 유의미한 가치를 창출해야 함을 설립 목적과 철학으로 강조한다. 그 결과 MIT 공동체(재학생, 동문, 교수, 연구원 등)는 역대 노벨상 배출 5위(총 97명) 기관으로 자리하고 있다. 21세기 들어서는 2위(44명) 기관이 되었다. 160여 년의 역사와 시간이 새로운 도전과 응전의 연속 과정이었고, 학문적 성취와 실제적 성과 모두 균형 있게, 또 크게 이루어가고 있는 중이다. MIT의 설립 모토는 지금도 공동체의 중심으로 충실히 지켜지고 있다.

스탠퍼드대는 기업가 문화entrepreneurial culture가 공동체에 내재화된 가장 대표적인 대학이라 할 수 있다. 실리콘밸리의 본산이라는 의미로 받아들여지기도 한다. 실제로도 실리콘밸리의 역사와 그 궤를 같이한다. 설립자 릴런드 스탠퍼드Leland Stanford는 기업가 출신의 정치인이었다. 그리고 그가 1885년 대학의 설립 재원을 기부하면서 강조한 대학의 역할 정체성은 '인류와 문명을 위해 영향력을 행사함으로써 공공 복리를 증진하는 것to promote the public welfare by exercising an influence in behalf of humanity and civilization'이었다.[103] 특히 설립자 릴런드 스탠퍼드 부부는 이 새로운 대학이 서부의 코넬Cornell of the West이 되기를 희망했다. 미국 최초로 비종파적이고, 여성에게도 개방된 대학으로 개교한 코넬대학처럼 기존 질서에 순응하지 않고, 새 시대를 여는 와해적 혁신의 길을 개척해가길 희망했다.[104]

설립 후 반세기 가까운 시간이 지나 공대 학장을 역임한 프레더릭 터먼Frederick Terman 교수에 의해 스탠퍼드대학교는 기업가형 대학을 향해 본격적인 속도를 내기 시작했다. 터먼 교수는 학생들이 아이디어를 개발할 뿐만 아니라 상업화할 수 있도록 격려함으로써 실리콘밸리의 씨앗을 뿌린 사람으로 평가된다. 특히 경제대공황으로 일자리가 없어 동부로 일자리를 찾아 떠나는 서부 학생들에게 구직자가 아닌 일자리 창조자가 되라며 스타트업을 독려했다.

1939년 터먼 교수의 지도를 받던 대학원생 윌리엄 휼렛William Hewlet과 데이비드 패커드David Packard는 최초로 저비용으로 오디오 주파수를 측정하는 오실레이터Oscillator를 개발하여 회사를 설립했다. 이는 우리가 잘 알고 있는 HP라는 기업의 설립 스토리다. 이를 시작으로 실리콘밸리는 본격적인 번성의 길을 걷게 된다.

HP를 효시로 썬마이크로시스템즈Sun Microsystems, 시스코, 구글, 티에스엠씨TSMC, 캐피털원, 갭Gap, 넷플릭스, 야후, 익스피디아Expedia, 엔비디아NVIDIA, 링크드인 등 수많은 유명 기업이 스탠퍼드대학교 동문과 교수 등에 의해 설립되었다.[105] 터먼 교수가 '실리콘밸리의 아버지'로 불리는 가장 큰 이유다.[106] 그는 오늘날 기업가 문화가 내재화된 가장 대표적인 대학으로 스탠퍼드대학교가 자리매김하는 데 결정적으로 기여했다. 그리고 지금도 여전히 스탠퍼드대학교는 실리콘밸리의 정점에 자리하고 있다.

기업가정신 관련 미국 내 최대 규모의 연구 및 교육 재단인 카우프만 재단은 21세기 대학은 기업가형 대학이 되어야 한다는 문제 인식을 지니고 있었다. MIT를 사례로 들며, 미국의 대학들이 기업가형 대학으로 변혁하기를 촉구했다. 재단은 이러한 활동을 위해 MIT의 학문적 업적과 함께 기업가적 영향entrepreneurial impact을 정량적·정성적으로 파악하여 보고서를 작성하고 이를 적극적으로 소개했다. 2009년 2월 〈기업가 영향: MIT의 역할Entrepreneurial Impact: The Role of MIT〉이라는 보고서에[107] MIT 공동체가 만들어낸 경제적 성과와 기업가정신의 공헌entrepreneurial contribution에 대한 전반적인 영향에 대해 소개하고 있다.

MIT의 동문과 교수 등이 창업자로 참여해 설립한 기업 수는 2만 8,500개(조사 시점 유효 상태 기준), 이들이 만들어낸 일자리 수는 약 330만 개, 그리고 이들 기업의 한 해 매출액은 약 1조 9,000억 달러 규모로 세계 11위 국가와 유사한 수준의 경제적 영향을 만들어내고 있음을 소개했다. 2010년 당시 대한민국의 GDP 총액이 약 1조 달러임을 감안하면 MIT 공동체의 영향력이 실로 국가적 수준의 업적이라 할 만하다.

이 보고서는 미국 연방 정부와 대학 사회 모두에서 상당한 반향을 불러일으켰다. 그러자 스탠퍼드대학교는 대학 자체 조사를 통해 2012년 〈혁신과 기업가정신을 통한 스탠퍼드대의 경제적 영향 효과Stanford University's Economic Impact via Innovation and Entrepreneurship〉라는 보고서를 소개했다. 이 보고서에 따르면, 2011년 기준 스탠퍼드대학교 공동체 출신이 창업한 기업 수는 3만 9,000개(조사 시점 유효 기준)이고, 이들은 540만 개의 일자리를 창출했으며, 한 해 매출액은 약 2조 7,000억 달러에 달한다. 2010년 기준 세계 5위 경제 규모인 프랑스의 1년간 GDP 총액과 유사한 수준의 업적을 보였음을 소개했다.[108] 자체 작성한 이 보고서는 스탠퍼드대학교가 MIT보다 훨씬 더 규모 있는 영향력을 만들어냈음을 강조하기 위한 것이었다.

MIT와 스탠퍼드대학교의 이러한 경쟁적인 영향평가보고서는 미국의 대학들이 기업가형 대학으로 변혁하는 일련의 경쟁 활동에 출발을 알리는 신호탄을 쏜 것 같은 효과를 만들어내었다. 그 이후 UC 버클리대학교, 버지니아대학교, 하버드대학교, 콜로라도대학교, 조지아공과대학 등이 유사한 보고서를 만들어 소개하고 있다.

　여러 대학들의 조사 과정을 보면 결과적으로, 기술적 방법론을 도입하는 것보다 대학의 공동체 문화 자체가 기업가형 대학으로 변혁되는 것이 가장 중요하다는 것이었다.[109]

　MIT와 스탠퍼드대학이 지난 한 세기 동안 기업가형 대학으로 성장했다면 그 뒤를 따르는 21세기 들어 가장 유효하게 변혁하고 있는 대학들이 있다. 바로 북미 코넬대학교, 유럽에서는 스위스 취리히 연방 공과대학Swiss Federal Institute of Technology Zürich, ETH Zürich 그리고 아시아 지역에서는 한국의 한국과학기술원KAIST을 들 수 있다. 물론 한국과학 기술원이 '기업가형 대학'으로 기치를 내건 역사가 상대적으로 짧으며, 아직 코넬대학교나 취리히 연방 공과대학 같은 수준의 영향력을 만들어내지는 못하고 있지만, 그럼에도 불구하고 객관적 논거가 충분히 있을 만큼 실체적 성과와 영향을 만들어낸 사례에 해당한다.

　앞서 설명한 것처럼 21세기 들어 기업가형 대학으로 가장 유효하게 변혁하고 있는 세 개의 대학 중 특히 코넬대학교와 취리히 연방 공대는 가장 대표적인 사례다. 대학의 중장기 전략 방향에 기업가형 대학의 21세기형 역할 모델을 하겠다는 비전과 방향성을 제시하면서, 특히 박사과정 그리고 박사후과정에도 '기업가 DNA'가 내재화될 수 있도록 하는 일련의 활동을 펼치고 있다. 그 결과 현재 이들은 전 세계적으로 가장 파격적인 박사과정과 박사후과정을 운영하고 있다. 한국의 대부분 대학들이 선언적 수준에 머물고 있는 모습과는 근본적으로 다른 행보다.

스타트업 박사후과정 The Runway Startup Postdoc Program[110]은 코넬대학교가 기업가형 대학의 역할 모델을 하겠다는 의지를 단적으로 보여주는 정책 프로그램이다. 이 프로그램은 스타트업 엑셀러레이터나 스타트업 인큐베이터가 수행하는 기능과 역할 모두를 포함하며, 연구중심대학이 지닌 고유의 다학제多學際적 기술, 지식, 네트워크, 그리고 코넬대학교의 모든 자원과 인프라를 활용할 수 있는 환경이 제공된다. 연구자가 기본 기간을 2년 수행 후한 추가로 1년을 더 하는 '2+1년' 프로그램으로, 입체적이고 집중적인 지원을 통해 박사과정 중 연구한 결과물을 상업화 또는 산업화할 수 있도록 뒷받침해준다. 그래서 본 과정은 현재 전 세계적으로 가장 탁월한 역량을 지닌 스타트업 엑셀러레이터 중 하나인 와이콤비네이터 Y Combinator가 제공하는 일련의 인프라 및 프로그램보다 더 우수하고, 매력적으로 평가받고 있다.

프로그램의 지원자는 우선 박사 학위 소지자로 제한된다. 앞서 교수 출신 기업가들이 지니는 강점을 높이 평가하기 때문이다. 특히 이 프로그램은 기술 전문 지식을 가진, 즉 연구 역량이 탁월한 신진 박사를 대상으로 한다. 이 프로그램에 선정되면, 우선 2년간 첫해 17만 5,000달러(약 2억 1,000만 원), 그리고 두 번째 해에 10만 2,000달러(약 1억 2,000만 원)의 현금 지원을 보장받는다. 그 후 유의미한 결과를 내고, 더 필요하다고 판단될 경우 활동 지원을 1년 연장해준다. 그 재원은 본인을 포함하여 스타트업팀의 급여, 연구 기초 예산, 주택 수당 등으로 사용할 수 있다. 이 자금을 통해 상업화/산업화를 위한 추가적인 연구 단계가 지나고 나면, 미국 연방 정부가 자랑하는 국립과학재단의 혁신 특공대 프로그램The National Science Foundation's Innovation Corps, I-Corps™을 통해 후속적인 단계를 밟을 수 있다. 또한 코넬대의 대학 자금 지원 프로그램Cornell University Funding Programs을 통해 필요한 자금을 조달받을 수 있다. 적어도 자금 때문에 연구 결과물의 상업화/산업화가 되지 않는 것은 허용하지 않겠다는 것이 이 프로그램에서 가장 강조하는 사항이기 때문이다.

  현금 지원 외에도 다양한 사항들이 추가적으로 지원된다. 4주간의 집중적인 '스타트업 MBA'를 통해 과학기술 전문가에서 기업가로 변신할 수 있도록 체계적이고 입체적인 훈련을 받는 것이다. 이 교육과정은 단순히 경영학만 습득하는 것이 아니다. 공학과 경영학, 법학까지 결합된 기술 사업화에 관한 매우 전문적이고 다학제적인 학습과 훈련을 할 수 있다. 또 이미 기업 경영 경험이 있는 전문가를 포함하여 투자자, 개발자, 변호사 등의 전문적인 멘토십 프로그램이 기간 내 계속 제공된다. 뉴욕시 맨해튼에서 가까운 루스벨트아일랜드 코넬대학교 캠퍼스에 마련되어 있는 사무 공간, 각종 실험 및 제작 공간, 관련 장비 등이 충분히 제공되며, 또한 40만 달러 상당에 해당하는 클라우드 호스팅 서비스도 이용할 수 있다. 클라우드 슈퍼 컴퓨팅 서비스, 회계 및 세무, 결제 등 비즈니스 활동에 관한 전반적인 내용들을 뒷받침해준다.

취리히 연방 공과대학은 노벨과학상 수상자를 32명이나 배출한 유럽을 대표하는 연구중심대학 중 하나다. 또한 유럽에서 가장 대표적인 기업가형 대학이기도 하다. 대학의 장기 비전과 전략의 중심에 기업가형 대학으로서의 비전을 담고 있다. 1991년 대학 관련 연방법률 제1조 2항 목적 항목에 연구 결과물의 산업화/상업화를 추가하며, 기업가형 대학을 향한 추구 방향성을 법률로 명시하고 있다.[111]

법률에 기반한 기업가형 대학 모델은 교육, 연구, 봉사라는 대학 고유의 기능에 깊이 내재화되어 있다. 학생들의 교육 방식은 연구 프로젝트를 중심으로 이루어지고, 교육이 단지 교육의 기능으로 그치는 것이 아니라 더욱 심화된 연구 과정을 거쳐 상업화/산업화될 수 있도록 전주기적인 흐름을 관리하고 있다.

이중 가장 하이라이트 프로그램은 파이오니어 펠로우십 프로그램이다. 코넬대학이 박사후 스타트업 과정[112]을 정점으로 기업가정신 생태계entrepreneurial ecosystem를 구성한 것과 같은 맥락이다.

본 프로그램 역시 기본적으로 박사후과정을 중점으로 하지만 석사 및 박사 학위 취득 6개월 전부터 지원할 수 있도록 하고 있다. 본 프로그램의 진화 과정을 살펴보면, 최초 도입될 때는 박사과정 재학생 중 학위 논문을 모두 마치고 행정적 졸업 절차를 남겨둔 학생이 대상이었다. 그 후 박사 학위를 취득하면 본격적인 커리어 활동을 펼치기 전 도전적으로 자신의 연구 결과물의 상업화하라는 취지에서 도입한 프로그램이었기 때문이다. 최근 이를 개편하면서 그 대상을 석사 학위 취득 예정자에게도 적용하고 있다.

또 1인 지원자의 경우 18개월, 2인으로 구성된 팀의 경우 18개월 기간 동안 전문적인 기술 사업화 과정을 지원받게 된다. 우선적으로 15만 프랑(약 1억 8,000만 원)의 자금이 지원되는데, 이는 급여 등의 목적으로도 지출이 가능하다. 이 기초 자금을 토대로 스위스 연방과 취리히 지방정부가 제공하는 이노스위스Innosuisse 같은 연구 및 사업화 보조금 프로그램에 지원함으로써 기술 사업화 과정 전반에서 필요한 재원을 조달받을 수 있다.

기술의 완성도를 제고하기 위한 후속적인 추가 연구, 시제품의 제작과 인증 취득, 초기 양산 등 기술적인 후속 지원 역시 체계적으로 이루어진다. 아울러 비즈니스에 대한 전문적인 교육과 코칭 그리고 컨설팅과 네트워킹을 포함한 입체적이고, 종합적인 지원 프로그램이 전문적으로 제공된다.

제반 지원 중 가장 두드러지는 사항은 대학이 초도 구매자 역할을 한다는 것이다. 기술 집약적인 상품이나 서비스의 경우 초도 판매가 매우 어렵다. 그래서 구매자 관점에서 구매 검토 시 가장 중요하게 살피는 참고 실적references을 대학에서 만들어주는 것이다. 이렇게 대학이 매우 전문적인 구매자 역할을 하는 것은 이 프로그램의 효과성을 높이는 결정적인 요소라고 할 수 있다.

취리히 연방 공대에서 시작된 스타트업 프로그램이 전 세계적으로 주목받는 부분은 월등히 높은 창업 생존율이다. 창업한 기업의 5년 생존율은 92퍼센트가 넘는 수준을 보이는데, 이는 취리히 지역이나 스위스 전체적인 평균 50퍼센트 내외 수준 대비 40퍼센트 이상 높은 수준이다. 또한 한 기업당 평균 매출액이나 고용 규모 역시 전 세계 대학 중 가장 높은 수준을 보이고 있다. 생명과학, 정보통신, 제조 부문이 각각 3분의 1로 구성된 포트폴리오를 가지고 있는데, 이들 기업이 높은 생존율과 함께 높은 성과를 나타내는 배경에는 앞서 소개한 대학의 초도 구매자 기능과 역할이 결정적으로 기능하고 있기 때문으로 해석된다.[113]

11

혁신 생태계의 중심에 자리하는 대학들

혁신 생태계는 21세기 들어 국가 및 기업 단위에서 가장 중요하게 다루어지는 사안 중 하나다. 국가나 기업들마다 각자의 혁신 생태계를 조성하고 개발하기 위한 노력과 투자 그리고 경쟁이 매우 치열하게 전개되고 있다.[114]

지난 20세기에는 지역 혁신 시스템Regional Innovation Sytem, RIS과 국가 혁신 시스템National Innovation System, NIS, 즉 혁신 시스템이 중요한 키워드였다. 이들이 진화해 21세기 현재는 혁신 생태계가 지역과 국가 혁신 시스템을 포괄하는 개념으로 자리 잡았다.

혁신 시스템 시대에는 기업 및 산업, 대학, 그리고 정부가 상호 유기적으로 협력하는 트리플 헬릭스The triple-helix model, 삼중 나선형 모델가 중요하게 강조되었다. 정부 주도적 경향이 상대적으로 강하고 산학 협력이 핵심 활동으로 강조되는 개념이라고 할 수 있다. 그 결과 정책과 제도를 통해 기업 및 산업과 대학 간 상호 유기적 협력과 이를 통한 혁신 활동을 촉진하는 정부의 역할이 강조되었다. 이러한 혁신 시스템 맥락과 방법론을 통해 가장 높은 성과를 낸 국가로는 싱가포르, 이스라엘, 그리고 한국을 꼽을 수 있다. 이는 정부가 유효한 역할을 상대적으로 잘 감당했음을 시사한다.

기업 및 산업과 대학 간 상호 협력을 통해 혁신 활동을 전개하는 산학 협력은 현재 4세대 모델로 진화하고 있다. 산학 협력 1.0 모델은 대기업과 대학 간 상호 협력을 기반으로 한 혁신 활동이다. 이때 대학의 역할은 원천 기술과 지식을 개발하여 대기업에 이전하거나, 공동으로 기술 개발을 진행하고, 또한 인력을 양성하여 공급하는 기능을 담당했다. 이러한 흐름은 1990년대 초중반까지 이어졌으며, 산학 협력 성과가 가장 높게 나타나던 시기였다.

그러나 1990년대 중반 이후 대기업의 혁신 역량이 대폭 강화된 데 반해, 대학의 혁신 역량은 기업만큼 속도를 내지 못했다. 이런 흐름 가운데 정부의 지역 및 국가 차원의 경제개발을 촉진하기 위해 중소기업 육성 및 지원이 중요하다는 점이 강조되면서 대학 간 상호 협력을 중심으로 하는 산학 협력 2.0 시대가 열렸다. 그러나 이 흐름은 유효한 성과를 내지 못하고 빠르게 사라지고 말았다. 그 주된 이유로 중소기업들이 대학의 기능에 대해 충분히 이해하지 못했고, 대학 역시 중소기업의 혁신 활동 현장으로 접근하지 못한 못한 점을 들 수 있다.

21세기 초 닷컴 버블Dot-com bubble• 시대가 열리며, 산학 협력 또한 새로운 패러다임으로 전환되었다. 바로 스타트업과 대학 간 협력 관계가 형성되는 산학 협력 3.0 시대가 열린 것이다. 대학의 교수를 비롯해 연구원, 학생들이 창업하면서 대학의 기술, 인프라, 인력, 재정을 최대한 활용하는 모델이 생성된 것이다. 대학에서 시작된 스타트업은 대학에 대한 깊은 이해와 정보를 가지고 있었다. 그 결과 절대적으로 부족한 자원으로 대학을 활용하는 이상적인 관계를 맺는 구조가 될 수 있었다. 20세기 말 스탠퍼드대학교를 배경으로 창업한 구글이나 야후 등이 대표적인 산학 협력 3.0 시대의 사례라 할 수 있다.[115]

현재의 산학 협력 4.0 모델은 이전과는 결이 좀 다르다. 혁신 역량이 고도화된 대학들이 혁신 생태계 조성자 역할을 하는 모델로 산학 협력 4.0은 대학 주도 혁신 생태계라 요약할 수 있을 정도로 대학이 혁신의 중심에 자리하는 형식이다.

MIT 혁신 생태계, 스탠퍼드대 혁신 생태계, 케임브리지대 혁신 생태계가 가장 대표적 모델에 해당한다. 이들 세 개 대학 혁신 생태계는 규모와 수준 관점에서 다른 대학의 경우와 상당한 차이를 보인다.[116]

이들 대학은 '고도의 연구 역량에 전략적 투자가 가능한 재정 역량이 더해진' 조합을 지닌 대학들이다. 즉, 대학이 원천 기술의 개발과 이의 사업화 및 산업화 과정의 전 단계와 전 주기에서 주도권을 갖고 기술 벤처기업을 직접 양성하거나 혁신 대기업이 참여하도록 유도하는 모델이다. 결국 대학이 혁신 생태계의 조성자이자, 구심점 역할을

- 인터넷 관련 분야가 성장하면서 산업 국가의 주식 시장이 지분 가격의 급속한 상승을 본 1995년부터 2000년에 걸친 거품 경제 현상을 말한다.

하는 것이다. 특히 양자물리학(양자 컴퓨팅), 플라스마 물리학(열 이온 변환) 및 분자생물학 등 오랜 시간 동안 축적된 연구와 규모 있는 연구 인프라를 기초로 하는 과학기술 분야는 대학 주도형 혁신 생태계가 더욱 강력한 힘을 발휘할 수 있는 영역이다.[117]

하지만 혁신 생태계를 조성할 수 있는 대학은 극히 일부다. 미국 경제 싱크탱크 밀큰연구소Milken Institute의 〈기술 이전 우수 대학 랭킹(2017)〉[118] 보고서에 따르면, 미국의 연구중심대학 중 임계 수준(index score 80) 이상의 기술 이전 기반과 성과를 보이는 대학은 65개에 한정된다고 한다. 미국 내 연구중심대학으로 분류되는 대학이 약 360여 개, 그리고 4년제 대학이 2,800여 개라는 점을 감안하면 연구중심대학의 약 20퍼센트, 전체 대학의 약 2퍼센트 정도의 대학만이 혁신 생태계 조성을 시도해볼 수 있다.

그러나 현실은 이보다 더 제한적이다. 혁신 대기업들을 대학 주도 혁신 생태계에 참여시키기 위해서는 대학이 이들 기업보다 우위의 연구 역량을 지니고 있어야 하기 때문이다. 대학과 기업들이 가진 특허의 가치를 비교한 후 외 연구Hsu et al., 2019; 2021를 보면 대학이 기업보다 특허 양은 많으나 그 가치가 매우 미미한 수준임을 알 수 있다. 즉, 대학의 연구 결과물들이 기업의 것보다 부가가치를 창출할 수 있는 확률이 현저히 낮다는 것을 시사한다.

따라서 대학이 혁신 생태계를 주도하기 위해서는 해당 대학의 연구 역량, 더 구체적으로는 연구 결과물의 부가가치 창출 역량이 기업보다 우위에 있을 수 있어야 가능하다고 할 수 있다. 미카엘 비카Michaël Bikar의 연구 결과도 이를 뒷받침한다. 그는 대학과 기업의 연구진이 발견한 동일한 기술이나 지식이 특허에서 인용될 가능성을 비교해본 결과, 대학 연구진의 결과물이 인용될 가능성이 기업 연구진의 것보다 23퍼센트 적다는 사실을 규명했다.[119] 즉, 대학의 연구 결과물이 부가가치를 창출하는 가능성이 기업보다 현저히 낮다는 것이다.

이러한 이유로 대학 주도형 혁신 생태계는 고도의 연구 역량에 더해 전략적 투자가 가능한 재정 역량의 조합을 획득한 소수 대학들에 한정된 모델이라 할 수 있다. 또 혁신 생태계는 생태학에서 다루는 생태계의 번성 및 쇠락과 비슷한 과정을 겪는다. 혁신 기업들은 혁신 생태계의 규모와 수준이 임계 수준을 넘어, 참여 인센티브가 있을 때 적극적으로 참여한다. 결국 부익부 빈익빈 현상처럼 소수의 대학들을 중심으로 관계 활동이 집중될 수밖에 없는 자연적 특성을 보이는 것이다.

허긴스 외 연구Huggins et al., 2019[120]는 혁신 생태계에서 소위 말하는 그들만의 리그가 만들어지는 현상에 대한 실증적 논거를 제시한다.

다음에 제시된 그림을 보면, '대학-기업'의 협력은 전반적으로 그 밀도가 높지 않다. 그러나 소수의 대학(검은색 점 부분)이 중심성centrality을 지니는 경향을 지니고 있음을 확인할 수 있다. 또한 '대학-대학' 간 교류 협력에 있어서도 소수의 선도 그룹Leading Group을 중심으로 집중화되는 현상을 볼 수 있다. 우측 그림은 개별 대학의 혁신 생태계를 비교한 것이다. 영국에서 지역 혁신 생태계 평가 1위를 보이는 동부 잉글랜드 지역의 경우, 케임브리지대학교를 중심으로 영국 내 가장 큰 규모의 혁신 생태계가 기능하는 것을 볼 수 있다. 타 지역의 타 대학과 비교했을 때 범주와 밀도 모두 상당한 차이를 보인다.

| 도표 5-12 | '대학 – 기업' 간 혁신 협력 활동 네트워크 분석

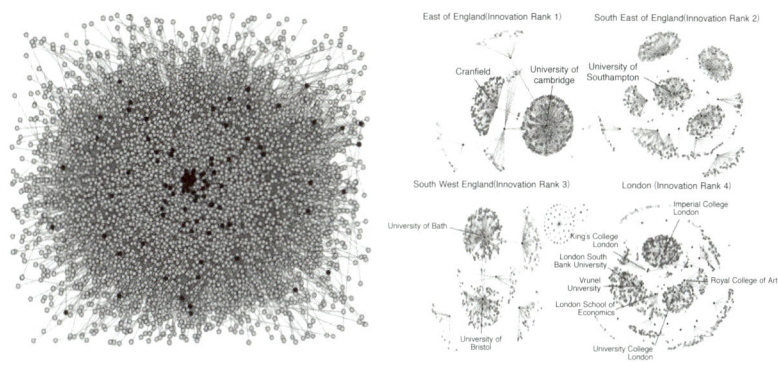

영국 대학–기업 간 혁신 교류 활동 네트워크　　영국 지역 혁신 생태계 순위 1~4위 네트워크

* 이미지 출처: Huggins et al.(2019)

　지역이나 공간 등 물리적 환경은 더 이상 대학과 기업 간 교류 협력 활동에 유의미한 영향을 미치지 못한다. 특히 클라우드 기반의 연구 및 교류 협력 인프라로 인해 시공간을 초월한 관계 활동이 가능하게 되었기 때문이다. 미국 실리콘밸리에 소재한 개방형 혁신 전문 민간 기업인 팰로 앨토 연구 센터가 최근 일본 및 한국 기업들과 특정 분야에 대한 원천 기술 개발을 위한 교류 협력을 활발히 하는 것처럼 최근 개방형 혁신 활동은 범세계적으로 이루어지고 있다. 미국의 선도 대학들은 중국과 중동 그리고 러시아에 연구와 교육이 동시에 이루어지는 현지에 캠퍼스를 설립하고, 기업들과 협력·교류하는 관계를 만들어나가고 있다.

　유통산업에서 규모의 경제를 기반으로 공급자에 대한 교섭력을 확보한 아마존이 시장 지위를 강화해나가거나, 국내 메신저 시장에서 임계 시장 점유율을 먼저 확보함으로써 과점적 지위를 확보한 카카오톡처럼 대학과 기업 간 교류 협력 활동에 있어서도 소수의 기술 및 지식 생산력과 지배력이 높은 대학들에 대한 집중 현상이 발견된다. 이들 선도 대학들은 대학과 대학 간 교류 협력에 있어서도 기술 및 지식 생산력의 경쟁력 수준을 더 높이기 위해 유사 선도 대학들에 한정해서 협력하게 되는 '그들만의 리그'가 만들어지는 것이다. 협력 관계에서 참여 인센티브가 높은 쪽으로 무게 중심이 움직이는 것은 자연스러운 현상이다.

대략적인 추정에 기반하여 대학을 그룹화해보면, 부가가치 창출이 전제가 된 연구력과 이를 기초로 한 교육 기반을 갖춘 상위 5퍼센트 수준의 대학들은 기업이나 학생들이 꾸준히 찾게 되면서 일정한 구심력을 확보하게 된다. 따라서 이를 토대로 개별 대학 고유의 혁신 생태계를 만들어갈 수 있는 역량과 자원을 스스로 갖게 된다. 그 외의 나머지 95퍼센트의 대학들 중 하위 10퍼센트는 가까운 시일 내에 소멸할 것으로 예상되며, 85퍼센트 내외의 중간 지대 대학들 중 상위 일부는 매우 힘겹게 운영 유지는 할 수 있을 것이다. 하위 그룹 중 소멸되지 않은 일부 대학은 정부에서 지원하는 연구비와 재정 지원에 기초하여 연명하는 좀비형 대학으로 전락할 확률이 매우 높다.

기존 대학의 연구와 교육 활동의 수요자 역할을 했던 기업들이 더는 대학으로부터 기술과 지식 그리고 인력을 공급받지 않고, 스스로 연구 및 교육 기능을 수행하는 기업대학을 대안 모델로 삼으려는 현상이 뚜렷하다. 혁신 기업들이 95퍼센트에 해당하는 중간 지대 대학들과의 연구 및 교육 관련 협력 관계에 참여해본 결과 생산성 높은 성과나 인센티브가 없음을 이미 경험했기 때문이다.

이제 대학들은 스스로의 미래를 선택해야 한다. 특히 여전히 '산학협력 2.0' 시대에 머물러 있는 한국의 대부분 대학들은 생존의 위기에 직면해 있다. 미국 대학생의 절반 이상이 중퇴하는 흐름과 현상이 곧 한국에서도 현실화될 것이기 때문이다. 이제 대학 스스로 연구와 교육 활동에서 어떻게 차별화 모델을 만들고, 기업과 산업 그리고 사회로부터 유의미성을 평가받을 것인가에 대해 깊이 고민, 탐색하고, 결단을 내려야 한다. 무엇보다 대학이 자발적으로 과감한 변혁 활동을 빠르게 전개해야 한다.

이 자기 변혁의 과정을 성공적으로 해내지 못하는 대학들은 학생들로부터 철저하게 외면당할 것이다.

12

왜 미국의 대학들은 탁월한가?
대학의 거버넌스

21세기 들어 노벨 과학상(물리학, 화학, 의학과 경제학) 수상자를 배출한 현황들을 살펴 상위 20위를 추려보면, 이중 15개의 대학이 미국에 있다. 상위 10위로 한정하면 미국 대학이 아홉 개, 영국 대학이 한 개다. 미국 대학의 업적이 탁월함을 단적으로 보여주는 지표라 할 수 있다. 물론 노벨상 수상 실적 하나만으로 대학의 수월성을 평가하고 판단하는 것은 바람직하지 못하다. 앞서 설명한 것처럼 대학은 다양한 설립 목적과 운영 특성을 지니고 있기 때문이다. 그러나 연구중심대학을 대상으로 수월성 판단 근거로 노벨 과학상 수상 실적을 제시하는 것에는 대부분 동의할 것이다. 노벨상에는 공학이나 일반 사회과학 영역은 다루지 않는다는 한계가 있음에도 말이다. 노벨상은 단순히 논문의 피인용 지수˙ 등으로 평가하고 선정하는 것이 아닌 인류와 지구의 문제에 얼마나 의미 있는 영향을 주었고, 또한 유효한 해결책을 제시했는지 정도를 평가하고 수상자를 선정하는 상이기 때문이다.

노벨상 외에도 미국의 대학들, 특히 사립대학들의 이름은 각종 미디어 회사에서 행하는 세계의 대학 평가 내용 중 최상위에 등장한다. 이는 미국 대학의 경쟁력이 탁월하다는 점을 나타내는 지표 중 하나다.

아이러니하게도 미국의 공교육 영역의 경쟁력, 즉 초중등 교육 경쟁력은 세계적으로 최상위 수준이라 할 수 없다. 물론 일부 사립학교 및 공립학교 영역은 세계에서 가장 경쟁력 있는 교육을 제공하지만, 평균적 수준에서 미국의 공교육은 북유럽 및 아시아 일부 국가들에 비해 경쟁력이 낮은 것으로 평가된다. 그럼에도 불구하고, 미국 대학들의 경쟁력이 탁월한 이유는 무엇일까?

대학 혁신에 대한 담론에 대해 항상 관심을 가지고, 다면적 측면에서의 고찰과 광범위한 관련 활동 경험에 기초해 대학 경쟁력의 핵심 요소 하나만 꼽으라면 주저 없이 선진화된 대학 거버넌스라고 답할 수 있다. 미국 국립경제연구국 National Bureau of Economic Research 의 의뢰로 만들어진 연구 보고서 〈대학의 거버넌스와 성과: 유럽과 미국으로부터의 증거〉[121]에서 대학의 거버넌스가 대학의 성과 및 업적과 양의 상관관계를 지니는 매우 중요한 기반 환경임을 강조한 바 있다.

이렇듯 대학의 운영 그리고 경쟁력 확보를 위한 차원에서 가장 중요한 대학 거버넌스에 대해 특히 한국의 대학은 깊이 고민하지 않고

- 어떤 논문이 다른 논문에 인용된 정도를 수치화한 지수를 말한다. 인용된 논문이나 그 논문이 실린 학술지의 우수한 정도를 나타내기도 한다.

있다. 매우 부족한 실정이라고 말할 정도다. 국내 교육 행정 학자들의 논문이나 교육 행정가들의 제반 문헌들을 살펴보면, '거버넌스의 정의 자체가 불분명하고, 이론적으로도 모호하다',[122] '거버넌스의 개념은 매우 다의적이며 이론적으로 명확히 정립되지 않은 관계로 학문 분야나 연구자의 관심에 따라 그 정의와 접근 방식이 다양하다',[123] '학자마다 다른 대학 거버넌스의 개념 정의로 인해 그 체계와 구성 요소가 모호하고, 개선 방안 내용도 분절적인 상황이므로 명료하고 표준화된 개념 정립이 선행될 필요가 있다'[124] 등과 같이 대학 거버넌스가 무엇인지 또 어떻게 구성 및 적용되고 있는지에 대한 이해가 불충분한 것을 전제로 한다. 또 선진화된 거버넌스를 갖추기 위한 대학 스스로 많은 노력을 하지 않는다.

한국교육개발원에서 최근 〈국립대학 거버넌스 연구 보고서〉[125]를 통해 대학 거버넌스의 개념을 가치, 주체, 목적, 방법, 내용 관점에서 정의했다. 그러나 세부적인 내용을 살펴보면 아직 거버넌스에 대한 실천 방안을 제시하지 못하고 있다.

반면 미국 대학의 경우 깊은 고찰 과정과 지속적인 변혁 노력을 통해 선진화된 체계를 갖추고 있다. 아기옹 외의 연구Aghion at al., 2010[126]에는 '대학 경쟁력=대학 거버넌스 수준'으로 등식화하는 것이 가능할 정도로, 우수한 대학일수록 선진화된 거버넌스를 갖추고 있다고 말한다.

한국 사회에서는 거버넌스를 지배 구조라는 개념으로 번역해서 표현하는 것이 보편적인데, 이는 거버넌스라는 표현이 국가나 정부 차원에서 다루는 통치governing라는 단어에서 파생되었기 때문이다. 그러나 이는 거버넌스의 의미를 제한하는 해석이다. 현대사회에서 거버넌스라는 표현이 가장 많이 사용되는 영역은 기업 세계다. 기업의 거버넌스 개념을 짧게 설명하면, 기업의 설립 및 소유 주체 그리고 관련 이해관계자 관점에서의 '경영과 통제 시스템'이다.[127] 즉, 주주와 관련된 이해관계자 관점에서 해당 기업을 경영, 통제할 수 있는 일련의 시스템을 의미한다.

사실 대학의 거버넌스도 이와 다르지 않다. 설립 및 소유 주체 그리고 관련 이해관계자의 관점에서 해당 대학을 운영, 통제하기 위한 일련의 시스템을 의미하기 때문이다. 거버넌스의 구성은 '정관By Law – 이사회Board of Trustees or Board of Regents – 총장President or Chancellor – 대학 운영 및 집행 시스템Executive Board and System, 학내 거버넌스 순으로 이루어진다.[128]

대학의 거버넌스는 '좋음good'이 아닌 '바름right'을 담론으로 다루는 것이 목적에 더 부합한다. 바른 거버넌스는 거버넌스의 핵심 원리가 제대로 작동함을 의미하기 때문이다. 이는 대학의 설립과 운영 목적을 충족하기 위한 충분조건에 해당하며, 이것이 목적 정합성이자 대학 거버넌스의 핵심 원리다.

각 대학들은 설립 및 소유 주체 그리고 설립 및 소유의 목적에 따라 공립대학 vs. 사립대학, 영리 목적 사립대 vs. 비영리 목적 사립대학, 특수목적(직업전문교육 포함)대학 vs. 일반대학, 연구중심대학 vs. 교육중심대학 등으로 구분된다. 이러한 각각의 목적에 부합하도록 정합성을 갖춘 '운영·통제 시스템'을 갖추는 것이 대학의 바른 거버넌스를 구성하는 핵심 원리다. 이를 전제로 하지 않고 총장 직선제, 대학 또는 교수 평의회 설치 법령화 등을 논하는 것은 앞뒤 순서가 뒤바뀐 구조적 모순의 접근법이다.

바른 거버넌스 구성에 목적 정합성의 원리가 가장 우선적으로 적용되기 위해서는 대학의 설립과 운영 목적, 즉 사명이 제대로 정립되어 있어야 한다. 한국의 대학들이 대학 경영에 있어 미국이나 유럽의 선도 대학들과 가장 두드러지게 차이를 보이는 사항이 바로 대학 사명의 유무와 이를 토대로 한 대학 운영이다. 한국 대학 대부분은 사명 선언문을 정립하지 않고 있거나, 설립 이념(건학 정신) 또는 교육 이념으로 대신한다.

하지만 설립 이념은 사명을 대신하기에 불충분하다. 사명은 설립 이념에 한정된 것이 아니라 운영 목적도 반영되어 궁극적으로 해당 대학의 존재 이유가 명료하게 설명될 수 있어야 하기 때문이다. 그래야 이를 토대로 정합성을 갖춘 운영·통제 시스템, 즉 바른 거버넌스가 구성될 수 있다. 교육 이념 또한 사명이라고 하기에는 불충분하다. 대학의 본원적 역할이 교육(인재 양성)이지만 대학은 기본적으로 교육, 연구, 봉사라는 세 가지 고유한 역할을 해야 하기 때문이다. 따라서 이들이 각각 개별 대학 고유의 설립 및 운영 목적, 즉 존재 이유에 투영되어 있어야 한다.

목적 정합성의 원리가 대학의 설립 및 운영 목적을 충족하기 위한 대학 거버넌스의 충분 조건에 해당한다면 책무성, 투명성, 민주성, 자율성, 효율성 등은 필요 조건에 해당한다. 그리고 대학 거버넌스의 핵심은 이사회의 구성과 운영 그리고 총장 선출, 권한 위임 그리고 평가에 관한 사항이다. 이는 앞서 강조한 거버넌스의 핵심 원리 중 가장 우선하는 목적 정합성과 책무성을 중심으로 이루어져야 한다.

　미국의 우수한 대학들은 공립과 사립 구분 없이 바로 이 부분에서 거버넌스의 핵심 원리를 매우 충실히 따른다. 특히 사립대학들은 연방 정부 및 주 정부의 통제를 거의 받지 않는 매우 높은 수준의 자율성을 갖는다. 동시에 정부로부터 연구비, 각종 기금 및 출연금 등을 지원받는다. 이때 책무성을 다하기 위해 이사회에 정부 관계자를 참여시키거나 제도적 장치를 마련해 외부 영향이 구조적으로 거버넌스에 반영될 수 있도록 하는 문화가 정착되어 있다.

　그 예가 바로 주지사가 당연직 이사로 참여하는 경우다. 물론 각 주마다 차이가 있으며, 일반적으로 주지사를 포함한 당연직 이사가 전체 이사회 구성의 과반을 넘지 않도록 한다. 지명직 및 선임직 이사들은 편향되지 않도록 정치적 중립에 대한 내용을 법률로 명시하고 있다. 즉, 공립대학이 주 정부나 주의회의 정치적 영향력에서 자율성을 지키기 위함이다. 아울러 이사회 직속 상시 기구로 사무국을 두고 대학의 중장기 발전 방안을 수립하며, 이를 토대로 집행 리더십의 정점인 총장의 선임과 권한 위임 그리고 평가에 준용한다.

　또한 미국 대학의 이사회 구성과 운영 그리고 총장의 선임과 권한 위임 및 평가와 관련하여 주목해야 할 사항은 바로 임기다. 이사회는 기본적으로 수탁자의 책임을 지니고 있다. 따라서 이사회에서 이사진을 구성할 때 이해관계자 그룹을 다원적으로 반영하도록 하고 있다.

　당연직 이사를 제외하고, 지명 및 선임직 이사들의 경우 각 대학 고유의 특성을 반영한 임기제로 운영한다. 사립대학들은 각각의 기준에 맞게 임기제를 적용하거나 종신직으로 임기를 부여한다. 공립대학들은 각 주마다 차이를 보이지만 이사들은 주로 임기가 6년에서 12년 사이다. 이는 주지사의 임기(4년) 및 주의회 회기와 관계없으며, 연속성과 지속성을 유지하기 위한 목적이다.

대학 총장은 공사립 구분 없이 대체적으로 임기가 특정되지 않는다. 즉, 종신 리더십tenured leadership의 개념이다. 물론 1년 또는 2년 단위의 직무 및 리더십 평가는 이사회에 의해 이루어진다. 그럼에도 불구하고 기본적으로 정해진 임기 없이 종신직 관점에서 긴 호흡을 가지고 대학을 운영할 수 있다. 또한 이사회는 정기 및 비정기 평가를 통해 언제든 총장을 해임할 수 있는 권한을 지녀 책무성의 원리가 균형 있게 작동하는 거버넌스를 갖추고 있다.

미국의 선도적 대학은 이사회 산하 기구로 이사와 대학의 총장 등 대학 리더십 멤버를 찾고 또 선발하기 위한 리더십 발굴 위원회 Leadership Search Committe를 운영한다. 이 기구를 통해 학내외, 더 나아가 국제적인 네트워크까지 개방해 대학에 필요한 리더십 멤버를 찾는다. 특히 대학 외부에서 이사나 총장을 선임할 때에는 해당 후보자들에게 대학을 충분히 이해할 수 있도록 정보를 제공하는 등 사전 과정을 충실히 거친다. 이러한 상시적 리더십 풀을 조성하고 운영하는 과정을 통해 대학의 리더십에 결원이 발생할 경우 공백을 최소화한다.

한국의 사립 및 국공립 대학은 이사회의 구성과 운영, 총장의 선임과 권한 위임 및 평가 전반의 사항에서 여전히 개선해야 할 사항이 많다. 미국의 선도 대학들의 경우 이사회가 거버넌스의 핵심 기구로 대학의 중장기적 발전에 관한 전반의 사항을 책임 있게 다루고 있는 데 반해, 한국의 사립대학들은 대부분 이사회 구성과 운영을 형식적으로 한다. 국공립의 경우 반대로 정부의 직접 개입 그리고 정치적 영향력으로 운영되는 경우가 많다.

총장 선임은 민주성을 강화한다는 측면에서 직선제를 도입하는 경우가 많아졌으나 간선제도 아직 많은 비중을 차지하고 있다. 직선제를 채택한 경우 주된 유권자인 교수 집단이 포퓰리즘에 기반하여 총장을 선임하게 될 확률이 높아 대학 혁신이 어려워지는 경우가 많다. 간선제를 채택한 대학의 경우 사립대학은 소유 주체의 의도에 부합하도록, 국공립 대학은 정부 및 정치적 영향이 투영되는 구조가 일반적이다. 그 결과 목적 정합성 및 책무성의 원리가 제대로 작동하지 않는다.

한국 대학 세계에서는 총장 직선제를 좋은 거버넌스의 일환으로 인식하는 경향이 있다. 그러나 역설적으로 미국의 대학들은 총장을 공사립 구분 없이 대체적으로 이사회 산하 리더십 발굴 위원회와 이를 총괄하는 이사회에서 주도적으로 책임 있게 선임한다. 또한 총장 선임 과정도 여러 단계에 걸치는 체계적 절차를 밟는다. 선임을 위한 평가 기준도 매우 세부적으로 마련되어 있다. 그 후 이사회는 선임된 총장과 권한 위임의 범위와 책무에 대해 매우 구체적으로 정리된 협약서를 확약하는 절차를 거친다. 그리고 이사회 산하 기구로 총장 직무 평가 위원회를 두고 정기적으로 평가하면서, 1년 또는 2년 단위의 세부 책무성 협약Accountability Agreement을 추가로 맺는 구조를 지니고 있다. 목적 정합성 및 책무성의 원리가 우리나라와 달리 바르게 작동하는 것으로 볼 수 있다.

2019년 12월 발간된 한국교육개발원의 〈국립대학 거버넌스 관련 연구보고서)¹²⁹를 보면, 여전히 거버넌스의 핵심 원리 및 구조에 대한 이해가 부족한 것으로 보인다. 우선 국립대학에서는 내부 거버넌스와 외부 거버넌스로 구분 짓는다. 하지만 이는 대학 운영 및 집행 시스템(학내 거버넌스)과 대학 거버넌스(포괄적)라는 개념으로 재정의해야 한다. 또한 국립대학의 경우 거버넌스에 있어 국가가 대학 설립과 지도 및 감독하도록 되어 있고, 정부의 유관 기관이 감사, 평가, 정보 공시라는 역할을 한다. 이는 이사회가 수탁자로 대학 거버넌스의 중심이자, 최고 의결기구라는 핵심 원리를 배제한 접근법이다.

물론 개념적으로는 설립과 운영 주체가 국가가 국립대학을 지도 및 감독하고, 정부 유관 기관을 통해 감사, 평가, 정보를 공시해야 한다. 하지만 거버넌스 관점에서는 국가의 대리격인 행정부(구체적으로는 교육부)가 이사회의 구성과 운영에 관여하고, 이사회를 통해 대학이 지도 및 감독되도록 하고, 감사, 평가, 및 정보 공시가 되도록 하는 것이 기본 원리다. 또한 이사회는 지도 및 감독 기능 중심으로 한 비상시적 기구 역할이 아닌 대학의 중장기적 발전에 대해 주체적으로 기능해야 한다. 이 기본 원리를 배제한 채 거버넌스를 다루면 자칫 국가주의 또는 정부 만능주의 시각이 투영되면서 자율성과 민주성의 원리가 퇴색되고 만다.

미국의 공립(주로 주립)대학들이 채택하는 이사회는 세 가지 유형으로 구분되는데, 조정 이사회Coordinating Board, 통합 이사회System Board, 그리고 기관 이사회Institution Board다. 주별로 각각 다른 이사회를 채택하고 있으며, 27개(54퍼센트) 주가 조정 이사회를 두고 있다. 14개(28퍼센트) 주는 주립대학 전체를 아우르는 통합 이사회 모델을 채택하

|도표 5-13| 한국교육개발원의 국립대학 거버넌스 구조 및 구성 요소 설명

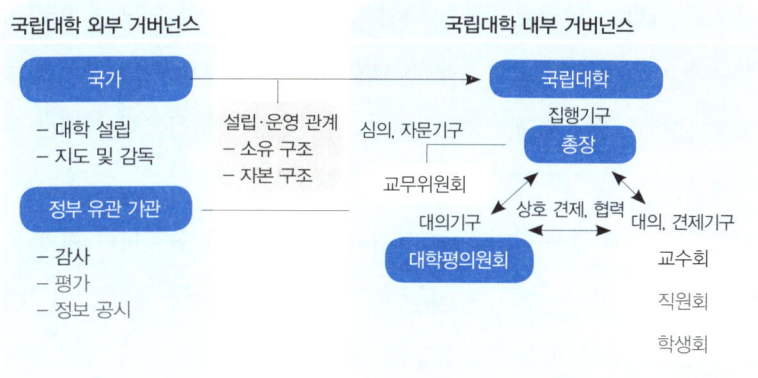

* 이미지 출처: 문보은 외(2019). 대학 교육 혁신을 위한 정책 진단과 방안(III): 국립대학 거버넌스 개선을 중심으로, 한국교육개발원, 연구 보고 RR 2019-18

고, 아홉 개(18퍼센트) 주는 개별 대학마다 이사회를 두는 기관 이사회를 두고 있다.[130]

공립대학의 규모와 수가 많은 주의 경우 조정 이사회를 채택하는 경향이 높으며, 상대적으로 규모가 작은 주의 경우 대부분 기관 이사회를 둔다. 이는 미국이 연방제를 채택하고 있어 공립대학은 각 주 정부의 고유 영역으로 연방 정부의 관여를 최소화하는 특성이 있기 때문이다.

총장을 중심으로 한 대학 운영 및 집행 시스템(학내 거버넌스)에도 거버넌스의 핵심 원리들이 투영되어야 한다. 이때는 투명성, 민주성, 자율성, 그리고 효율성의 원리가 상대적으로 중요하게 강조된다. 물론 목적 정합성과 책무성도 근저에 적용되는 원리다.

한국의 대부분 대학에서는 교수평의회 Faculty Senate를 두고 있다. 그러나 직원평의회 및 학생평의회를 두는 대학은 찾아보기 어렵다. 직원 노동조합은 단체교섭권을 핵심으로 하는 법률적 기구다. 따라서 직원의 처우나 복지 그리고 인권 관련 사항을 중심으로 그 활동 범주를 설정하고 있다. 대학의 학사 관련 의사 결정에 노동조합 형태로 참여하는 것은 제도적 제약을 지니는 사항이다.

미국 대학의 경우 학사 관련 거버넌스 기구로 '교수-직원 – 학생 평의회'를 각각 따로 두는 경우도 있고, 대학평의회라는 하나의 기구에 통합하여 3대 주체가 각각 동등한 권한을 갖기도 한다. 즉, 민주성과 효율성의 원리가 강조되는 사항이다.

또 미국의 대학들에서는 총장이 이사회로부터 대학의 운영과 집행 활동에 대한 권한을 종신직으로 위임받고 운영한다. 이러한 맥락에서 단과대학의 학장 역시 종신직인 경우가 대부분이다. 또한 일정한 범주(단과대학 내 인사)의 인사권과 재정에 대한 집행권도 함께 갖는다. 즉, 자율성의 원리가 적용되는 사항이다.

또한 대학의 교육 과정 운영 등에 대한 최고 책임자인 프로보스트Provost, 수석 학사 부총장 역시 한국의 대학에서는 찾아보기 힘든 직제職制다. 프로보스트는 총장 추천으로 이사회에서 임명하는 지위로 대학의 교육과 연구 활동에 관해서는 최고 의사 결정 및 책임을 맡는다. 즉, 대학의 교육 및 연구(학사 업무) 부문에 한정하여 총장과 같은 수준의 최종 책임자인 셈이다. 부총장이라 하지 않고, 프로보스트라는 고유 직함을 쓰는 이유다. 총장의 경우 비교수나 외부 출신이 많다. 그에 반해 프로보스트는 대체적으로 해당 대학의 교수 출신으로 전문성과 개별 대학 고유의 연속성을 보장한다. 이 역시 자율성과 효율성의 원리가 적용되었다고 볼 수 있다.

　한국의 대다수 대학들은 바른 거버넌스를 구성하고 운영하기 위한 관심과 노력을 더 진지하게 행해야 한다. 대학 경쟁력의 바로미터이기 때문이다. 대학의 건강한 발전을 위한 '운영-통제 시스템'으로의 거버넌스는 목적 정합성을 필두로 책무성, 투명성, 민주성, 자율성, 그리고 효율성의 원리가 균형 있게 작동할 수 있도록 구성되어야 한다는 점을 기억할 수 있기를 바란다.

　대학의 경쟁력을 강화하고, 세계적인 대학이 되기를 원하는가? 그렇다면 다른 그 무엇보다 바른 거버넌스를 갖추고, 운영하기 위해 이해관계자들은 꾸준히 노력하고 공동의 방향을 모색해야 한다. 그 출발점은 해당 대학의 존재 이유인 사명을 시대에 맞게 재정립하고, 정비하는 것이라는 사실 역시 잊지 말아야 한다.

13

대학의 새로운 미래

미국의 최근 데이터 흐름을 살펴보더라도 국공립 대학의 미래는 사립 대학들이 당면한 현실처럼 위급한 상태는 아니다. 기본적으로 예산을 정부와 공공 부문을 통해 조달하기 때문에 존립 여부까지 고민할 정도의 상황은 일부에 한정된다.

  문제는 이러한 배경으로 점점 시간이 지날수록 국공립 대학이 관료화되거나 교원과 직원을 중심으로 한 집단 이기주의의 장으로 전락할 수도 있다는 점이다. 이러한 문제를 예방하고 해결하기 위해서는 앞 장에서 설명한 선진화된 거버넌스, 즉 바른 거버넌스를 갖추는 게 무엇보다 우선되어야 한다. 아마도 국공립 대학의 구조 조정 문제는 사립대학의 존립 여부에 대한 극심한 혼란을 한 차례 거친 후 직면하게 될 것이다.

미국에서는 공립 커뮤니티 칼리지 및 주립대학(4년제 일반 대학) 중 학생 중퇴율이 일정 수준(30퍼센트 전후)을 넘어가는 대학에 대해서는 예산 삭감 및 교원과 직원의 구조 조정 등이 이미 실행되고 있다. 최근 흐름을 보면 미국의 공립(주로 주립)대학은 '연구중심대학-특수목적대학-직업교육 중심의 교육중심대학-평생교육중심대학'으로 재편되면서 각 주 정부는 이에 대해 각각 다른 대학 운영 목적과 거버넌스를 구축해나가고 있다.

미국 내 인구 및 경제 규모가 가장 큰 캘리포니아주를 통해 이러한 변화를 살펴보자. 캘리포니아주의 연구중심대학은 캘리포니아대 시스템University of California, 이하 UC이다. UC 버클리, 로스앤젤레스, 샌디에이고 캠퍼스 등의 연구 경쟁력은 세계적으로도 높이 평가받고 있다. 미국 공립(주립)대학 시스템 중 노벨상 수상자 배출 1위이기도 하다.[131]

UC의 2020년 연간 예산 규모는 약 400억 달러(약 48조 원)이다. 같은 기간 한국의 국가 교육 예산 전체 규모가 약 77조 2,000억 원 수준인 것과 비교되는 금액이다. 한국의 교육 예산에는 유치원부터 초중고 그리고 대학과 평생교육 영역까지 모두 포함되어 있다.

UC는 열 개 캠퍼스, 다섯 개 메디컬센터, 세 개의 국립연구소로 구성되어 있다. UC 계열의 한 개 캠퍼스당 연간 예산 규모는 2조 원~4조 원에 이른다. UC 버클리의 2019년 예산 규모는 약 3조 원이다. 학생 수는 학부 및 대학원 모두 합쳐 4만 2,347명이다.[132] UC 계열은 공립대학으로 주 정부 차원의 상당한 재정 투자를 받아 10개 캠퍼스 모두 세계적 수준의 연구 경쟁력을 확보했고, 이를 통해 대학원뿐만 아니라 학사과정에서도 고도화된 전문 교육이 행해지고 있다.

미국 캘리포니아주에는 공립(주립)대학으로, 연구중심대학 기능을 가진 UC 계열 외에 교육중심대학 기능을 가진 캘리포니아주립대학California State University, 이하 CSU 시스템, 그리고 캘리포니아 커뮤니티 칼리지California Community Colleges, 이하 CCC 시스템이 존재한다. CSU 시스템은 23개의 캠퍼스와 48만 2,000명의 재학생을 둔 미국 내 두 번째 규모의 4년제 공립대학이다.[133] CCC 시스템은 116개 캠퍼스, 약 210만 명의 재학생을 둔 미국 내 최대 규모의 2년제 공립 커뮤니티 칼리지다.[134] 캘리포니아주 정부의 고민은 350만 명 이상이 재학 중인 CSU 시스템과 CCC 시스템의 높은 재학생 편입 유출율 및 중퇴율 그리고 이에 따른 대학의 구조 조정에 대한 것이다.[135] 이는 교육중심대학으로 유의미한 교육을 학생들에게 제공하지 못하는 현실과 이에 따른 주 정부 차원의 대응에 대한 고민을 의미한다.[136]

캘리포니아주의 CSU 시스템과 CCC 시스템 사례에서 보듯 수월성을 전제로 한 연구 중심 공립대학의 지위는 갈수록 강화될 것이다. 그러나 유의미한 직업전문교육을 제공하지 못하는 교육 중심 공립대학, 특히 커뮤니티 칼리지는 학생들이 빠르게 이탈할 것이다. 결국 이들 공립대학들은 비자발적 구조 조정과 직면하게 될 것으로 예상된다.

문제는 사립대학의 미래다. 특히 영리 목적의 교육 중심 사립대학의 미래가 매우 불투명하다. 영리 목적 사립대학을 법률적으로 허용하지 않는 한국 환경에 적용해보자면, 등록금 의존율이 높은 교육 중심 사립대학의 미래는 매우 비관적이라 할 수 있다. 한국 사립대학들의 등록금 의존율은 평균 70퍼센트에 달한다.[137] 그러나 정부의 국고보조금 및 재정 지원 사업 등의 직간접적인 요소를 제기하면 실제 등록금(수업료 및 수강료) 의존 비율은 더 높다. 하지만 현재 정부 방침에 따라 대학등록금은 억제되고 있고, 현재 여당과 정부는 입학금 면제 등 대학에 유입되는 재원을 더욱 압박하고 있다. 앞으로 등록금 외에 다른 부대 수입원을 확보하지 못하는 대학은 문을 닫는 극단적 위기에 빠지게 될 것이다.

이러한 상황에서 한국의 사립대학은 어떤 방법을 모색해야 할까?

기업의 본원적 전략generic strategy에서 그 단초를 찾을 수 있다. 기업 세계의 본원적 전략은 가격 우위cost leadership 전략, 차별화differentiation 전략 그리고 집중화focusing 전략으로 구분된다. 사립대학에 이를 적용해보면, 가격 우위 전략으로 즉 무상 교육이나 저렴한 학비를 제공하는 모델은 선택할 수 없다. 국공립 대학의 영역이기 때문이다. 현실적으로 한국의 사립대학이 취할 수 있는 본원적 전략 기반의 방향성은 '차별화-집중화' 또는 '집중화-차별화'로 압축된다.

먼저 '차별화-집중화'는 '연구 중심 모델 vs. 교육 중심' 모델 중 한 가지 방향을 먼저 정립해야 하고, 또한 특성화 영역에 대한 포트폴리오 모델을 만드는 것을 말한다. 그 좋은 예로 연세대학교를 들 수 있는데, 연구중심대학인 동시에 의학 계열 특성화라는 고유의 모델을 한국 대학 세계에서 상대적으로 우수하게 구축하고 있다. 또한 동아방송예술대학교 같은 경우 교육중심대학이자 방송예술 계열 특성화 모델을 상대적으로 잘 정립한 사례 중 하나로 소개할 수 있다. 보건 계열을 중심으로 한 대학들도 같은 맥락의 방향성을 지녔다고 할 수 있다.

또한 '집중화-차별화' 모델은 특성화 분야를 먼저 결정하고, '연구 중심 vs. 교육 중심' 모델 중 한 가지 방향을 선택하는 접근법이다. 한국항공대학교 같은 경우가 항공 분야 특성화대학인 동시에 교육중심 대학 모델을 잘 정립한 사례다. 또 성균관대학교의 경우도 '반도체 등 공학 융합 분야 특성화를 강조하면서 연구중심대학' 모델을 잘 정립한 사례 중 하나로 들 수 있다.

이와 같이 사립대학들은 각자 고유의 정체성과 방향성을 가지고 산업과 사회에 의미 있는 가치 제안을 할 수 있어야 국공립 대학 대비 생존력과 경쟁력을 확보할 수 있다. 즉, 학생 입장에서 '내가 왜 ○○대학에 진학해야 하는가?', 그리고 기업이나 산업체에서 '우리가 왜 ○○대학의 학생을 채용해야 하는가?'에 대해 명료하게 답할 수 있어야 한다는 의미다.

사립대학들이 당면한 문제는 국공립 대학과의 경쟁뿐만 아니라 기업대학의 부상에 따른 추가적인 경쟁에 대한 대비와 대응이다. 앞서 설명한 것처럼 사회와 산업으로부터 유의미성을 평가받지 못하는 일반 사립대학은 미국에서 매우 빠른 속도로 위기 상황을 맞고 있다.

실제로 2020년 미국 4년제 대학의 재학생 20~23세 구간의 중퇴율은 46.9퍼센트에 이른다. 24~29세 구간은 52.5퍼센트에 달하는 수준이다.[138] 즉, 4년제 대학 재학생의 절반 정도가 중퇴한다고 해도 과언이 아닐 정도다. 이로 인해 영리 목적 4년제 사립대학들은 재정난에 봉착했고, 2013~2018년 기간 동안 294개의 대학이 소멸했다.[139] 그리고 매년 50개 정도의 대학이 소멸되고 있다.

마이클 포터의 경쟁 전략 수립을 위한 다섯 가지 힘이란 모델[140]을 기초로 사립대학의 경쟁 상황을 설명해보면 현재 사립대학의 경쟁 지위를 명료하게 파악할 수 있다. 기존 경쟁 관계도 악화되고 있고, 공급자와의 교섭력(입학 지원자 수)은 지속적으로 약화될 예정이며, 구매자와의 교섭력(기업 및 산업의 인력 수요) 역시 매우 심각한 상황이다. 또한 기업대학이 신규 진입자 및 대체제의 지위로 강력하게 부상하며 사립대학의 지위를 위협하는 것으로 설명할 수 있다.

요약하자면, 기업대학의 부상으로 인해 고유의 시장 지위를 확보하지 못하는 특히 일반 4년제 사립대학들은 고립무원 상태에 빠질 수 있다. 상대적으로 2년제 직업전문대학이나 특수목적 4년제 대학의 경우 고유한 시장 지위가 확보되어 상대적으로 학생들에게 유의미성이 높고, 분명하다.

2020년 하반기 한국의 한 상징적인 사립대학 총장 선거에 출마한 한 후보자의 선거 운동을 자문해주었다. 한국의 사립대학들이 처한 현실을 정확하게 파악하고, 대학의 새로운 미래를 구체적으로 살피는 데 큰 도움이 되었다. 선거 캠프에서 정리한 대학의 새로운 미래 구상을 위한 10대 방향성은 다음과 같다.

① 사명이 이끄는 대학
② 비전이 분명하고, 정교한 전략이 실행되는 대학
③ 리더십팀이 문제 해결과 책임감에서 모범이 되는 대학
④ 고등교육의 미래 모델을 제시하는 대학

⑤ 융복합 기반의 개척자적 연구에 몰입하는 대학

⑥ 인류의 근원적 어려움과 한계에 도전하는 봉사의 대학

⑦ 지속 가능한 대학을 넘어 전략적 투자가 가능한 재정 역량을 갖춘 대학

⑧ 거버넌스와 리더십 그리고 운영 체계와 인프라가 시대를 선도하는 대학

⑨ 대학 고유의 문화가 일하는 방식으로 나타나는 '○○이즘(대학 공동체 문화)'의 대학

⑩ 공동체에 생기가 돌고, 사명이 내재화되며, 기쁨이 넘치는 대학

만약 특정 대학이 위와 같은 방향성을 갖고 새로운 미래를 구상한다면, 21세기 환경에서도 충분히 가치와 의미 있는 그리고 지속 가능한 대학의 지위를 만들어갈 수 있으리라 믿는다. 이를 위해서는 대학의 리더십팀이 리더십의 책무Leadership Accountability와 재정에 대한 책임Financial Accountability, 비전과 전략에 대한 책임Envisioning and Strategic Accountability, 그리고 실행에 대한 책임Administration Accountability에 대해 깊이 이해하고, 행동력을 보여야 한다.

대학의 새로운 미래, 결국 리더십팀의 철학과 역량에 달려 있다.

참고문헌

1장 실제 세상과 우리가 만날 미래

1. Long-Term Occupational Employment Projections, 2016-2026, New York State Department of Labor
2. https://www.niche.com/k12/search/best-private-high-schools
3. 2020 QuantNet Ranking of Best Financial Engineering Programs
4. https://tradingeconomics.com/china/unemployment-rate
5. Shuaizhang Feng, Yingyao Hu & Robert Moffitt(2015), "Long Run Trends in Unemployment and Labor Force Participation in China", Journal of Comparative Economics, vol 45(2), pp.304-324.
6. https://news.joins.com/article/23602262

2장 우리에게 교육이란 무엇인가?

1. https://www.etymonline.com/word/school
2. https://www.britannica.com/topic/Boston-Latin-School
3. 이영달 · 오소영, 〈K-12 교육과정, 한국-뉴욕주-캘리포니아주 비교〉, NYET, 2020. (원자료: National Center for Education Statistics)
4. 양미경, 〈학교의 주요 기능별 중요성 및 효과성에 대한 인식 조사연구〉, 《교육원리연구》, 19(2), 2014, 173~199쪽.
5. "학교의 역할, 교직원의 임무를 분명히 하자", 《한국일보》, 2020.06.05.
6. http://www.saegyoyuk.com/news/article.html?no=72483
7. https://jnilbo.com/view/media/view?code=2019072114291339975
8. "[2018 대학 평가] 위기의 대학… 국민 53% '진학 필요성 낮아졌다'", 《중앙일보》, 2018.10.31.
9. 대학 및 교육에 대한 국민인식 조사(조사 대상 1,000명), 《한국리서치》, 2019년 11월.
10. 《매드타임스(MADTimes)》, www.madtimes.org/news/articleView.html?idxno=2947
11. 오선정 · 김세움, 《대학 진학의 선택과 노동시장 성과》, 한국노동연구원, 2016.
12. https://news.unn.net/news/articleView.html?idxno=180631
13. "Is College Worth It?", Pew Research Center, 2011.
14. The Rising Cost of Not Going to College, Pew Research Center, 2014.
15. www.bls.gov/emp/chart-unemployment-earnings-education.htm

16 〈Education at a Glance 2018〉, OECD.
17 https://www.harvard.edu/about-harvard/harvard-glance/history/historical-facts
18 Oxford Latin Dictionary
19 안병직, 〈존 헨리 뉴먼의 '대학이념'〉, 《세계일보》, 2013.10.25.
20 "Number of educational institutions, by level and control of institution: Selected years, 1980-81 through 2017-18", National Center for Education Statistics
21 https://www.snu.ac.kr/about/overview/fact
22 https://www.yonsei.ac.kr/sc/intro/status1_1510.jsp
23 https://www.harvard.edu/about-harvard/harvard-glance
24 https://web.mit.edu/facts/faqs.html
25 Carnegie Classification of Institutions of Higher Education
26 https://educationdata.org/college-dropout-rates/
27 〈최근 3년간 대학 및 전문대학 중도탈락학생 현황〉, 교육부, 더불어민주당 김해영 의원(부산 연제·교육위).
28 "Dismissed by Degrees", Accenture, GRADS of LIFE, & Harvard Business School, 2017.
29 Room to Grow, Burning Glass Technologies & Harvard Business School, 2017.
30 https://www.linkedin.com/pulse/degree-problem-you-can-still-land-jobs-top-companies-joseph-milord
31 https://educationdata.org/college-dropout-rates/
34 U.S. Department of Education Strategic Plan for Fiscal Years 2018-22
35 U.K. Department for Education Strategy 2015-2020: World-class education and care
36 Peter B. robinson Edwin A. Sexton, "The Effect of Education and Experience on Self-Employment Success", Journal of Business Venturing, Volume 9, Issue 2, March 1994, pp. 141–156.
37 Lord David Young, "Enterprise for All", 2014.
38 Executive Office of the President, "A Strategy for American Innovation: Driving Towards Sustainable Growth and Quality Jobs", Sep., 2009.
39 교육부, 국회입법조사처 제출 자료, 2016.11.18.
40 중장기 교육정책 계획 수립 관련, 국회입법조사처, 2016.11.18.
41 〈2020년 교육부 업무계획〉, 교육부, 2020.03.02.
42 Ivy League 2020 Tuition Comparison and 2021 Estimation, COLLEGE TUITION COMPARE.
43 Graduation Comparison Between Ivy League Members, Univstats.
44 https://www.laureate.net/our-network/
45 이영달, 〈고급 연구 인력 양성 및 활동 촉진 방안〉, 한국과학기술기획평가원 이슈 페이퍼, 2019.

46 OECD/World Bank. Analysis by THE. First-time graduates only. Countries with at least 5 million people featured.
47 이영달, 〈고급 연구 인력 양성 및 활동 촉진 방안〉, 한국과학기술기획평가원 이슈 페이퍼, 2019.
48 〈2019년도 국외 고등교육기관 한국인 유학생 통계〉, 교육부, 2019.04.01.
49 National Science Foundation, National Center for Science and Engineering Statistics, special tabulations(2016), 2015 Survey of Earned Doctorates (SED). Science and Engineering Indicators 2018.
50 이영달, 〈고급 연구 인력 양성 및 활동 촉진 방안〉, 한국과학기술기획평가원 이슈 페이퍼, 2019.
51 National Science Foundation, National Center for Science and Engineering Statistics, Survey of Earned Doctorates.
52 이영달, 〈고급 연구 인력 양성 및 활동 촉진 방안〉, 한국과학기술기획평가원 이슈 페이퍼, 2019.
53 The State of U.S. Science and Engineering 2020, National Science Foundation.
54 The State of U.S. Science and Engineering 2020, National Science Foundation.
55 https://www.theglobaleconomy.com/rankings/human_flight_brain_drain_index/
56 이영달, 〈고급 연구 인력 양성 및 활동 촉진 방안〉, 한국과학기술기획평가원 이슈 페이퍼, 2019.
57 이영달, 〈고급 연구 인력 양성 및 활동 촉진 방안〉, 한국과학기술기획평가원 이슈 페이퍼, 2019.
58 이영달, 〈고급 연구 인력 양성 및 활동 촉진 방안〉, 한국과학기술기획평가원 이슈 페이퍼, 2019.
59 "The State of U.S. Science and Engineering 2020", Engineering Indicators, National Science Board, National Science Foundation.
60 "The State of U.S. Science and Engineering 2020", Engineering Indicators, National Science Board, National Science Foundation.
61 "The State of U.S. Science and Engineering 2020", Engineering Indicators, National Science Board, National Science Foundation.
62 https://www.mlb.com/news/mlb-rosters-feature-251-international-players
63 The National Basketball Association(NBA)
64 Susan Wild 하원의원, https://wild.house.gov/
65 http://startupsusa.org/fortune500/#immigration-facts
66 https://www.inc.com/arnobio-morelix/inc-entrepreneurship-index-2018-q1.html
67 Immigrants and Billion Dollar Startups, NFAP Policy Brief, February, 2016.
68 이화여대 정종우 교수(과학교육 전공)의 생태학 관점의 설명.
69 이화여대 장남원 교수(미술사 전공)의 예술사적 설명.
70 Michael Porter, "INSTITUTE FOR STRATEGY & COMPETITIVENESS", Harvard Business School.
71 "A Leader's Guide: Finding and Keeping Your Next Chief Diversity Officer", Russell Reynolds Associates, 2019.
72 이재열, 《교육의 이해》, 서울대학교 교육연구소, 2019.

73 《여성소비자신문》 칼럼, 2018. 09. 21.
74 "What is Education?", The Journal of Education, Vol.62, No. 13., Sep. 28, 1905.
75 Richard Livingstone, "What is Education?", The British Medical Journal , Vol.2, No. 4834. Aug. 29, 1953.
76 George N. Shuster, "What is Education?", Education in the Age of Science, Vol.88, No. 1. 1959.
77 M. A. Fitzsimons, "What is Education?", The Review of Politics, Vol.34, No. 1., Jan. 1972.
78 https://ama-foundation.org/what-education-means-to-me/
79 Gert Biesta, "What is Education For? On Good Education, Teacher Judgement, and Educational Professionalism", European Journal of Education, Volume 50, Issue 1, 2015.

3장 K-12 교육과정: 한국-뉴욕주-캘리포니아주 비교
1 〈2019 개정 누리과정〉 해설서
2 〈초·중등교육법〉 제61조 및 규제 〈초·중등교육법 시행령〉 제91조의3 제1항
3 〈초·중등교육법 시행령〉 제90조 제1항
4 고교 서열화 해소 및 일반고 교육역량 강화방안, 교육부, 2019.11.
5 https://educationdata.org/k12-enrollment-statistics/
6 Adam Gamoran, "Do Magnet Schools Boost Achievement?", Educational Leadership, V. 54, No. 2, 1999.
7 https://www.businessinsider.com/most-expensive-top-boarding-schools-in-america-2019-10#1-the-masters-school-62
8 https://nycteachingfellows.org/
9 〈2019 개정 누리과정〉 해설서

4장 미국의 교육, 다시 혁신의 시동을 걸다
1 David Dockterman, "Insights from 200+ years of personalized learning", npj Science of Learning volume 3, Article number: 15, 05 Sep. 2018.
2 https://www.extremenetworks.com/extreme-networks-blog/the-state-of-personalized-learning-in-the-real-world-of-education-survey-and-infographic/
3 Carl Benedikt Frey & Michael Osborne, "The Future of Employment: How susceptible are jobs to computerisation?", The Oxford Martin Programme on Technology and Employment, University of Oxford, 2013.
4 Common Core State Standards for ENGLISH LANGUAGE ARTS & Literacy in History/Social Studies, Science, and Technical Subjects

5   https://www.payscale.com/college-salary-report/common-jobs-for-majors/math?orderBy=midCareerMedianPay&ascending=false
6   https://ncses.nsf.gov/pubs/nsf20301/report/postgraduation-trends#median-salaries
7   "Individual success in the 21st-century economy is also increasingly dependent on STEM literacy; simply to function as an informed consumer and citizen in a world of increasingly sophisticated technology requires the ability to use digital devices and STEM skills such as evidence-based reasoning." - CHARTING A COURSE FOR SUCCESS: AMERICA'S STRATEGY FOR STEM EDUCATION, The White House, Oct., 2018.
8   https://www.niche.com/k12/search/best-private-high-schools/
9   https://www.niche.com/k12/search/college-prep-private-high-schools/
10 TJ School Profile 2019-20
11 www.kauffmanschool.org
12 Ewing Marion Kauffman School Evaluation Impact Report Year 5
13 https://nycteachingfellows.org/
14 https://nypost.com/2020/05/13/nyc-doe-slashes-fellowship-program-cutting-hundreds-of-teaching-jobs/

5장 대학의 새로운 미래

1   https://www.forbes.com/sites/dereknewton/2018/09/11/no-there-wont-be-massive-college-bankruptcies/#11bfb5dfd75b
2   https://www.christenseninstitute.org/blog/will-half-of-all-colleges-really-close-in-the-next-decade/
3   https://educationdata.org/college-dropout-rates/
4   https://ope.ed.gov/dapip/#/download-data-files
5   https://www.etc.cmu.edu/learn/curriculum/curriculum-overview/
6   10 Highest Paying PhD Degrees 2020
7   https://www.usnews.com/education/best-graduate-schools/the-short-list-grad-school/articles/medical-schools-with-the-lowest-acceptance-rates
8   https://www.prepscholar.com/gre/blog/graduate-school-acceptance-rates/
9   http://debarghyadas.com/writes/the-grad-school-statistics-we-never-had/
10 Michael E. Porter(1979), How Competitive Forces Shape Strategy, Harvard Business Review, March Issue
11 https://www.universityworldnews.com/post.php?story=20191001085233566
12 https://educationdata.org/college-enrollment-statistics/
13 National Center for Education Statistics

14 Yuzhuo Cai," Chinese higher education: The changes in the past two decades and reform tendencies up to 2020", University of Tampere, Finland, 2013.
15 http://www.stats.gov.cn/english/
16 https://www.knou.ac.kr/
17 http://en.ouchn.edu.cn/index.php/about-v2/new-style-university
18 http://en.ouchn.edu.cn/index.php/about-v2/support-alliances
19 https://en.westlake.edu.cn/about/
20 Government of India Ministry of Human Resource Development, "All India Survey on Higher Education 2018-19", Dapartment of Higher Education New Delhi, 2019.
21 HIGHER EDUCATION SECTOR IN INDONESIA, British Council
22 https://www.4icu.org/id/universities/
23 https://www.export.gov/apex/article2?id=Indonesia-Education-and-Training
24 https://data.worldbank.org/indicator/SE.TER.ENRR?locations=ID
25 University of the People, is the first non-profit, tuition-free, online accredited American university
26 https://www.uopeople.edu/about/uopeople/fact-sheet/
27 김성수 전 국회의원(더불어민주당),《국정감사 정책자료집》,〈대학원생 연구 환경 실태 조사 결과 보고서〉, 2018. 10.
28 서울대학교 인권센터 및 대학원 총학생회 ,〈2016년 서울대학교 대학원생 인권 실태 및 교육 환경 조사보고서〉, 2017.
29 국가인권위원회,〈대학원생 연구환경에 대한 실태 조사〉, 2015.
30 서울대학교,〈서울대학교 대학원 실태 조사 연구보고서〉, 2014.
31 이영달(2019),〈고급 연구 인력 양성 및 활동 촉진 방안: 박사 및 박사후과정을 중심으로〉, 한국과학기술기획평가원, 이슈페이퍼
32 https://www.chosun.com/site/data/html_dir/2019/11/26/2019112600083.html
33 NCSES, Survey of Earned Doctorates, 2018.
34 Science&Engineering Indicators 2018, National Science Board
35 Science&Engineering Indicators 2020, National Science Board
36 2016 Doctorate Recipients from U.S. Universities
37 NCSES, Survey of Earned Doctorates, 2018
38 과학기술인재정책 플랫폼 통계, https://hrstpolicy.re.kr/kistep/kr/stat/StatList.html
39 INOMICS Salary Report 2018
40 NCSES, Survey of Earned Doctorates, 2018
41 INOMICS Salary Report 2018
42 국가인권위원회,〈대학원생 연구환경에 대한 실태 조사〉, 2015.
43 https://nymag.com/intelligencer/2020/05/scott-galloway-future-of-college.html?fbcli

d=IwAR1ksrXX4mAcFEefJbPFaIdt8T5G2vnB-1zTgR0egrvEBljde0Aaq1CUf_4

44 https://coache.gse.harvard.edu/blog
45 https://www.wbur.org/edify/2020/06/08/non-tenure-track-faculty-jobs-at-risk
46 2018년 우리나라와 주요국의 연구개발 투자 현황 비교, 한국과학기술기획평가원 통계 브리프, 2019년 제22호
47 www.kopo.ac.kr
48 The American Association of Community Colleges (AACC)
49 지표 분석을 통한 전문대학 교육 현황(일반 현황, 2015-2017), 한국전문대학교육협의회(2019)
50 https://www.hankyung.com/society/article/2019020644381
51 https://www.communitycollegereview.com/blog/avoiding-dropout-factories-10-steps-to-community-college-success
52 http://www.slcc.edu/biotech/innovabio.aspx
53 https://www.slcc.edu/biotech/
54 https://sites.austincc.edu/incubator/services/
55 https://www.nsf.gov/discoveries/disc_summ.jsp?cntn_id=129672
56 Suletha Dawarakanatan(2015), Formation of Incubator/Accelerator Spaces at Austin Community College and the Texas Life Science Collaboration Center, NYC Regional Innovation Node - Annual Network Meeting, 2015
57 https://www.nsf.gov/news/special_reports/communitycollege/
58 Twenty-Five Years of Advanced Technological Education, The National Science Foundation, https://atecentral.net/impacts
59 www.nacce.com
60 https://poetsandquants.com/2019/10/07/acceptance-rates-at-the-top-25-u-s-mba-programs/2/
61 https://poetsandquants.com/2019/08/22/apps-to-major-u-s-mba-programs-plunge-again/2/
62 https://poetsandquants.com/2019/05/24/illinois-to-end-full-part-time-mba-programs/
63 https://www.f1gmat.com/tuition-fee-top-20-mba-programs
64 QS World University Rankings® 2021, QS Quacquarelli Symonds
65 https://www2.si.mahidol.ac.th/en/
66 https://he02.tci-thaijo.org/index.php/sirirajmedj
67 https://www.topuniversities.com/university-rankings/university-subject-rankings/2020/medicine
68 https://mahidol.ac.th/2018/qs/
69 https://muic.mahidol.ac.th/eng/

70	https://muic.mahidol.ac.th/eng/programs/undergraduate-programs/business-administration/
71	https://muic.mahidol.ac.th/eng/admissions/tuition-and-fees/
72	http://www.shanghairanking.com/aboutarwu.html
73	https://www.tsinghua.edu.cn/en/About/Facts_and_Figures.htm
74	https://www.snu.ac.kr/about/overview/fact
75	https://en.ustc.edu.cn/2011/0113/c5394a50095/page.htm
76	https://en.ustc.edu.cn/2011/0113/c5394a50095/page.htm
77	https://www.kaist.ac.kr/kr/html/kaist/01.html#0111
78	https://baike.baidu.com/item/985%E5%B7%A5%E7%A8%8B
79	https://baike.baidu.com/item/%E4%B9%9D%E6%A0%A1%E8%81%94%E7%9B%9F
80	THE World University Rankings, Eastern stars: Universities of China's C9 League excel in select fields
81	Science&Engineering Indicators 2020, National Science Board
82	https://old.sk.ru/city/
83	https://common.skolkovo.ru/en/skolkovo/management/
84	https://old.sk.ru/foundation/about/
85	https://www.bizjournals.com/boston/blog/startups/2014/04/fbis-boston-office-warns-businesses-of-venture.html
86	https://foreignpolicy.com/2015/05/06/the-short-life-and-speedy-death-of-russias-silicon-valley-medvedev-go-russia-skolkovo/
87	https://www.skoltech.ru/en/about/key-facts/
88	https://skoltech.mit.edu/about
89	https://skoltech.mit.edu/
90	https://www.skoltech.ru/en/about/key-facts/
91	Skoltech Annual Report, 2019
92	https://www.skoltech.ru/en/about/key-facts/
93	https://www.skoltech.ru/en/about/key-facts/
94	https://www.rt.com/business/477013-russia-skolkovo-2020-anniversary/
95	https://skoltech.mit.edu/about/history
96	Duane Boning(MIT Faculty Lead), The SkTech/MIT Initiative: Building the Future of Skolkovo Tech
97	https://news.sbs.co.kr/news/endPage.do?news_id=N1002019886
98	이영달 외(2013), 주요 선진국의 '대학 창업 환경 평가 모델' 도입 방안 연구, 중소기업청, 창업진흥원
99	Kenneth P. Morse, Senior Lecturer and Managing Director, MIT Entrepreneurship

Center, 'The Role of the Entrepreneurial Ecosystem in Accelerating Commercialization of Technology…from the Cool Comfort of the Laboratory to the Cruel Crucible of the Market Place', Brisbane, 15 January 2007

100 https://mitadmissions.org/discover/about-mit/a-brief-history-of-mit/
101 https://hockfield.mit.edu/fighting-nations-future-founding-mit-time-war
102 https://mitadmissions.org/help/faq/motto-mens-et-manus/
103 https://www.stanford.edu/about/history/
104 The Stanford Album: A Photographic History, 1885-1945, Stanford University Press; 1st Edition (1989)
105 Stanford University's Economic Impact via Innovation and Entrepreneurship, Stanford University, 2012
106 https://www.stanford.edu/about/history/
107 Entrepreneurial Impact: The Role of MIT, Kauffman Foundation, 2009 Feb.
108 Stanford University's Economic Impact via Innovation and Entrepreneurship, Stanford University, 2012
109 Ruth Graham(2014), Creating university-based entrepreneurial ecosystems evidence from emerging world leaders, MIT Skoltech Initiative
110 https://tech.cornell.edu/programs/phd/startup-postdocs/
111 Innovation and Entrepreneurship at ETH Zurich, Michael Stucky, June 2017
112 The Runway Startup Postdoc Program
113 Innovation and Entrepreneurship at ETH Zurich, Michael Stucky, June 2017
114 이영달(2020), '혁신 생태계'와 혁신의 유효시장 개발, 과학기술정책연구원 전문가 세미나
115 이영달(2019), The Entrepreneurial University: In case of ETH Zurich & Cornell University, KAIST-KOICA Program for Dominican Leadership for Innovation
116 Creating university based entrepreneurial ecosystems : evidence from emerging world leaders, MIT-Skoltech (2014)
117 Arora at al.(2019), Why the U.S. Innovation Ecosystem Is Slowing Down, Harvard Business Review, Nov. 26, 2019
118 The Milken Institute Ranks the Best U.S. Universities for Technology Transfer(2017)
119 Michaël Bikard(2018), Made in Academia: The Effect of Institutional Origin on Inventors' Attention to Science, Organization Science, Vol. 29, No. 5
120 Huggins et al.(2019; 2020), Universities and open innovation: the determinants of network centrality, The Journal of Technology Transfer (2020) 45:718-757
121 Aghion, Philippe, Mathias Dewatripont, Caroline Hoxby, Andreu Mas-Colell, and Andru Sapir. 2010. "The Governance and Performance of Universities: Evidence from Europe and the US." Economic Policy 25(61) (January): 7-59.

122 송지광 외(2005), 한국 대학의 거버넌스 체계 개선 방향, 교육행정연구, Vol. 23, No. 3, pp. 353~378
123 한갑수 외(2014), 서울대학교와 캘리포니아대학의 거버넌스 비교 연구, 교육법학연구, Vol. 26, No. 2, pp. 255~287
124 김지하 외(2018), 사립대학 거버넌스 실태 분석 연구, 한국교육개발원, 현안 보고 OR 2018-12
125 문보은 외(2019), 대학 교육 혁신을 위한 정책 진단과 방안(Ⅲ) : 국립대학 거버넌스 개선을 중심으로, 한국교육개발원, 연구 보고 RR 2019-18
126 Aghion, Philippe, Mathias Dewatripont, Caroline Hoxby, Andreu Mas-Colell, and Andru Sapir. 2010. "The Governance and Performance of Universities: Evidence from Europe and the US." Economic Policy 25(61) (January): 7 – 59.
127 https://www.icsa.org.uk/about-us/policy/what-is-corporate-governance / 'Corporate governance is the system of rules, practices and processes by which a company is directed and controlled.'
128 이영달(2020), 과학기술원 거버넌스 미래 방향 연구, 과학기술원 공동사무국 연구 용역 보고서
129 문보은 외(2019), 대학 교육 혁신을 위한 정책 진단과 방안(Ⅲ) : 국립대학 거버넌스 개선을 중심으로, 한국교육개발원, 연구보고 RR 2019-18
130 이영달(2020), 과학기술원 거버넌스 미래 방향 연구, 과학기술원 공동사무국 연구 용역 보고서
131 공립, 사립 통합 Berkeley 캠퍼스 3위, San Diego 캠퍼스 26위
132 https://opa.berkeley.edu/campus-data/uc-berkeley-quick-facts
133 https://www2.calstate.edu/csu-system/about-the-csu/Pages/default.aspx
134 https://www.cccco.edu/About-Us/Key-Facts
135 Yamada, Teri(2010), Restructuring the California State University: A Call to Action, Thought & Action, p91-106 Fall 2010
136 Saul Geiser and Richard C. Atkinson(2010), BEYOND THE MASTER PLAN: The Case for Restructuring Baccalaureate Education in California, Research & Occasional Paper Series: CSHE. 16.10, UNIVERSITY OF CALIFORNIA, BERKELEY
137 한국대학신문-대교협, https://news.unn.net/news/articleView.html?idxno=229085
138 Educationdata.org 2020
139 National Center for Education Statistics
140 Michael E. Porter, "How Competitive Forces Shape Strategy", Harvard Business Review, May 1979 (Vol. 57, No. 2), pp. 137 – 145

메리토크라시
미래 사회와 우리의 교육 ❶

초판 1쇄 발행 2021년 8월 9일
초판 2쇄 발행 2023년 10월 13일

지은이 이영달

총괄 방승천
책임편집 경정은
마케팅 이나경
콘텐츠연구 구민아, 김해, 박창훈, 이민영, 최설봉, 최예슬
홍보 고영민, 김영아, 신윤경, 이슬, 이재웅
교정교열 이홍림, 황남상

펴낸곳 행복한북클럽
펴낸이 조영탁
주소 서울특별시 구로구 디지털로26길 5, 에이스하이엔드타워 1차 709호
전화 02-6220-3962
팩스 02-6442-3962
이메일 book@hunet.co.kr

ISBN 979-11-89969-58-5
　　　979-11-89969-57-8(세트)

• 잘못된 책은 구입하신 곳에서 교환해 드립니다.
• 책값은 뒤표지에 있습니다.

행복한북클럽은 ㈜휴넷의 출판 브랜드입니다.